·法学名家精论丛书·

行政法学精论

马怀德 主编

中国检察出版社

主编简介

马怀德　1965 年生。现任中国政法大学校长，教授，博士研究生导师，中国政法大学学术委员会副主席。兼任中国法学会副会长，中国法学会行政法学研究会会长，中国法学会常务理事，中国学位与研究生教育学会副会长，最高人民法院特邀咨询员，最高人民检察院专家咨询委员，国务院学位委员会法学学科评议组召集人等社会职务。出版学术专著、合著二十余部，直接参与《国家赔偿法》《行政处罚法》《立法法》《行政许可法》《行政强制法》等多部法律的起草工作。入选中宣部文化名家暨"四个一批"人才和国家"万人计划"哲学社会科学领军人才。获"新世纪百千万人才工程"国家级人选、"中国十大杰出青年法学家"等荣誉称号。

出版说明

法学是一门理论性和实践性极强的学科。学习品读名家经典，是快速步入法学殿堂、感受法学魅力、提高法律素养的必要途径。为助力检察人员深入研习法律机理，提升全面监督法律统一、正确实施的能力，引领推动全社会尊法学法守法用法，切实履行好全面依法治国的职责使命，在院党组的坚强领导下，我们精心打造了由法学各学科名家担纲执笔的"法学名家精论丛书"。

丛书编写坚持如下原则：

一是理论阐述与实践应用相结合。坚持问题导向，准确把握司法办案实际，理论阐释与实务重点、难点、疑点、痛点问题解析有机融合，特别是注重引用"两高"指导性案例和司法实务典型疑难案例，使理论更加贴近实践。

二是兼顾系统与突出重点相结合。尽可能系统阐述各学科的基本理论和前沿问题，对有重大意义的争议观点和分歧意见精准评介、深入分析，对实务中涉及较少的问题一笔带过，注重突出重点、详略得当。

三是关注前沿与权威精准相结合。力求充分反映最新立法、司法动态和研究成果，立场鲜明、观点稳妥，言之有理、持之有据，既深植法律政策规定，又体现法治发展进步。

名家之作，凝聚了专家们的学术业绩和理论研究成果，积淀着专家们探求法律真谛的智慧，也反映了人类对法这一社会现象不断深化认知的轨迹。

"登泰山而览群岳，则冈峦之本末可知也。"

"法学名家精论丛书"不仅是检察人员研修法学原理与实务的教材，也是法学教学及其他法律工作者学习研究用书。

中国检察出版社

2022 年 9 月

序言 面向政府治理变革的行政法理念

党的十一届三中全会后，我国行政法治建设步入正轨，以行政立法为先导快速发展。以"依法治国"方略的提出为标志，推进行政法治建设的合力逐步形成，依法行政进入了新阶段。党的十八大以来，在建设法治中国的命题下，行政法治建设奋力向前、攻坚克难，逐渐成为推进国家治理体系和治理能力现代化的重要内容。[①] 由行政法理论界和实务界费时四十余年共同书写的法治篇章贯穿了一条红线，即行政法理念。行政法理念的价值既体现在行政法学的发展路径中，也体现在各个领域的行政法治实践中。它既指导中国特色行政法学理论体系的形成和完善，又为立法、执法、司法的具体实践提供指引，持续推动各项改革向纵深方向发展。随着政府治理迎来深刻变革，行政法理论界和实务界需要回应新的法治需求，行政法理念迎来新的发展契机。在新的时代背景下把握行政法理念的内涵和特征，构建现代行政法理念的体系，具有重要意义。

一、行政法理念的内涵

"理念"是国家治理体系和治理能力现代化进程中的高频词。重大改革的推进几乎都要首先强调理念上的转变和革新。然而，综览我国行政法学界浩如烟海的理论研究成果，对行政法理念的讨论并不多见。学界鲜有专门讨论行政法理念的专著，一般只将"行政法的基本理念"作为行政法基础理论的一个章节。行政法学者对行政法理念的理解见仁见智，对其具体内容的认识更是存在明显差异。有的明确列举了行政法基本理念的具体内容，如《中国行政法总论》一书提出，现代行政法基本理念在概括意义上

---

① 马怀德、孔祥稳：《中国行政法治四十年：成就、经验与展望》，载《法学》2018年第9期。

大致包括法治行政、民主行政、服务行政三种基本理念；^① 有的将行政法基本理念理解为行政法基础理论的下位概念，如《案例行政法教程》一书将"行政法的基本理念"与"行政法的基本原则"并列，在绪论编中独立成章；^② 还有的将行政法的基本理念等同于行政法理论基础。^③

研究行政法理念必须回归到"理念"概念本身。"理念"属于哲学范畴，诸多学术流派都对其进行过解读，结论各不相同。与法律结合后，原本就没有明确、清晰词义的"理念"概念被进一步延伸。法律理念既是"具体法形态的内在"，也是"法之本体的存有"。^④ 在内容上，行政法理念与行政法基本原则、行政法理论基础等概念存在一定重合。例如，依法行政既是一种理念，也是被行政法学界和实务界普遍认可的行政法基本原则。又如，"平衡""控权"等理念既指导了行政法学理论体系的构建和完善，也是现代行政法治建设不可忽视的价值取向。但就表现特征和存在形式而言，行政法理念与行政法基本原则、行政法理论基础等概念存在本质区别。

在表现特征方面，行政法理念具有明显的动态性。根据行政法治实践的需要，在不同时期、不同领域内，行政法追求的价值不尽相同，所强调的行政法理念相应存在差异。党中央的方针政策、逐步完善的制度体系、司法裁判的典型案例都不断为行政法理念增添新的内容。相较于行政法理念，行政法基本原则具有相对确定的框架和内容。学界通说认为，行政法基本原则应当具有普遍性和特殊性。普遍性指行政法基本原则应当贯穿于行政组织规范、行政行为规范和行政监督规范之中。特殊性指行政法基本原则应当独立于其他部门法的基本原则，体现行政法的独有特征。在这些判断标准的共同作用下，对行政法基本原则的讨论多在合法性原则和合理性原则的框架下展开。基本原则的内容也因此相对固定，只是在表述上略有不

---

① 江国华编著：《中国行政法总论》，武汉大学出版社 2012 年版，第 49 页。
② 莫于川主编：《案例行政法教程》（第 2 版），中国人民大学出版社 2016 年版。
③ 何永红：《现代行政法》，浙江大学出版社 2014 年版，第 35 页。
④ 江山：《中国法理念》（第四版），中国政法大学出版社 2005 年版，自序。

同。理论争点在于各原则间的相互关系，例如，在比例原则和合理性原则中，应当以何者为上位概念等。

在存在形式方面，行政法理念是适用于行政法学理论研究和行政法治实践的理念的集合。一方面，行政法原则和行政法基础理论构成行政法理念的重要来源和载体。行政法基本原则是行政法原则中最具有普遍性和特殊性的部分，是制定和实施行政法律规范时必须遵循的原则。行政法理论基础是建构行政法理论体系的基石，被行政法学者用以解释理论界和实务界的各种行政法现象。这种基础性地位使行政法基本原则和行政法理论基础集中体现了行政法的价值追求，构成行政法理念的重要来源。同时，行政法理念又以行政法原则和行政法基础理论为载体，实现对行政法学理论研究和行政法治建设的全面指引。以行政法原则为例，行政法规则的具体构建需要遵循多项原则，其中部分行政法原则通过立法程序进入实定法，成为规则的补充。然而，即使尚未被立法所确认，各项行政法原则的生成和发展都源于对行政法理念的把握。行政法原则中必然体现若干行政法理念，这一点并不因该原则是否成为实定法而改变。另一方面，行政法理念超越行政法原则和制度而存在。行政法理念对行政法学理论成果、行政法制度体系、改革成果进行了高度抽象和概括，但这并不意味着行政法理念的来源会因此受到局限。"法治""民主"等部门法中共同存在的理念，党在方针和政策中的决策部署等，都可能转化为行政法的理念。由于现代行政法理念的来源的广泛性，行政法理念内涵的丰富和适用范围的扩大，往往要先于行政法学理论研究和行政法治实践的发展。

因此，仅凭行政法基本原则和理论基础并不足以反映行政法理念的全貌。由于来源和适用范围的广泛性，行政法理念的内容根据行政法治实践和行政法理论研究的需要持续调整。随着时代背景的改变和理论研究的深入，这种调整的动态性呈现扩大化趋势。对行政法理念内涵的把握既需要充分掌握行政法学理论研究的最新成果，又需要结合行政法理念发展的时代背景，观察其在行政法治建设实践中的运用情况。

二、行政法理念发展的时代背景

法与时转则治，治与世宜则有功。在新时代的发展方位下，行政法理念的内容来源和作用范围都面临新的挑战。一方面，行政法学研究需回应政府治理和社会变迁带来的理论变革，拓宽研究视野，获取更加丰富的研究素材；另一方面，行政法治建设需适应时代潮流，不断调整制度体系和机制体制改革的完善方向。行政法理念的发展始终与所处的时代背景保持同步。在讨论行政法理念的具体内容前，应当首先明确行政法理念面向的时代背景。

（一）社会主要矛盾发生变化

随着中国特色社会主义进入新时代，经济高速发展，社会生产水平大幅提升。人民对美好生活的需要不再局限于物质文化生活方面，民主、法治、公平、正义、安全、环境等方面的要求同样日益增长。不平衡不充分的发展成为满足人民日益增长的美好生活需要的主要制约因素。在此背景下，党的十九大报告对我国社会的主要矛盾作出了全新研判。报告提出，我国社会主要矛盾已经转化为人民日益增长的美好生活需要和不平衡不充分的发展之间的矛盾。[①]

社会主要矛盾的转变是对马克思主义矛盾理论的最新发展，更是推进国家治理体系和治理能力现代化时所要依据的现实基础。法治能够将法律这套规则体系转化成治理效能，是国家治理体系和治理能力现代化的必由之路。法治兴则国家兴，法治衰则国家乱。我国行政法治建设历经四十余年，在立法、执法、司法、守法方面取得的成就有目共睹。在肯定已经取得的可喜成绩的同时，也应当注意到，行政法学术界和实务界依旧面临日渐复杂的任务和挑战，行政法治建设任重道远。现行立法在质量和效率上仍然存在提高空间，依法行政的制度体系需要进一步健全。社会公平正义的法

---

① 习近平：《决胜全面建成小康社会 夺取新时代中国特色社会主义伟大胜利——在中国共产党第十九次全国代表大会上的报告》，载《人民日报》2017年10月28日，第1版。

治保障需要进一步加强，确保执法严格规范公正文明，司法公正高效权威。法律实施的效果需要进一步提升，保证行政权、审判权、检察权、监察权依法正确行使。这些问题的解决都需要精准把握社会主要矛盾的变化。在此基础上，协调推进行政法治建设的战略布局，规划其发展路径，最终实现建设社会主义法治国家的总目标。

社会主要矛盾的转变对行政法治建设的指引体现在"不变"和"变"两个方面。不变的是以人民利益作为基本出发点的根本立场，变的是更加明确的法治建设重心和建设标准。就前者而言，习近平总书记多次强调，要坚持密切同人民群众的联系，用法治保障人民权益、增进民生福祉。[①] 无论如何设计法治建设的具体方案，依法治国的实现过程都要始终聚焦人民的现实需要，保障人民在法治建设中的主体地位。党将建设人民满意的法治政府作为全面依法治国的重点任务，正是法治建设以人民利益为出发点的重要体现。就后者而言，从党的十五大确立依法治国的基本方略，到中央全面依法治国委员会统筹推进全面依法治国工作，党对依法治国的重视不断达到新高度，统筹谋划法治建设的广度和深度前所未有。具有中国特色的行政法学理论体系和制度体系已经初步形成。不平衡、不充分的发展与人民对法治国家、法治政府和法治社会的迫切需要间的矛盾成为法治建设面临的最大挑战。对此，党的十九届四中全会进一步明晰了法治建设的总体思路和重点任务。会议从战略层面规划了未来全面推进依法治国的重点任务和举措，将法治建设的重心和目标确定为建设中国特色社会主义法治体系，建设社会主义法治国家。

（二）公共行政内涵逐渐扩展

行政法是规范公共行政的法。公共行政既是行政法学者的研究对象，又是实务界需要回应的事项。公共行政是一个动态的概念，在不同的时期有着不同的内涵。传统行政仅指国家行政，其领域狭窄，一般仅限于维护社

---

① 《用法治保障人民权益、增进民生福祉——栗战书出席纪念地方人大设立常委会40周年座谈会并讲话》，载《人民日报（海外版）》2019年7月19日，第1版。

会治安、税收等领域；主体单一，以国家行政机关为管理行政事务的唯一主体；在行政方式上表现为权力行政。[①] 改革开放后的数十年间，随着行政法面向的司法实践日趋复杂，国家的职能大为扩张，行政权力急剧膨胀，行政活动范围随之扩展，涉及社会生活的各个方面。在观念层面，行政法的定位从传统的"行政管理"不断向"公共治理"转变，公私合作等多元形式与传统的行政规制渐成分庭抗礼之势，仅将行政解释为国家行政已经难以应对现实需要。公共行政涉及的领域正在不断拓宽，覆盖了行政目标实现的全过程。

公共行政内涵的拓展对行政法理论界和实务界形成了全方位的冲击。一方面，随着行政法调整范围的不断扩展，行政法实务界的实践需要为行政法学理论研究提供了更多的研究课题和更广阔的研究视野。面对新冠肺炎疫情防控实践的现实需要，在法治轨道上统筹推进各项防控工作至关重要。在应急状态下，更要以法治思维加强对公民基本权利的保障，解决公私权之间的平衡问题。习近平总书记多次强调依法防控疫情的必要性。2020 年 2 月 14 日，习近平总书记在中央全面深化改革委员会第十二次会议上提出了公共卫生法治保障、应急物资保障体系等完善疫情防控制度体系的五个重要方面，并在一系列重要会议上就疫情依法防控作出重要部署。[②] 可以预见，应急状态下法律原则和规则的构建将在一段时间内成为行政法学界的重点论题之一。通过行政法学者的踊跃建言，应急法治的发展将获得充分的理论支持。另一方面，传统研究领域的行政法理论研究将成为法治建设的有效助力。检察机关提起行政公益诉讼制度的确立是理论走向现实的典例。行政公益诉讼在案件范围、线索来源、诉前程序、起诉人的身份地位、起诉期限等多方面都具有与普通行政诉讼不同的特征。囿于《行政诉讼法》关于原告资格的规定，虽然在司法实践中早已经出现行政公益诉讼

---

① 马怀德:《行政法概述》，载应松年主编:《当代中国行政法》，中国方正出版社 2005 年版，第 6 页。

② 习近平:《全面提高依法防控依法治理能力 健全国家公共卫生应急管理体系》，载《求是》2020 年第 5 期。

的雏形，但立法长期滞后于实践需要。有感于此，多位行政法学者投身于以行政公益诉讼为主题的理论研究中，相关探索可以追溯到20世纪末。多个版本的《行政诉讼法》专家建议稿都曾涉及行政公益诉讼相关的内容。学界对不同起诉模式进行了优劣比较，并基于所选择的起诉模式展开理论研究和制度设计。坚实的理论基础为公益诉讼的试点和试点结束后的修法作出了贡献，使行政公益诉讼制度在我国真正落地生根。

（三）多项改革进入"后改革时期"

改革是新时代的主题词，是社会主义现代化建设的动力源泉。新中国成立以来，在党的领导下，我国在政治、经济、文化等领域内开展了多项改革，理论和实践层面都取得了重要成果。社会主义现代化建设事业各方面取得的成就与这些成果密不可分。2013年11月12日，中国共产党第十八届中央委员会第三次全体会议通过《中共中央关于全面深化改革若干重大问题的决定》（以下简称《决定》）。《决定》贯彻落实了党的十八大关于全面深化改革的战略部署，解答了全面深化改革的重大意义、指导思想等若干重大问题。《决定》提出，2020年时，重要领域和关键环节的改革要取得决定性成果。时至今日，多项改革已经取得丰硕战果，开始步入攻坚期和深水区，开启"后改革时期"。在这一时期，既要总结前期的改革经验，重新审视改革方向的选择和改革路径的设计，又要在前期改革成果的基础上完善后续改革方案，使各项制度向更加成熟更加定型靠拢。

同为"四个全面"战略布局的重要组成部分，全面依法治国与全面深化改革始终相辅相成。习近平总书记将改革和法治的关系比喻为鸟之双翼、车之两轮，指出要在法治下推进改革，在改革中完善法治。做好改革发展稳定各项工作离不开法治，改革开放越深入越要强调法治。凡属重大改革都要于法有据，确保在法治轨道上推进改革。[①] 法治和改革始终密不可分。一方面，改革的全过程都要求积极发挥法治的引领、推动和保障作用。法

---

① 沈春耀：《坚持在法治下推进改革和在改革中完善法治相统一》，载《中国人大》2015年第20期。

治建设中的实践需要为改革的开展提供了空间。现行立法为改革方案的顺利实施提供了制度保障。法治思维和法治方式能够有效化解推进改革的过程中可能出现的矛盾。在改革取得初步成效后，法治的护航作用进一步凸显。能否将先期的改革经验以法律的形式固定，将直接决定改革能否在全社会范围内为各方主体提供指引，将改革的"破"和"变"转化为法治的"立"和"定"。另一方面，改革的成果能够为中国特色社会主义法治体系的完善提供推力。中国特色社会主义法治体系包含完备的法律规范体系、高效的法治实施体系、严密的法治监督体系、有力的法治保障体系和完善的党内法规体系五个子体系。这五个子体系的发展完善都离不开改革的推动。通过改革决策和立法决策间的良好衔接，将被实践证明比较成熟的改革经验和行之有效的改革举措上升为法律、法规、规章，及时清理与改革实践脱节的立法。通过立、改、废、释并举，既巩固了改革的经验和成果，又使立法回应了改革和经济社会发展的需求。通过对法律实施机制体制的改革，法律的实施效果得到充分保证。正在深化的行政执法体制改革、"放管服"改革等都从不同角度优化了法律的实施效果。通过深化司法体制综合配套改革，确保了司法公正高效权威，让人民群众能够在每一个司法案件中感受到公平正义。

（四）法治政府建设的要求

法治政府建设是国家治理的一场深刻革命，是对人民在民主、法治、公平、正义、安全、环境等方面日益增长的要求的实质回应。我国行政法学界对法治政府的理论研究可以追溯到 20 世纪 90 年代。在关于行政法理论基础的讨论中，"政府法治论"从中国社会的实际需要出发，提出要建设民主型、有限型、治理型、责任型和平权型政府。法治政府的构建和发展逐渐成为行政法学各领域理论研究共同的服务对象和目标指向。法治政府概念和基本框架的雏形就此产生。此后，党中央和国务院对法治政府建设的推动为法治政府理论研究提供了实践基础。"法治政府"从一个学术概念发展成为政策要求，进而成为法治实践的核心内容。回顾法治政府建设已经走过的十余年历程，我国法治政府建设的要求逐渐明确，路径逐渐清晰。

法治政府的发展始终服务于法治建设实践的需要，与全面依法治国战略的实施保持同步。

　　法治政府建设的推进与具体法律制度的完善存在本质不同。一般而言，法律制度在确立时就具有相对确定的实现目标。为了能够保证法律的实施效果，完善方案也基于该目标而设计。法治政府建设的内容遍及行政组织法、行政行为法和行政救济法的调整范围，是一项综合性极高的系统工程，不可一蹴而就，更不能急于求成。在法治政府建设的进程中，每一次目标和步骤的调整都需要综合考量国家治理体系和治理能力现代化进程中的各种要素。这一点从法治政府建成时间点的不断调整上可管窥一斑。2004年，《全面推进依法行政实施纲要》提出要用十年左右的时间基本建成法治政府。2012年，党的十八大提出，到2020年全面建成小康社会时，法治政府基本建成。2017年，党的十九大提出，到2035年，法治国家、法治政府、法治社会基本建成。法治政府建成时间点的调整是对法治政府建设定位的精准把握，是对法治政府建设中各种制约因素进行综合考虑后作出的理性判断。①

　　近年来，法治政府建设已经成为实现国家治理体系和治理能力现代化的必然要求。党的十八大把法治政府基本建成确立为2020年全面建成小康社会的重要目标之一。此后的一系列重要会议作出重大部署，明晰了法治政府建设的功能定位和目标指向。2015年12月发布的《法治政府建设实施纲要（2015—2020年）》将"政府职能依法全面履行、依法行政制度体系完备、行政决策科学民主合法、宪法法律严格公正实施、行政权力规范透明运行、人民权益切实有效保障、依法行政能力普遍提高"确定为法治政府基本建成的衡量标准。2015年至2020年的法治政府建设的主要任务和具体措施被分解为四十余项具体任务，要求原则上在2019年底前完成。通过中央和地方层面法治政府建设与责任落实督察工作的全面展开，上一阶

---

① 马怀德：《法治政府建设是国家治理的一场深刻革命》，载《北京日报》2017年12月11日，第13版。

段的法治政府建设已经进行了成果验收。2019年2月25日，习近平总书记在中央全面依法治国委员会第二次会议上重申了法治政府建设的重要性，强调推进全面依法治国要坚持法治国家、法治政府、法治社会一体建设，法治政府建设是重点任务，对法治国家、法治社会建设具有示范带动作用。这一论述明确了现阶段法治政府建设的定位，法治政府建设的要求需要随之调整。下一阶段，法治政府建设将以统筹推进全面依法治国的大格局和大背景为出发点，以更高的标准规划推进路线，坚持依法治国、依法执政、依法行政共同推进。

三、现代行政法理念的体系构建

行政的范围是变化和发展着的。在不同时代、不同国家、不同地域，受不同的经济和社会发展状况、治理理论等因素的影响，行政"疆域"的界定很难有一个确定的答案。① 在这片疆域上存在的行政法原则、制度和体制不胜枚举，随着行政法治建设实践需求的变化而不断发展。这些行政法原则、制度和体制构成现代行政法理念的重要来源。因此，完全列举现代行政法理念的具体内容是不现实的。但是，这并不意味着行政法理念彼此孤立、不成体系。恰恰相反，在推进行政法治建设的进程中，有必要使行政法理念形成既具有内在联系又具有开放性的体系。行政法理念的体系构建能够更好地应对行政任务、方式和手段的变化，指导行政法律制度和机制体制的完善。

（一）处于第一位阶的行政法理念

体系是将具有内在联系的若干事物按照一定的逻辑组合而成的整体。依据不同的组成逻辑，体系内部的各部分可以地位均等，也可以存在不同的位阶。行政法理念体系组成逻辑的确定应当基于行政法治建设的实际需要。当前，面向政府治理的迅速变革，我国行政法呈现多样化、复杂化、碎片化发展，行政法理念的构成也呈现同样的发展趋势。因此，有必要确定一

---

① 姜明安：《行政的"疆域"与行政法的功能》，载《求是学刊》2002年第2期。

个具有统领性地位的行政法理念，构成行政法理念体系的核心。

具体而言，在现代行政法理念体系中，法治政府理念位于第一位阶。作出这一选择的依据，在于"法治政府"一词被赋予的丰富内涵。2004 年发布的《全面推进依法行政实施纲要》明确提出"法治政府"的概念，并将基本建成法治政府作为全面推进依法行政的目标。通过对这一目标的描述可以看出，法治政府的实现涵盖了行政法所能调整的方方面面，对法律法规的制定和实施、矛盾的化解都提出了要求。同时，还要求理顺政府与市场、政府与社会的关系，让行政权力与责任紧密挂钩、与行政权力主体利益彻底脱钩。甚至，行政机关工作人员特别是各级领导干部依法行政意识的提高等观念层面的内容都被纳入法治政府的范围。此后，《国务院关于加强法治政府建设的意见》等一系列重要文件明确了相应阶段法治政府建设的要求和具体任务。在《法治政府建设实施纲要（2015—2020 年）》中，法治政府的基本特征被概括为"职能科学、权责法定、执法严明、公开公正、廉洁高效、守法诚信"。从行政法学的基本理论来看，法治政府的要求涵盖了行政组织法、行政行为法、行政救济法三个方面：机构和职能法定、服务型政府是行政组织法的内容，行政立法法治化、行政决策法治化、行政执法规范化、政府信息公开是行政行为法的内容，监督与问责的法治化、构建解决行政争议的法治体系是行政救济法的内容。[①] 法治政府要求的逐步调整和细化，意味着政府从"rule by law"向"rule of law"转变。法律不再被视为政府管理社会的工具，政府自身也被纳入法律的框架。法律制约和监督着公权力运行的全过程。在此意义上，责任政府、服务政府、阳光政府等其他理念是法治政府理念的细化，应当以法治政府理念为上位概念。这些行政法理念在指导行政法律制度的制定和实施时，都需要遵循法治政府理念。

应当明确的是，将法治政府作为第一位阶的行政法理念只是行政法理念

---

① 马怀德：《新时代法治政府建设的意义与要求》，载《中国高校社会科学》2018 年第 5 期。

体系的一种构造方式，而非唯一解。法治政府理念自身并不具备基本理念的必要属性。之所以不在法治政府理念之上再设置更高的位阶，是因为在这些基本理念中，有相当一部分并不属于行政法独有的理念，甚至不属于公法独有的理念。2020年5月28日，《中华人民共和国民法典》通过，我国开启了"民法典时代"。在民法典中，存在相当多的涉及行政法规范的内容。以维护公共秩序和公共利益为最终的落脚点，这种公私法规范交织将成为新常态。公私法规范共同治理的意义将越来越凸显。民法典是各级行政机关进行行政决策、行政管理、行政监督的重要标尺。民法典中体现了对生命健康、财产安全、交易便利、生活幸福、人格尊严等各方面权利平等保护的理念，这些理念同样指导着行政法律制度的完善。[①] 对法治政府理念的理解和运用需要遵循这些部门法中共同的基本法律理念，从而为统一的公共秩序的建立提供推力。

（二）处于第二位阶的行政法理念

在法治政府理念之下，多个行政法理念在行政组织法、行政行为法、行政救济法的调整范围内不断细化，共同构成行政法理念体系中的第二位阶。相较法治政府理念，这些行政法理念的适用范围往往集中于行政法的某个或某些具体领域，指导对应领域内的行政法学理论研究和行政法治实践。在此，仅列举部分具有代表性的行政法理念。

1.责任政府理念

对于政府而言，有权必有责，用权受监督，失责要问责，违法要追究。在责任政府理念的指导下，行政权力的运行遵循权责一致的原则。政府在行使行政权力的同时，还应当承担相应的政治、法律、道德等方面的责任。违法行使职权或者权力行使不当时，政府应当依法承担法律责任。2018年2月，我国开启了自改革开放以来规模最大、范围最广、利益调整最深刻的一次机构改革。这次机构改革以构建系统完备、科学规范、运行高效的党

① 马怀德：《民法典时代行政法的发展与完善》，载《光明日报》2020年6月3日，第11版。

和国家机构职能体系为目标，是对国家组织结构和管理体制的一次系统性、整体性重构。责任政府理念的重要性随之进一步凸显。能否理顺机构职能调整的前后变化，并使行政机关承担与其职能相匹配的责任，将在实质意义上影响机构改革成果所能转化的治理效能。

从结果层面打造责任政府，一要监督，二要问责。① 在监督方面，对行政权力的监督应当覆盖到公权力行使的各个领域、各个方面、各个环节。党的十九大指出，要构建党统一指挥、全面覆盖、权威高效的监督体系，把党内监督同国家机关监督、民主监督、司法监督、群众监督、舆论监督贯通起来，增强监督合力。在问责方面，问责事由、问责主体、责任形式、责任豁免事由等程序和实体内容都需要由法律进行规范。监督和问责的法治化事关对政府公信力的有效维护，既是法治政府建设的基本要求，也是权责一致原则的具体落实。

2.简政放权理念

在新时代的背景下，政府具有经济调节、市场监管、社会管理、公共服务、生态环境保护等多种职能。职能科学是法治政府建设的首要目标之一。确保政府职能向更加科学的方向转化、深化行政体制改革始终是法治政府建设的重心所在。作为行政体制改革的重要抓手，简政放权并不意味着对政府机构职能的随意简化和对行政事务放任不管，而是要求放管要有机结合。"放"和"管"共同构成政府提高行政管理效率、依法全面履行各项职能的前提。

在行政法治实践中，简政放权理念中的"简政"体现为精简和优化政府机构和职能设置，促进政府高效履职，形成高效率的组织体系。"放权"则体现为两方面要求：第一，理顺中央和地方权责关系，上级政府向下级政府放权。地方政府直接面向基层实践，掌握第一手实践资料。因此，有必要通过厘清各级政府及其部门的权责界限，减少并规范中央和地方共同事权，赋予地方更多自主权。同时，应当同步优化行政决策、行政执行、行

---

① 马怀德:《法治政府建设的基本要求》，载《中国司法》2018 年第 5 期。

政监督体制，实现国家机构职能优化协同高效。第二，以政企分开、政事分开、政社分开为目标，政府向市场放权、向企业放权、向社会放权。这是现阶段简政放权的重点和难点。随着经济和社会高速发展，新兴行业不断涌现，传统行业也迎来根本性变革。纯粹依靠政府进行行政管理既在监管力度上力有不逮，也影响了资源配置的效率。通过政府的减权、限权，不断激发市场主体活力和社会创新活力，已经成为营造良好营商环境，推动更高质量、更有效率、更加公平、更可持续发展的必然选择。[1] 当前，行政审批改革持续深化，对各类行政许可、资质资格、中介服务等事项的清理和规范普遍开展，以"去行政化"为核心的行业协会脱钩改革逐步推进。政府的角色相较于早期的"划船者"向"引航人"转换，这些都是简政放权理念的体现。

3.服务政府理念

在我国行政法治建设初期，规范行政权力依法运行，使公民等主体免遭公权力的侵犯是最迫切的需要。因此，行政法被定位为管理法，行政管理的基本原则被直接作为行政法的基本原则。随着法治建设逐步推进，政府从执法者与管理者转型为社会服务的提供者，承担提供公共服务的职能。职能上的转变要求政府的行为模式也相应转化，服务行政的行为模式开始影响政府履行法定义务的方式。[2] 在党的十九届四中全会上，服务人民群众被确定为国家行政管理的重大职责，一切行政机关为人民服务、对人民负责、受人民监督。建设人民满意的服务型政府成为政府治理体系的完善目标。这种对服务政府理念重视程度的提高，是现代行政法区别于传统行政法的重要特征。

服务型政府的构建既是法治政府的建设目标，也是法治政府的基本要求。法治政府不仅意味着行政机关应该依法行使权力，也强调行政机关要依法提供公共服务和社会服务，实现秩序行政与给付行政的统一、管制行

---

[1] 肖捷:《深入推进简政放权》,载《人民日报》2018年4月23日,第7版。
[2] 王敬波:《法治政府要论》,中国政法大学出版社2013年版,第80页。

政与服务行政的结合。① 在法治政府的语境中，服务型政府的构建需要满足更高的要求。在提供社会所需的各项公共服务时，政府应当需要遵守法定时限，提高行政效能，坚持以高效便民的方式进行。如果一个政府不能高效便民地提供公共服务，那么就很难称其为现代意义上的法治政府。

4. 阳光政府理念

阳光政府的核心在于行政权力运行的规范、透明。政府是否将行政事务的处理依法向社会公开、置于阳光下进行，直接决定了公民能否在实质意义上参与行政决策的过程。同时，获取政务的相关信息也是开展各项监督的前提。阳光政府的构建是民主政府和廉洁政府的基础，也是"民主"这一法治的基本理念在行政法领域的具体体现。

在我国现行立法中，政务公开制度的发展和完善是阳光政府理念的直接体现。我国政务公开起源于 20 世纪 80 年代以来村务公开的探索，经历了从村务公开到乡镇机关政务公开和厂务公开，再到各级人民政府的政府信息公开的发展过程。2019 年 4 月 3 日，《中华人民共和国政府信息公开条例》完成实施 11 年后的首次修订，此次修订充分结合了行政法学界的研究成果和行政法实务界的现实需要，对政府信息公开制度的程序和实体内容都进行了完善。"以公开为常态、不公开为例外"的原则已经被现行立法所确认。政府信息公开是政务公开的重要组成部分，此次修法对政府信息公开制度的发展为政务公开水平的提高提供了最直接和有效的推力。与政府信息公开相比，政务公开的公开范围更为广泛，公开形式更为灵活，公开制度更加规范，公开更多地依赖互联网和媒体技术。② 2020 年 6 月 21 日，国务院办公厅发布了《2020 年政务公开工作要点》，确定了六个方面、共计 19 项工作要点。其中，既包括落实新修订立法，加强制度执行和政策发布解读，强化保障措施，又要求围绕党中央的最新决策部署加强用权公开，

---

① 马怀德主编:《行政法前沿问题研究——中国特色社会主义法治政府论要》，中国政法大学出版社 2018 年版，前言。

② 马怀德:《政府信息公开制度的发展与完善》，载《中国行政管理》2018 年第 5 期。

围绕优化营商环境和突发事件应对等实践中的最新需要，加强重点领域内的信息公开。

（三）行政法理念的未来发展

当前，我国行政法治建设持续推进，不断取得新的理论成果、制度成果和实践成果。国家治理、社会变迁、新兴科技发展的理论和实践需求为行政法理念体系的完善提供了发展的土壤。行政法理念的发展与行政法治建设的发展彼此促进，形成良好的双向互动。在这种双向互动的作用下，行政法理念的未来发展将体现以下两大特征。

其一，行政法理念的具体内容和适用过程将保持高度的动态性。例如，在社会的不同发展阶段，对法治政府的衡量标准相应不同。在法治政府内部，观念、实体、形式、程序方面的各要素始终处于对话、协商的交涉过程，并在达成"未完全理论化的协议"后进入下一轮的互动运作中。[①] 法治政府理念的具体体现和要求随之调整。适用上的动态性则体现在立法、执法、司法对行政法理念的选择和理解上。例如，突发事件发生后，公权力出现扩张趋势，私权利相应克减。此时，既需要在非常态下维护公民的合法权益，也要为政府采取应急措施提供法律依据。因此，立法机关在遵循民主、法治等基本理念的基础上，强调并在立法中体现应急法治理念。这是突发事件立法与调整常态下法律关系的其他立法的本质区别。

其二，行政法理念的发展只能够在有限的范围内超前于行政法治建设的实际。行政法理念超越行政法原则和制度而存在，能够适度超前地预测行政法律制度、机制体制改革的方向，并据此提供相应的指引。但是，这种预测必然要受制于行政法治建设的实际情况。在选择、理解并最终适用某项行政法理念时，立法、执法、司法都需要结合经济、社会发展等因素，进行全方位的综合判断。同时，由于行政法理念并不是我国行政法正式的法律渊源，即使某项行政法理念已经被行政法学界普遍认可，也不能将其直接适用于立法、执法和司法。行政法理念指引作用的发挥，需要由有权

---

① 马怀德主编：《法制现代化与法治政府》，知识产权出版社 2010 年版，第 402 页。

主体依法通过决策、立法等方式解释其内容，并以政策和法律制度等形式加以固定。

本书共设十四章，包括：行政法基本原则；行政组织法制的完善；简政放权与政府职能转变；行政决策法律制度；行政执法改革；政府监管的创新与发展；行政程序统一立法；透明政府的理念与制度；应急法治的原理和制度；行政复议制度发展与主渠道实现；行政诉讼法律制度；新时代行政检察监督的发展；行政公益诉讼制度；国家监察制度的构建与运行。各章内容既突出行政法学理论研究的前沿问题，又反映行政法治实践发展的最新成果，力求为读者描绘出新时代行政法理念的真实图景。写作分工如下：

序言：马怀德（中国政法大学校长、教授，中国法学会副会长、中国法学会行政法学研究会会长，博士生导师）；

第一章：郑雅方（对外经济贸易大学法学院教授、宪法与行政法学系主任）；

第二章：朱智毅（中国农业大学人文与发展学院副教授）；

第三章：骆梅英（浙江省委党校教育长、教授，博士生导师）；

第四章：展鹏贺（湖南大学法学院副教授，院长助理）；

第五章：张卿（中国政法大学法与经济学研究院教授、监管法制研究中心主任，博士生导师）；

第六章：张红（北京师范大学法学院教授，博士生导师）；

第七章：宋烁（北京科技大学文法学院讲师）；

第八章：孔祥稳（对外经济贸易大学法学院副教授，院长助理）；

第九章：林鸿潮（中国政法大学应急管理法律与政策研究基地主任，法治政府研究院教授，博士生导师）；

第十章：徐运凯（司法部行政复议与应诉局副局长）；

第十一章：赵颖（北京工商大学法学院副教授）；

第十二章：渠滢（华东政法大学法律学院副教授）；

第十三章：刘艺（中国政法大学法治政府研究院教授、中国政法大学检察公益诉讼研究基地执行主任，博士生导师）、王玎（北京电子科技学院管理系讲师）；

第十四章：宗婷婷（中国政法大学法律硕士学院副教授）。

全书由王敬波、张雨田协助统稿，由马怀德定稿。

目　录

第一章　行政法基本原则

行政法的基本原则连接了法律价值与法律规则，是体现行政法基本理念最重要的环节，在行政法中具有重要的理论价值。关于我国行政法基本原则有哪些，尚存在若干争议，多数基于法教义学的研究，在学术史、功能定位、衍生原则及现实价值上进行引介或阐释，力图使这些原则与行政法的现实问题相连接并在实证问题上有所体现，但是在体系与内容安排上，多是建立在秩序行政原理的基础之上。行政法的基本原则多碎片化、补丁化，关于行政法思维方式及规则体系评价方面尚无专论涉及，对基本原则间的整体观察与评判留有极大的空间，体系化与周严的逻辑结构尚需建立。马怀德教授认为，行政法的基本原则总括为行政法治原则，具体包括依法行政原则、信赖保护原则、比例原则等。[①] 本章依据马怀德教授关于行政法法治原则的分类标准，契合行政法学的理念，结合新进理论与实务的新发展，对行政法的基本原则给予系统的阐释。

第一节　行政法基本原则的概念

在法学中，原则是指构成法律规则和法律学说基础和本源的综合性、稳定性原理或准则。[②] 关于什么是行政法的基本原则，理论研究中并无定论。通行教材中的定义是："行政法的基本原则是指导行政法的制定、执行、遵守以及解决行政争议的基本准则，贯穿于行政立法、行政执法、行政司法和行政法制监督等各个环节。它是对行政法规范的价值和精神实质的高度概括，体现着行政法规范的价值取向和目标，反映现代民主法治国家的宪

[①] 马怀德主编：《行政法与行政诉讼法》，中国法制出版社2000年版，第38页。
[②] 陈瑞华：《刑事审判原理论》，北京大学出版社1997年版，第120页。

法精神，规范法与行政之间的关系。"[1] 周佑勇教授对行政法基本原则作了进一步的阐释，"所谓行政法的基本原则，是指其效力贯穿于全部行政法规范之中，能够集中体现行政法的根本价值和行政法的主要矛盾，并反映现代民主法治国家的宪政精神，对行政法规范的制定与实施具有普遍指导意义的基础性或本源性的法律准则"。这一定义反映出作为行政法基本原则所必须具有的"法律"性、"特殊"性和"基本"性等特征或标准。所谓"法律"性，即行政法的基本原则作为"法"的原则，必须是一种法律准则；所谓"基本"性，即行政法基本原则作为法的"基本原则"，又是一种基本的法律准则，是行政法领域中最高层次的、比较抽象的行为准则，是构成其他行为准则基础性或本源性的依据；所谓"特殊"性，即行政法基本原则作为"行政法"的基本原则，还是体现在行政法规范而不是其他法律规范中的基本准则，是为行政法所特有的基本原则，而不是与其他部门法共有的一般原则。[2]

行政法的基本原则是贯彻行政法律规范的始终、指导行政法律关系主体行使权力、履行义务的基本准则。行政法理论要革新，基本原则论即为第一步。而我国行政法的基本原则的问题主要集中在两个层面，第一个层面是当下衍生原则极多，适用混乱，且没有规范的逻辑分析框架；第二个层面是从国外移植的原则颇多，与我国当下政府管理实践相脱节，缺乏现实的解释力，已然不能解决我国行政法的本土问题。因此，我国行政法在理论上必须建立一种与我国法治政府理念相契合且具科学性与实操性并重的基本原则，以回应"政府—市场—社会"三元关系中对行政法学最实质性的要求。综观我国行政法的基本原则构建主要有三种进路：第一种是移植国外的既有研究成果，第二种是通过价值分析而确立，第三种是基于行政法学的基本理念而确立。本章主张在行政法中的基本原则，不是三种进路中的一种，而是均包含在其中，即在移植的基础上，借鉴既有先进实践经验，

---

[1] 应松年主编：《行政法与行政诉讼法学》，高等教育出版社 2017 年版，第 34 页。
[2] 周佑勇：《行政法基本原则的反思与重构》，载《中国法学》2003 年第 4 期。

综合价值分析，基于行政法学的基本理念而确立的行政法的基本原则。因此，我国行政法中的基本原则，某种程度上就等同于行政法学理论的思维方式和思维能力。

第二节 行政法基本原则的内容

一、依法行政原则

应松年教授率先提出依法行政原则，并在当时的法治环境下认为只有依法行政原则才能成为行政法的基本原则。[①] 关于我国行政法基本原则的各种认识，虽然在内容上有若干区别，但从总体上仍旧是将行政法基本原则集中定位于"行政法治原则"，要求行政主体实施行政行为应符合法律的规定。它是行政必须服从法律的基本准则，是法治、民主和人权原则在行政领域的具体体现和运用。该原则具体包括法律优先原则、法律优位原则，法律保留原则。

（一）法律优先原则

法律优先原则指"法律对于行政权之优越地位，以法律指导行政，行政作用与法律抵触者应不生效力"。[②] 行政法优先于行政。在法治社会，行政组织根据法律设置、行政官员根据法律任命、行政权由法律设定。换言之，它们都为法律所创造。指由立法机关制定法律、创造行为规范。行政法规范应尽可能以法律的形式来规定，行政立法必须有法律的授权。并且，行政机关所制定的行政法规范不得与宪法和法律相抵触，行政立法相对于立法机关的立法来说是一种从属性立法。行政机关基于法律的授权制定的行政法规范，其效力低于立法机关所制定的行政法规范。

在我国，法律优先原则的内涵主要也是限制在法律与行政立法的关系

---

① 应松年主编:《行政法学新论》，中国方正出版社1998年版，第42页。
② 转引自城仲模:《行政法之基础理论》（增订新版），台湾三民书局1994年版，第5页。

上，它实质上强调的是法律对于行政立法即行政法规和规章的优越地位，其具体的要求有三。一是行政立法必须具有明确而具体的法律根据；二是行政立法不得与法律相抵触，在已有法律规定的情况下，行政法规、规章不得与法律相抵触，凡有抵触，应以法律为准，法律优先于行政法规、规章；三是在法律尚无规定，根据特别授权，行政法规、规章作了规定时，一旦法律就行政事项作出规定，行政法规、规章都必须服从法律。[①] 行政立法分为授权立法和职权立法，两者都体现了法律优先原则。第一，行政机关进行授权立法的权力来自授权法和授权决议，一般都具有明确的授权目的和范围，是一种从属性立法，体现了法律优先原则。第二，职权立法的行政立法权来源于宪法和组织法。基于职权立法所制定的法规和规章，并不是狭义上的法律的创造，而是宪法的创造，它同样从属于国家权力机关所制定的法律，也体现了法律优先原则。

（二）法律优位原则

法律优位原则（或称法律优先原则），指行政法规范对行政活动具有绝对的拘束力和支配力，行政主体不得采取任何违反行政法规范的措施，是依法行政原则的首要要求。法律优先原则中的"法"，是广义的法，法律优位的"法律"应当是全国人大及其常委会依照立法程序所制定的法律，应当是具有规范性、明确性和合宪性的法律，而不仅仅是立法机关所制定的法。在观念上，行政机关不得以改革创新、提升行政效能等为借口，突破法律的范围。在制度上，法律优位虽非绝对原则，允许有例外存在，但应严格限定于有更强理由的情形，以确保法的安定性。[②]

行政法对行政具有绝对支配性和拘束力。它要求行政主体应严格以行政法规范为依据来实施行政行为，调整特定利益关系；要求行政主体在有效力等级较高的行政法规范时不应适用效力等级较低的行政法规范，有制定法规范时不应适用行政惯例；要求行政行为应符合行政法规范的本意；要

[①] 应松年：《依法行政论纲》，载《中国法学》1997 年第 1 期。
[②] 王贵松：《论行政法上的法律优位》，载《法学评论》2019 年第 1 期。

求有完善的司法监控机制，使行政行为的合法性置于法院的管辖之下。

（三）法律保留原则

法律保留是指在国家法律秩序范围内，某些事项必须专属于立法者规范，行政机关不得代为规定。[①] 法律保留原则严格区分国家立法权与行政立法权，是法治在行政立法领域内的当然要求，其根本目的在于保证国家立法的至上性，划定了立法机关与行政机关在创制规范方面的权限秩序。法律保留范围的事项，行政机关非经授权不得自行创制规则，保障了法律规范位阶的有序性，防止了行政立法权自我膨胀，有利于民众权益的保护。因此，法律保留的意义就在于"明确权力秩序，确立授权禁区"。[②] 法律保留原则意味着只有在得到法律允许的情况下才能实施相应的行为。我国的法律保留原则可以从立法和执法两个层面来认识。

首先，从立法层面来看，法律保留原则的"法律"是狭义上的法律，即仅指最高国家权力机关所制定的法律。根据宪法及其修正案和立法法的规定，有关公民自由的立法为法律所绝对保留。它支配着最高国家权力机关与行政机关、地方国家权力机关之间的立法权限分工。

其次，从执法层面来看，法律保留原则的"法律"包括法律、法规和规章。其实质是无法律即无行政，法无明文禁止即自由。它的要求比法律优先原则更为严格。

法律优先与法律保留之间的区别在于，法律优先原则只是消极地禁止违反现行行政法规范的行政作用，法律保留原则却积极地要求行政作用具有法律依据。法律优先原则所要解决的是法律对行政的监控力度，法律保留原则所要确定的是法律对行政的监控范围。在我国，无法律即无行政原则，在《行政复议法》和《行政诉讼法》中体现在对适用法律依据错误的行政决定应当撤销的规定中，因为适用法律依据错误包括没有适用任何法律依据作出行政决定的情形。法无明文禁止即自由的原则，在《行政处罚法》

---

① 陈新民：《行政法学总论》，台湾三民书局 1997 年版，第 52 页。
② 范忠信、范沁芳：《论对授权立法中授权行为的监控》，载《法律科学》2000 年第 1 期。

和《行政许可法》中则是通过处罚法定、许可法定原则来贯彻的。

二、正当程序原则

正当程序，通常又表述为"正当法律程序"或"正当程序"。正当程序原则来自英美法系，是英美法系的基本原则。在《布莱克法律辞典》中正当程序原则的中心含义是指任何其权益受到判决影响的当事人，都享有被告知和陈述自己意见并获得听审的权利。正当法律程序原则起源于英国法中的"自然正义"（Nature Justice），光大于美国法所继承的"正当法律程序"（Due Process of Law），传播于全球。正当程序还是英美法系的一条重要的宪法原则，在英美法中它作为一条重要的法治观念与宪法原则。程序的正当性包含的价值是程序的中立、理性、排他、可操作、平等参与、自治、及时终结和公开；通过正当程序达到宪法的至信、至尊、至上从而实现宪法权威。到了 20 世纪，世界多数国家纷纷进行行政程序立法，通过立法将正当法律程序原则确立为行政法的基本原则，注重程序公正日益成为现代法治国家共同的价值取向。

正当法律程序原则有广义和狭义之分。广义的正当法律程序原则指整个行政法程序性基本原则，包括行政公开公平公正原则，也包括行政程序具体原则，狭义的正当程序原则仅指相当于英国行政法中自然正义和美国行政法中正当法律程序的原则。正当程序原则主要包含两条基本规则：第一，任何人不应成为自己案件的法官；第二，任何人在受到惩罚或其他不利之前，应为之提供公正的听证或其他听取其意见的机会。

行政机关作出影响行政相对人权益的行政行为，必须遵循正当法律程序，需要遵循以下三点要求：一是自己不做自己案件的法官。行政机关及其工作人员处理涉及与自己利害有关系的事务时，应主动回避或应行政相对人的申请回避。二是说明理由。行政机关作出任何行政行为，特别是作出对行政相对人不利的行政行为，除非有法定保密的要求，都必须说明理由。三是听取陈述和申辩。行政机关作出任何行政行为，特别是作出对行政相对人不利的行政行为，必须听取相对人的陈述和申辩，事后为相对人提供相应的救济途径等。

正当程序原则是现代行政法的最重要的基本原则之一。近年来，我国理论研究与实践对正当程序原则的适用青睐有加。杨登峰教授认为，在依据正当程序原则补充成文法规定时，要综合考虑成文法程序是否足以保护公民的实体权益、适用较复杂的程序是否更有助于防范行政错误的发生、补充程序的行政成本是否与所维护的个人权益均衡等方面。[1] 周佑勇教授概括了法院适用正当程序原则的趋势，要求行政机关在法无明文规定时也应受到最基本的正当程序原则的约束，当事人程序权利保障等必须达到充分的程度而不能只是形式上的参与。[2] 关于正当程序原则，行政法学界除了对正当程序原则的内涵和要求、司法审查的标准和强度等进行精细化研究以外，还需要对其能够切实发挥功能的前提和保障进行研究，特别是如何防范认认真真走过场，避免行政程序和司法程序的空转。[3]

三、比例原则

比例原则又称为均衡性原则或平衡性原则，[4] 首创于德国法，为实质主义法治的构建，被我国行政法在创立之初所引入，成为我国行政法的基本原则之一，用来分析行政行为的合理性问题，亦属于工具性原则的范畴。比例原则产生于 18 世纪末的德国警察法，一度被称为公法中的"帝王原则"，经典理论包括三项子原则，即"适当性"原则（又称合目的性原则）、"必要性原则"（又称最小侵害性原则）与"狭义比例性原则"（又称均衡性原则或平衡性原则），晚近以来，我国学者认为，比例原则三阶子原则，在结构上缺乏严谨性，逻辑上难以自洽，应该加入"正当性原则"（又称目的

---

① 杨登峰：《法无规定时正当程序原则之适用》，载《法律科学》2018 年第 1 期。

② 周佑勇：《司法判决对正当程序原则的发展》，载《中国法学》2019 年第 3 期。

③ 李洪雷：《面向新时代的行政法基本原理》，载《安徽大学学报（哲学社会科学版）》2020 年第 3 期。

④ ［德］格奥尔格·诺尔特：《德国和欧洲行政法的一般原则——历史角度的比较》，于安译，载《行政法学研究》1994 年第 2 期；于安编著：《德国行政法》，清华大学出版社 1999 年版，第 29 页。

正当性原则）而形成四个子原则。① 需要强调的是，在我国，比例原则主要是从执法层面而不是从立法层面来认识的，立法层面的合理、公正在执法层面是依法行政原则的问题。比例原则是从实体和内容而不是从程序和形式上来认识的，程序和形式公正被置入合法性范畴。

（一）传统意义的比例原则的三阶子原则

行政法上的比例原则是指行政权虽然有法律上的依据，但必须选择使相对人的损害最小的方式来行使，包括适当性原则、必要性原则和狭义的比例原则。

适当性原则是指"行政机关拟实施行政行为，特别是实施对行政相对人权益不利的行政行为时，只有认定该行为有助于达到相应行政目的或目标时，才能实施"。② 进一步理解为，"公权力行为的手段必须具有适当性，能够促进所追求的目的的实现"。③ 适当性原则也可表述为"手段符合目的，或者说手段有助于目的实现"。④

必要性原则，又称最小侵害原则，是指行政主体为实现行政目的，即使可以依法采取影响相对人权益的手段，也应当选择使相对人所受的损失保持在最小范围和最低程度的手段。必要性原则在内涵上经历了从"必要的目的与必要的手段"到"必要的手段"的转变。为了预防与控制公权力行使的恣意与专横，应当客观化必要性原则。⑤ 必要性原则适用的前提是行政机关具有裁量权，且对目的的实现来说。所采取的手段是绝对必要的，除此之外，别无他法。⑥

狭义的比例原则，是指行政主体即使依法可以采取影响相对人权益的手

---

① 刘权：《目的正当性与比例原则的重构》，载《中国法学》2014年第4期。
② 姜明安主编：《行政法与行政诉讼法》（第六版），北京大学出版社、高等教育出版社2015年版，第74页。
③ 蒋红珍：《论适当性原则——引入立法事实的类型化审查强度理论》，载《中国法学》2010年第3期。
④ 刘权：《目的正当性与比例原则的重构》，载《中国法学》2014年第4期。
⑤ 刘权：《论必要性原则的客观化》，载《中国法学》2016年第5期。
⑥ 马怀德主编：《行政法与行政诉讼法》，中国法制出版社2000年版，第79页。

段，也不应当使相对人所受的损失超过所追求的公共利益。比例原则与平等对待的差异：首先，平等对待是通过对各相对人之间的比较来认识行政合理性的，比例原则则是通过对事即相对人所具有的情节与所应得到的法律待遇之间的比较来认识行政合理性的。其次，比例原则主要是对负担行政的要求，而平等对待原则的适用则不限于负担行政，还适用于给付行政。最后，符合平等原则的行政决定不一定符合比例原则。坚持比例原则即使能够达到负担行政中的平等对待，也无法实现给付行政中的平等对待。

关于主观合理性的判断标准，在英国，"韦德内斯伯里原则"是对行政裁量是否合理的判断标准，其内容为只有当如此"荒谬以致任何有一般理智的人都不能想象行政机关在正当地行使权力时"，才能被认为不合理。我国司法实践中亦适用了该标准主观合理性的判断因素。第一，是否具有不道德的动机；第二，是否考虑了不相关的考虑；第三，是否违反法定目的；第四，是否具有反复无常和独断专行的情况。

（二）比例原则的新发展及与相近原则的关系

近些年来，法教义学更加关注比例原则的理论评价及应用，并为诸如"必要性""适当性""狭义比例性"等不确定法律概念的解释找到规范的体系，并服务于司法实践的方法论论证范式。[①] 经过多年的研究及发展，尽管我们在教学的过程中还会将比例原则放在合理性原则项下，[②] 但立足于法教义学的学者主张"复兴"比例原则，或主张将比例原则取代合理性原则，[③] 或主张对比例原则均衡性问题的论证中不能量化的问题借鉴成本收益分析的分析模型。[④] 也有法经济学的学者认为比例原则存在理论上的谬误，

---

① 主要成果参见刘权：《行政判决中比例原则的适用》，载《中国法学》2019 年第 3 期；陈景辉：《比例原则的普遍化与基本权利的性质》，载《中国法学》2017 年第 5 期；刘权：《论必要性原则的客观化》，载《中国法学》2016 年第 5 期。

② 应松年主编：《行政法与行政诉讼法学》，高等教育出版社 2017 年版，第 39—40 页。

③ 杨登峰：《从合理原则走向统一的比例原则》，载《中国法学》2016 年第 3 期。

④ 刘权：《均衡性原则的具体化》，载《法学家》2017 年第 2 期；刘权：《论必要性原则的客观化》，载《中国法学》2016 年第 5 期。

应当以成本收益分析取代比例原则，因为"与政策科学和法经济学中更常用的成本收益分析相比，比例原则并非分析和论证实质合理性的有效、理想方法，至多构成残缺的成本收益分析"，并将成本收益分析普适到私法领域中。[①] 上述观点对比例原则与成本收益分析原则之间的关系认识均有所偏颇。作为行政法的基本原则，比例原则与成本收益分析原则应当在行政法的理论体系中共存。正如沈岿教授所言："效能原则与比例原则不是简单的谁取代谁的问题。"[②] 每一种理论都有其产生的独特的历史背景和法学理论的要求，作为工具性原则，行政法理论体系的开放性与包容性应当允许在理论和实务中已经发展并成熟的工具性原则共同存在，为决策者提供选择工具并得以恰当运用的机会。

比例原则缺乏深刻的现实解释力，说理方法缺乏定量分析的逻辑是比例原则理论体系中最为尴尬的。我国学者提出与比例原则具有同等功能的原则，作为行政法中利益衡量的工具性原则与比例原则并存。沈岿教授提出行政法的"效能原则"，[③] 并认为效能原则与比例原则不能互相取代；郑雅方教授提出以"成本收益分析原则"吸收效能原则，原因在于"效能"问题，类似于权责相适应原则的要求，仅仅是成本收益分析原则需要考虑的一个方面，往往是一种"成本—效能分析（或称成本—有效性分析）"，这种分析在技术上是无法进行以效率为中心的成本收益分析，同时也会产生循环论证的风险。然而沈岿教授的本意更加接近成本收益分析原则的意旨，但"效能原则"在科学性与程序结构上的欠缺依然无法成为"有利于行政权行使的优化及效益标准"的基本原则，因此应当被成本收益分析原则所吸收。[④]

以下将逐步解构比例原则与成本收益分析原则之间的关系，并为两者的区分适用提供指引，以探讨比例原则新的发展方向。

[①] 戴昕、张永健：《比例原则还是成本收益分析——法学方法的批判性重构》，载《中外法学》2018 年第 6 期。

[②] 沈岿：《论行政法上的效能原则》，载《清华法学》2019 年第 4 期。

[③] 沈岿：《论行政法上的效能原则》，载《清华法学》2019 年第 4 期。

[④] 郑雅方：《论我国行政法上的成本收益分析原则——理论证成与适用展开》，载《中国法学》2020 年第 2 期。

首先，适用领域不同。比例原则依附于传统行政行为理论，受行政行为的类型化思路的影响，更多适用于干预行政中，尤其在干预行政中对行政裁量权行使的价值判断具有优势地位，但在面对诸如扶贫等新兴的给付行政领域则显得力不从心。而成本收益分析原则适用于行政活动全过程，既可以适用于给付行政的全过程，也可以适用于干预行政裁量权行使合理性的判断，更可以适用于无法用行政行为理论涵盖的重大行政决策领域，尤其在决策的作出、风险评估及后评估等领域具有明显优势。同时，在积极行政领域成本收益分析原则激励政府有担当、慎作为，是行政法在基本原则中重要的逻辑切换，相对于更多适用于消极行政领域的比例原则而言，具有进步意义。

其次，逻辑推演方式不同。就未来行政法理论的革新与重构角度而言，新的行政法理论与制度体系，不能仅仅依靠定性分析的逻辑推演方式，必须借助以大数据为基础的定量分析，并将定量分析与定性分析的结合，才能得出科学的结论，而这些正是比例原则所欠缺的。"不要用大炮打樱桃树上的小鸟"是必要性原则对手段与目的之间的衡量，而其中"最小侵害性"的要求也抽象性地制造了更多的主观性问题和更加不确定法律概念。因此，研究比例原则的学者很明确地提出了论断，即必要性原则需要客观化，因为何为最小侵害在行政主体与相对方的判断中是不同的，容易产生对人权的侵害，并在"相同有效性"下的最小损害选择需要借鉴成本收益分析的逻辑思路。[①] 比例原则精细化的发展和对精确性的要求，事实上陷入了一个误区，即最小侵害只是相对而言的概念，在复杂问题中，也只能选择商谈程序，而必要性作为手段的选择不是仅仅欠缺在定量分析的不足上，也并不是在"最小侵害性"的判断上引入成本收益分析就可以使必要性的客观化问题得以解决，究其根本原因在于，比例原则与成本收益分析的逻辑推演方式是不同的。成本收益分析原则的优势是必须定量分析与定性分析相结合，而不是纯粹的定量分析或定性分析，更重要的是，成本收益分析

---

① 刘权：《论必要性原则的客观化》，载《中国法学》2016 年第 5 期。

会为手段的选择进行客观信息的分析，提出可能的方案与替代性解决方案。本章所倡导之成本收益分析原则中定量与定性分析相结合，在与比例原则相较之层面，旨在针对必要性原则的科学性缺陷，并弥补我国行政法在复杂问题分析中逻辑推演能力的不足。

最后，程序结构性不同。成本收益分析原则在程序结构上强调事实与价值问题分离，比例原则却更多强调均衡理念的价值判断，并不要求事实与价值分离为程序结构的特点。均衡性原则主张促进的公共利益与公民个人权利的损害之间成比例，而"均衡原则具有较大的不确定性"[1]，只能是一个理念性原则，面临着无法解决现实中问题的困境，形式性、主观性、空洞性是狭义比例原则受到批判的主要原因，缺乏分析工具且需要具体化是研究比例原则学者的热衷之处。[2] 也有学者对比例原则提出批判性意见，"由于比例原则将原本全面的成本收益分析机械地肢解，这使得分析、审查过程很容易丧失逻辑一致性，而审查结论则不具有成本收益层面的合理性"。[3] 实质上，这些关于比例原则的质疑源自程序结构的不同，成本收益分析强调事实与价值相分离，比例原则主要做价值分析，诸如公共利益的论述，基于比例原则更多是依靠对价值的判断，如若不将其作为事实问题进行程序分化，则理想化的全开放的价值论证过程是成本极其高昂而偏离公共利益识别与实现的轨道，更加无法对可能滥用的行政权力进行规制。

四、信赖保护原则

信赖保护原则是指行政管理相对人对行政权力的正当合理信赖应当予以保护，行政机关不得擅自改变已生效的行政行为，确需改变行政行为的，对于由此给相对人造成的损失应当给予补偿。信赖保护原则是诚实信用原

---

[1] Paul Craig, EU Administrative Law（Second Edition）, Oxford：Oxford University Press, 591（2012）.

[2] 刘权:《均衡性原则的具体化》，载《法学家》2017年第2期。

[3] 戴昕、张永健:《比例原则还是成本收益分析——法学方法的批判性重构》，载《中外法学》2018年第6期。

则在行政法中的体现。

行政法上信赖保护原则最先由德国等大陆法系行政法学者提出，后得到了德国行政立法的肯定，例如《联邦德国行政程序法》第48条第2款列举规定了三种不适用信赖保护原则的具体情形：第一，受益人以欺诈、胁迫或行贿取得一行政行为的；第二，受益人以严重不正确或不完整的陈述取得一行政行为的；第三，明知或因重大过失而不知行政行为的违法性。信赖保护原则后经日本及我国台湾地区等的效仿、继受与发展，已成为大陆法系行政法的重要的基本原则，对完善大陆法系国家行政法律制度发挥了重要作用。依据该原则进行的制度设计在保障人权、维护法的安定性、实现实质的法治行政方面发挥着不可替代的作用。

信赖保护原则与法律安定性原则不同，首先，信赖保护原则强调的是对私人信赖利益与信赖状态的保护，具有强烈的主观色彩；而法律安定性原则，强调的是法律状态的安定性与和平性，是一个客观的标准。其次，从适用的目的来看，在案件中适用信赖保护原则是为了作出对私人有利的判决；而法律安定性的适用案型既可能对私人有利也可能对私人不利，而在承认信赖保护原则的国家，一般来说，法律安定性原则发挥作用的领域主要是那些一旦适用即会对私人不利的领域。鉴于法律安定性原则有过分偏重于客观法律秩序的缺陷，可将基本权利保障原则作为信赖保护原则的补充依据。[1]

信赖保护原则需要满足以下条件方可适用，"首先，存在信赖基础。即行政行为生效且此生效事实被相对人获知，相对人如不知有该行政行为的存在，即无信赖可言。若无信赖感，也就无从适用信赖保护原则。其次，具备信赖行为。亦称信赖表现，是指相对人基于对授益性行政行为的信赖而采取的具体行为。信赖保护原则的适用，必须是相对人已采取了信赖行为，且信赖行为具有不可逆转性。其主要表现为：授益性行政行为赋予行政相对人的是某种物质利益，而行政相对人已对该物质利益进行了处分，如对作为物质利益载体的特定物、不可分物等进行了处分；或授益性行政行为赋予行政相对

---

[1]　李洪雷：《行政法释义学》，中国人民大学出版社2014年版，第88—97页。

人的是某种资格，而行政相对人依此资格从事了某种行为。再次，信赖值得保护。即值得保护的信赖须是'正当的信赖'，且信赖利益须显然大于撤销或废止原行政行为所欲维护的公共利益；否则，该信赖也不值得保护。这就得对信赖利益与否定原行政行为所欲维护的公共利益进行客观的对比或权衡。一般认为，行政主体在对这两种利益进行权衡时，应当考虑如下因素：撤销对受益人的影响；不撤销对公众和第三人的影响；行政行为的种类及成立方式（经由较正式行政程序所为的行政行为，受益人对其信赖的程度更大）；行政行为违法性的严重程度；行政行为作出后存在的时间长短。通过对信赖利益与撤销或废止之公共利益间的权衡，在前者显然大于后者时，就不得撤销或者废止原行政行为，即维持原行政行为的效力；在相反的情形下，行政主体虽可撤销或者废止原行政行为，但必须给予相对人合理的信赖补偿。至于信赖补偿的范围，应由信赖利益受损害的程度决定"。[1]

除了具备以上条件，还需要注意的是，"信赖保护原则的适用，还必须在相对人的信赖利益与否定原行政行为所欲维护的公共利益之间进行一种客观的比对或权衡。由于信赖利益归属个人利益的范畴，信赖利益与公共利益的关系在一定程度上可以说是个人利益与公共利益的关系。因此，这种利益之间的权衡，实质上就是个人利益与公共利益之间的权衡"。[2] 所以，信赖是否值得保护其判断基准主要是根据无过错原则，无过错原则主要强调了行政相对人对于违法行政行为没有过错。倘若是由于行政相对人自己的过错，造成违法行政行为的作出，或者明知或重大过失而不知行政行为违法则不能成立信赖保护。有权机关应保护行政相对人因信任行政主体的合法性、正当性、权威性而无过错参与其实施的授益性、合意性、指导性等行政行为所期望得到的合法或合理利益。

---

① 周佑勇：《行政法基本原则的反思与重构》，载《中国法学》2003年第4期。
② 周佑勇：《行政法基本原则研究》（第二版），法律出版社2019年版，第208页。

第二章 行政组织法制的完善

第一节 行政组织法的基础理论

一、行政组织与组织法

（一）行政组织

随着现代社会的发展，以超越个体方式运作的组织化现象已成为各类事务管理的最基本形态。如果将经营、管理等社会活动看成由许多个体共同行为和产生相互关系的过程，那么组织就是保证这一过程实现规则、有序的重要载体。作为一个行政学、管理学的概念，组织主要是指"事物内部（及其与外部）按照一定结构与功能关系构成的方式和体系"，[①] 是由相互联系和作用的部分共同构成的有机整体。故"组织"一词既有静态意义的一面，即强调是由人员会集、组成的集合体，也有动态意义的一面，即强调有机结合、形成系统的过程。正如日本学者冈部史郎指出，组织就是复数以上的人或集团，通过上、下或并列的秩序，确定其地位和作用，形成作为整体的具有协作关系的形态。[②]

根据权力性质与管理事务内容的不同，通常可以将社会中的组织划分为国家组织、政党组织和其他社会组织三类。其中，国家组织又可以划分为国家行政组织和其他国家组织。所谓国家行政组织，是由国家设立、依法从事公共行政事务管理的组织。承担公共行政事务、享有行政职权，是国家行政组织区别于其他国家组织（如立法、司法等组织）的本质特征。实

---

① 罗珉：《组织概念的后现代图景》，载《管理科学》2004年第3期。
② 邹钧主编：《日本行政管理概论》，吉林人民出版社1986年版，第65页。

践中，国家行政组织主要泛指各类行政机关与行政机构，前者包括政府及其下属的工作部门，后者则是行政机关的内部组成单元，往往表现为机关内部根据不同职能分工所形成的办事机构（如司、处、科、室等）与派出机构（如派出所等）。

此外，为了更为灵活、有效地实现行政目标，提高行政效率，国家在行政体制改革和政府职能转变的过程中，也开始尝试将部分公共职能交由国家行政组织以外的其他社会组织来完成。这些组织在获得法规范授权或行政委托的情况下，也享有并行使一定的行政职权，此时，也可以将它们视为一种宽泛意义上的行政组织。可见，实践中的行政组织形态具有多样性，从广义上讲，只要依法获得并行使行政职权，就都是行政法意义上的行政组织。①

（二）行政组织法

行政组织法，顾名思义是有关行政组织的法。传统行政法理论对组织法范围的界定有广义与狭义之分。狭义的行政组织法，仅指有关规定行政机关的地位、性质、组成、规模、设置程序和权限划分等内容的法律规范，其调整对象为国家行政机关，是专门针对行政组织的设置及其权限加以规范和调控的法律。从各国已有的立法例来看，狭义的行政组织法主要包括中央行政机关组织法、地方行政机关组织法、其他公务组织法、行政机关编制法和公共行政改革法等。而广义的行政组织法则除了专门规范行政组织的法律外，还包括对组织运行所涉及的人和物等加以调整的法律。例如，日本学者认为，行政组织法是指关于国家、地方公共团体及其他公共团体等行政主体的组织及构成行政主体的一切人的要素（公务员）和物的要素（公物）的法的总称。②我国也有学者指出，规范行政组织的法就其内容而言，大致应包括行政组织的设立及其职权职责、行政组织的规模大小及

---

① 马怀德主编：《行政法与行政诉讼法》（第五版），中国法制出版社 2015 年版，第92 页。

② ［日］田中二郎：《简明行政法》（新版），弘文堂 1983 年版，第 43 页，转引自杨建顺：《日本行政法通论》，中国法制出版社 1998 年版，第 213 页。

其人员和经费设备、行政组织的组成人员等，而行政组织法就是规范这几类事务的法的总称。其中，规范行政组织的组成方式及其权力创设的法即行政机关组织法，规范组织规模与人员配备的法即行政机关编制法，而规范人员招录、管理的法即公务员法。[①] 由此，我们可以将行政组织法界定为规范行政组织与组织过程、调整行政组织关系的法律规范的总称。同时，鉴于与行政组织的设置及权限有关的组织法律制度（狭义的行政组织法）在整个行政组织法体系中处于核心地位，故本章的讨论也主要围绕这类法律规范展开。

二、组织法制的基本原则及功能

（一）行政组织法的基本原则

行政组织法的基本原则是调整行政组织法律关系的普遍性规范，是组织法律制度基本精神和价值理念的集中体现，是行政组织法中最高层次的规则。一般认为，行政组织法的基本原则主要有：

1. 依法组织原则

依法组织原则是法治原则在公共行政组织领域的直接体现。依法组织原则的核心在于强调组织过程和组织结果的合法，即行政组织的形成及其权力运行，必须受到法规范的约束。具体而言，依法组织原则应包含下列几项要求。

一是国家对行政的组织过程必须由法律加以规范，即行政组织的设置及其权力配置问题属于法律保留的事项。特别是有关行政权的设定、中央行政机关的设置和职权、地方行政组织的结构，以及不同层级行政组织间的关系等重要的行政组织问题，都应由宪法或法律加以规定。理论上，通常以"职权法定"或"组织法定主义"概括这一要求，强调对于行使行政权的组织（尤其是国家行政机关）而言，只有宪法、法律明确规定，才能享

---

① 马怀德主编：《行政法与行政诉讼法》（第五版），中国法制出版社 2015 年版，第 92 页；周佑勇：《行政法原论》（第三版），北京大学出版社 2018 年版，第 124 页；孟鸿志等：《中国行政组织法通论》，中国政法大学出版社 2001 年版，第 19 页。

有某项行政权力、行使相应的行政职权，否则，须恪守"法无明文授予不得为"的要求。

二是行政组织立法必须有助于保障公民权利。正如学者所言，"一个国家有多少行政机关，它们分别负责哪些公共管理职能，权限范围有多大，诸如此类要在制定关于公共行政组织的法律规范时予以考虑的问题，不单单关涉公共行政的组织体系，更关涉国家社会经济的发展和公民的权利"。[①] 因而，依法组织不仅要关注行政组织自身的合法性，还要注重对公民权利的保障。一方面，要在行政组织过程中确保公民的参与；另一方面，要合理地界定行政权与公民权。[②] 既要保证行政权能够按照法治的要求履行好社会管理、公共服务和经济调控等职能，又要尊重并保障社会成员的基本权利，避免国家行政对社会、市场的过度干预。

三是对于违反行政组织法的行为须问责。在公共行政组织领域，"如果没有责任追究机制，违法设置机构、擅自增加编制、任意增加人员，在职权行使上互相推诿、互相扯皮、争权越权、滥用权力的现象就无法得到遏制"。[③] 因而，无论是行政组织的形成过程，还是组织权力的行使，都必须依法而行，任何违反行政组织法的行为都应承担相应的法律责任。

2. 组织效率原则

在现代社会，伴随"福利国家"和"服务型政府"等理念的兴起，国家的行政任务日趋庞杂而繁重，"行政往往必须积极介入社会、经济、文化、教育、交通等各种关系人民生活的领域"，[④] 行政权不仅是维护秩序的手段，更是促进和保障人民权利的积极力量。因而，当行政组织借助于行政权积极、主动地干涉社会经济生活领域时，"相应的法律制度设置与运作也必须

---

① 姜明安、沈岿：《法治原则与公共行政组织——论加强和完善我国行政组织法的意义和途径》，载《行政法学研究》1998 年第 4 期。

② 应松年、薛刚凌：《行政组织法基本原则之探讨》，载《行政法学研究》2001 年第 2 期。

③ 姜明安、沈岿：《法治原则与公共行政组织——论加强和完善我国行政组织法的意义和途径》，载《行政法学研究》1998 年第 4 期。

④ 翁岳生编：《行政法》（上册），台湾翰芦图书出版有限公司 2000 年版，第 13 页。

以确保行政权的效率为宗旨"。① 有关规范行政权的法律制度，既要注重对权力行使的约束，防止权力滥用，又要积极引导和支持权力运行，保证行政效能的提升。

组织效率原则是指行政组织的设置、构建及调整等，均应符合行政效率提升的要求，即"组织行政，要以最小的投入获取最大的效益"。② 组织效率原则的具体要求包括：

（1）机构精简与组织规模的合理化

虽然行政任务和社会需求的增长必然导致行政组织规模的扩大化，但这种组织规模的扩大仍应以满足社会治理与公共服务的需求为限。否则，行政组织规模（尤其是政府规模）的过度膨胀，不仅可能造成过重的财政负担和公共资源的浪费，还容易滋生权力垄断、错位和人浮于事、效率低下等问题。因而，合理设置政府机构，促进组织结构精简，构建符合经济社会发展需要的适度组织规模，一直是各国公共行政改革的趋势。实践中，为保证行政组织规模的适度及精简，"通常有三种做法：第一种是通过立法明确规定行政组织的定员。如日本早在 20 世纪 60 年代就制定有《总定员法》，任何人不得突破。这种控制行政组织规模的方法比较严格，效果也比较理想。第二种是通过控制行政组织预算的方法来限制行政组织的规模。预算数额一定，人员与经费成反比，人员越多，经费越少。在美国、德国等国家大多采此办法。第三种是通过大规模的机构改革，通过精简机构、人员来控制行政组织的规模。我国常采用此种方法。三种控制模式相比，前两种主要是法律控制，而第三种则主要由人为因素决定。为满足效率要求，应运用法律手段，即通过行政组织法的规定来确保行政组织的精干"。③

---

① 章剑生：《现代行政法基本原则之重构》，载《中国法学》2003 年第 3 期。
② 应松年、薛刚凌：《行政组织法基本原则之探讨》，载《行政法学研究》2001 年第 2 期。
③ 应松年、薛刚凌：《行政组织法基本原则之探讨》，载《行政法学研究》2001 年第 2 期。

（2）权力配置科学与组织运作模式的系统化

行政活动的开展，往往需要多个行政组织体的协作及参与。行政职能和权力配置的科学化水平，以及各行政组织体在沟通、合作领域的协同性，不仅关系到行政组织体系整体功能的发挥，也在很大程度上决定了行政的效率。因而，确保行政组织权力结构合理，提升行政权力运作的系统性和一体化程度，也是组织效率原则的基本要求。具体而言：

首先，在有关行政组织的职能分工和权力配置方面，必须遵循科学管理的规律。例如，为避免职能重叠，在行政机关的设置过程中，应根据任务属性和管理对象的特征，尽可能地将相近或类似的职能交由一个部门统筹管理，以减少政出多门、多头执法等现象。党的十九大后，在市场监管领域的机构改革就充分体现了这一要求。将工商、质监、食品药品监管等与市场监管职能有关的部门整合，形成统一的市场监管部门，不仅能够解决原有体制下信息沟通不畅、力量分配不均、执法标准不统一等问题，也从源头上克服了原有分段式监管容易引发的"多龙治水"、互相推诿扯皮等弊端，在降低行政成本的同时也促进了监管效率的提升。

其次，要确保国家行政的一体性，建立行政组织间的协调、合作机制。国家行政作为一个整体，需要遵循一体化的原理，行政机关的设置既要强调合理分工，又要考虑工作协调、相互沟通，即作为一个整体发挥功能。[①]近年来，针对我国行政组织因协调缺失而导致的部门主义、标准冲突、"信息孤岛"等问题，不少学者主张通过采用交互、协作和一体化的管理方式与技术，促进行政组织在共同管理活动中的协调一致，从而实现无缝隙政府、整体政府的构建。[②]党的十九届三中全会《关于深化党和国家机构改革的决定》也提出，要打破"信息孤岛"，统一明确各部门信息共享的种

---

① 应松年、薛刚凌：《行政组织法基本原则之探讨》，载《行政法学研究》2001 年第 2 期。

② 骆梅英：《行政审批制度改革：从碎片政府到整体政府》，载《中国行政管理》2013 年第 5 期；唐兴盛：《政府"碎片化"：问题、根源与治理路径》，载《北京行政学院学报》2014 年第 5 期；王敬波：《面向整体政府的改革与行政主体理论的重塑》，载《中国社会科学》2020 年第 7 期。

类、标准、范围、流程，加快推进部门政务信息联通共用，改进工作方式，提高服务水平。

最后，在行政组织形态的选择上，也应符合民主与效率的要求。目前，随着实现公共行政目标手段的多元化，除了以政府为代表的传统行政组织形态外，其他社会组织在公共治理中的作用越发明显。实践中，大量 BOT（建设—经营—转让）、PPP（政府与社会资本合作）模式和民营化现象的出现，也表明了这些公共组织形态存在的合理性。因而，在构建行政组织法律制度时，也应注重对组织形态选择合理性的规范，为促进政府与社会、市场等公私主体间的合作提供保障。特别是在一些特定的公共管理与服务领域，作为传统组织形态的政府在很多时候更应扮演"掌舵者"而非"划桨者"的角色。[①]

（二）行政组织法的功能

行政权的运作往往包含权力行使主体、职权分工、权力实施程序和手段等要素。组织法作为规范行政组织形式和权限的直接法律依据，是保证行政权正常、高效运转的前提。没有完备的行政组织法，就不可能有成熟的行政组织法律制度，行政权的运作也将处于无序状态之中。[②] 故行政组织法在行政法体系中通常具有基础性地位，对于规范行政权力运行、保证行政组织过程的科学与理性，具有突出作用。具体而言，行政组织法主要有三个功能。

1. 控权功能：为合理设定行政权力提供依据

在行政组织的产生过程中，行政权的合理创设及分配是确保行政组织结果理性和公正的前提。采用何种组织形式，设定哪些行政权，并非单纯

[①] "政府的职能在于掌舵而非划桨"，是由美国行政学者奥斯本（David Osborne）和盖普勒（Ted Gaebler）最先提出的一项改革政府的原则，意在强调一个善于治理的政府应当是一个有限、有为的政府。See Robert B. Denhardt & Janet Vinzant Denhardt, the New Public Service: Serving Rather Than Steering, 60（6）Public Administration Review, p. 550（2000）.

[②] 应松年主编：《行政法与行政诉讼法学》（第二版），法律出版社 2009 年版，第 65 页。

的管理技术或事实问题，还必须依靠法律规范的约束及调整。故行政组织法的一个重要功能，即在于通过法律规则和制度的介入，确保行政组织的权力来源与权限划分始终处于法律的控制之下。行政组织法的控权功能集中体现在三个方面：一是合理地创设行政权力。由于宪法有关行政组织及权限的规定较为原则和抽象，需要行政组织法对组织权限作出统一、明确、具体的规定，同时根据社会发展的需要，创设新的行政权力或对宪法的规定作出新的阐释。二是合理地分配行政权力。由于立法的程序严格、审慎、注重公众参与，因而与其他决定形式相比，以立法的形式分配行政权力，在权限划分的规范化与合理性方面较有保障。同时，涉及权力分配的组织法一旦颁布实施，就具有相对稳定性，可以防止因人设事，减少人为因素的影响。[①] 三是明确了行政权的行使边界。行政组织法在合理设定权力的同时，也为不同行政组织间的权责和隶属关系划定了界限。组织法所确立的职权法定、越权无效等原则也为行政复议和行政诉讼制度整肃越权执法、管辖混乱等现象提供了重要的原理与制度支撑。例如，有学者通过对《行政诉讼法》自施行之初起 15 年时间内的 614 个行政案件进行统计、分析后发现，以"超越职权"作为判决理由的案件在行政行为被判决撤销的案件中占有较高比例，特别是在使用"唯一根据"的判决案件中，以"超越职权"作为唯一依据作出判决的案件数量仅次于"主要证据不足"。[②] 可见，有关违反职权法定原则的行为在司法实践中已经引起足够的警惕和重视，而组织法不仅能够为法院审查行政机关越权与否提供制度指引，也实质构筑起了不同行政机关间的管辖权和执法权边界。

2. 优化组织结构之功能：保障行政组织设置的规范化

合理的组织结构是政府及其工作部门实现有效治理的前提和保障。对于行政系统而言，组织结构直接关系到不同层级、地位、性质的行政组织作

---

① 应松年主编：《行政法与行政诉讼法学》（第二版），法律出版社 2009 年版，第 64 页。

② 何海波：《行政行为的合法要件——兼议行政行为司法审查根据的重构》，载《中国法学》2009 年第 4 期。

用的发挥。近年来，我国的行政机构改革大多围绕优化行政组织结构展开。如强调将职能相同或相近部门进行归并、重组的大部门制改革，即为了解决政府组织"碎片化"问题所采取的一种制度安排。大部门制改革的特点是通过机构整合及重组，由综合性的大部门统一决策，同时组建专业化机构负责具体领域的执行，"这种制度安排既强化了政策协调，也保障了分立机构的主体地位和自主权"，[①] 对于优化行政组织结构和政府各部门间的职责体系，有着突出的现实意义。尽管我国的政府机构改革多由政策直接推动，但正如学者所言，合理的政府权力结构最终仍要有相应的法律制度支撑，[②] 有关政府机构的设置标准和设置程序等问题仍应受组织法的规范和约束。[③] 只有通过组织立法，明确不同层级、地位、性质的行政组织的设置条件、标准及程序，才能为政府组织结构的优化提供坚实保障，避免机构设置与整合过程中的非理性。

3. 效能提升之功能：克服组织规模膨胀与内部分工细化的弊端

随着社会发展与科技进步，公共事务的管理日趋复杂，社会需求也日趋多样。政府为了适应这种变化，在组织层面上必然呈现出两种发展趋势：一是随着行政职能的扩张，政府在整体规模上有自我膨胀的趋势，而这种规模膨胀的失控又可能导致国家财力的大量消耗和组织机构臃肿、人浮于事等问题；二是随着管制对象的日趋复杂化，政府的内部分工也更趋精细化，"原来属于同一管制事项的程序被切割为许多片段，每一片段由不同的行政机关负责"，[④] 由此也可能导致不同政府部门间职能重叠、政出多门和协调成本过高等问题。因而，为了避免政府在组织规模和内部分工方面可能存在的上述弊端，有必要通过组织立法，从实体（如编制、预算）和程

---

① 杨宏山：《大部门制改革的行动逻辑与整合机制》，载《政治学研究》2013年第3期。

② 薛刚凌：《政府权力结构改革的回顾与前瞻》，载《河北学刊》2008年第4期。

③ 例如，不同地位、性质的行政机关，其设置程序也不同。重要的行政机关原则上应由立法机关设置，而其他行政机关的设置和调整则可由上级行政机关决定。这些程序制度都应由行政组织法加以规范，并在政府机构的设置与改革过程中严格执行。

④ 叶俊荣：《行政法案例分析与研究方法》，三民书局1999年版，第178页。

序（如公务协作机制）两方面对政府的规模加以控制，并促进政府各部门间的协调与合作。而组织机构和人员的精简，以及内部分工的合理化，不仅有助于降低组织的运行成本，也有助于促进组织整体功能的发挥和行政效能的提升。

第二节　行政主体理论的形成和发展

在我国行政法理论体系中，行政主体理论具有十分重要的地位。虽然"行政主体"概念源自法律移植，[①] 但行政主体理论的产生，不仅为解决我国行政执法与司法审判中的实务问题提供了技术工具，也为深化行政法学研究、推动我国行政法治的发展提供了重要助力。

一般认为，我国行政主体理论兴起于 20 世纪 80 年代中后期，是《行政诉讼法》颁布实施前后的事。该理论主要解决在复杂的行政组织体系中如何确认行政诉讼的被告以及谁具有独立对外的行政执法资格等问题。在行政主体理论出现前，理论界对行政组织的概括仍停留在"行政机关"层面。但随着实践的发展，以及行政法学自身专业化程度的提升，"行政机关"概念的局限性也逐步显现：一是不能穷尽。实践中，行使行政职权的组织并不限于行政机关，否则可能将其他履行行政管理职能的组织排斥在行政法学研究的视野之外。二是容易造成混淆。就法律地位而言，行政机关实际上具有双重地位，既可以以平等主体的身份参与民事法律关系，也可以以行政管理者的身份参与行政法律关系，笼统地提行政机关，不利于其民事主体与行政主体地位的区分。三是专业性不足。行政机关概念更偏重于行政学研究角度，法学研究的特征不明显，过分关注行政组织的组织意义而

---

① "行政主体"概念最早为我国学者所知晓是由于王名扬先生对法国行政法的介绍。王名扬先生在其 1988 年出版的《法国行政法》一书中，对行政主体的意义、性质、行政主体概念存在的理由、行政主体的种类、行政主体和行政法上主体的区别等进行了详尽的阐述。随后，"行政主体"作为一个法学概念迅速取代"行政机关"为绝大多数行政法学教科书所采用，并由此形成了独具特色的行政主体理论。

失于行政组织的法律人格意义。[①] 因而，无论是行政法学研究，还是行政执法与司法实务，都需要一个更加专业、更具有解释力的概念来描述行政组织现象，并解决实践中出现的难题。而行政主体理论从法律地位视角出发，"并与执法资格、行政行为效力、行政诉讼被告、法律责任归属等发生内在的勾连"，[②] 不仅弥补了"行政机关"概念的不足，也为识别和解决上述问题提供了有效的法律技术和标准。故其一经问世，便很快为行政法学者所接受，并逐渐发展为行政组织法理论的基础。[③]

一、行政主体的界定

按照行政法学的通说，所谓行政主体，是指依法享有国家行政权力，能以自己的名义实施行政活动，并能独立承担由此产生的法律责任的组织。[④] 根据这一定义，要成为行政主体，应满足如下要件：

第一，行政主体必须是一定的社会组织，而不包括个人。只有组织在一定条件下才能成为行政主体，个人并不具备成为行政主体的资格。尽管行政行为大多由组织中的公务人员负责实施，但他们都是以组织的名义而

---

① 张树义：《行政主体研究》，载《中国法学》2000 年第 2 期；沈岿：《重构行政主体范式的尝试》，载《法律科学》2000 年第 6 期。

② 余凌云：《行政法讲义》，清华大学出版社 2010 年版，第 107 页。

③ 虽然行政主体理论已成为我国行政法学体系的理论原点之一，但随着行政法治实践的发展，建立在"诉讼主体模式"基础上的行政主体理论也面临着对现实"失语"的问题。例如，在国家赔偿领域，实施违法行为的行政机关仅作为行政赔偿义务机关，而赔偿责任最终由国家来承担，这显然与"行政主体是责任归属主体"的理论不符，故行政主体理论在某些场合存在"责任定位错误"的问题。再比如，在现行的行政主体理论中，政府之外的社会组织作为与行政机关并列的另一类行政主体，须以法律、法规、规章的授权为前提，这样的划分忽视了许多实际掌握公共管理职能的社会公权力主体，进而使得行政主体理论的包容性不足。故不少学者都主张对行政主体理论进行更新与重塑。薛刚凌：《我国行政主体理论之检讨——兼论全面研究行政组织法的必要性》，载《政法论坛》1998 年第 6 期；章剑生：《现代行政法基本理论》，法律出版社 2008 年版，第 68—78 页；王敬波：《面向整体政府的改革与行政主体理论的重塑》，载《中国社会科学》2020 年第 7 期。

④ 王连昌、马怀德主编：《行政法学》（修订三版），中国政法大学出版社 2007 年版，第 40 页；应松年主编：《行政法与行政诉讼法学》（第二版），法律出版社 2009 年版，第 57 页；周佑勇：《行政法原论》（第三版），北京大学出版社 2018 年版，第 103 页。

非个人的名义进行，且个人也不具备充分实现维护和分配公共利益的能力。因而，任何个人（即使是公务员）都不能成为行政主体。

第二，享有行政权力。行政权是行政组织依法取得的，能够运用国家强制力对公共利益进行维护和分配的权力，具有公益性（目的是实现国家职能）、法定性（必须有法律依据）和能动性（须积极主动地维护公共利益）等特征。一个组织要成为行政主体，必须享有法规范所赋予的行政权，若该组织不具备行使行政权的资格及能力，亦不会成为行政主体。当然，享有行政权力只是成为行政主体的资格要件之一，即使享有行政权的行政组织也并不始终都是行政主体，在不同的法律关系中，需结合其他要件综合判断。例如，国家行政机关一经成立即享有行政职权，但只有在行使行政权时才具备行政主体资格；反之，在不行使行政权的场合下（如从事购买办公用品、租借会场等民事活动时），也不是行政主体。

第三，能以自己的名义实施行政活动。所谓"自己的名义"，是指行为主体能够独立自主地表达自身意志，并按照自身意志对外实施行为。判断某一组织是否具有行政主体资格，不仅要看其是否享有行政权，还要看其是否能以自己的名义对外行使该权力。[①] 若不能以自己的名义实施，即使行使了一定的行政权，也只能是其他主体的代表或其意志的执行者，不是行政主体。例如，行政机关的内设机构（如该机关下设的处、室等）虽然也会行使一定的行政职能，但通常只能以其所在机关的名义实施。由于不具备独立的行为能力，故其也不具备行政主体资格，其所在的行政机关才是行政主体。

第四，能独立承担法律责任。如果一个组织能以自己的名义实施行政活动，也就意味着它能独立承担行政活动所产生的法律后果，尤其是具备相应的责任能力，承担由其行为所可能导致的不利后果。实践中，独立承担法律责任主要表现为能独立作为行政复议、行政诉讼和国家赔偿的主体，

---

① 马怀德主编：《行政法与行政诉讼法》（第五版），中国法制出版社 2015 年版，第 74 页。

如能成为行政复议的被申请人、行政诉讼的被告以及行政赔偿中的赔偿义务机关，并独立承担复议、诉讼或赔偿的后果。[1]

二、职权行政主体

（一）职权行政主体的概念

根据行政职权来源的不同，学界通常将行政主体分为职权行政主体与授权行政主体两大类。职权行政主体是依据宪法和组织法的规定，在成立时就具有行政职权并取得行政主体资格的组织；而授权行政主体则是因宪法、组织法以外的法律、法规、规章的规定而获得行政职权，取得行政主体资格的组织。除了行政职权的来源依据不同外，职权行政主体与授权行政主体最主要的区别还在于：职权行政主体的行政职权随组织的成立而同时取得，故这类组织自成立之日起就具有行政主体资格；而授权行政主体的行政职权并不因组织的成立而获得，故这类组织常在成立后，经有权机关通过法律、法规、规章的授权才能成为行政主体。[2]

根据上述划分标准，强调专业化分工、有严格的职级和权限划分的科层制行政机关，无疑是最为典型的职权行政主体。虽然科层体制作为高度理性化的组织形态，在保证行政命令的执行与提高行政的专业化程度方面具有明显的优势，但不同层级间"壁垒森严"的结构形式也使得这类组织体的行为时常容易陷入保守与僵化，在解决新出现的、具有变动性、复杂性的问题时，尤显不足。故从现代行政的实践来看，行政主体必然"朝着分散化和多元化的方向发展"，[3] 国家不仅会将行政职能交由职权行政主体行使，还会将部分行政任务交由其他形态的组织来完成。

---

① 马怀德主编：《行政法与行政诉讼法》（第五版），中国法制出版社 2015 年版，第 75 页。

② 应松年主编：《行政法与行政诉讼法学》（第二版），法律出版社 2009 年版，第 59 页。

③ 李洪雷：《行政法释义学：行政法学理的更新》，中国人民大学出版社 2014 年版，第 182—183 页。

（二）职权行政主体的范围

目前，在我国，属于职权行政主体的行政机关主要有：

第一，中央行政机关。中央行政机关是指活动范围及管辖事项及于全国的行政机关。① 具体包括：（1）国务院，即中央人民政府，是最高国家权力机关的执行机关和最高行政机关。它依法享有领导和管理全国性行政事务的职权，可以制定行政法规、采取行政措施、发布决定和命令，因而具有行政主体资格。根据《宪法》与《国务院组织法》的规定，国务院由总理、副总理若干人、国务委员若干人、各部部长、各委员会主任、审计长和秘书长组成。国务院实行总理负责制，国务院工作中的重大问题，必须经国务院常务会议或全体会议讨论决定。常务会议和全体会议均由总理召集和主持，参加常务会议的人员包括总理、副总理、国务委员和秘书长，参加全体会议的人员则包括国务院的全体成员。（2）国务院组成部门，包括国务院各部、各委员会、审计署和中国人民银行。它们依据《宪法》和组织法的规定，履行国务院的基本行政管理职能。一般而言，各部管理的行政业务较为专业，如财政部、教育部、司法部等，而各委员会管理的行政业务则相对带有综合性，如国家发展和改革委员会。国务院组成部门的设立、撤销或合并，须经总理提出，由全国人大及其常委会决定。（3）国务院直属机构。根据《国务院组织法》的规定，国务院可以按照工作需要和精简的原则设立直属机构，主管各项专门业务。根据2018年国务院机构改革的决定，国务院现设有海关总署、国家税务总局、国家市场监督管理总局、国家广播电视总局、国家体育总局、国家国际发展合作署、国家统计局、国家医疗保障局等数个直属机构和一个直属特设机构，即国务院国有资产监督管理委员会。与国务院组成部门相比，直属机构的特点在于：其一，直属机构的负责人不是国务院的组成人员；其二，直属机构的设立、撤销或合并由国务院自行决定，无须经国家权力机关批准。（4）国务院组

① 马怀德主编：《行政法与行政诉讼法》（第五版），中国法制出版社2015年版，第80页。

成部门管理的国家局。这是国务院基于行政管理的需要，依法设立的由国务院组成部门归口管理、主管特定业务的国家行政机关，如由国家发展和改革委员会管理的国家能源局，由交通运输部管理的国家邮政局，由自然资源部管理的国家林业和草原局，由中国人民银行管理的国家外汇管理局等。由于它们能以自己的名义独立对外行使行政职权，也是行政主体。[1]

第二，地方行政机关。地方行政机关是指活动范围及管辖事项仅限于国家特定地域范围内的行政机关。[2] 具体包括：（1）地方各级人民政府。地方人民政府共分为省（自治区、直辖市）、市（自治州）、县（自治县、市辖区及不设区的市）、乡（民族乡、镇）四级。它们是地方各级国家权力机关的执行机关，负责本行政区域内行政事务的管理，都具有行政主体资格。同时，根据《宪法》第110条的规定，地方各级人民政府都要对本级人大和上一级国家行政机关负责并报告工作。（2）地方各级人民政府的工作部门。根据《地方各级人民代表大会和地方各级人民政府组织法》的规定，县级以上地方各级人民政府根据工作需要和优化协同高效以及精干的原则，可以设立若干工作部门（如厅、局、委员会等），承担某一领域行政事务的组织和管理。这些工作部门通常既受本级人民政府的统一领导，也受上级主管部门的业务指导或领导。[3]（3）地方人民政府的派出机关。派出机关是指县级以上地方人民政府因工作需要，经有权机关批准而在一定区域内设立的，承担该区域内各项行政事务的国家行政机关。[4] 派出机关目前主

---

[1] 根据《国务院组织法》和《国务院行政机构设置和编制管理条例》，国务院行政机构还包括国务院办公厅、国务院办事机构（如港澳事务办公室）和国务院议事协调机构，但这些机构原则上属于内部机构或附属机构，通常认为不具有行政主体资格。

[2] 马怀德主编：《行政法与行政诉讼法》（第五版），中国法制出版社2015年版，第81页。

[3] 实践中，还有一些地方行政机关实行垂直领导体制，如海关、金融、外汇管理等。地方人民政府与设在本行政区域内的这些机关、单位没有管理关系，它们直接接受上级主管部门的领导，也都是行政主体。

[4] 马怀德主编：《行政法与行政诉讼法》（第五版），中国法制出版社2015年版，第81页。

要有三类，分别为行政公署、区公所和街道办事处。[①] 这些派出机关虽然不是一级人民政府，但依法行使着一定区域内行政事务的管理权，并能以自己的名义作出行政行为和承担法律后果，因而它们都是行政主体。此外，行政公署所辖的职能部门也是行政主体，但区公所和街道办事处内设的办事机构则不具有行政主体资格。

三、行政授权与行政委托

随着行政任务的增多，在公共事务管理与公共服务领域，不仅私人主体可能因其自身的逐利性导致"市场失灵"的出现，政府受规制成本与效率等因素的影响，也同样存在"失灵"的可能。由此，实践中出现大量由非政府组织行使行政权力、实现公共管理（或公共服务）职能的现象。基于行政合法性原则的考量，现行立法主要通过行政授权和行政委托的制度设计来解决这类特殊组织形态的权力正当性与合法性的问题。

（一）关于法律、法规、规章授权的组织

在我国行政法语境下，行政授权系指法律、法规和规章直接赋予国家行政机关以外的社会组织，特别是具有管理公共事务职能的组织以行政职能的法律制度。[②] 这类组织在立法中通常被称为"法律、法规、规章授权的组织"。[③] 由于获得了单行法的授权，这类组织在法律、法规、规章授权范围内履行行政职能，亦享有行政主体资格。但与国家行政机关相比，法律、法规、规章授权的组织则具有如下特点：一是其行政权力并非"与生俱来"

---

① 《地方各级人民代表大会和地方各级人民政府组织法》第 85 条规定，"省、自治区的人民政府在必要的时候，经国务院批准，可以设立若干派出机关。县、自治县的人民政府在必要的时候，经省、自治区、直辖市的人民政府批准，可以设立若干区公所，作为它的派出机关。市辖区、不设区的市的人民政府，经上一级人民政府批准，可以设立若干街道办事处，作为它的派出机关"。

② 朱新力、罗利丹：《行政组织法的功能拓展及其制度设计》，载《法治研究》2012 年第 11 期。

③ 例如，《行政诉讼法》第 2 条规定，"公民、法人或者其他组织认为行政机关和行政机关工作人员的行政行为侵犯其合法权益，有权依照本法向人民法院提起诉讼。前款所称行政行为，包括法律、法规、规章授权的组织作出的行政行为"。

（不是随组织的成立而同时具有），故只有在行使法律、法规、规章明确授予的行政职权时，才具有行政主体资格；二是其往往行使的是特定的行政职权，且以法律、法规、规章的授权为限，范围较窄；三是其行政职权通常由单行法（而非专门的组织法）所授，其稳定性较弱，当具体的法律、法规、规章被修改或废止，以及行政任务完成后，相应的授权即可能被终止。[1]

目前，常见的法律、法规、规章授权的组织主要有以下几类。

第一类是具有一定公共事务管理职能的企事业单位。一般而言，企业作为以营利为目的的经济组织，在行政法律关系中多以行政相对人的身份出现，但在特定情况下，由于法律、法规、规章的授权，也可能成为享有某项行政职权的行政主体。例如，根据《铁路法》《邮政法实施细则》等有关规定，[2] 包括铁路运输、邮政在内的许多公用企业在相关行业或领域的单行法律规范的授权下，有权行使相应的行政管理职能。事业单位是由国家设立的从事某种专业性活动的社会公共组织，其所需经费由公共财政支出，所从事的活动（如教育、科技、文化、卫生等活动）通常带有一定的公益性质。事业单位经行政法规范的授权，亦可以成为行政主体。例如，根据《学位条例》《高等学校教师职务试行条例》等有关规定，[3] 高校和科研机构在学位授予、专业技术职务聘任等方面具有一定的行政管理权，这类事业单位在实施此类活动的过程中具有行政主体的资格。

第二类是社会团体。社会团体是社会成员自愿组成，为实现共同意愿，

---

[1]　李洪雷：《行政法释义学：行政法学理的更新》，中国人民大学出版社 2014 年版，第 173 页。

[2]《铁路法》第 3 条第 2 款规定，"国家铁路运输企业行使法律、行政法规授予的行政管理职能"；《邮政法实施细则》第 3 条第 1 款规定，"市、县邮电局（含邮政局，下同）是全民所有制的经营邮政业务的公用企业（以下简称邮政企业），经邮电管理局授权，管理该地区的邮政工作"。

[3]《学位条例》第 8 条第 1 款规定，"学士学位，由国务院授权的高等学校授予；硕士学位、博士学位，由国务院授权的高等学校和科学研究机构授予"；《高等学校教师职务试行条例》第 15 条最后一款规定，"部分高等学校教师职务评审委员会，经国家教育委员会会同省、自治区、直辖市、主管部委批准，有权审定副教授任职资格，或有权审定副教授、教授任职资格"。

按照团体章程开展活动的非营利性组织。实践中,包括人民群众团体(如工会、共青团、妇联)、社会公益组织(如慈善总会、红十字会)、行业协会(如律师协会、注册会计师协会)、文艺工作团体(如文学艺术界联合会)、学术研究团体(如法学会)等。其中,被授权的社会团体多为行业类、公益性组织。例如,《注册会计师法》就授予了注册会计师协会在办理注册业务方面的一系列行政权力,如准予或不准予注册的行政许可权,以及撤销注册等监督许可实施的管理权。①

第三类是其他从事公共事务管理的组织。除了前两类社会组织外,村民委员会、居民委员会等群众性自治组织经法律、法规授权,也可以履行一定的行政管理职能,成为行政主体。例如,根据《村民委员会组织法》《土地管理法》等有关规定,② 村民委员会在管理集体所有的土地和财产、落实计划生育政策等方面负有法定职责,并享有一定的管理权限(如发放土地补偿费、办理计生证明等),据此也可以被视为法律、法规、规章授权的组织,具有行政主体资格。

(二)关于受行政机关委托的组织

伴随公共行政的变迁及发展,行政管理领域的公私协作日益紧密,行政机关将行政任务委托给其他组织的现象大量发生。因而,行政委托系指行政机关基于管理需要将某些行政职权委托给其他组织代为行使的法律制度。根据委托、代理的一般原理,受行政机关委托的组织具有如下特征:一是

---

① 《注册会计师法》第 9 条规定,参加注册会计师全国统一考试成绩合格,并从事审计业务工作二年以上的,可以向省、自治区、直辖市注册会计师协会申请注册。除有该法第 10 条所列情形外,受理申请的注册会计师协会应当准予注册;第 13 条规定,已取得注册会计师证书的人员,除本法第 11 条第 1 款规定的情形外,注册后有规定情形之一的,由准予注册的注册会计师协会撤销注册,收回注册会计师证书。

② 《村民委员会组织法》第 8 条、第 9 条规定,村民委员会依照法律规定,管理本村属于村农民集体所有的土地和其他财产,引导村民合理利用自然资源,保护和改善生态环境,村民委员会应当宣传宪法、法律、法规和国家的政策,做好计划生育工作,促进村与村之间的团结、互助,开展多种形式的社会主义精神文明建设活动;《土地管理法》第 11 条也规定,农民集体所有的土地依法属于村农民集体所有的,由村集体经济组织或者村民委员会经营、管理。

其所行使的行政权来源于行政机关的委托，而非行政法规范的授权，因而，职权行使必须以委托机关的名义进行；二是其只能在受委托的范围内行使特定的行政职权，且通常不具有再将该职权转委托的权力；三是其以行政机关的名义行使职权的行为效果归于委托主体，即所产生的法律后果由委托它的行政机关承担。[①]与法律、法规、规章授权的组织相比，由于权力来源的不同，受行政机关委托的组织不具有独立行使行政职权的主体资格，不是行政主体。故若当事人不服受委托组织所实施的行政行为，应由委托它的行政机关为被告或复议被申请人承担相应的法律后果；而对于法律、法规、规章授权组织所实施的行政行为，则由该组织自身充当行政诉讼的被告或行政复议的被申请人。

由于行政委托涉及公共利益，为保证受委托组织能够有效地履行行政职能，避免行政权力让渡或处分的随意性，行政机关在进行行政委托时也必须遵循一定的规则。这些规则主要有：第一，行政机关进行委托必须有法律、法规或规章上的依据，没有法定依据的委托是无效的；[②]第二，委托必须在行政机关的法定职权范围内进行，超越其自身权限的委托当然无效；第三，委托应采取要式行为，履行书面委托手续，在委托文件中明确委托的事项、范围、权限和期限等要求；第四，受委托的组织应具备履行相关职能的条件，[③]行政机关应加强对其履职行为的监督和指导。

① 例如，《行政处罚法》第20条第3款与第4款明确规定，"委托行政机关对受委托组织实施行政处罚的行为应当负责监督，并对该行为的后果承担法律责任。受委托组织在委托范围内，以委托行政机关名义实施行政处罚；不得再委托其他组织或者个人实施行政处罚"。

② 例如，《行政处罚法》第20条第1款规定，"行政机关依照法律、法规或者规章的规定，可以在其法定权限内书面委托符合本法第21条规定条件的组织实施行政处罚"；《行政许可法》第24条也规定，"行政机关在其法定职权范围内，依照法律、法规、规章的规定，可以委托其他行政机关实施行政许可"。

③ 例如，《行政处罚法》第21条规定，"受委托组织必须符合以下条件：（一）依法成立并具有管理公共事务职能；（二）有熟悉有关法律、法规、规章和业务并取得行政执法资格的工作人员；（三）需要进行技术检查或者技术鉴定的，应当有条件组织进行相应的技术检查或者技术鉴定"。

第三节　我国行政组织法的发展和完善

一、我国行政组织法的立法沿革

在我国行政法体系的建构历程中，与行政救济和行政行为法律制度相比，行政组织法的起步较早。1949 年 9 月 27 日，中国人民政治协商会议第一届全体会议通过的《中央人民政府组织法》是新中国第一部组织法。其中，不仅确立了民主集中制的政府组织原则，还专门对最高行政机关"政务院"的组成、职责权限、工作机制和机构设置等作出了明确规定。[①] 随后，中央人民政府先后制定了《政务院及所属各机关组织通则》（1949 年 12 月）、《大行政区人民政府委员会组织通则》（1949 年 12 月）、《省人民政府组织通则》（1950 年 1 月）、《市人民政府组织通则》（1950 年 1 月）、《县人民政府组织通则》（1950 年 1 月）、《大城市区人民政府组织通则》（1950 年 11 月）、《区人民政府及区公所组织通则》（1950 年 12 月）和《乡（行政村）人民政府组织通则》（1950 年 12 月）等一系列有关政府组织的法规。

1954 年宪法的颁布，从根本法层面上确立了组织法定的原则，并对国务院和地方各级人民委员会（地方人民政府）的组成、职权等作了直接规定。根据《宪法》，第一届全国人大一次会议还通过了《国务院组织法》与《地方各级人民代表大会和地方各级人民委员会组织法》。随后，国务院陆续制定了多个部门行政机关的组织法规，包括《国家计划委员会暂行工作条例》《监察部组织简则》以及秘书厅、计量局、法制局、人事局、档案局、专家工作局、机关事务管理局七个组织简则。[②] 这些组织法律、法规的出台，标志着我国从中央到地方、从政府到各部门、从行政机关到派出机构的行政组织法律体系的初步建立。

1978 年改革开放后，为适应重建和发展行政法制的新形势与新要求，

---

① 1949 年《中央人民政府组织法》第 2 条和第三章的规定。
② 应松年：《完善行政组织法制探索》，载《中国法学》2013 年第 2 期。

全国人大先后通过了《地方各级人民代表大会和地方各级人民政府组织法》（1979 年 7 月）与《国务院组织法》（1982 年 12 月），对中央和地方各级人民政府的组成、职权、机构设置、活动原则等加以具体规范，将行政组织活动纳入法制轨道，解决了政府组织领域有法可依的问题。

同时，伴随市场经济的发展，为建立更加科学、合理、高效的行政组织体系，围绕机构、人员精简与政府职能转变，我国先后进行了多次行政机构改革，取得了不小的成效。但同机构改革"大刀阔斧"的推进相比，与改革相配套的行政组织法建设则处于相对滞后的状态。一方面，作为行政组织基本法的《国务院组织法》自 1982 年制定后，便未再进行修订。20世纪 50 年代制定的几个部门组织简则也早已失效，尽管在机构改革过程中也曾有制定部门组织法的计划，[①] 但由于经济体制改革尚在进行之中，部门设置较不稳定。因而，除了针对公安机关、国家安全机关等少数部门出台了专门的组织管理条例外，[②] 大多数部门的组织法治化目标仍未完成，取而代之的是创造了一种"三定"模式，即通过"三定"方案的形式对不同类型行政机关的职能、机构和人员加以规定，从而"使得行政机关的职能界定、内部机构设置和编制规模，都有一个大致的规范可以遵循"。[③] 此外，在编制管理领域，国务院还先后制定并颁布了《国务院机构设置和编制管理条例》（1997 年 8 月）与《地方各级人民政府机构设置和编制管理条例》（2007 年 2 月），为编制立法奠定了良好基础。但这两部行政法规仍面临程序规定简略、刚性约束不足且久未修订等问题，故提升机构设置与编制的法定化水平，仍是未来推动行政组织立法发展的一个重点。另一方面，在

---

① 例如，在 1998 年国务院机构改革时，中央即提出要加强行政组织体系的法制建设，在各部门"三定"的基础上，进行部门组织立法，明确工作职能，完善工作程序。加快制定各类组织的管理法规，依法控制机构和编制，建立约束机制。罗干：《关于国务院机构改革方案的说明——1998 年 3 月 6 日在第九届全国人民代表大会第一次会议上》，载《人大工作通讯》1998 年第 Z1 期。

② 目前，已制定的专门针对政府工作部门的行政组织法规主要有《公安机关组织管理条例》《国家安全机关组织管理条例》《政府参事工作条例》等。

③ 应松年：《完善行政组织法制探索》，载《中国法学》2013 年第 2 期。

地方组织立法层面，尽管《地方各级人民代表大会和地方各级人民政府组织法》于1982年、1986年、1995年、2004年、2015年和2022年先后6次进行了修订，但总体而言，该法的规定较为原则、笼统，在立法形式、定位和内容的可操作性上都还有进一步加强和完善的空间。[①]

二、我国行政组织法的完善

（一）我国行政体制改革对组织法治提出的新要求

1. 改革开放以来我国行政体制改革的发展历程

行政体制是国家治理体系的重要组成部分，是有关行政机关的组织结构、职权划分、权力运作等各类制度的总称。从组织运行的角度来看，伴随行政任务与公共目标的发展，行政体制作为上层建筑的一部分，也必须作出周期性的变革和调整，以适应经济、社会环境的变化，满足社会治理的需求。我国的行政体制改革发轫于改革初期，贯穿于国家现代化改革的全程。[②] 特别自改革开放以来，行政体制改革逐渐成为改革实践的重点，并在优化政府组织结构、提升政府治理水平、促进政府职能转变等方面发挥了重要作用。

综观改革开放以来的行政体制改革，每一次都立足于我国经济、社会发展的现实需要，是服务于社会主义市场经济与国家现代化建设的体制、机制变革，且多以政府的机构改革和职能转变为主线，并形成了五年一周期、

---

① 例如，在立法的形式上，《地方各级人民代表大会和地方各级人民政府组织法》同时规定了立法机关与行政机关的组织法律制度，但二者的权力来源、产生方式和工作程序等均有不同，是否适合规定在一个法律中仍有争议；同时，该法在功能定位上还存在模糊，许多制度设计更多表现为对《国务院组织法》的简单模仿，并未体现地方政府组织的特质，在有关机构类型化、职能部门设置规则和责任条款的设定方面也还存在一定空白。张越、张跃建：《论"地方政府组织法"之修订》，载《政法论坛》1999年第3期；马怀德主编：《行政法前沿问题研究：中国特色社会主义法治政府论要》，中国政法大学出版社2018年版，第109—111页。

② 何艳玲：《中国行政体制改革的价值显现》，载《中国社会科学》2020年第2期；宋世明：《中国行政体制改革70年回顾与反思》，载《行政管理改革》2019年第9期。

与政府换届大致同步的改革节奏。[①] 从 1982 年起至今，我国已经历了八次大的国家机构改革，行政体制的发展历程大致可以分为如下三个阶段：

第一阶段是以破除计划经济体制下的管理模式为核心，探索建立适应社会主义商品经济发展的行政体制（1982—1992 年）。在这一阶段，我国分别于 1982 年和 1988 年实施了两次集中的行政体制改革，主要是通过精兵简政、优化干部队伍、撤并经济管理部门等方式调整行政体制，以解决"机构臃肿，人浮于事，办事拖拉，不讲效率，不负责任"等官僚主义积弊。[②] 其中，1982 年的改革，使国务院部门从 100 个减为 61 个，人员编制从 5.1 万人减为 3 万人，并注重加快干部队伍的年轻化、知识化、专业化建设。[③] 1988 年的改革首次提出了"转变政府职能是机构改革关键"的命题，改革的重点在于精简经济管理部门，按照政企分开的原则，合理配置职能、调整机构设置，"使政府对企业由直接管理为主逐步转到间接管理为主"。[④] 改革后，国务院部委从 45 个减为 41 个，直属机构从 22 个减为 19 个，人员编制减少 9700 多人。[⑤] 随着机构的大幅精简与政企关系的逐步理顺，政府的行政效率得以提升，宏观调控能力有所增强。

第二阶段是以强化社会管理与公共服务、建设服务型政府为突破口，探索建立符合社会主义市场经济体制要求的行政体制（1993—2017 年）。在这一阶段，我国共经历了五次行政体制改革。其中，从党的十四大召开到党的十六大之前，行政体制改革的主要任务是按照社会主义市场经济发展的需要，建立与之相适应的组织机构和行政管理体制。由于党的十四大明确

---

① 马怀德主编:《行政法前沿问题研究:中国特色社会主义法治政府论要》，中国政法大学出版社 2018 年版，第 94 页。

② 邓小平:《党和国家领导制度的改革》，载《人民日报》1980 年 8 月 18 日，第 1 版。

③ 马宝成、安森东:《中国行政体制改革 40 年:主要成就和未来展望》，载《行政管理改革》2018 年第 10 期。

④ 宋平:《关于国务院机构改革方案的说明——1988 年 3 月 28 日在第七届全国人民代表大会第一次会议上》，载"中国人大网"http://www.npc.gov.cn/wxzl/gongbao/2000-12/26/content_5002068.htm，最后访问时间:2020 年 8 月 15 日。

⑤ 马宝成、安森东:《中国行政体制改革 40 年:主要成就和未来展望》，载《行政管理改革》2018 年第 10 期。

提出了"建立社会主义市场经济体制"的改革方向，1993 年的改革即按照建立社会主义市场经济体制的要求，通过"加强宏观调控和监督部门，强化社会管理职能部门，减少具体审批事务和对企业的直接管理"，[①] 促进政府职能的转变。1998 年的改革也以调整政府与社会、市场、企业之间的关系为重点，在机构改革方面"撤销了几乎所有的专业经济管理部门和行政性公司，并对业务相近的部门予以合并"，[②] 国务院组成部门由 40 个削减为 29 个，这次改革不仅从源头下消除了政企不分的组织基础，也是迄今为止精简力度最大的一次改革。党的十六大以后，行政体制改革的主要任务则更多聚焦于推进法治政府与服务型政府建设。2003 年的改革即主张按照"精简、统一、效能和依法行政的原则"，进一步促进政府职能转变，并提出了"加强行政管理体制的法制建设，实现机构和编制的法定化"的改革目标。[③] 2008 年的改革首次将"大部门制"作为行政体制改革的方向，加大对职能相近部门的整合力度，并通过优化社会管理与公共服务部门，推动公共服务体系的完善。2013 年的改革仍旧延续了这一思路，在机构改革方面继续"稳步推进大部门制改革"，并通过实行铁路政企分开、整合重点领域机构、优化职能配置等方式，促进政府在更大范围、更深层次上实现职能转变。在经过此次改革后，国务院组成部门的数量降至 25 个。[④] 可见，这一阶段的行政体制改革始终围绕"政府职能转变"的核心议题展开，通过精简机构、明确政府职责，实行政企分开、政事分开，在强化政府宏观调控与公共服务职能的同时，也在很大程度上解决了机构庞大、职能重叠

---

① 罗干：《关于国务院机构改革方案的说明——1993 年 3 月 16 日在第八届全国人民代表大会第一次会议上》，载"中国人大网"http://www.npc.gov.cn/wxzl/gongbao/ 1993-03/16/content_1481286.htm，最后访问时间：2020 年 8 月 15 日。

② 丁志刚、王杰：《中国行政体制改革四十年：历程、成就、经验与思考》，载《上海行政学院学报》2019 年第 1 期。

③ 王忠禹：《关于国务院机构改革方案的说明——2003 年 3 月 6 日在第十届全国人民代表大会第一次会议上》，载"中国人大网"http://www.npc.gov.cn/wxzl/gongbao/ 2003-04/04/content_5312163.htm，最后访问时间：2020 年 8 月 15 日。

④ 参见马凯：《关于国务院机构改革和职能转变方案的说明——2013 年 3 月 10 日在第十二届全国人民代表大会第一次会议上》，载《人民日报》2013 年 3 月 11 日，第 2 版。

交叉和政出多门等问题。

第三阶段是以实现国家治理体系和治理能力现代化为导向，强调党和国家机构改革统筹推进的新一轮行政体制改革（2018年以后）。2018年2月，党的十九届三中全会审议通过了《中共中央关于深化党和国家机构改革的决定》。同年3月，十三届全国人大一次会议通过了《国务院机构改革方案》。这是改革开放以来的第八次政府机构改革，也是一场力度空前且富有新时代特色的深刻变革。在这一阶段的机构改革中，虽然仍旧以优化职能配置、促进政府职能转变为主线，但在具体的改革举措上则有许多创新：一是不再局限于政府传统的经济调控与管理职能的完善，而是以整个国家治理体系为改革对象，更注重对政府治理水平的提升，改革的重点是要解决与国家治理体系和治理能力现代化要求不相适应的问题。如将推进跨部门、跨领域综合执法改革作为深化机构改革的一项重要任务，通过优化执法组织结构及其权限，从而提高执法效能，解决相关执法领域中普遍存在的基层执法力量薄弱、权责不清、政出多门等问题。二是将党的机构改革与国家机构改革协调、统筹推进。在机构调整的过程中，实行"职责相近的党政机关合并设立或合署办公"的体制，意在"构建系统完备、科学规范、运行高效的党和国家机构职能体系"。三是坚持全面依法治国原则，特别强调了要加强对机构改革与组织运行的法治保障，提出"要依法管理各类组织机构，加快推进机构、职能、权限、程序、责任法定化"，"依法依规完善党和国家机构职能"。[1] 可见，新一轮的行政体制改革不仅体现了新时代中国特色社会主义的发展要求，更为重要的是，要真正实现政府治理水平的提升，势必要推进制度化建设，[2] 即行政组织的法治化建设必然会成为未来行政体制改革的一项重要内容。

通过对历次行政体制改革的回顾，不难发现：虽然每一轮改革的背景

---

① 《中共中央关于深化党和国家机构改革的决定》（2018年2月28日中国共产党第十九届中央委员会第三次全体会议通过），载《人民日报》2018年3月5日。

② 马怀德主编：《行政法前沿问题研究：中国特色社会主义法治政府论要》，中国政法大学出版社2018年版，第99页。

各异，改革的侧重点亦有所不同，但无论是精简机构，还是实行政企分开，无论是通过大部门制解决政府机构设置中的碎片化问题，还是通过党政机构融合，优化治理的资源和力量，都是从转变政府职能的角度入手，对政府的组织结构与权力结构进行的重塑和调整。如今，具有中国特色、与社会主义市场经济相适应的行政管理体制已经形成，但政府职能转变的历史使命还远未结束。在未来的行政体制改革中，还有许多新的矛盾和问题需要解决。在当前全面推进依法治国的背景下，要解决这些实践中的新问题，除了要持续深化组织机构改革外，还必须在制度建设层面下功夫，通过完善行政组织法律制度，为改革提供清晰、明确、可预期的法治保障。

2．现行行政组织法存在的不足

诚然，与改革内容日趋丰富的政府机构改革实践相比，我国的行政组织法建设还面临着更新速度较缓、发展相对滞后的问题。这主要体现在：

首先，近年来，在依靠法律手段推进、规范和保障组织机构改革方面，仍着力较少，机构改革成果的制度化、法治化还有待增强。正如学者所言，虽然"三定"方案在政府职能划定与机构改革中发挥了巨大作用，但是作为规范性文件层级太低，随意性大，制定程序缺乏外部参与，而且内容简略，无法支撑日益复杂的行政组织系统的运行。[①] 故新一轮行政体制改革强调要加强组织法治建设，很有现实意义。

其次，现有的行政组织立法可操作性较弱，部分内容滞后于实践发展，不能有效回应和解决实践中出现的新情况、新问题。一方面，当前行政组织立法在有关职权划分、机构设置的条件和程序等内容的规定上，较为笼统、粗略，不少制度设计都还存在模糊之处。例如，虽然《国务院组织法》在机构设置上明确了办公厅、部委、直属机构和办事机构等组织类型，但未对这些机构的具体职责权限、运行方式等作出明确规定。故有学者指出，同为国务院组成部门的"部"和"委"之间有何不同，在"部"和

---

① 薛刚凌：《行政管理体制改革四十年：成就与展望》，载《中国发展观察》2018年第15期。

"委"之间进行机构类型转换的依据何在？"部"的职能与办理专门事项的直属机构有何区别，直属机构的设置、撤销和合并可以由国务院自行决定的依据何在？这些都缺乏组织法的清晰界定，还有待未来的组织立法加以完善。[①] 另一方面，由于我国行政组织法的制定和修改频次较低，在许多调整事项上都面临着规定内容过时或制度供给不足的问题。例如，随着我国经济、社会的发展，绝大多数地方都撤销了区公所的设置，故现行《地方各级人民代表大会和地方各级人民政府组织法》有关派出机关的规定已明显与行政区划的变动实际不符，需要适时予以修订。但同时，对于近年来出现的一些新型机构，如开发区（试验区）管委会、行政审批局等，在《地方各级人民代表大会和地方各级人民政府组织法》中均找不到类型化依据，进而导致其法律地位不明，如管委会因地而异可能被定位为派出机关、派出机构甚至事业单位，行政审批局在不同地区既可能因职权转移而成为行政主体，也可能只是受委托的机关。[②] 再比如，在当前深入推进综合行政执法改革的过程中，哪些职权需要并适合整合，哪些执法权事项应交由综合行政执法机关处理，不同层级综合行政执法机关的关系和权限划分如何，都应由统一的组织法律规范予以清晰界定。但目前与综合行政执法机关机构设置、职权划分有关的组织法规范还较少，[③] 综合行政执法改革在职权划转与权力配置方面仍旧面临着许多问题。

最后，现有的行政组织立法尚不能完全适应党和国家机构改革以及推进国家治理体系和治理能力现代化的要求。例如，在当前的行政体制改革进程中，一系列党政机关合并设立或合署办公改革的推进，由于这类改革横跨两类组织系统，"其权利配置规则和组织形态的适用范围不可避免地需

---

① 应松年:《完善行政组织法制探索》，载《中国法学》2013 年第 2 期。

② 马怀德主编:《行政法前沿问题研究：中国特色社会主义法治政府论要》，中国政法大学出版社 2018 年版，第 101—102 页。

③ 目前，除了城市管理、文化等少数领域出台了有关规范综合行政执法的部门规章外（如《城市管理执法办法》《文化市场综合行政执法管理办法》），在交通运输、环境保护、农业等其他综合行政执法领域均未制定适用于全国范围的专门规定。

要在党内法规和国家法律规范中寻得支撑"。[①] 但现有的行政组织法并未对党政机关合设、合署的组织形态加以规定，因而也无法为这类组织在设置标准、程序和职能分工等方面的实践探索提供制度支撑。再如，随着电子政务的发展，强调"一张网""一站式"，能实时连接、沟通的政务信息传播方式，不仅能够克服原有层层传递信息模式的弊端（如低效、耗费资源成本等），也能大幅减少行政组织的中间管理层次，推动政府组织结构向集约化、扁平化方向发展。而行政组织结构的转变，也必然会对组织体系以及不同组织间的分工、协作提出新的问题与挑战。但现有的组织法对于完善行政一体化的公共服务技术、促进行政机关间的信息共享，尚缺乏明确、具体的规范指引，在有关促进政府的数字化转型和行政机关的"无缝"合作等方面，也还存在不少制度空白。

（二）我国行政组织法的完善路径

2014年，党的十八届四中全会决定在有关加快建设法治政府的各项要求中，明确提出"要完善行政组织和行政程序法律制度，推进机构、职能、权限、程序、责任法定化"。[②] 2017年，习近平总书记在党的十九大报告中强调，要"科学配置党政部门及内设机构权力、明确职责"，"完善国家机构组织法"。[③] 2018年，《中共中央关于深化党和国家机构的决定》也将"推进机构编制法定化"确立为深化党和国家机构改革的一项关键举措。[④] 如前所述，组织机构是权力运行的载体，行政组织法的建构水平在很大程度上决定了政府职权行使的法治化水平。当前我国行政组织法制建设的滞后及不完善，已成为限制政府职能全面履行的瓶颈之一，也是行政体制改

---

① 张力：《党政机关合署办公的标准：功能、问题与重构》，载《政治与法律》2018年第8期。

② 《中共中央关于全面推进依法治国若干重大问题的决定》（2014年10月23日中国共产党第十八届中央委员会第四次全体会议通过），载《人民日报》2014年10月29日。

③ 习近平：《决胜全面建成小康社会，夺取新时代中国特色社会主义伟大胜利——在中国共产党第十九次全国代表大会上的报告》，载《人民日报》2017年10月28日。

④ 《中共中央关于深化党和国家机构改革的决定》（2018年2月28日中国共产党第十九届中央委员会第三次全体会议通过），载《人民日报》2018年3月5日，第1版。

革中容易出现效果反复（或陷入循环怪圈）的一个主要原因。有鉴于此，针对现行立法存在的不足，应从下列两方面入手，完善我国行政组织法体系，推进机构、编制的法定化：

1. 加快行政组织法的制定和修改，逐步完善行政组织法体系

一方面，应结合我国法治政府建设的需要和机构改革的实际，适时修订《国务院组织法》和《国务院机构设置和编制管理条例》等中央层面的组织立法。同时，可以尝试对现行立法进行拆分，制定专门的《地方各级人民政府组织法》，细化有关地方政府组织的法律制度，并同《国务院组织法》一起，共同构筑我国行政组织法的基本法律框架。

另一方面，可以以"三定"方案和政府"权责清单"为基础，推进部门组织法的制定，对不同政府工作部门的性质、内部机构设置、工作原则和领导体制等加以明确规定，以减少政府工作部门在机构设置与职权划分方面的随意性。但鉴于改革仍在推进，政府机构的变动性较强，部门组织法的制定具有高度的专业性与实践性，立法者很难基于自身理性完成理想、周密的制度设计。因而，部门组织法的制定，宜采用有学者所提出的"经验的实质规范主义"，即立法需要从改革的实际经验出发，关注具体的行政组织法治问题，并进行"实质合法性"的设计，立法往往可能需要经历"试验、知识积累和不断反思的过程"。[1] 从这个意义上讲，并非所有的部门组织法都需要由立法机关以制定法律的形式来完成。在保证法律监督与程序正当的前提下，也可以给予行政机关在制定机构组织通则方面一定的自主权。由此，在制定我国部门组织法的过程中，一个比较合理的立法进路是：由全国人大及常委会以立法的形式，逐步制定国务院各组成部门的组织法；由国务院以制定行政法规的方式，逐步确立国务院组成部门以外的其他机构的组织法。地方性法规只有在不与上位法相抵触的情况下，才可根据地方的实际需要对某些特殊行政组织加以规范。[2]

---

① 沈岿：《公共行政组织建构的合法化进路》，载《法学研究》2005 年第 4 期。
② 马怀德主编：《行政法前沿问题研究：中国特色社会主义法治政府论要》，中国政法大学出版社 2018 年版，第 115 页。

2. 进一步健全行政组织法律制度，推进机构、编制的法定化

首先，应当在行政组织法律中明确不同类型行政组织机构的设置标准、条件及程序。目前，有关政府机构的设置原则、条件和程序等，主要由国务院制定的行政法规（《国务院行政机构设置和编制管理条例》与《地方各级人民政府机构设置和编制管理条例》）加以规定。但"这种做法并不符合严格意义上的组织法定原则"，[①] 根据《宪法》第 86 条的规定，"国务院的组织由法律规定"，即强调了有关国务院机构的组织问题应属于法律保留事项。因此，在未来修订和完善组织法的过程中，应当将有关国务院机构设置的规定上升为法律，在《国务院组织法》中明确国务院机构的类型、不同类型机构的设置条件和程序，以及不同类型机构间的区分标准等，从而减少机构设置中的随意性。在《地方各级人民政府组织法》中也应遵循上述原则。但鉴于改革常常从地方的"先行先试"开始，为适应行政体制改革的需要，除了在《地方各级人民政府组织法》中规定地方人民政府的机构设置问题外，还可以授权地方人大及其常委会通过制定地方性法规，对符合当地实际需要且没有上位法规定的特殊组织类型加以规范。

其次，应当完善有关行政组织编制的法律制度，强化对组织编制的管理。正如学者所言，行政编制管理的好坏直接影响到行政组织的整体结构及其功能的发挥。长期以来，我国虽然重视编制管理的作用，但法律对行政编制的硬性约束不足，这是造成"管理层次过多、机构重叠、人员增长失控的状态"在很长一段时期内没有从根本上得到解决的原因之一，故必须加强编制立法，对行政编制加以全面规范。[②] 目前，在编制管理领域，现行有效的法规范依据仅有《国务院行政机构设置和编制管理条例》与《地方各级人民政府机构设置和编制管理条例》两部行政法规。但行政机关编制法作为行政组织法体系的重要组成部分，也应遵循严格的组织法定原

---

① 马怀德主编：《行政法前沿问题研究：中国特色社会主义法治政府论要》，中国政法大学出版社 2018 年版，第 116 页。
② 应松年、薛刚凌：《行政组织法与依法行政》，载《行政法学研究》1998 年第 1 期。

则。因而，在未来的组织法修订过程中，也需将编制管理的规范位阶上升为法律，即由《国务院组织法》和《地方各级人民政府组织法》加以规范。同时，针对当前编制管理立法所存在的可操作性不强、刚性约束不足等问题，还需对下列规范内容进行适当地补充和完善：一是要细化有关编制管理程序的规定。例如，应增加有关编制核定和编制调整的程序性规定（如增加说明理由、公众参与等规定），强化对编制调配的程序性约束；二是要进一步扩充法律责任条款，强化对编制违法行为的问责。如前所述，现行编制管理立法有关法律责任的规定过于简略，[①] 在责任追究方面可能存在一定疏漏。故有必要在细化编制违法行为种类的基础上，根据不同的违法情节，设定相应的法律责任条款，强化对编制管理的刚性约束。

最后，行政组织立法应积极关注社会发展与改革实践，并努力构建与之相匹配的组织法律制度。目前，对这一要求较为迫切的领域主要有：其一，是综合行政执法领域。随着执法改革的推进，立法滞后所导致的制度供给不足和制度性保障缺失等问题日趋凸显。因而，亟须完善有关综合行政执法机关的组织法律制度，以立法的形式明确综合行政执法机关的地位、性质、职责权限、设置标准和程序等。正如有学者在谈及城市管理综合行政执法改革时指出，应当尽快制定中央层面的立法，"统一城管执法的名称，界定城管执法机构的职能，明确城管执法的主管部门，赋予城管执法机关明确的执法权限"，这样才能在立法层面上理顺城管执法体制。[②] 其二，是党政机构合设、合署领域。对此，应同时完善党的组织制度法规和行政组织法律规范，同步协调规定党政机构合并设立或合署办公的领域、标准、设置程序和效果评估机制等。[③] 此外，为了更好地适应社会发展，促进行政任务的完成，不少学者提出未来的行政组织立法应遵循行政任务取向，

---

① 例如《地方各级人民政府机构设置和编制管理条例》在"法律责任"部分仅有两条规定。

② 马怀德：《健全综合权威规范的行政执法体制》，载《中国党政干部论坛》2013年第12期。

③ 马怀德主编：《行政法前沿问题研究：中国特色社会主义法治政府论要》，中国政法大学出版社2018年版，第116页。

不仅要关注组织本身的合法性问题，还要关注行政组织的效能革新与行政目标的实现。因而，行政组织法除了要规范组织类型、职责权限、人员编制等传统内容外，还可以对组织形态选择的外部竞争机制、政府的整体运作模式以及人员激励机制等加以规定，从而为政府职能的履行提供更为有力的保障。[1]

---

[1] 胡敏洁:《给付行政与行政组织法的变革——立足于行政任务多元化的观察》，载《浙江学刊》2007 年第 2 期；郑春燕:《行政任务变迁下的行政组织法改革》，载《行政法学研究》2008 年第 2 期；沈岿:《监控者与管理者可否合一：行政法学体系转型的基础问题》，载《中国法学》2016 年第 1 期。

第三章　简政放权与政府职能转变

　　"简政放权，放管结合，优化服务"，是党的十八大以来贯穿我国行政体制领域全面深化改革全局和始终的一条主线。党的十八大报告提出，"深化行政审批制度改革，继续简政放权"，以此为中心推动政府职能"向创造良好发展环境、提供优质公共服务、维护社会公平正义"转变。《2014年国务院政府工作报告》将此作为"本届政府开门第一件大事"，大幅取消和下放行政审批事项。同时，推动权力清单、商事登记、投资准入等全面改革，推进行政审批标准化，推广"双随机一公开"①等事中事后监管，逐步形成系统的"简政放权、放管结合、优化服务"改革部署。党的十九大报告进一步将其提炼为："转变政府职能，深化简政放权，创新监管方式，建设人民满意的服务型政府"，并指出要以此为中心，"继续深化机构和行政体制改革"。《2018年国务院政府工作报告》将此作为"优化营商环境""解放生产力"的关键一环。至2020年，完成政府机构改革任务，实现营商环境大幅提升，并持续深入推进"市场准入负面清单"、政务服务"最多跑一次"、以信用为基础的新型监管等重要领域改革。

　　简政放权既是法治政府建设的基本内容，也是政府依法全面履行职责的重要目标。② 同时，改革所贯穿的顾客导向、放松规制、程序法治、整体政府等现代行政法治理念，不仅与近年来世界范围内政府改革的普遍经验高度契合，也为我国行政法理论的丰富和发展提供了巨大的动力。

---

　　① 2015年8月5日，国务院办公厅发布了《关于推广随机抽查规范事中事后监管的通知》，要求在政府管理方式和规范市场执法中，全面推行"双随机、一公开"的监管模式。

　　② 马怀德:《行政审批制度改革的成效、问题与建议》，载《国家行政学院学报》2016年第3期。

第一节　简政放权的改革历程

一、从行政审批制度改革到"放管服"改革

简政放权改革较早开始于行政审批领域，因为这一领域典型反映了政府与市场的关系与边界问题。2000 年前后，在整顿和规范市场经济秩序、加入世界贸易组织、从源头上治理腐败等重要战略部署下，改革不适宜的审批管理体制已变得十分迫切。自 2001 年以来，我国行政审批制度改革大致经历了"前六批审改"和 2013 年以来的"新一轮审改"两个阶段。

2001 年，国务院成立行政审批制度改革工作领导小组，加强对各地已经陆续展开中的"审改"工作的指导和协调，同时推进中央层面的审批制度改革。[1] 此后，在"集中摸底、批量清理"基础上，至 2012 年，国务院先后分六批取消和调整了 2431 项行政审批项目，占国务院各部门原有审批总数的近七成。[2] "前六批审改"的突出特点是"批量式清理"，即中央层面以发文的形式分批集中减少审批项目，同时加强对保留的审批项目的监督。

"前六批审改"，取消了大量审批事项，治理了审批领域的腐败问题，出台了规范审批设定和实施的《行政许可法》，为改革的持续推进确立了法治化路径，取得了巨大的成功。[3] 但是，改革所带来的效率提升意义与公众的经验性感受还有一定的差距。一方面，六批清理之后，中央级的审批项目还有一千多项，地方级的则接近两万项，数字仍蔚为大观。而且由于清理的同时，通过部门立法程序以及行政规则制定程序又在不断新增或变相新增审批项目，实际的数字变得难以统计。这种审批的"批发式减少，零售式增加"的格局，反映出改革过程中政府与市场分界线确定的复杂性。另一方面，立足于单一审批事项之清理而非操刀行业整体审批流程之改革，

---

[1] 罗华滨、曹轩宁：《扎实有效地推进行政审批制度改革——访监察部部长、国务院行政审批制度改革工作领导小组副组长何勇》，载《中国监察》2001 年第 22 期。
[2] 参见国务院第一批至第六批清理行政审批项目的决定。
[3] 周汉华：《行政许可法：观念创新与实践挑战》，载《法学研究》2005 年第 2 期。

并没有根治市场准入的多环节、高门槛问题。①

2012 年 10 月，国务院公布第六批调整和取消的行政审批项目，提出"两个凡"原则：凡公民、法人或者其他组织能够自主决定，市场竞争机制能够有效调节，行业组织或者中介机构能够自律管理的事项，政府都要退出；凡可以采用事后监管和间接管理方式的事项，一律不设前置审批。"两个凡"不仅是前六批"审改"经验的高度总结，同时也为新一轮"审改"如何开局提供了指引。

2013 年，新一届政府将审批制度改革作为加快转变政府职能的"牛鼻子"，拉开了"新一轮审改"的大幕，在改革的思路、内容、模式上均呈现出不同于以往的特征。首先，相对于"前六批"而言，审批事项在更大范围、力度上得到精简。2013 年至 2016 年，提前、超额完成"本届政府减少审批事项三分之一以上的目标"，② 范围涉及"前六批审改"未列入清理的投资项目核准事项、职业许可事项、非行政许可审批事项、审批中介服务事项等；大量清理与简政放权不相适应的法律、法规、规章、规范性文件等，仅行政法规层面，国务院于 2014 年、2016 年、2017 年就先后废止、修改行政法规 10 部、66 部、15 部。其次，是在"前六批审改"经验基础上，"减存量"的同时"控增量"，以"目录制"等控制新设审批等，③ 逐步形成从"事项精简""权力清单"到"市场准入负面清单"的改革路径，改革从审批权领域扩展到所有政府权力领域。最后，更加注重事中事后监管，引入"互联网 + 政务服"务，要求"把放和管两个轮子都做圆"，逐步从审批制度改革发展形成系统的"放管服"改革部署。至 2017 年，国务院部门行政审批事项削减 44%，非行政许可审批彻底终结，中央政府层面核准的企业投资项目减少 90%，行政审批中介服务事项压减 74%，职业资格许可和认定大幅减少。中央政府定价项目缩减 80%，地方政府定价项目缩

---

① 骆梅英：《行政审批制度改革：从碎片政府到整体政府》，载《中国行政管理》2003 年第 5 期。

② 2016 年《国务院政府工作报告》。

③ 《国务院关于严格控制新设行政许可的通知》（国发〔2013〕39 号）。

减 50% 以上，商事制度发生根本性变革。简政放权改革对解放和发展社会生产力、推动经济平稳增长、增进社会公平正义发挥了重大作用。[①]

二、"放管服"改革的深化

党的十九大以来，"放管服"改革持续向纵深推进。政务服务"最多跑一次"、法治化营商环境、政府数字化转型等成为政府改革"热词"。以人民为中心思想引领下，改革更加聚焦企业、群众的需求，关注老百姓的"获得感"，在更大力度上推进"减证便民""证照分离""信用监管"、综合行政执法、矛盾纠纷"最多跑一地"等系列改革。

第一，以"一网、一门、一次"为中心推进政务流程再造。2018 年 6 月，国务院办公厅印发《进一步深化"互联网＋政务服务"推进政务服务"一网、一门、一次"改革实施方案》，在全国范围内部署开展"一网、一门、一次"改革，并以此作为关键举措深化"放管服"改革，大力优化营商环境。

"一网、一门、一次"是在提炼和总结各地改革实践的基础上，对"放管服"改革向纵深推进所作的一个重要部署，其核心内容是：整合构建全国一体化网上政务服务平台，以统一实名身份认证达成"一次认证、全国漫游"目标，上线更多政府服务事项，实现线上"一网通办"；优化政务服务大厅"一站式"功能，增加集中办理事项，加快实现"前台综合受理、后台分类审批、综合窗口出件"，实现线下办理"只进一扇门"；通过整合共性材料、优化办事系统、简化办事材料、精简办事环节，建设基层"一站式"综合便民服务平台，实现现场办理"最多跑一次"。[②]

中央顶层设计与地方实践紧密互动，各地加快了推进"一网、一门、一次"改革的步伐。例如，2018 年，浙江全面推行"一窗受理、一网通办、一证通办、一次办成"，100% 的事项实现网上办理，63.6% 的民生事项实

---

① 2018 年《国务院政府工作报告》。

② 胡建淼、骆梅英：《2018 年行政法实施报告》，载中国行为法学会、中南大学编：《中国法治实施报告（2018）》，人民法院出版社 2019 年版。

现"一证通办"；企业投资项目开工前审批全流程实现"最多跑一次、最多100天"；常态化企业开办时间压缩至4个工作日。① 上海全面实施优化营商环境专项行动，推进审批服务事项全程通办、全网通办、全市通办，1274个事项接入全流程一体化在线服务平台，90%的事项实现"只跑一次、一次办成"，99%的民生服务事项实现全市通办。工程建设项目全流程审批时间压缩一半以上，获得电力、开办企业、办理施工许可、跨境贸易、纳税、登记财产等领域的办事和审批环节减少30.5%、时间缩短52.8%。② 广东推出移动民生服务"粤省事"平台，实现509项高频民生服务事项"指尖"办理。建成全省统一的网上中介服务超市，全新上线一体化广东政务服务网，促进政务服务"一网通办"。③

第二，在审批事项精简的基础上，进一步推进"减证便民"，开展证明事项清理改革。④ 所谓"证明"，是指公民、法人和其他组织在申请办理行政许可等事项时，需提供的由其他单位出具的有关材料，用于反映客观事实，或者表明申请人符合特定条件。具体来讲，证明事项一般有以下几类：一是对法律事实的证明，如身份证明、出生证明、死亡证明；二是对法律关系的证明，如亲属关系证明、婚姻状况证明；三是对资格、资质、能力或水平的证明，如职称证明、培训证明；四是权利归属证明，如住所、办公地点、检测场所使用权或所有权证明；五是其他客观状态的证明，如备案证明、验资报告、收入证明、住房公积金提取证明；等等。

实践中，各种"奇葩证明"、循环证明、重复证明的存在，是企业、群众到政府办事能否进一步"减材料、减环节、减流程"的痛点和堵点。⑤ 2015年11月，国务院办公厅印发《关于简化优化公共服务流程方便基层群众办事创业的通知》要求坚决砍掉各类无谓的证明和烦琐的手续、

① 《2019年浙江省政府工作报告》，载《浙江日报》2019年2月3日。
② 《2019年上海市政府工作报告》，载《解放日报》2019年2月2日。
③ 《2019年广东省政府工作报告》，载《南方日报》2019年2月2日。
④ 《国务院办公厅关于做好证明事项清理工作的通知》（国办发〔2018〕47号）。
⑤ 柳大叶：《让"奇葩证明"早日成为过去》，载《人民日报》2015年6月23日。

大力推进办事流程简化优化和服务方式创新等，切实解决群众"办证多、办事难"问题。2018 年 6 月，国务院办公厅印发《关于做好证明事项清理工作的通知》，对在分类基础上推进证明事项清理作出了具体部署。一是对于通过规章、规范性文件设定的证明事项以及无设定依据的证明事项，应当停止执行，直接予以取消，不再要求当事人提供。例如，根据《民用航空背景调查规定》，民航从业人员入职和办理相关控制区证件时须经过背景调查，由公安机关核查并开具"无违法犯罪记录证明"。具体实施中，公安机关只能出具无犯罪证明，不能开具无违法证明。据此，中国民航局对相关条款进行修改，不再要求提供"无违法"记录证明，同时建立违法情况个人诚信申报制度。二是对于法律、行政法规、地方性法规设定的证明事项，要进行充分研究，对确应取消的，通过法定程序予以取消。例如，2020 年 6 月，《湖北省实施〈中华人民共和国归侨侨眷权益保护法〉办法》作出修改，取消了有关离休、退休、退职的归侨、侨眷职工出境定居后，领取离休金、退休金、退职金，需要提交本人生存的有效证明。[①] 三是对不能直接取消的证明事项，也要探索通过法定证照、书面告知承诺、政府部门内部核查和部门间核查、网络核验、合同凭证等方式逐步替代。例如，办理人力资源服务许可时不再提交工作人员学历证明，而是通过网络核验方式确定；办理社会保险登记不再提交营业执照、组织机构统一代码证书，而是通过政府部门间核查方式确定；办理供养亲属抚恤金申领不再提供学生在读证明，而是通过告知承诺、部门间数据共享核查方式确定；等等。[②]

第三，"放管服"改革不断从前端的准入向着中后端的行政监管、行政执法以及矛盾纠纷化解延伸。"放管服"改革走向纵深，市场准入前端的"证照"办理实现"一网、一门、一次"改革后，迫切呼唤事中事后端的监

[①] 《湖北省人民代表大会常务委员会关于集中修改、废止涉及取消证明事项的部分省本级地方性法规的决定》，湖北省第十三届人民代表大会常务委员会第十六次会议审议通过，2020 年 6 月 3 日起施行。

[②] 《人力资源社会保障部关于第二批取消部分规章规范性文件设定的证明材料的决定》，2019 年 10 月 28 日。

管和执法改革。"放管服"向着监管、执法、司法领域的延伸，构成了新一轮改革的重要内容。2019年1月，中共中央办公厅、国务院办公厅印发《关于推进基层整合审批服务执法力量的实施意见》，提出综合设置基层审批服务机构、积极推进基层综合行政执法改革、大力推动资源服务管理下沉等改革要求，在乡镇街道一级整合审批服务和执法力量。2019年3月，中共中央办公厅、国务院办公厅先后印发《关于深化文化市场综合行政执法改革的指导意见》等6个专业领域的综合执法改革指导意见，对整合构建"1+6+X"执法体系，即以城市管理为基础发展而来的综合行政执法以及文化市场、农业农村、交通运输、市场监管、生态环境保护、应急管理等6大专业领域的综合行政执法，作出了具体部署。2019年10月，党的十九届四中全会通过《中共中央关于坚持和完善中国特色社会主义制度　推进国家治理体系和治理能力现代化若干重大问题的决定》，提出"深化行政执法体制改革，最大限度减少不必要的行政执法事项"，"进一步整合行政执法队伍，继续探索实行跨领域跨部门综合执法，推动执法重心下移，提高行政执法能力水平"，明确了本轮行政执法改革的方向和内容。

不仅在执法领域，需要把"管"的轮子做圆，通过整合执法资源和减少不必要的执法事项，建立起与市场相适应的监管体制。相应的改革理念也在影响末端的矛盾纠纷化解领域。2018年2月，最高人民检察院印发《关于"12309"检察服务中心建设的指导意见》，推进"12309"检察服务中心网络平台和实体大厅建设，为人民群众提供"一条龙""一站式"的检察服务；2019年8月，最高人民法院发布《关于建设一站式多元解纷机制一站式诉讼服务中心的意见》，提出主动融入党委和政府领导的诉源治理机制建设，主动做好与党委政府创建"无讼"乡村社区、一体化矛盾纠纷解决中心、行政争议调解中心工作对接。在地方层面，各地也加快了矛盾纠纷化解统一平台和机制的建设。例如，浙江省按照"最多跑一次"理念，积极推进社会治理领域"最多跑一地"改革，以县（市、区）为重点加快建设完善社会矛盾纠纷调处化解中心，整合政法、司法、行政、信访等资源力量，吸收法律咨询、心理服务、行业性专业调委会、公共管理等相关部门（组织）力量进驻，实现群众信访和矛盾纠纷化解"只进一扇门"，同时"一窗受理、一揽子调处、一条龙服务"。[①]

第二节　简政放权的改革内容

"简政放权、放管结合、优化服务"的改革内容包罗万象，从深化党和国家机构改革、限定政府权力边界、降低市场准入、再造公共行政流程到为企业全生命周期运行提供便利化、法治化环境等，涉及政府权力行使、市场机制运行的方方面面，是我国厘定政府与市场、社会三方关系上的一场深刻变革。限于篇幅，本部分将聚焦改革的主要举措和重大制度创新，从源头上控制政府权力、准入上降低市场门槛、流程上优化政务服务三个方面展开分析。

一、"清单式"控权

简政放权的首要内容是"简政"，即如何"精简政府职能"，简化政府不必要的事务，减少政府对市场、社会的不适当干预。如何处理公权力与私权利的关系，法谚有云：公权力"法无授权即禁止"；私权利"法无禁止即自由"。政府权力清单与市场准入负面清单，正是这一公私法理的制度体现。政府权力清单为政府行权划定边界，市场准入负面清单则为市场行为放足空间。

（一）政府权力清单

2013年8月，中共中央政治局会议审议通过《关于地方政府职能转变和机构改革的意见》，提出要"梳理各级政府部门的行政职权，公布权责清单"。党的十八届三中全会《关于全面深化改革若干重大问题的决定》，对"推行地方各级人民政府及其工作部门权力清单制度，依法公开权力运行的

---

① 何玲玲等：《打造解纷"终点站"避免矛盾"再发酵"——浙江"最多跑一地"改革观察》，载新华网，http://www.xinhuanet.com/politics/2020-06/01/c_1126060639.htm，最后访问时间：2020年9月1日。

流程"进一步作出部署。2015 年 3 月，中共中央办公厅、国务院办公厅印发《关于推行地方各级政府工作部门权力清单制度的指导意见》，从改革要求、工作任务、组织实施等方面对推行权力清单制度作出了具体规定。

权力清单，是指将地方各级政府工作部门行使的各项行政职权及其依据、行使主体、运行流程、对应的责任等，以清单形式明确列示出来，向社会公布，接受社会监督。其核心是政府对自身权力进行清理、调整和界定。[①] 改革的目标是通过建立权力清单和相应责任清单制度，进一步明确地方各级政府工作部门职责权限，大力推动简政放权，加快形成边界清晰、分工合理、权责一致、运转高效、依法保障的政府职能体系和科学有效的权力监督、制约、协调机制，全面推进依法行政。

首先，权力清单是对政府现有职权及其依据的一次梳理、汇编，是摸清行政权力的"家底"。通过"对行使的直接面对公民、法人和其他组织的行政职权，分门别类进行全面彻底梳理，逐项列明设定依据，汇总形成部门行政职权目录"，明确了具体行政职权的内容和边界，防止政府"恣意""越界"。

其次，权力清单是对政府现有职权的一次清理、调整，是"清权"基础上的"减权"。清单编制过程中：一是对没有法定依据的行政职权，应当及时取消。例如，2012 年最高人民法院在第 5 号指导案例裁判要旨中明确，《江苏省〈盐业管理条例〉实施办法》设定的工业盐运输行政许可及相关行政处罚事项，与国务院《盐业管理条例》不一致。据此，在 2014 年 11 月公布的《江苏省政府各部门行政权力事项清单》中，取消了"工业盐准运证核发"许可及相关处罚事项。[②] 二是对确有必要保留的，按程序办理，可下放给下级政府和部门的职权事项，应及时下放并做好承接工作。例如，2020 年 1 月，广东省政府决定取消和调整 993 项省级权责清单事项，其中

---

① 朱新力、余军：《行政法视域下权力清单制度的重构》，载《中国社会科学》2018 年第 4 期。

② 相关案例参见王太高：《合法性审查之补充：权力清单制度的功能主义解读》，载《政治与法律》2019 年第 6 期。

787项实行重心下移、改由市县就近实施，同时要求做好落实和衔接工作，确保放得下、接得住、管得好。① 三是对虽有法定依据但不符合全面深化改革要求和经济社会发展需要的，法定依据相互冲突矛盾的，调整对象消失、多年不发生管理行为的行政职权，应及时提出取消或调整的建议。例如，浙江省在推进"放管服"改革中，探索对建设工程施工图设计文件实行分类监管，取得了较好的改革成效。基于此，国务院决定暂时调整实施《建设工程质量管理条例》相关内容，允许浙江省对施工图设计文件实行分类管理，经评估的低风险项目可不进行施工图审查。同时，继续探索通过开展执法检查、强化设计单位、建设单位主体责任、完善建设工程全过程图纸数字化管理系统等措施加强监管。②

再次，权力清单是对政府职权行使流程的规范和优化，是"减权"基础上进一步"晒权"。权力清单的一项主要任务，是要按照透明、高效、便民原则，制定行政职权运行流程图，切实减少工作环节，规范行政裁量权，明确每个环节的承办机构、办理要求、办理时限等，提高行政职权运行的规范化水平。"权力运行流程图"，不仅发挥着程序控权的作用，而且通过公开行政权运行的轨迹，使权力在阳光下运行，不仅有助于社会公众了解和参与行政活动过程，而且增强了行政活动的民主性和可接受性，从而极大提升行政活动的效率和社会效果。③

最后，"有权必有责"，推进权力清单与责任清单"两单融合"，是对行政权力的"义务和责任"的一体限定。在建立权力清单的同时，要按照权责一致的原则，逐一厘清与行政职权相对应的责任事项，建立责任清单，明确责任主体，健全问责机制。

实施权力清单制度，是将权力关进制度笼子、实现政府职能转变、推进

---

① 《广东省人民政府关于取消和调整实施一批省级权责清单事项的决定》（粤府〔2020〕1号）。

② 《国务院关于同意在浙江省暂时调整实施有关行政法规规定的批复》（国函〔2020〕140号）。

③ 王太高：《权力清单："政府法治论"的一个实践》，载《法学论坛》2017年第2期。

法治政府建设的一项基础性工程。① 权力清单通过"清权""减权""晒权"以及大力推进行政职权网上运行，发挥了界定政府职责、指引群众办事、监督部门履职以及优化行政权运行等积极功能，在厘清政府和市场、政府和社会关系方面起着基础性作用。

（二）市场准入负面清单

"负面清单"是一个对外投资协定谈判中的概念，较早运用于我国自贸区改革实践。② 2013 年 11 月，党的十八届三中全会《关于全面深化改革若干重大问题的决定》提出，"实行统一的市场准入制度，在制定负面清单基础上，各类市场主体可依法平等进入清单之外领域"。2014 年 7 月，国务院发布《关于促进市场公平竞争维护市场正常秩序的若干意见》，要求"制定市场准入负面清单，国务院以清单方式明确列出禁止和限制投资经营的行业、领域、业务等，清单以外的，各类市场主体皆可依法平等进入"。2015 年 10 月，国务院出台《关于实行市场准入负面清单制度的意见》，对推行负面清单的功能定位、制定程序、适用类型和条件等作了全面规定，同时确立"两步走"实施，从 2015 年 12 月 1 日至 2017 年 12 月 31 日，先在部分地区试行，积累经验、逐步完善，从 2018 年起正式实行全国统一的市场准入负面清单制度。在历经地方积极探索后，国家发展改革委、商务部先后印发《市场准入负面清单（2018 年版）》《市场准入负面清单（2019 年版）》，将负面清单提升为全国性的改革措施。另外，在外商投资准入领域，2019 年制定的《外商投资法》也正式确立了"准入前国民待遇 + 负面清单"的新型监管框架。③

---

① 唐明良：《重视权力清单制度实施中的风险点》，载《浙江日报》2014 年 7 月 25 日。

② 2013 年 9 月，上海市政府公布《中国（上海）自由贸易试验区外商投资准入特别管理措施（负面清单）（2013 年）》，清单保留了 190 项特别管理措施，清单外实施备案制。在自贸区内，近 95% 的外商投资项目通过备案方式设立，办理时间由 8 个工作日缩减到 1 个工作日，申报材料由 10 份减少到 3 份。唐玮婕：《这是一份来自上海自贸区的"礼物"》，载《文汇报》2018 年 9 月 25 日。

③ 胡建淼、骆梅英：《2019 年行政法实施报告》，载中国行为法学会、中南大学编：《中国法治实施报告（2019）》，人民法院出版社 2020 年版。

市场准入负面清单制度，是指国务院以清单方式明确列出在国境内禁止和限制投资经营的行业、领域、业务等，各级政府依法采取相应管理措施的一系列制度安排。负面清单包括禁止准入类和限制准入类两个类别，确立了市场主体进入市场的三种路径。一是"禁止进入"，对禁止准入的事项，市场主体不得进入，行政机关不予审批、核准，不得办理有关手续。二是"许可进入"，对限制准入的事项，包括有关资格的要求和程序、技术标准和许可要求等，由市场主体提出申请，行政机关依法依规作出是否予以准入的决定。三是"平等进入"，对市场准入负面清单以外的行业、领域、业务等，各类市场主体皆可依法平等进入。

通过实行市场准入负面清单制度，一方面，赋予市场主体更多的主动权，为发挥市场在资源配置中的决定性作用提供更大空间。例如，根据《外商投资准入特别管理措施（负面清单）（2020 年版）》和《自由贸易试验区外商投资准入特别管理措施（负面清单）（2020 年版）》，特别管理措施已从改革之初的 190 余项缩减为现今全国 33 项、自贸区 30 项。限制准入范围的缩小，是简政放权改革成果的集中体现。相较过去"外资三法"对外资准入实施"逐案审批制"，"一事一批、层层审批"的事前审查模式，划定了准入范围，减少了准入环节，扩大了对外开放。① 另一方面，明确政府发挥作用的职责边界，有利于促进政府运用法治思维和法治方式加强市场监管，推进市场监管制度化、规范化、程序化，从根本上促进政府职能转变。例如，根据改革进展、经济结构调整、法律法规修订等适时、动态调整负面清单，2019 年版《清单》共列入事项 131 项，相比 2018 年版减少了事项 20 项，缩减比例为 13%。同时，及时纳入新设立的准入措施，如将科创板首次公开发行股票注册等依法新设的准入管理，确保清单准确有效，政府依法依规监管。

---

① 冯果、范鑫:《外商投资法治的时代要求与制度实现》，载《上海政法学院学报》2019 年第 6 期。

二、商事登记制度改革

商事登记制度改革，无疑是新一轮"放管服"改革的核心内容，决定了改革能否进一步激发市场活力，同时也是市场主体对优化营商环境改革效果最直接的感受。最早自 2012 年广东顺德等地的改革者喊出"天赋商权"的口号，推行主体资格（营业执照）与经营资格（许可证）相分离的新型商事登记，[①] 此后，中央顶层设计与地方实践探索紧密互动，通过"先照后证""多证合一""证照分离"以及注册资本实缴改认缴、"年检"改"年报"、企业登记全程电子化、名称管理改革、住所申报承诺制等，不断降低市场准入门槛，优化营业执照的主体资格凭证功能。

（一）注册资本登记制改革

商事登记，是指申请人为依法开展商事活动，就设立、注销商事主体及变更相关事项，向登记机关提出申请，由登记机关依法通过登记确认商事主体资格和一般经营资格，签发营业执照，并予以公示的行为。未经登记的，不得以商事主体名义开展经营活动。因此，办理营业执照是商事主体进入市场的第一步。2013 年 3 月，全国人大表决通过《国务院机构改革和职能转变方案》，提出："改革工商登记制度。将注册资本实缴登记制改为认缴登记制，并放宽工商登记其他条件。"2013 年 12 月，全国人大修改《公司法》，增加了公司、公司股东（发起人）在注册资本管理方面的一系列权利。2014 年 2 月，国务院出台《注册资本登记制度改革方案》（以下简称《方案》），按照便捷高效、规范统一、宽进严管的原则，对改革作出全面部署。

一是改注册资本实缴制为认缴制。自 1993 年《公司法》颁布以来，公司制这种现代企业制度形式在我国得到了快速发展，已经成为企业发展的最主要形式。随着我国市场经济的快速发展，公司设立制度设计中注重政

---

① 《顺德区商事登记制度改革实施方案（试行）》（顺府发〔2012〕11 号）。

府管控、准入成本过高的弊端也日益显现。[1] 2013 年《公司法》修改，赋予公司、公司股东（发起人）在注册资本管理方面享有以下权利：（1）自主约定注册资本总额，除法律、行政法规以及国务院决定另有规定外，取消最低注册资本的限制；（2）自主约定公司设立时全体股东（发起人）的首次出资比例；（3）自主约定出资方式和货币出资比例；（4）自主约定公司股东（发起人）缴足出资的期限，不再限制两年内出资到位。据此，《方案》明确，在注册登记环节，公司实收资本不再作为工商登记事项。在进行公司登记时，也无须提交验资报告。公司应当将股东认缴出资额或者发起人认购股份、出资方式、出资期限、缴纳情况通过市场主体信用信息公示系统向社会公示。公司股东（发起人）对缴纳出资情况的真实性、合法性负责。

二是改"年检"为"年报"。企业应当按年度在规定的期限内，通过市场主体信用信息公示系统向市场监督管理部门报送年度报告，并向社会公示，任何单位和个人均可查询。改革把传统的年检管理方式，即由市场主体向监管部门负责，改为市场主体通过信息公示向社会负责。同时，市场监督管理部门通过抽查的方式对企业年报进行监管，将未按规定报送公示年报的企业载入经营异常名录，以信用监管方式取代行政处罚方式，促进企业规范经营。

三是简化住所（经营场所）登记。企业住所登记的功能主要是公示企业法定的送达地和确定企业司法和行政管辖地。我国市场发展的活力带来的"大众创业、万众创新"的热潮，使得住所（经营场所）资源日益成为投资创业的制约因素之一。[2]《方案》兼顾释放住所（经营场所）资源的需要和社会管理的特殊性，明确由省级人民政府根据法律法规的规定和本地区管理的实际需要，自行或者授权下级人民政府对市场主体住所（经营场所）的条件作出具体规定。例如，2016 年施行的《广东省商事登记条例》允许商事主体"一照多址""一址多照"，授权地级以上市人民政府

---

[1] 王远明、唐英：《公司登记效力探讨》，载《中国法学》2003 年第 2 期。
[2] 金洪钧、刘秀丽：《推行住所申报制 破解市场主体准入便利化瓶颈》，载《中国市场监管研究》2017 年第 7 期。

可对"一照多址""一址多照"和"住改商"的条件作出具体规定。再如，根据《浦东新区关于贯彻〈上海市企业住所登记管理办法〉的实施意见》，自贸试验区内符合条件的律师事务所可将其办公场所作为企业住所进行集中登记。①

（二）"证照分离"改革

市场准入的实际过程中，获得商事主体资格（办理营业执照）与从事特定行业经营活动（办理许可证）之间还存在"照"与"证"的关系问题，证和照互为前置、衔接不畅、流程烦琐等构成了特殊的"准入不准营"难题。对此，《中共中央关于全面深化改革若干重大问题的决定》指出："推进工商注册制度便利化，削减资质认定项目，由先证后照改为先照后证。"据此，2013 年《国务院机构改革和职能转变方案》提出："对按照法律、行政法规和国务院决定需要取得前置许可的事项，除涉及国家安全、公民生命财产安全等外，不再实行先主管部门审批、再工商登记的制度，商事主体向工商部门申请登记，取得营业执照后即可从事一般生产经营活动；对从事需要许可的生产经营活动，持营业执照和有关材料向主管部门申请许可"，确立了"先照后证""照后减证""证照分离"的改革部署。

一是实行"先照后证"，通过厘清证照关系、公布《工商登记前置审批事项目录》并动态调整，严格控制新设或变相设置前置许可事项。例如，2016 年《城镇燃气管理条例》修改，删除了"申请人凭燃气经营许可证到工商行政管理部门依法办理登记手续"的条款，"燃气经营许可证核发"由登记前置审批事项调整为后置审批，取消了企业凭《燃气经营许可证》到市场监管部门办理营业执照的要求。同时，建立健全登记注册、行政审批、行业主管相互衔接的市场监管机制，强化信用对市场主体的约束作用，保障改革顺利推进。②

---

① 何欣荣：《上海浦东出台市场准入新政：企业住所可登记在律师事务所》，载中国政府网，http://www.gov.cn/xinwen/2015-08/13/content_2912339.htm，最后访问时间：2020 年 8 月 1 日。

② 《关于"先照后证"改革后加强事中事后监管的意见》（国发〔2015〕62 号）。

二是推进"多证合一"。市场准入的过程往往是一个复合许可的过程，先后或同时存在多个照、多个证的办理。"多证合一"主要是针对"办照环节"，改革的实质是通过登记环节的"证照联办"优化准入流程。例如，2015年从地方开始探索的"三证合一"登记制度，是指将企业登记时依次申请，分别由工商行政管理部门核发工商营业执照、质量技术监督部门核发组织机构代码证、税务部门核发税务登记证，改为一次申请、由工商行政管理部门核发一个营业执照的登记制度。[1]此后，改革不断深化，从"三证"基础上再整合社会保险登记证和统计登记证实行"五证合一"[2]到加快推进"多证合一、一照一码"[3]，将涉及企业登记、备案等有关事项和各类证照进一步整合到营业执照上，从而建立程序更为便利、内容更为完善、流程更为优化、资源更为集约的市场准入新模式。

三是全面推开"证照分离"。进一步解决"准入不准营"问题，根源还是在于减少"证""照"的数量。在"先照后证""多证合一"基础上，通过在上海等地先行试点，2018年10月，国务院发布《关于在全国推开"证照分离"改革的通知》，要求有效区分"证"与"照"的各自功能，大力推进"照后减证"，尽可能减少审批发证。"证照分离"改革主要是针对"办证环节"，根据许可事项的不同，主要有四种改革方式：（1）取消审批，旨在发挥市场的调节作用和行业的自律管理，如外资的国际船舶管理业务经营审批等；（2）审批改备案，旨在通过备案强化对行业的引导并且加强信息公示，如首次进口非特殊用途化妆品许可等；（3）实行告知承诺制，旨在通过告知承诺和事中事后监管对尚不能直接取消审批的事项进行管理，如电影放映单位设立审批等；（4）优化服务，主要针对涉及国家安全、公共安全、金融安全、公众健康等涉及重大公共利益的行政审批事项，通过公示和精简审批程序，增强经营者办理许可证的可预期性，优化准入服务，如

---

[1] 《关于加快推进"三证合一"登记制度改革的意见》（国办发〔2015〕50号）。

[2] 《关于加快推进"五证合一、一照一码"登记制度改革的通知》（国办发〔2016〕53号）。

[3] 《关于加快推进"多证合一"改革的指导意见》（国办发〔2017〕41号）。

旅行社业务经营许可等。

三、政务服务"最多跑一次"

所谓"最多跑一次",是指群众、企业等向行政机关申请办理一件事,申请材料齐全、符合法定形式的,从提出申请到收到办理结果全程只需一次上门或者零上门。所谓"一件事",是指一个办事事项或者可以一次性提交申请材料的相关联的多个办事事项。改革的目标是不断形成老百姓眼中的"一件事"清单并实现"最多跑一次"。2017 年 2 月,浙江省政府发布《加快推进"最多跑一次"改革实施方案》,在前期"放管服"改革基础上,按照群众和企业到政府办事"最多跑一次"的理念和目标,从与群众和企业生产生活关系最紧密的领域和事项做起,充分运用"互联网 + 政务服务"和大数据,重构政务服务流程,创新服务机制,进一步增强群众和企业对改革的获得感。2018 年 6 月,国务院办公厅印发《进一步深化"互联网 + 政务服务"推进政务服务"一网、一门、一次"改革实施方案》,地方层面的探索迅速在全国推开。

（一）"一窗受理"

在行政组织领域,优化提升政务服务大厅"一站式"功能,推进各地行政服务中心"一窗受理、集成服务"改革。将部门分设的办事窗口整合为"投资项目""不动产登记""商事登记""社会事务"等综合窗口,实行前台综合受理、后台分类审批、统一窗口出件,并探索推进"全科无差别受理",提升事项进驻率、"一证"通办率。[1] 以不动产登记为例,改革前主要由分散设立的国土、建设和税务三个部门来完成,如分头办理契证和不动产权证,就需要在税务部门和国土部门间来回跑。改革后将三个部门的职能整合,由一个窗口收件并完成网签、受理、纳税等事项的办理,大大提高了办证的效率。

---

[1]　关于行政服务中心的改革模式,参见骆梅英:《优化营商环境的改革实践与行政法理》,载《行政法学研究》2020 年第 5 期。

（二）"一网通办"

在"互联网＋政务"领域，加快建设国家、省、市三级互联的网上政务服务平台体系，推动政务服务"一次登录、全网通办"。2018年7月，国务院印发《关于加快推进全国一体化在线政务服务平台建设的指导意见》，2019年4月，出台《国务院关于在线政务服务的若干规定》，从顶层设计上对"一网通办"进行全面部署。2019年5月，国家政务服务平台（含PC端、移动端和小程序）正式上线试运行，联通32个地区和46个国务院部门，陆续接入地方部门360多万项政务服务事项和1000多项高频热点办事服务，标志着以国家政务服务平台为总枢纽的全国一体化政务服务平台体系初步建成。[①] "一网通办"推进了各地区、各部门政务服务平台规范化、标准化、集约化建设和互联互通，推动实现政务服务事项全国标准统一、全流程网上办理，促进了政务服务跨地区、跨部门、跨层级数据共享和业务协同，并依托一体化在线平台推进政务服务线上线下深度融合。

（三）流程再造

在公共服务的流程再造领域，以企业和群众办事"少跑腿"为目标，梳理必须到现场办理事项的"最多跑一次"目录，精简办事环节和材料，推动政务服务入口全面向基层延伸，大力推进企业和群众办事"最多跑一次"。以企业开办一件事为例。上海通过企业登记流程再造和"一窗通"的职能集中，将开办流程压缩为申领营业执照、刻章、办税、社保登记四个环节，用时从22个工作日提升到5个工作日。[②] 再以企业办水一件事为例，浙江通过勘察设计阶段简化事前审查（水务公司与政务服务平台信息共享获取用水企业的报装材料）、行政审批阶段（用水接入建设项目审批）推行告知承诺制改革，整合建设、综合行政执法、交通、公安、应急管理5个

---

① 卫婧:《让全国"一网通办"渐行渐近——写在国家政务服务平台上线试运行一周年之际》，载新华网，http://www.xinhuanet.com/2020-05/31/c_1126055849.htm，最后访问时间：2020年10月1日。

② 2018年2月，上海市工商局、市公安局、市税务局联合发布《关于加快企业登记流程再造 推行开办企业"一窗通"服务平台的意见》。

部门的 12 个行政许可为一个综合许可，从而形成全流程闭环运行，实现大幅度减材料、减环节、减时间。[①]

同时，推进"最多跑一次"事项办理标准化。制定发布群众和企业到政府办事"最多跑一次"政务服务标准等，形成各类"办理指南"，明确办理条件、办理材料、办理流程，取消没有法律法规依据的证明和盖章环节，以标准化促进规范化便捷化，保障改革真正落地。

第三节　简政放权之于政府职能转变的意义

在计划经济时代，政府作为一个"全能型"角色，掌管着经济和社会的方方面面，通过直接的行政方式对各类资源进行调控。随着社会主义市场经济体制的建立与完善，特别是在市场功能被限定为起决定作用的经济体制中，发挥政府作用的目的是更好地促进和保障市场的基础和决定地位，政府不应干预市场能够解决、能够决定的问题。政府与市场关系由"限定市场、余外政府"模式向"限定政府、余外市场"模式结构性翻转。[②] 从简政放权入手，进而推动放管结合和优化服务，形成了"放管服"三管齐下互为支撑的改革局面，促进政府、市场、社会三者关系产生深刻变革。

一、效能政府：从"重审批轻监管"到"宽准入严监管"

效能原则是行政法的基本原则，效能政府建设是法治政府建设的应有之义。[③] 评价政府效能，有外部和内部两个视角。外部视角着眼于政府职能

---

① 《桐乡市企业用水报装全流程"一件事"两个工作日内办结》，载中共浙江省委全面深化改革委员会办公室、浙江省最多跑一次改革办公室：《领跑者》2019 年第 26 期；《浙江省优化营商环境用水、用气报装便利化行动方案》（浙建城〔2019〕46 号）。

② 陈甦：《商法机制中政府与市场的功能定位》，载《中国法学》2014 年第 5 期。

③ 在制度建构意义上，效能原则包含"市场或社会自治优先原则"和"管理或服务制度的效益最大化原则"两层涵义，参见沈岿：《论行政法上的效能原则》，载《清华法学》2019 年第 5 期。

运行对于经济社会整体效能的提升；内部视角着眼于政府自身机关效能的改进。深入推进简政放权，促进政府职能从传统的"重审批轻监管"转变为"宽准入严监管"，不仅整体上降低了制度性交易成本、促进了市场和社会的活力，而且也倒逼政府自身改革，不断提升机关工作效率。

一是基于市场活力的整体效能。深入推进简政放权，各类行政审批、证明事项大幅压缩，从审批权清单到政府权责清单再到市场准入负面清单的全面实施，最大限度减少政府对市场主体的直接干预。例如，企业投资项目（基本建设项目）审批程序过去被称为"万里长征"，存在多阶段化的程序构造、繁复冗长的审批环节、互为接力的审批次序等难题，往往历时一两年甚至几年。[①] 改革后，[②] 中央层面核准的企业投资项目压减90%，通过取消许可前置条件、推进区域评估、开展施工图联合审查、改革中介服务、建立在线审批监管平台等，已基本实现一般企业投资项目开工前审批"最多100天"，[③] 不仅为企业松绑减负，也极大提升了生产力和生产效率。再如，商事登记制度改革有效激发了市场活力，市场主体数量大幅增加。2012年我国各类市场主体不到6000万户，2019年底已达1.2亿户，翻了近一倍，为我国经济持续发展奠定了坚实的基础。[④]

同时，精简审批后，政府作用的发挥转到为市场提供更加科学有效的监管上来，推动政府管理方式由事前审批为主向事中事后监管为主转变，更加有利于形成宽松准入、公平竞争的市场秩序。通过厘清监管事权、健全制度化监管规则、推进"互联网＋监管"、提升信用监管效能、全面实施"双随机、一公开"监管、对重点领域实行重点监管、对新业态新模式落实包容审慎监管等，加快构建权责明确、公平公正、公开透明、简约高效的

---

① 唐明良、骆梅英：《地方行政审批程序改革的实证考察与行政法理——以建设项目领域为例》，载《法律科学》2016年第8期。

② 《关于全面开展工程建设项目审批制度改革的实施意见》（国办发〔2019〕11号）。

③ 金梁：《"最多100天"，做到了！》，载《浙江日报》2018年12月28日。

④ 李克强总理在全国深化"放管服"改革优化营商环境电视电话会议上的讲话，2020年9月11日。

事中事后监管体系，形成市场自律、政府监管、社会监督互为支撑的协同监管格局。[1]

二是基于机关运行的自身效能。[2] 值得指出的是，"放管服"改革不仅对政府与市场、社会的关系进行了重新定位，而且也深刻影响着政府内部的权力运行和职责分配。例如，2017 年出台的《上海市政府效能建设管理试行办法》，贯彻简政放权改革精神，从基础管理、行政权力行使、政务服务和公共服务等方面，对科学配置部门管理资源，优化部门管理要素，完善部门运作方式等作出了规定。再如，2018 年，浙江探索推进机关内"最多跑一次"改革，对跨部门跨层级的内部事项进行梳理，分为文书事务、核准审批、审核转报、登记备案、其他服务五类，重点优化公文流转、公务员事业人员职业生涯事项、财务报销事项等"一件事"办理流程并上网运行，有效提升了机关效能。[3]

二、整体政府：从部门分治走向整体智治

关注诸权协力的整体治理理念，是提高国家治理体系和治理能力现代化的必然要求。[4] 行政审批领域有着强烈而迫切的整合部门权力的改革需求，这种需求的真正动力是源于市场经济的发展需要最大限度地破除部门割据造成的准入壁垒。[5] 源于审批制度改革的"放管服"改革，带有整体政府改革的鲜明特点，推动政府从部门分工不断走向整体治理。

从组织上看，"最多跑一次"的改革实践则是在行政服务中心这个"大

---

[1] 《国务院关于加强和规范事中事后监管的指导意见》（国发〔2019〕18 号）。

[2] 关于机关运行的法治化，参见马怀德：《机关运行保障立法的意义、原则和任务》，载《中国法学》2020 年第 1 期。

[3] 《部分试点单位和先行地区推进机关内部"最多跑一次"改革成效显著》，载中共浙江省委全面深化改革委员会办公室、浙江省最多跑一次改革办公室：《领跑者》2019 年第 41 期。

[4] 袁雪石：《整体主义、放管结合、高效便民：〈行政处罚法〉修改的"新原则"》，载《华东政法大学学报》2020 年第 4 期。

[5] 骆梅英：《行政审批制度改革：从碎片政府到整体政府》，载《中国行政管理》2013 年第 5 期。

厅内"再造一个政府，并通过"窗口"的跨部门整合来重组政府。例如，在前述"一窗受理，集成服务"基础上，2018 年 9 月，浙江出台《"无差别全科受理"工作指南》，对行政服务中心的布局再次作出调整，将设 3 类综合窗口：综合受理窗口、综合出件窗口和"最多跑一次"投诉代办窗口。无疑，改革的目的是实现"去部门化"，和老百姓直接打交道的，不是政府的某一个部门，而是代表一级政府的一个"窗口"。"无差别全科受理"意味着窗口工作人员要从"专科医生"变为"全科医生"，行政服务中心任何一个窗口都能够代表政府受理全部办事事项，最终实现"一窗通办"。[①]应当认识到，"全科模式"以及配套的"最小颗粒度收件"系统等改革，是我国政府对部门间"块块权力"配置体系的一次重构，旨在通过组织再造，解决部门分割带来的政务服务碎片化问题，并推动公共服务向着基层乡镇（街道）、村（社区）下沉。

从流程上看，"互联网＋政务服务"的技术创新推进了部门间数据共享，打通"信息孤岛"，推动实现"让数据跑代替群众跑"的改革目标。[②]例如，杭州依托城市大脑中枢系统，整合协同政府部门涉企数据资源，设置企业、政府两个端口，以"直通车"模式，打造政商"亲清在线"数字平台。在政府端，打通人力社保、市场监管、税务、住房保障、公安等部门的数据，按照各类优惠政策标准，调取企业纳税、注册登记、用电等信息数据，对政策兑付的对象和规模做到事前精准梳理；在企业端，点击核实确认，无须提交任何材料，即可享受对应优惠政策；同时，运用区块链技术确保政策兑付全留痕、可追溯。"亲清在线"通过改变数据流、信息流，重塑政策兑付流程，变传统的"人找政策"到"政策找人"，实现政务服务从"坐店等客"到"速递上门"的转变。[③]

---

① 金春华：《浙江省出台〈"无差别全科受理"工作指南〉》，载《浙江日报》2018年 9 月 27 日。

②《国务院关于加快推进"互联网＋政务服务"工作的指导意见》（国发〔2016〕55 号）。

③《杭州市亲清在线实现惠企政策兑付一键达》，载中共浙江省委全面深化改革委员会办公室、浙江省最多跑一次改革办公室：《领跑者》2020 年第 76 期。

三、建设人民满意的服务型政府

党的十九大报告指出："转变政府职能，深化简政放权，创新监管方式，建设人民满意的服务型政府。"从服务型政府到人民满意的服务型政府，是推进服务型政府建设目标产生质的飞跃的过程，重视人民在改革中的主体地位，需要在手段和路径上以"顾客导向""群众点菜"重塑公共服务的供给，以"获得感""满意度"检验改革成效。

第一，聚焦百姓眼中的"一件事"界定改革需求。过去的"一件事"，是政府部门眼中的一件事，比如办理房屋登记、税务许可、规划许可等，都是从建设部门、税务部门、国土和规划部门行使职权的角度来定义的"一件事"，但"放管服"改革中，各地积极探索推出"入学一件事""退休一件事""车辆检测一件事"等多部门联动办理的"一件事"清单，并从"我要买房子""我要开公司""我要开饭店"等直接回应老百姓需求的角度来整合事项办理环节、优化服务流程，真正实现了从过去的"政府上菜"到如今的"百姓点菜"，是一场深远的公共服务供给侧改革。

第二，围绕企业生命周期设计改革内容。聚焦企业开办、运营到退出这一生命周期的各个环节，如何改革准入前的许可机制，便利其在建设施工、不动产登记、办理税收、执行合同、日常运营等方面的权利实现机制，简化破产、注销等市场退出机制，构成了商事领域"放管服"改革的一条主线。

第三，以人民满不满意为标准检验改革成效。2019 年 12 月，国务院办公厅印发《关于建立政务服务"好差评"制度 提高政务服务水平的意见》，建立政务服务"好差评"制度体系，建成全国一体化在线政务服务平台"好差评"管理体系，探索基于相对人满意度的行政监管评价机制。

"法治是最好的营商环境"。深化简政放权改革是使市场在资源配置中起决定性作用、更好发挥政府作用的内在要求。[1] 改革的目标是通过国家权力的"退出"，厘清政府与市场、社会的边界，"说白了，就是市场能办

---

[1]　肖捷：《深入推进简政放权》，载《人民日报》2018 年 4 月 23 日。

的，多放给市场；社会可以做好的，就交给社会；政府管住、管好它应该管的事"。深入推进简政放权，不仅为我国政府治理现代化提供了改革动力，同时也为我国行政法理念的发展和理论的丰富提供了实践源泉。

第四章　行政决策法律制度

第一节　行政决策的基本理论

行政决策作为国家行政管理活动中的重要环节,[1] 是国家公权力运行最主要且最广泛的表现形式之一。[2] 从行政权实施的宏观过程看,行政决策既是行政机关行使法定职权、履行法定职责的行为结果,又是影响后续行政活动、[3] 决定具体行政权行使内容的行为开端。从行政权实施的微观对象看,行政决策的内容范围极其广泛,覆盖了社会生活、经济活动的方方面面。凡是行政权力触及之处,必然有行政决策存在。因此,在依法行政原则下实现行政权力行使的合法性,必须首先实现行政决策的法治化。

为有效规范行政决策行为,2004年国务院颁布的《全面推进依法行政实施纲要》明确提出建立健全科学民主决策机制,实行"依法决策、科学决策、民主决策"。党的十八大以来,对行政决策法治化的认识更是被提升到新的高度。《法治政府建设实施纲要(2015—2020年)》将行政决策科学化、民主化、法治化的要求细化为制度科学、程序正当、过程公开、责任明确的制度目标。提出以完善重大决策程序制度为突破口,健全依法决策机制,通过制定具体规范,明确决策主体、事项范围、法定程序和法律责任,将行政决策嵌入行政法律规范体系。党的十八届四中全会提出,健全依法决策机制,是深入推进依法行政,加快建设法治政府的重要制度内容。习近平总书记在主持召开中央全面依法治国委员会第一次会议时强调,将行政机关的重

---

[1]　应松年:《第七讲 行政决策》,载《政治与法律》1985年第4期。

[2]　马怀德:《完善权力监督制约关键在于决策法治化》,载《中国党政干部论坛》2015年第3期。

[3]　江国华、梅扬:《行政决策法学论纲》,载《法学论坛》2018年第2期。

大决策纳入规范化、法治化轨道运行，将有力加快法治政府建设进程，让全社会享受科学民主依法决策带来的高质量社会治理和发展成果。

在科学、民主、合法的原则要求下，各地近年来纷纷以地方立法的方式对行政决策法治化的规范途径进行了积极探索。在地方分散立法实践的基础上，国务院于 2019 年颁布了《重大行政决策程序暂行条例》（以下简称《暂行条例》），行政决策机制构建进入了统一立法时期。

一、作为法律概念的行政决策

行政决策的法治化，实际上是在依法行政原则下将行政决策行为作为约束对象，纳入行政法规范体系的过程。因此，规范行政决策行为，以在行政法上正确认识行政决策的概念为前提。但与传统上作为行政法规范对象的具体行政行为、抽象行政行为等法律概念不同，"行政决策"并非行政法领域的原生概念，而是来自政治学、管理学以及行政学等学科的"舶来品"。[①] 长期以来，行政决策并没有受到行政法理论研究的充分关注，绝大部分的行政法教材也鲜有对行政决策进行专门讨论。[②]

受制于学科话语体系间的差异，行政决策概念在进入行政法内容体系的过程中表现出明显的"水土不服"，以致行政法学界对其独立的法律概念属性产生了争论和分歧。[③] 一方面，行政决策作为意志活动，如何与同样反映行政机关意志的具体行政行为相区分，并且在传统上以具体行政行为为核心构建的行政法学体系中实现合理定位，普遍缺乏统一的认识。另一方面，行政决策的广泛性，使其内涵和外延难以统一确定，导致实践中行政决策和其他类型行政行为在概念上的混同，进一步加剧了对行政决策独立

---

① 江国华、梅扬：《行政决策法学论纲》，载《法学论坛》2018 年第 2 期。

② 我国 1949 年以前行政法学教科书的内容体例受德日影响较大，以行政行为理论为核心，没有行政决策的概念。新中国成立后，1983 年出版的第一部行政法教材《行政法概要》中也没有对行政决策的描述。较早将行政决策引入行政法教材的是杨海坤教授1992 年所著的《中国行政法基本理论》一书。

③ 曾哲：《我国重大行政决策权划分边界研究》，载《南京社会科学》2012 年第 1 期。

法律概念属性的疑问。有学者认为，行政决策的政治概念属性并没有改变，所谓的法治化也只是一种规范行政权运行的政治理念，应当通过将这种理念融合进行政法所遵循的法治理念，并分散到行政法各领域，比如行政立法、行政规划、行政征收等具体的规范中予以实现，而并非要通过交叉学科的方法将行政决策强行塞入行政法的概念体系中。[①]

尽管质疑者的批评在理论上切中了行政决策由管理层面的政治概念转向规范层面法律概念的困难所在，但不可否认的是，行政决策已在实证层面作为独立的法律概念被立法机关所采纳。有学者统计，从 1990 年到 2015 年，全国人大先后在《水土保持法》《政府采购法》等 12 部针对政府行政管理行为的立法中直接使用了"决策"一词。[②] 与此同时，自《全面推进依法行政实施纲要》确立依法决策要求以来，就如何具体加强规范行政决策的问题，已经在中共中央和国务院的一系列政策文件中得到了反复阐述。虽然这些政策文件并非行政法的正式效力渊源，但至少已经在法政策层面明确认可了行政决策的法律概念地位。对此，有学者亦指出，从行政权运作的角度来看，行政决策已不可否认地成为当前国家行政权力运行的重要方式，是"行政主体调整社会利益、分配社会资源的重要制度媒介"。[③]

（一）规范行政决策是国家行政疆域拓展的必然

行政法学的内容体系并非一个孤立的"自治领域"。站在规范的立场，行政法体系内部的概念、结构和内在逻辑的严谨自洽固然是保证法律正确实施的基础。但追寻规范体系内部的秩序绝非意味着知识结构和内容范畴的封闭。[④] 从行政法部门的产生发展来看，行政法的规范系统从未间断过与其外在环境（Umwelt）间的内容互动。正如众多行政法教材以描绘国家行政的概念为开篇，行政法关注和调整的对象是实践中的国家行政活动，

---

① 熊樟林：《重大行政决策概念证伪及其补正》，载《中国法学》2015 年第 3 期。
② 叶必丰：《行政决策的法律表达》，载《法商研究》2016 年第 2 期。
③ 马怀德主编：《行政法前沿问题研究》，中国政法大学出版社 2018 年版，第 140 页。
④ 包万超：《行政法与社会科学》，商务印书馆 2011 年版，第 19—20 页。

而非局限于某一特定的行政活动形式。[①] 作为规范行政活动的法律部门，行政法规范的边界取决于国家行政的范围。随着社会的持续发展，政府职能和行政任务一直处在持续扩张的变动之中。而国家行政活动的方式和内容也随着政府职能的变化，以及行政任务目标的多元化进行不断的调整。国家行政并非以自我为目的，而是服务于公民整体利益的实现。公共利益内容的发展性亦决定了国家行政任务的变动性。[②] 在此背景之下，回顾德国法学家奥托·迈耶开创独立行政法部门以来国家行政的发展变化，我们会发现，随着行政活动内容的变化，行政法的边界也从未停止过向外扩张的步伐。国家行政的疆域实际上决定了行政法的疆域。[③] 因此，规范内在的概念体系、理论架构也必然要随着规范外在行政活动范围和内容的拓展而不断地丰富和发展。

在行政法诞生之初的自由法治国时期，政治与行政分立思想盛行，国家行政被限缩在对法律规定的严格执行活动。而决策活动，通常被视为立法层面的政治判断，被排除在行政活动的范畴之外。[④] 而且，受自由法治国理念影响，在国家与社会的关系构建上，强调"国家—社会"的二元对立，成为这一时期的主流观念。个人自由为国家行政活动划定界限，行政活动局限在维持社会秩序等少数干涉行政事项，行政裁量空间被严格限缩。行政权行使无非是在形式化法律规定框架内的循规蹈矩。英国行政法学家韦德曾引用历史学者泰勒（Taylor）的话来形象地描绘这一时期国家行政表现形式，"直到1914年8月，除了邮局和警察之外，一名有守法意识的英国人可以度过他的一生却几乎没有意识到政府的存在"。对于公民来说，国家行政仅仅充当着"守夜人"（Nachtwächter）的角色。在同一时期，奥托·迈耶以司法判决的构造为蓝本，创设了具体行

---

① 类似观点可参见张向东：《作为行政法学基本范畴的行政决策及其证立》，载《学术研究》2020年第4期。

② Vgl. Susanne Baer, Verwaltungsaufgaben, in Hoffmann-Riem/Schmidt-Aßmann/Voßkuhle（Hrsg.），GVwR Bd. I, 2. Aufl., § 11 Rn. 1.

③ 姜明安：《法治思维与新行政法》，北京大学出版社2013年版，第155—161页。

④ 江国华、梅扬：《行政决策法学论纲》，载《法学论坛》2018年第2期。

政行为（Verwaltungsakt）概念，并以其作为搭建行政法内容体系的出发点和最终落脚点。迈耶通过考察国家行政从立法和司法中抽离并独立的过程，类比司法判决影响具体权利义务关系上的效力外观，将具体行政行为设定为行政机关基于个案具体情况而作出的影响公民权利义务的高权裁决（Obrigkeitlicher Ausspruch）。[①] 因为具体行政行为的"个案取向"和"结果导向"，以此为中心构建起来的行政法内容体系也自然地围绕着行政行为的实体合法性，将焦点集中在具体行政行为的内容构成要件、实体权利义务效果和司法审查上。在外部法治环境和内部制度构造的共同作用下，这一时期的行政法表现为以严格形式化法律设定的实体内容为起点，以具体行政行为为法律的执行方式，并通过事后司法审查保障合法性的"传送带"过程。整个行政法的目标服务于最低限度秩序维护的"消极行政"。因此，无论是在功能需求上还是制度空间上，都还不具备行政决策作为独立法律概念、形成独立法律制度的土壤。

20世纪50年代以来，社会法治国理念开始兴起，公民社会经济权利扩容，政府的社会保障义务激增。个人基本权利不再局限于仅从消极层面划定行政活动边界的防御权，要求政府积极作为，以帮助个人实现权利内容的请求权大量出现。与此相适应，政府不再是"管的越少越好"的"守夜人"，而是通过不断扩张的给付行政活动，积极为公民个体创造权利实施和个性发展的空间，成为"从摇篮到坟墓"始终相伴的"随行者"。科技、经济等方面的迅猛发展，在实现社会进步的同时，也加剧了社会向着复杂、多元的方向发展。社会发展程度越高，社会利益分层越明显，不稳定风险因素越复杂。为调和不同利益主体间的冲突，有效防止社会风险演变成现实危险，社会事务处理过程中对国家行政介入的需求也与日俱增。现代社会对国家行政功能的要求已经远远超越了单纯的秩序维护，更加看重其在社会塑造、资源分配和秩序形成方面的积极作用。[②] 在此背景下，自由法

---

① Vgl. Otto Mayer, Deutsches Verwaltungsrecht 3. Aufl., 1923, S. 93.
② 马怀德主编：《行政法前沿问题研究》，中国政法大学出版社2018年版，第126页。

治国时期形成的以干涉行政为主要内容，以严格条件式法律规定预先设定行政活动范围的行政法架构，已无法应对政府职能变革所引发的行政活动在内容和范围上的扩张。

面对传统行政法制与现实行政需求之间的张力，行政活动的形式呈现出两个方面的显著变化：一方面，立法者受立法资源和专业能力限制，已无力通过法律的形式面面俱到地对所有行政活动作出事前规定。因此，立法者不得不授权行政机关通过行政立法的形式自行制定具有普遍约束力的行政管理规则。另一方面，多元利益背景下行政内容的复杂性使得目标型立法模式开始大量取代条件型立法模式，行政机关在秩序建构上的自主形成空间不断扩大。尤其是在目标型立法的趋势下，行政机关的角色由"执行者"转变为"决策者"。[1] 相关行政活动的重心不再是"个案取向"下，针对具体情形作出直接影响特定权利义务的措施，而是转移到"目标取向"，关注"政府积极干预社会福利和社会基本建设的职能"。[2] 在这一重心转移的过程中，尽管相关行政活动仍体现为行政机关经由意志活动而作出的某种决定，但决定的内容并非直接对某项具体权利义务关系作出的处分，而通常是以公共利益为导向，涉及多重复杂利益的社会问题、行政管理问题或公共服务问题，面向未来情况作出的确定性（determiniert）、方法性（methodisch）规制决定。[3] 或是在法律的概括授权下，行政机关根据行政管理职权，在法律授予的形成空间内面向未来制定政策措施。与具体行政行为中的行政决定相比，这一类行政决策性活动虽然也是依据法律授权实施的行政管理或服务活动，但其内容上实际发挥了政治决策的功能。而且在这一过程中可能并不直接涉及具体行政相对人的权利义务，只是可能对后续相关具体行政行为的作出产生影响。比如"二战"后德国行政法领域

---

① 张向东：《作为行政法学基本范畴的行政决策及其证立》，载《学术研究》2020年第4期。

② 马怀德主编：《行政法前沿问题研究》，中国政法大学出版社2018年版，第126页。

③ Vgl. Dirk Ehlers, in ders./Pünder（Hrsg.），Allgemeines Verwaltungsrecht, 15. Aufl., § 1 Rn. 71.

迅速发展的行政计划活动，虽然都体现为行政机关的决策过程，但绝大多数的行政计划并不属于具体行政行为范畴。因此，如果仅从意志活动过程的相似性，将上述行政决策活动视为具体行政行为的决策程序——或者相对重要具体行政行为的决策程序——予以单独规定，[①] 一方面是在内容上混淆了不同种类的行政活动，另一方面也容易造成具体行政行为概念体系的混乱。但是，上述行政决策作为行使行政职权的活动形式，为避免其偏离立法授权而恣意行政，必然要在行政合法性原则内对其进行有效约束。

综上所述，社会发展对于国家行政的需求改变了立法与行政间的关系模式，目标性立法下消极行政向积极行政的转向扩充了行政活动的形式和内容。传统以具体行政行为为核心构建的行政法内容体系，在国家行政疆域的拓展中，已经无法涵盖所有由行政机关作出的意志决定活动形式。也正因如此，原本属于政治学、行政管理学体系中的行政决策概念具备了嵌入行政法体系的必要。所以，将行政决策的概念引入行政法体系，并非简单学科交叉下的概念移植，而是传统行政法概念体系与行政活动疆域拓展间张力下的现实制度需求。

（二）行政法中行政决策的概念界定

尽管国家行政活动随社会发展的疆域拓展过程在客观上确认了在行政法领域独立规范行政决策的必要。但作为一个"跨界"的概念，如何在行政法的规范意义上对作为法律概念的"行政决策"进行定义，仍旧是一个困扰行政法学界的难题。如上文所述，倘若只是简单地将行政学或者公共管理学中对行政决策的理解移植到法律领域，那么行政决策将涵盖所有的行政管理活动，[②] 这显然会引发行政法体系内的制度冲突。从目前国内的立法和行政实践来看，虽然规范行政决策的各级各类立法在持续增多，行政实践中行政决策的实际应用也更加频繁和广泛，但法规范层面鲜有行政决策的明确定义，实践中也没有形成具有普遍意义的行政决策内容模型。因此，

---

① 熊樟林：《重大行政决策概念证伪及其补正》，载《中国法学》2015年第3期。
② 刘峰、舒绍福：《中外行政决策体制比较》，国家行政学院出版社2008年版，第2页。

现阶段行政法上对行政决策的概念界定，更多的是学者基于对行政决策实践的观察，从不同的侧重角度提出的学理定义。通过对已有研究的梳理，当前对行政决策概念的理解主要存在以下几种不同的学说：[①]

1. 重大决定说。重大决定说认为，"行政决策是指行政机关作出重要、重大决定的行为"，是国家行政机关执行宪法、法律，发挥行政管理职能作出的处理国家公共事务的决定。[②] 这类决定或是形成具有普遍约束力的政府方针、政策、规划，或是针对具有重要意义的特定对象、特定事件、特定问题作出。[③]

2. 目的说。目的说认为，行政决策是行政机关在其职权范围内，处理行政事务过程中，为达到预期目的所作的行政决定的行为，强调行政目的的实现。[④]

3. 政策形成说。政策形成说是在目的说基础上的内容具体化。该说认为，行政决策作为政府的行政工具是形成公共政策的行政活动。

4. 过程说。过程说认为，"所谓行政决策，是指国家机关在其行政职权范围内，为实现一定的行政目标，按照一定的原则和法定程序，在系统分析主客观条件的基础上，进行行动方案设计、咨询、论证、评价、选择以及决定的创造型思维活动过程"。[⑤] 按照过程说的观点，行政决策是"确定目标、选择方案、付诸实践"基本过程的统一，[⑥] 是对活动方案拟订和

[①] 江国华：《中国行政法（总论）》（第二版），武汉大学出版社 2017 年版，第181 页。

[②] 杨海坤、李兵：《建立健全科学民主决策的法律机制》，载《政治与法律》2006年第 3 期。

[③] 杨海坤、李兵：《建立健全科学民主决策的法律机制》，载《政治与法律》2006年第 3 期。

[④] 江国华：《中国行政法（总论）》（第二版），武汉大学出版社 2017 年版，第181 页。

[⑤] 石佑启、杨治坤、黄新坡：《论行政体制改革与行政法治》，北京大学出版社2009 年版，第 221 页。

[⑥] 江国华：《中国行政法（总论）》（第二版），武汉大学出版社 2017 年版，第181 页。

选择的过程。①

5. 综合行为说。该说是在总结其他学说特点基础上提出的综合性界定，即行政决策是行政机关在职权范围内对国家或地方行政事务和社会公共事务所要解决的问题进行识别、对未来目标进行定位、对解决问题和实现目标的方案经过分析作出选择、对实施方案的行动进行设计而作出的政策性决定或法律性决定的行政行为。②

上述学说当中，重大决定说尽管表明了行政决策内容上的重要性，以及其在行政活动中的重要地位，但是以重要性程度的描述作为行为判断标准缺乏客观的可操作性，而且没有表明行政决策和具体行政行为决定、行政立法决定间的区别。目的说反映了目标性立法趋势下行政决策作为行政法上独立规范对象的必要性，并且表明了行政决策的功能，但忽视了实现行政目的其实是对所有行政活动的一般要求。因此仅从目的实现角度不足以突出行政决策的特点。政策形成说尽管突出了内容特点，但缺乏在一般意义上对行政决策行为的涵盖力。因为从行政实践来看，行政决策的内容并不局限于政策的形成；反之，政策的形成也并不一定都属于行政决策。综合行为说在一定程度上弥补其他学说的片面之处，并着重强调了行政决策的目的性和过程性，但依旧没有完全摆脱行政学或者管理学的影子。一方面，将政策性决定和法律性决定做并列处理，容易造成对行政决策内容和性质上的混淆。从行政法的角度来看，作为行政机关行使法定职权的结果，所谓的政策性的决策同样是一种法律性决定，与其他法律性决定可能只是在法律效力的直接性上有所区别。而且，政策性与法律性决定区别对待不利于规范层面对行政决策作出统一规定，容易产生规避合法性监督的情形。另一方面，尽管综合行为说突出了生成行政决策过程的重要环节，为规范

---

① 刘莘主编:《法治政府与行政决策、行政立法》，北京大学出版社 2006 年版，第77 页；戴建华:《作为过程的行政决策——在一种新研究范式下的考察》，载《政法论坛》2012 年第 1 期。

② 茅铭晨:《"行政决策"概念的整理及行为的刻画》，载《政治与法律》2017 年第 6 期。

层面制定行政决策规则提供了对象焦点，但该学说仍未有效解决行政决策在行政法内容体系中的定位问题。如果以综合行为说的内容为识别标准，似乎所有的含有行政机关意志过程的决定都属于行政决策，可这显然与行政法上规范行政决策必要性的发展过程不符。

上述学说在从行政法角度定义行政决策概念时或多或少暴露出来的局限性表明，现阶段试图通过积极定义的方式来界定行政决策的内涵和外延面临着极大的困难。这种困难既来自理论层面跨学科概念移植过程中，新旧概念制度外观相似性造成的区分难题；又因为行政实践中决策对象多元化，使得决策内容的范围具有极大的不确定性。理论上的模糊导致行政决策在行政行为体系中难以形成独立的制度内涵，容易与其他行政意志活动的行为类型混同。实践中的繁杂则进一步引发了各级行政机关对行政决策行为属性的理解参差不齐。从早期的地方性立法来看，存在不少行政决策与具体行政行为、行政立法和规范性文件制定不分彼此的乱象。① 以至于有学者提出，行政决策是一个复合概念，效力既有内部性也有外部性，对象既可以是具体的也可以是抽象的。② 但这一所谓"复合"定义，还只是浮于行政实践表面的观察，尚不构成严谨的概念界定。

鉴于积极定义方式面临的困境，为了实现"行政决策"在行政法体系中的准确定位，理论上开始转向以对行政决策性质归纳为基础，界定行政决策对象范围的描述方式。一方面从积极角度总结提炼行政决策制度特征，另一方面从消极角度排除不属于行政决策的其他行政行为。根据有学者的总结，行政决策的性质可以从五个方面来理解：第一，行政决策不是具体行政行为，通常针对不特定多数人作出，不产生直接的法律拘束力。第二，行政决策也不属于行政立法，决策的内容不具有法规范的效力。第三，行政决策具有目标问题导向、过程性和利益调控特征。行政决策的目的是服务于公共利益，而非某个具体的个人利益。第四，行政决策的内容形式多

---

① 熊樟林：《重大行政决策概念证伪及其补正》，载《中国法学》2015 年第 3 期。
② 转引自徐博嘉：《论重大行政决策合法性审查二元标准的确立》，载《理论与现代化》2015 年第 6 期。

样，既可以作为某种计划，也可以体现为某种分配方案。第五，行政决策的权力来源多元，既可以直接源于立法授权，也可以是自身职权范围内的形成权行使。[①] 积极与消极相结合的特征界定方式在吸收积极定义学说内容要素的基础上，同时解决了行为定性上的难题。虽然这种性质归纳没有表现为通常意义上的概念形式，但厘清了行政决策嵌入法定行政活动范畴过程中与既有行为制度的关系模式，明确了行政决策法治化的规范路径。这种回避对行政决策进行积极精确定义的方式也得到了立法的支持，在国务院出台的《重大行政决策程序暂行条例》中，就没有对行政决策进行概念界定，而是通过列举的形式来确定规范对象。

二、行政决策的对象范围

尽管消极层面对行政决策的性质描述划定了其对象范围的外部边界，即行政决策在嵌入行政法内容体系的过程中与具体行政行为和行政立法间形成了彼此并列的关系。但具体深入的行政决策范畴之中，内容形式的多样特征决定了行政决策的对象难以通过抽象的公式化标准进行精确的类型化区分。从近年来针对行政决策的各级立法模式来看，也鲜有仅以概括形式划定行政决策对象范围的规范方式。如上文所述，国务院在制定《暂行条例》的过程中，对作为规范对象的行政决策范围进行了列举式的规定。尽管该条例规范的对象是"重大行政决策"，但考虑到从"行政决策"到"重大行政决策"主要是程度上的差异，因此规范层面的范围列举可以作为一般意义上行政决策对象范围的指引。结合具体规范的内容，当前行政决策主要针对以下对象作出：

（一）涉及行政管理服务领域的公共政策和措施的制定

行政机关为积极履行所承担的公共服务、市场监管、社会管理、环境保护等方面的行政职责，通常需要在宏观层面对职权行使提出政策要求，或

[①] 马怀德主编：《行政法前沿问题研究》，中国政法大学出版社 2018 年版，第140 页。

者在法律法规授权内对具体执行法律法规的措施提出要求，并以此来指导后续具体行政活动的开展。这类公共政策和措施的制定亦是一个意志活动的决策过程，属于行政决策的对象范畴。

（二）经济和社会发展方面的规划制定

行政规划或者说行政计划，是目标导向性立法趋势下行政机关形成空间扩张的制度产物。经济和社会发展方面的规划直接和公共利益息息相关，同时也影响着具体实施规划过程中公私各方主体的具体活动，是需要重点规范的行政决策行为。

（三）制定重要公共资源利用的政策措施、实施公共建设项目决定

如上文所述，行政决策之所以必须纳入法治化的轨道，是因为决策的内容通常是以实现公共利益为目的导向而对各方利益进行权衡的过程。重要公共资源利用、重要公共建设项目实施在实现公共利益的同时，必然会影响到特定或不特定多数主体的利益。虽然公共资源利用政策、措施的制定，以及实施公共建设项目的决定并不产生直接的法律效果，但对此作出的决策将成为未来与公共利益密切相关的权利义务关系变动的起点。比如实施公共建设项目的决策作出后，可能就会引发后续一系列规划、建筑、土地征收等具体行政行为，并且影响相关相对方的权利义务。

（四）决定其他对经济社会发展有影响的、涉及公共利益或者社会公众切身利益的事项

行政任务的发展性和行政决策的内容的多样性决定了单纯列举式的方式难以涵盖行政决策的全部内容。为保证行政决策依法实施的完整性，有必要在确定行政决策对象范围时保持适度的开放性。根据行政决策在行政法内容体系中的行为属性，对于不属于其他行为形式的行政意志决定活动，只要其对经济社会发展有影响，涉及公共利益或者社会公众切身利益，就应当将其纳入行政决策的范畴，通过法定方式实施。

三、行政决策与相关行政活动形式的异同

上文在讨论行政决策性质时已经就行政决策与具体行政行为和行政立法

的并列关系作出了说明。作为嵌入传统行政活动形式范畴的"外来户",行政决策与相关行政活动形式间的差异不仅决定了其作为行政法上独立规制对象的制度基础,而且可以作为指引实践中区分不同行政活动形式,保障相关行为规范正确实施的客观依据。

（一）行政决策与抽象行政行为

抽象行政行为是指行政主体针对不特定行政管理对象实施的行政行为,包含了行政立法和一般行政规范性文件的制定。考虑到我国行政实践中规范性文件应用的广泛性,如果单从外在表现形式来看,行政决策与规范性文件制定并非绝对的互斥关系,行政机关制定相关政策措施行政决策的结论往往以行政规范性文件为载体。具体到二者间的区别,可以从以下几个方面来认识:首先,行政决策不同于行政立法,决策的内容"不能直接作为评价规范和制裁规范"。[①]其次,行政立法有具体的表现形式和规范基础,当前行政立法是指行政法规和规章的制定,具体的过程受到《行政法规制定程序条例》和《规章制定程序条例》的约束。最后,行政决策与一般行政规范性文件制定意义上的抽象行政行为之间有存在部分表现形式重合的可能,需要依具体情况判断。对于行政机关制定具有普遍约束力规范性文件的抽象行政行为,因其实质具备了"法规范"效力,因此当然地区别于行政决策行为。尽管在个别地方立法中,比如《湖南省行政程序规定》,规范性文件和重大行政决策的制定被一并安排在行政决策程序章节之中。但从《重大行政决策程序暂行条例》划定的行政决策范围来看,抽象行政行为属于政府的立法决策范畴,应当和作为独立行政活动形式的行政决策有所区别。

（二）行政决策与具体行政行为

具体行政行为和行政决策都是行政机关根据法律法规授权而作出的执行性活动。虽然行政决策决定的作出通常类似政治权衡的过程,行政机关拥

---

① 马怀德主编:《行政法前沿问题研究》,中国政法大学出版社 2018 年版,第140 页。

有较大的形成空间。但是国家行政活动中政治与行政二分的式微仅仅针对决定过程中行政机关的裁量空间而言，并不触及行为的性质。在依法行政原则之下，本质上所有的行政活动都属于执行行为。在行政裁量空间和判断余地扩充的背景下，行政决策与具体行政行为的区别主要在于是否针对个案具体情况作出了直接具有法律拘束力的决定。

（三）行政决策与事实行为

事实行为并非严格规范意义上的行政行为分类，其理论界定通常针对具体行政行为而言，即不具备直接影响权利义务关系法律效果的行政行为。尽管不包含行政机关意思表示的纯粹执行行为是事实行为的主要表现形式，但并不意味着事实行为不能是行政机关的意思表示活动。从意思表示的效果来看，事实行为中缺少的是行政机关直接影响个案中权利义务关系的效果意思，而并非排斥所有的意志活动。行政行为理论上亦承认不具法效性的行政决定。[1] 因此，考虑到行政决策不直接对个案产生法律拘束力的性质，将行政决策归类为事实行为范畴的一部分在理论上是可行的。但当前对行政决策的研究还鲜有对此问题的详细讨论，以至于行政决策是否可以在行政法内容体系中作为事实行为的组成部分，还有待进一步的研究。

四、规范行政决策的立法模式选择

自《全面推进依法行政实施纲要》提出依法决策、科学决策、民主决策要求以来，将行政决策纳入法治化轨道进行规制已经是法政策层面的共识。但是考虑到行政决策内容的多样性和领域的分散性，如何通过规范设计来实现对行政决策的有效制约，面临着立法模式选择的问题。综观行政法部门产生发展的过程，自20世纪中叶以来，随着国家行政范围的扩张和行政权形成空间的扩大，立法上对于行政活动的规范方式逐渐从"静态行为类型"为主的结果中心模式转向以"动态过程观测"为主的程序中心模式。

---

[1] Vgl. Barbora Remmert, in Ehlers/Pünder（Hrsg.）, Allgemeines Verwaltungsrecht 15. Aufl., § 36 Rn. 1.

考虑到行政决策所表现出的明显过程性特征，这一立法模式的转型实际上已经为规范层面约束行政决策行为提供了可以借鉴的立法模式。只是在具体的规范建构思路上存在分散式和统一式两种不同的立法取向。

分散式立法取向的思路在于，将行政决策的规范问题分散至不同的行政活动领域中，通过各特别行政法领域的专门立法，对相应的行政决策过程进行逐一规范。以德国为例，20 世纪 70 年代，德国在进行行政程序立法的过程中，曾希望出台一部统一的行政程序法，以对所有行政决定（Verwaltungsentscheidung）形成的过程进行规范。然而这一目标并未转化成现实。1976 年出台的《联邦行政程序法》仅实现了部分法典化。失败原因一是联邦与各州的立法权限冲突；二是特别行政领域要求保留专门程序立法；三是联邦也未能在立法上清晰地实现程序法与实体法之间的区分。[①]现行的《联邦行政程序法》仅对公民听证、专家咨询等程序制度进行了一般性规定。有关特别行政法领域的行政决定，诸如行政规划、行政计划、行政规制等，其程序规范大多散见于特别法规定中。近年来，在德国行政法学界讨论得比较多的风险决定（Risikoentscheidung）就是一类典型的、指向未来并承担社会资源分配任务的行政决策。风险决定通常针对不特定人群作出，具备专业性、持续性、综合性、广泛性等特征。目前，德国并未出台有关风险决定的统一程序规范。相关规范条款均分散于各个特别行政法中，遍布能源法、医药法、食品安全法、环境保护法、转基因技术法等各类法律文本中。

统一式立法取向则是秉持着统一程序观，将行政决策的共性问题提炼出来，进行统一的立法规范。构建统一的、专门针对行政决策的程序制度。统一立法模式的优点在于可以对行政决策的程序进行系统化规定，难点在于如何设计出适用于不同领域行政决策的共通规定。目前，我国正在践行这类立法模式。相关的立法实践将在下文进行详细阐述。

---

① 弗朗茨 – 约瑟夫·派纳:《德国行政程序法之形成、现状与展望》，刘飞译，载《环球法律评论》2014 年第 5 期。

第二节　规范行政决策的立法实践

在我国，行政决策法治化建设已历经十余年。立法实践以一系列国务院指导性文件为目标导向，采用了"先地方、后中央"的法治化路径。在中央提出立法目标后，重大行政决策程序的立法工作率先在地方层面展开。各地政府主要通过地方政府规章和行政规范性文件的形式，对重大行政决策的程序规范进行相应的立法探索。有学者曾经统计，从2002年第一部约束行政决策地方立法出台到2016年14年间，全国各地制定的重大行政决策程序规范共计326份，相关生效规范遍布22个省，5个自治区，4个直辖市。[①] 从各地制定规范的时间顺序来看，2010年、2015年前后形成了比较显著的立法高峰期。[②] 各地的立法实践为国务院制定《暂行条例》提供了丰富的实证素材，积累了宝贵的立法经验，也为之后《暂行条例》的实施推行奠定了广泛的地方基础。

一、地方立法的制度探索

（一）地方立法的萌芽与发展

1.萌芽阶段

2002年，汕头市颁布了《汕头市重大行政决策基本程序的规定》。这是我国第一部，也是唯一一部于2004年之前生效的重大行政决策地方规定。后续各地立法实践正式启动的契机多来源于《全面推进依法行政实施纲要》的颁布。《全面推进依法行政实施纲要》确立的科学、民主、规范要求构成了行政决策法治化的三大核心支柱，也成为各地立法实践的政策指引。在此基础上，《全面推进依法行政实施纲要》还对行政决策制度规范内容提出

---

① 王万华、宋烁:《地方重大行政决策程序立法之规范分析——兼论中央立法与地方立法的关系》，载《行政法学研究》2016年第5期。

② 王万华、宋烁:《地方重大行政决策程序立法之规范分析——兼论中央立法与地方立法的关系》，载《行政法学研究》2016年第5期。

了三点明确要求:(1)健全行政决策机制;(2)完善行政决策程序;(3)建立健全决策跟踪反馈和责任追究制度。

2004年至2008年,地方共出台了44部有关行政决策程序的规定。[①]各地所选择的立法途径主要为两条:一是就重大行政决策程序单独立法。例如黑龙江省和重庆市就采用了此类立法思路。二是出台一般性的行政程序规定,将重大行政决策程序列为下属章节。其中比较突出的代表是2008年颁布的《湖南省行政程序规定》。

总体而言,这一时期的规范内容普遍较为笼统,并多从流程角度对重大行政决策进行规制。例如《重庆市政府重大决策程序规定(2005)》各章安排为总则、决策形式、方案准备、审议决定、决策执行、法律责任和附则。2006年出台的《黑龙江省人民政府重大决策规则》架构类似,各章分别为总则、决策权限、决策程序、决策的执行和督查、决策监督和责任追究、附则。在此类架构设计中,规范重点集中于重大行政决策的整体流程安排,单一程序制度的构建尚不突出。规定也较为原则,可操作性不高。但值得一提的是,诸如公众参与、专家论证等制度设想已逐渐在单独条款中显露雏形。例如,《重庆市政府重大决策程序规定(2005)》第13条规定:决策承办单位应当根据决策事项的性质和特点,提供科学、全面、务实的决策备选方案。对需要进行多方案比较研究的问题或者存在争议经协商仍达不成一致意见的事项,应当根据公众、专家或部门的不同主张拟订两个以上决策备选方案。

2008年,《关于加强市县政府依法行政的决定》将“科学、民主、规范”要求进一步细化为六项具体的制度构建目标,确定了行政决策机制的框架性体系。该决定明确了听取意见制度、听证制度、合法性审查制度、集体决定制度、决策实施情况后评价制度和责任追究制度六项核心制度。这一决定既是前期地方立法实践的阶段性反思,也为之后的立法实践提供了更为清晰的架构思路。

---

① 王万华、宋烁:《地方重大行政决策程序立法之规范分析——兼论中央立法与地方立法的关系》,载《行政法学研究》2016年第5期。

2. 第一次快速发展阶段

2010 年前后，地方的立法实践进入了第一个快速发展阶段。2009—2011 年，全国生效的重大行政决策规定共计 89 部，已超过前 6 年总和。[①] 2010 年，《关于加强法治政府建设的意见》在《关于加强市县政府依法行政的决定》内容的基础上，再次细化了行政决策的制度框架。公众参与、专家论证、风险评估、合法性审查和集体讨论决定被明确列为重大行政决策的必经程序。在对前述五大程序提出具体要求的同时，《关于加强法治政府建设的意见》还再次强调了完善决策实行后的跟踪反馈和责任追究机制的目标。

在国家统一要求的指导下，地方实践逐步侧重于立法框架的细化和核心制度的构建。首先，初期的单线架构模式在这一时期逐渐向"决策过程 + 决策制度"的双线模式过渡。规范在以决策形成流程为架构主线的同时，开始引入五大程序制度的规范内容。五大程序开始以专章形式被列入规定中。例如，2011 年颁布的《广州市重大行政决策程序规定》在第三章决策程序中，对公众参与（第二节）和合法性审查（第三节）进行了专门的规定。其次，有关单一程序的生效规范也在不断增加。很多地方政府开始就重大行政决策中的特定程序制度进行专门立法。其中，南昌市就先后发布了五个单独规定。[②] 值得注意的是，五大程序制度之间的发展程度并不均匀。单一规定多集中于听证制度、合法性审查和专家咨询论证制度。[③] 诸如风险评估的规范内容仍鲜见于规定。这一现象也从侧面反映了重大行政决策所涉范围的流变性和行政任务的动态发展特征。

---

① 王万华、宋烁：《地方重大行政决策程序立法之规范分析——兼论中央立法与地方立法的关系》，载《行政法学研究》2016 年第 5 期。
② 这五个规定包括：《南昌市人民政府重大行政决策听证办法》《南昌市人民政府重大行政决策听取意见办法》《南昌市人民政府重大行政决策集体决定规定》《南昌市任命政府重大行政决策实施情况后评价办法》和《南昌市人民政府重大决策合法性审查办法》。
③ 王万华、宋烁：《地方重大行政决策程序立法之规范分析——兼论中央立法与地方立法的关系》，载《行政法学研究》2016 年第 5 期。

3. 第二次快速发展阶段

截至 2014 年，我国行政决策法治化建设已历经十余年。在地方实践的探索基础上，中央也将重大行政决策程序的立法提上日程。2014 年，党的十八届四中全会通过的《中共中央关于全面推行依法治国若干重大问题的决定》对依法决策提出了三点明确要求。首先，该决定将公众参与、专家论证、风险评估、合法性审查和集体讨论列为重大行政决策法定程序机制，并提出了决策科学、程序正当、过程公开、责任明确等机制完善要求。其次，引入政府法律顾问制度，建立具备专业知识的法律顾问团队，增强重大行政决策的合法性。最后，依靠终身追责机制的建设，形成权责一致的平衡。2015 年，《法治政府建设实施纲要（2015—2020 年）》重申了依法决策三大目标：科学化、民主化、法治化。2016 年，《暂行条例》被纳入《国务院 2016 年工作计划》。中央立法进程正式开启。

在此背景之下，2015 年前后，地方行政决策立法也迎来了第二次发展高潮。2014 年、2015 年两年间生效出台的重大行政决策规定就高达 127 部。[1] 这一时期的立法思路更加清晰，立法技术也更为成熟。相较前期，生效规定更为具体，规范性和可操作性均有所提高。健全五大法定程序机制成为了此阶段最为突出的实践方向。形式方面，多数是以统一立法内单章形式，将五大决策程序核心制度纳入重大行政决策的综合性规范中；或出台专门的政府规范性文件，对单项程序进行重点规范。内容方面，各地的探索方向主要集中于以下几点：

一是明确各方参与主体的角色定位。其中，公众在重大行政决策过程中的知情权和参与权成为地方规范重点。尤其是听证制度成为占比最高的单独制度规范。专家咨询论证制度紧跟其后。[2] 此外，政府法律顾问和第三

---

① 王万华、宋烁：《地方重大行政决策程序立法之规范分析——兼论中央立法与地方立法的关系》，载《行政法学研究》2016 年第 5 期。

② 截至 2016 年，地方有关重大行政决策程序的生效规定共计 326 部。其中，单一程序规定共 152 份。听证制度规范总计 44 份，占比 29%。专家咨询制度共计 24 份，占15.8%。王万华、宋烁：《地方重大行政决策程序立法之规范分析——兼论中央立法与地方立法的关系》，载《行政法学研究》2016 年第 5 期。

方评估机构的参与也成为立法探索的新方向。

二是重视合法性审查制度的完善。在将重大行政决策方案提交集体讨论之前，对方案首先进行合法性论证基本已成为地方规范的共识。各地主要从审查主体、送审材料、审查内容、审查程序、审查意见效力等角度进行了立法尝试。

三是加强风险评估机制的引入。风险行政是近年来我国行政任务的一个新重点。风险认识不但呈现出高度的知识专业性，也兼具很高的社会属性。重大行政决策的推行始终与社会接受程度息息相关。地方立法主要就重大行政决策推行可能引发的社会稳定风险为评估对象，对决策的未来发展进行预测和预控。

（二）地方立法探索的经验总结

重大行政决策程序的制度构想脱胎于中国建设社会主义法治国家、打造法治政府的目标要求。为实现这一目标，我国采用了地方先行先试的立法路径，并在实践过程中不断总结经验教训，通过一系列的国务院指导性文件，逐步明确了重大行政决策程序的构建思路，分阶段完善了制度体系。各地实践不但促进了《暂行条例》的出台，也为《暂行条例》的后续实施减轻了适用上的阻力。

1.实践经验

（1）立法思路

各地立法思路主要采取了三条路径。一是将重大行政决策程序作为一般行政程序规定中的子章节进行规范。以2008年生效实施的《湖南省行政程序规定》为例，重大行政决策相关规范主要集中于该规定第三章节。二是对重大行政决策进行单独立法。如《浙江省重大行政决策程序规定》《苏州市重大行政决策程序规定》《重庆市政府重大决策程序规定》《四川省重大行政决策程序规定》等。三是针对重大行政决策程序中的某类必经程序进行专门立法。例如，《珠海市重大行政决策听证办法》《通化市人民政府重大决策专家咨询论证实施办法》《南昌市人民政府重大行政决策集体决定规定》等。

（2）立法架构

地方立法实践初期，各地立法主要以行政决策流程为建构线索。规范多采取"事前—事中—事后"的线性结构。后期发展中，程序制度的建构逐渐成为立法重点，并成为地方规范的主流模式。早期以单一流程架构为特点的地方立法，也在这一趋势的推动下，进行了大幅度的立法修改。例如，重庆市在2020年新出台了《重庆市重大决策程序规定》。较2005年版本而言，新规范在流程架构基础上，重点突出了五大法定程序的相关内容。章节安排变动为总则，决策草案的形成（决策启动、公众参与、专家论证、风险评估），合法性审查和集体讨论决定，决策执行和调整，法律责任和附则。

（3）规范内容

①适用范围

上文提到，规范行政决策首当其冲的难点在于，如何在规范层面界定行政决策的对象范围。这一问题亦是重大行政决策程序启动的前提条件。为了明确重大行政决策的范围，各地规范主要综合运用了三类立法技术：概括式、列举式和排除式。例如，《湖南省行政程序规定》第31条在对"重大行政决策"作出概括性定义后，又从正面列举了八项具体的决策类型（第9项为兜底条款）。各地规范所列的决策包括但不限于政府立法和文件制定事项，规划和计划事项，决算和财政安排，政府重大投资项目，重大国有资产处置，重大民生事项，市场监管、资源利用与环境保护类事项等。有的地方规范在正面定义的同时，还对不属于重大行政决策的事项进行了反面排除。《广西壮族自治区重大行政决策程序规定》第3条第2款规定："法律、法规对本条第一款规定事项的决策程序另有规定的，依照其规定。政府立法决策以及突发事件应急处置决策不适用本规定。"

此外，比较特别的做法是苏州市所采用的目录制管理机制，该机制绕开了正面定义重大行政决策的理论困境，采取功能主义态度，运用重大行政决策网上运行系统，由决策机构主动申报年度重大行政决策目录。苏州市这种以实际问题为导向的实践机制，从一定程度解决了规范层面的立法难题。

②决策程序

重大行政决策程序立法需要解决的第二个难题在于，如何通过确立适当的程序机制规制行政决策的决定过程。依据国务院的指导思路，程序建构的关键在于，将科学、民主、依法决策三大价值目标注入行政决策过程中，通过多元主体的参与，以协商讨论、多方论证等形式，增强行政决策的合法性和合理性。

实践发展至今，各地对重大行政决策过程的程序机制已达成了一定的基本共识。首先，科学、民主、依法决策成为了重大行政决策程序法治化的原则性规定。在各地立法的文本中，三大要求通常被列为立法目的，处于指导性原则地位。例如，《重庆市重大行政决策程序规定》第6条前半句规定：重大行政决策应当坚持科学、民主、依法决策的原则。《江苏省重大行政决策程序实施办法》第7条规定：重大行政决策遵循科学决策、民主决策、依法决策原则，依法履行法定程序。

其次，以公众参与、专家咨询论证、风险评估、合法性审查、集体讨论决定五大程序制度为核心的规范思路基本成型。其中，公众参与制度的立法实践最为丰富，也最为深入。公众参与主要体现在决策启动、草案形成、决策公布等阶段，旨在拓宽重大行政决策的民主基础。地方政府主要针对参与主体、参与形式、参与流程等进行了立法探索。特别是听证报告的效力认证成为了立法的一个关键点。有的规范将听证报告明确列为政府决策的重要依据或重要参考，如《江西省县级以上人民政府重大行政决策程序规定》第12条第3款。有的则在前者基础上，为决策机关设置了不予采纳的说理义务，如《广州市重大行政决策程序规定》第16条第1款第6项。

专家咨询则主要体现在决策草案形成、风险评估等阶段，旨在对某些专业性、技术性较强的决策事项进行科学论证。专家构成多来自决策机构组建的专家委员会或第三方服务机构。专家参与决策是对行政任务日益复合化，社会分工日益精细化的制度回应。许多地方还对专家咨询进行了专门立法。譬如《黑龙江省政府重大决策专家咨询论证制度》《贵港市重大决策专家咨询制度实施暂行办法》《成都市重大行政决策事项专家咨询论证办法》等。规范内容涵盖适用情形、人员构成、遴选和退出机制、专家权利义务设置等。除了临时组建的形式，很多地方还会在政府内部设置专门的咨询委员会或专家库，以应对决策需要。譬如《成都市重大行政决策事项专家咨询论证办法》第 6 条规定：市政府建立总数为 300 人左右的咨询专家库。对一些特殊论证事项，市咨询委员会可以决定邀请咨询专家库以外的专家参加咨询论证。

风险评估是就重大行政决策实施可能产生的风险进行事先的评价判断。评估方向主要集中于重大决策的社会稳定风险，即决策推行的社会接受度和认可度。因为重大行政决策事项通常涉及譬如食品安全、环境保护、基础建设等重大民生议题，关系着公民的切身利益，社会影响范围较广。风险评估不但有利于对决策的不利影响进行事前的预测和防控，也有助于决策事后的推行。但相较于公众参与、专家咨询制度构建所体现出的共性，各地的风险评估制度差异较大。很多立法规范都比较笼统概括。评估人员组成、评估程序、评估内容、评估呈现形式、评估结果效力等问题尚未形成共识。譬如风险评估报告的效力，各地的规范力度就有所差异。重庆市将其定为"作出重大行政决策的重要依据"，评估结果可以触发决策机构的调整义务。但风险是否可控的判断权依旧属于决策机关的裁量权。[①] 江苏省则采取了"应当"的表述，并进一步区分了风险可控和风险不可控的两类处理情形。[②]

合法性审查是在决策方案形成之后，提交决策机关集体讨论之前，对决策方案进行合法性论证的程序。审查人员不但包括决策机关内部的法制机

[①]《重庆市重大行政决策程序规定》第 25 条规定：风险评估结论是作出重大行政决策的重要依据。决策承办单位应当根据风险评估结论调整决策草案或者采取防范、降低风险的措施。决策机关认为风险可控的，可以作出决策。

[②]《江苏省重大行政决策程序实施办法》第 30 条规定：风险评估结果应当作为重大行政决策的重要依据。决策机关认为风险可控的，可以作出决策并采取有效措施防范、化解风险；认为风险不可控的，在采取调整决策草案等措施确保风险可控后，可以作出决策。

构，通常也会纳入由律师或法学家组成的政府法律顾问成员。合法性审查是在行政机关内部展开的类司法审查的自查程序。审查内容一般包含：决策是否超越法定权限？是否违法上位法规定？是否违反法定程序？决策依据适用是否正确？合法性审查机制已成为重大决策提交集体讨论的前置程序，但各地规范尚未赋予合法性审查相应的制度拘束力，审查多流于形式约束。

集体讨论决定是重大行政决策形成的最后一环，体现了我国行政活动长期遵循的民主集中制和集体决策传统。各地就报送材料、讨论人员、讨论方式、讨论内容、讨论结果等制定了相应规范。地方规范确立了意见交换机制、首长决定制和决策档案制。特别是集体讨论记录入档，成为终身追责机制的重要依据。

③监督机制

事后的监督机制是重大行政决策程序法治化的重要保障。监督机制通常分为重大行政决策的实施评估和责任追究两大制度。

决策实施评估制度是对重大行政决策的实际执行情况进行连续的追踪式评价。有的地方规范也将这一机制视为重大行政决策的执行和调整阶段。譬如重庆、江苏、贵州、甘肃等地对决策实施评估进行了专章规定。实践多采用决策执行机关主动报告和决策评估机关跟踪督查的双轨模式，对决策实施中出现的问题、情势变更、不可抗力等影响决因素定期进行分析评价，并依据评估结果对决策作出相应调整。目前，各地规定详略不一，制度发展并不均衡。

重大行政决策的责任追究制度建设也是地方实践中差异较大的点。决策权力对应决策责任。重大决策责任分配落实、终身倒查追究是行政法权责一致基本原则的具体体现。但各地有关追责制度的实践力度差异很大。譬如决策责任的性质认定、类型划分、追责情形、责任主体、归责原则、惩罚措施等，均存在争议。例如责任主体，广州市只简单规定了领导人员和直接责任人员的决策责任。重庆市、黑龙江省则将责任主体细化为了决策单位、决策执行单位和承担论证评估工作的专家、专业机构、社会组织等。

2.实践问题

（1）规范位阶

各地规范的制定主体多为地方人民政府，鲜有地方人大代表大会或其委员会出台的地方性法规。而且，规范也多以行政规范性文件形式出现，位阶普遍较低。根据 2016 年的统计，地方政府规章仅占总立法数的 11%。[1]这一状况在《重大行政决策程序暂行条例》出台之后有改善的趋势，很多地方开始对辖区统一立法进行工作部署，陆续出台了重大行政决策程序的省级规范。譬如 2016 年之前，仅在拉萨市进行立法试点的西藏自治区，在 2019 年也出台了《西藏自治区重大行政决策程序暂行规定》。

（2）规范实施

十余年的地方立法探索实践中，也暴露了不少规范实施的疑难问题。主要体现在以下几点：

一是不确定法律概念较多。地方重大行政决策规范虽已不断得以细化，但规范的可操作性仍比较低。规定表述中充斥着大量诸如"重大影响""重大公共利益""社会公众切身利益""专业性、技术性较强""严重失误"等需要进一步进行解释说明的不确定法律概念。具体行为规范的指导缺失使得决策机关的裁量空间仍比较宽泛，容易造成行政恣意。譬如，何为重大行政决策事项的决定权就属于决策机关的行政裁量权。现有规范尚不足以对此裁量权的行使形成有效的规制边界。

二是非行政主体参与形式化。重大行政决策程序机制明确了多方参与主体。公民、专家、法律顾问、专业评估机构、其他社会组织的参与权和提议权在各地规范中均有所体现。但实践中，仍出现了非行政主体参与形式化的问题，以及公民参与制度存在遴选机制不透明，参与条件模糊，诉求回馈机制缺乏等问题。专家论证咨询也出现了专家独立性无法保障，专家意见被政策和私利裹挟等情况。特别是在程序中形成的各类意见报告尚不

---

[1]　王万华、宋烁：《地方重大行政决策程序立法之规范分析——兼论中央立法与地方立法的关系》，载《行政法学研究》2016 年第 5 期。

具备刚性效力。诸如听证报告、专家论证报告、风险评估报告、合法性审查报告等各方意见多被定义为决策制定的参考依据，无法对决策形成和决策质量产生实质性约束力和影响力。

三是监督机制不健全。首先，在地方实践中，决策实行后的评估机制建设仍处于初期阶段。有些地方规定十分简单，对评估程序的启动和展开仍在探索过程中，尚未形成十分清晰的制度架构。后续评估结果的效力也尚不明确。其次，追责制度的落实执行在各地也呈现出不平衡状态。问题多体现在以下几点：第一，追责情形定义模糊。譬如"重大失误""恶劣影响"等判断标准有很大的不确定性。第二，追责原则不统一。有的地方采用了过错原则，有的采用了违法原则，有的采用了违法加严重结果的归责原则。归责原则的不同将可能导致同案不同责的情形产生。第三，现有的决策责任法律定性不明晰。决策责任与行政责任、法律责任有何区别联系？追责机制与行政问责机制、公务员纪律处分机制和其他法律渊源是否存在适用衔接和适用冲突？冲突如何解决？这些都是悬而未决的问题。

二、《重大行政决策程序暂行条例》确立的主要制度

2016年，《重大行政决策程序暂行条例》被纳入《国务院 2016 年立法工作计划》。经过长达三年的商讨论证，2019 年 4 月 20 日，《重大行政决策程序暂行条例》经国务院公布，并于同年 9 月 1 日开始实行。条例分为六章，共 44 条规定。它的实施标志着行政决策法治化建设在中央立法层面取得了阶段性成果。

（一）立法思路和立法目标

《重大行政决策程序暂行条例》的立法思路主要把握了三点要求：一是坚持党的领导。二是坚持科学民主依法决策。三是坚持问题导向，注重制度设计与当前客观实际、法治政府建设进程相适应。[①] 该条例的制定过程

---

① 《规范程序 依法决策——司法部负责人就〈重大行政决策程序暂行条例〉答记者问》，载《人民日报》2019 年 5 月 17 日。

既是对地方先行经验的提炼总结，也是中央对规范统一需求的践行尝试。它的出台一方面坚持遵循全局观，确立了重大行政决策程序机制的基本框架，对地方立法所暴露的一些实践问题进行了制度回应。另一方面，条例的制定也充分考量了各地"因地制宜"的特殊情况，为未来的地方实践保留了自主决策的弹性空间。

（二）程序设计和核心制度

1.适用范围

如何界定重大行政决策？这是中央立法需要解决的首要问题。《重大行政决策程序暂行条例》第 3 条第 1 款列举了五类决策事项，包括：①有关公共服务、市场监管、社会管理、环境保护等方面的重大公共政策和措施；②经济和社会发展等方面的重要规划；③开发利用、保护重要自然资源和文化资源的重大公共政策和措施；④在本行政区域实施的重大公共建设项目；⑤对经济社会发展有重大影响、涉及重大公共利益或者社会公众切身利益的其他重大事项。第 2 款排除了三类已有其他法律依据的决策事项：一是财政政策、货币政策等宏观调控决策；二是政府立法决策；三是突发事件应急处置决策。

该条例吸纳了理论上界定"行政决策"时的功能描述方式，回避了直接对行政决策进行积极定义，转而是采用"列举＋排除"的模式，整合了地方实践中比较常见的决策事项。条例意见稿曾将"编制国民经济和社会发展规划"和"编制财政预算"也列为决策事项。但因这两项事务牵涉人大及其常委会的审批权，最终没有被列入适用范围。此外，常见于地方规范中的"地方投资建设项目"和"国有资产处置"也因行政效率考量，被排除在列举之外。[①] 最后，考虑到各地区发展的差异性，第 3 条第 3 款还专门设置了变通条款。据此，地方决策机关可以结合职责权限和本地实际确定决策事项目录、标准，经同级党委同意后，向社会公布并根据实际变化

---

① 韩春晖:《国家治理体系现代化的制度样本——评析〈重大行政决策程序暂行条例〉》，载《行政管理改革》2020 年第 1 期。

调整。但条例尚未对目录性质、制作主体、制作权限、制作程序等细节问题做进一步的规定，而是将目录制作权下放至决策机关，由各地在实践中具化。这一做法虽有益于保障适用范围的差异性和动态性，但也稀释了该条例的规范力度。第3条第3款中"根据本条第一款""职责权限""本地实际"等标准仍十分宽泛，无法对地方制定权可能带来的恣意裁量进行有效的规制。

2. 条例框架

《重大行政决策程序暂行条例》的框架采用了"流程＋制度"的双线立法模式。立法架构依据决策流程线索，分为决策作出阶段（第二章、第三章）、决策执行和调整阶段（第四章），以及以法律责任为中心的追责机制（第五章）。决策的作出程序是该暂行条例的规范重点，集中体现了公众参与、专家论证、风险评估、合法性审查、集体讨论决定的程序要求。

3. 决策程序

（1）决策启动

《重大行政决策程序暂行条例》规定了三条启动路径和两类启动主体。一是政府内部人员提出决策建议，包括决策机关领导人员和决策机关下属部门或者下一级人民政府。后者应在建议中突出问题，对拟解决的议题进行简单的说明、论证，并形成初步的解决方案及其必要性和可行性。二是政府外部人员提出决策建议，包括人大代表、政协委员以及公民、法人或其他组织。

程序启动后，决策机关应该明确具体承办单位，由决策承办单位对承办事项进行调查研究，拟定决策草案，梳理相关法律法规规章政策内容，对决策事项进行成本效益分析。启动期间，决策承办单位应遵循沟通协商原则，与相关单位就争议事项充分交换意见。

（2）公众参与

《重大行政决策程序暂行条例》主要从三方面对公众参与制度进行了统一规范：

一是有关听取意见的方式和对象。第14条吸收采纳了多样化的听取方式，例如座谈会、听证会、实地走访、书面征求意见、向社会公开征求意见、问卷调查、民意调查等。方式的选取遵循便民原则。本条第3款对涉及特定群体利益的决策事项，要求决策承办单位与相关人民团体、社会组织以及群众代表进行沟通协商，充分听取相关意见。

二是在具体的程序要求方面。第15—17条分别对向社会公开征求意见和召开听证会这两种方式的程序要求作出了具体规定。

三是对公众意见的处理。第18条规定决策承办单位应当对社会各方面提出的意见进行归纳整理、研究论证，充分采纳合理意见，完善决策草案。

如何保障公众参与的实效，是该制度建设面临的核心难题。《重大行政决策程序暂行条例》从公众参与的广度、密度和深度三个角度展开了制度构建，[①]但仍存在完善空间。

首先，参与主体的界定模糊。条例所指参与主体包括利害关系人、相关人民团体、社会组织以及群众代表。判断标准主要看重大行政决策是否涉及"特定群体利益"或"切身利益"。这一界定标准仍十分概括。如何理解前述两个概念？这与重大行政决策所涉的"公共利益"如何作区分？当决策事项指向不特定群体的切身利益时，比如卫生健康、环境安全等，公众是否拥有参与权？主体范围如何确认？参与形式如何选择？有关这些问题，条例并没有进一步的解释说明。

其次，参与形式规定笼统。条例肯定了广泛、多样的听取意见方式，并对向社会公开征求意见和听证会两类方式进行了具体规定。但规定内容仍比较概括，缺少制度细节。例如，公民的知情权是听证会发挥功效的一个重要前提。条例虽然明确了决策机关事前的公布义务，但未对公布时间和公布内容进行限定要求。这可能导致公民对决策议题的信息掌握不足，影响听证会的论证质量，导致议题的结构化问题。[②]另外，有关参与人员的遴

① 韩春晖：《国家治理体系现代化的制度样本——评析〈重大行政决策程序暂行条例〉》，载《行政管理改革》2020年第1期。
② 马怀德主编：《行政法前沿问题研究》，中国政法大学出版社2018年版，第154页。

选机制，条例也只确立了"公开公平"的规范标准，未有进一步的构建细则。听证过程的公开，质证辩论程序的构建，听证报告的形成和公开等制度也尚未建立。

最后，公众意见的处理也尚未制度化。条例虽然规定决策机关应当对各方意见进行归纳整理、研究论证，但对于意见报告的公开，决策机关的采纳/拒绝理由说明，以及公布后的信息反馈机制都尚未规定。

（3）专家论证

《重大行政决策程序暂行条例》中，专家论证规定主要集中在以下三点：

一是明确专家论证的基本要求。条例规定将专业性、技术性较强的决策事项划定为专家论证的范畴。专家对决策方案的必要性、可行性、科学性进行论证。专家的论证工作应遵循独立、客观、公正、科学原则，并对国家秘密、商业秘密和个人隐私负有保密义务。

二是确定专家的遴选原则。选择机制应坚持专业性、代表性和中立性，注重专家的多样化和直接利害关系者的回避。

三是确立了专家库的运行管理机制。这一规定吸收了地方立法经验，并明确了省级政府建设和管理决策咨询专家库的职责。

《重大行政决策程序暂行条例》提出了专家论证制度的一些原则性要求，但对于制度细节的掌控力度不足。目前留给地方政府的裁量空间仍十分巨大。譬如，如何保障专家的独立性，避免专家意见的形式化、标签化？如何确保各方专家在论证过程中的参与，防止意见的独断和片面？如何在回避制度中平衡专家的公民身份和专家身份？是否对论证报告进行公示？是否引入同行评审？这些争议，条例尚未形成统一的处理思路。

（4）风险评估

《重大行政决策程序暂行条例》对风险评估的规定内容主要体现在以下几点：

一是将评估范围主要限定为社会稳定和公共安全风险。

二是明确了多种风险评估方式，要求决策机关充分听取有关部门意见，对决策实施的风险进行科学预测、综合研判。

　　三是要求形成风险评估报告，在报告中明确风险点，提出风险防范措施和处置预案。

　　四是将风险评估结果列为重大行政决策的重要依据。决策机关应依据风险可控程度，对决策进行调整。

　　随着风险行政的兴起，我国已在诸如食品安全、环境保护等监管领域引入了结构化的风险评估程序。风险评估被纳入重大行政决策程序，是行政决策立法对这一发展趋势的积极回应。但条例所确立的风险评估制度仍处于初期的探索阶段，对于风险评估的认知仍不够深入。

　　首先，条例规定尚未对评估主体和决策主体进行区分。风险评估的主导权仍掌握在决策机关手中。这可能导致评估虚化危机，使得评估结果受政治裹挟，弱化决策的工具理性。[①]

　　其次，评估范围仍比较宽泛，可操作性不高。风险评估的范围界定一直是理论和实践中的难题。风险认定与重大行政决策的"重大"认定息息相关，也与决策所涉的"公民切身利益"认定相关。条例尚未在这些概念之间建立起制度联系。

　　再次，条例规范内容也未确立清晰的评估标准和风险划分规则，缺乏评估程序规范。实践中，一些地方政府已开始对决策风险进行等级划分。例如《上海市重大决策社会稳定风险分析和评估的若干规定》以社会意见调研结果为准，对决策风险进行了 A、B、C 级的评估指标量化。[②]《武汉市人民政府重大行政决策风险评估办法》第 12 条也确立了高、中、低三个风

---

　　① 霍燕:《关于完善重大事项社会稳定风险评估机制的思考》，载《前沿》2012 年第 21 期。

　　② 《上海市重大决策社会稳定风险分析和评估的若干规定》第 8 条规定：重大决策事项经社会稳定风险分析和评估，认为可能引发大规模群体性事件的，其风险等级确定为 A 级；认为可能引发一般群体性事件的，其风险等级确定为 B 级；认为可能引发个体矛盾冲突的，其风险等级确定为 C 级。

险等级的判断标准。① 条例尚未对上述地方实践进行制度回应，仅对评估办法确立了定性和定量的规定。

最后，评估结果的效力有待进一步明确。评估报告的有效性是地方实践中差异性比较大的争议点。条例确立了评估报告的重要依据地位，但决策机关对于是否采纳评估结果仍拥有很大的裁量权。如果评估结果无法对决策形成产生实质性约束力，评估目的也无法得到落实保障。

4.合法性审查和集体讨论决定

（1）决策合法性审查

《暂行条例》第25条第1款确立了合法性审查作为集体讨论决定的前置程序地位。这一做法被视为中央对实践中合法性审查常流于形式的一种纠正。② 此外，在审查模式选择中，《暂行条例》采用了本机关内部法制机构审查模式。地方实践中，大致出现了三类合法性审查模式。③ 一是本机关内部法制机构审查模式。二是异地法制机构审查模式。三是上级法制机构审查模式。出于专业性考量和各部门职责划分规则，《暂行条例》最终采用了第一类模式。

合法性审查的制度症结主要在于其内部自查性质的天然缺陷。《暂行条例》虽然明确了合法性审查必经程序的地位，但尚未解决决策机关"自己查自己"的制度问题。条例中还未引入相应的监督机制，以保障审查的中立性和公正性。虽然，《暂行条例》第28条规定了法律顾问和专职律师的

---

① 《武汉市人民政府重大行政决策风险评估办法》第12条规定：重大行政决策起草单位进行风险评估后，应当按照下列标准确定高、中、低三个风险等级：（一）社会公众大部分有意见、反映特别强烈，可能引发大规模群体性事件并难以疏导，存在较大社会稳定、生态环境、财政或者公共安全风险隐患的，为高风险；（二）社会公众部分有意见、反映强烈，可能引发矛盾冲突，但可以采取风险防范措施予以化解，存在一定社会稳定、生态环境、财政或者公共安全风险隐患的，为中风险；（三）社会公众能够理解支持，少部分人有意见，存在较小社会稳定、生态环境、财政或者公共安全风险隐患的，为低风险。
② 韩春晖：《国家治理体系现代化的制度样本——评析〈重大行政决策程序暂行条例〉》，载《行政管理改革》2020年第1期。
③ 韩春晖：《国家治理体系现代化的制度样本——评析〈重大行政决策程序暂行条例〉》，载《行政管理改革》2020年第1期。

参与制度，但尚不足以缓解内部法制机构在实践中所遭受的政策压力和任务压力。

此外，合法性审查的实效性保障也有待提高。对此，有的学者提出应当建立重大行政决策的制定说明制度，将合法性审查意见纳入决策说明内容，并向社会公布，接受舆论监督。同时，法制机构应撰写有关重大行政决策合法性审查的工作报告，以作为政府信息公开对象，加强合法性审查的透明度。[①]

（2）集体讨论决定

为了防止出现"一言堂"现象，《暂行条例》在决策定夺阶段，确立了两个价值导向。一是明确重大行政决策的作出应遵循民主集中制。对此，《暂行条例》第30条第1款确立了决策草案由政府常务会议或全体会议讨论决定。二是尊重多方意见。《暂行条例》第30条第2款确立了意见发表顺序和行政首长针对本人持相反意见的说明义务。第3款载明了如实记录原则。另外，《暂行条例》第31条还确定了决策出台前，向同级党委请示报告的程序。地方经验中的重大行政决策公开制度和决策过程入档制度也分别被条例第32条、第33条所吸收。

相较于某些地方实践而言，《暂行条例》在重大决策决定环节的构建上稍显保守。譬如，有的地方将公众和同级人大的监督权也引入了集体讨论阶段，邀请人大代表、政协委员和公民代表参加政府常务会议，并设置提问答疑环节。[②] 这一做法有利于在决策决定阶段，也建立起有效的民主协商环境，进一步提升决策程序的开放度和透明度。在人大参与制度的设计上，《湖南省行政程序规定》第41条还设置了上级人民政府和同级人大及其常委会的批准机制，以此来确保所作出的决策拥有多重合法性保障机制。

[①] 马怀德主编：《行政法前沿问题研究》，中国政法大学出版社2018年版，第160页。

[②] 马怀德主编：《行政法前沿问题研究》，中国政法大学出版社2018年版，第161页。

5.决策后评价机制

（1）执行和调整程序

决策后评价机制是对重大行政决策执行情况的追踪评价，同时也是决策接受多方监督，实现信息反馈的制度。《暂行条例》主要从以下三个方面规范了决策后评估程序：

一是评估启动主体和启动情形。条例明确的重大决策后评估的启动主体是决策机关。决策执行机关、公民、法人以及其他组织仅对决策执行情况享有报告权和提议权。同时，《暂行条例》第36条第1款列明了决策后评估程序启动的情形：①重大决策实施后未达到预期效果；②公民、法人或其他组织提出较多意见；③决策机关认为有必要。

二是评估方式和评估主体。评估工作既可以由决策机关自行承担，也可以委托专业机构、社会组织进行第三方评估。此外，《暂行条例》继续遵循了民主协商原则，将多元主体纳入后评估程序，以实现各方对决策实施情况的监督权。参与后评估程序的主体包括人大代表、政协委员、人民团体、基层组织、社会组织。

三是评估结果效力。《暂行条例》将评估结果视为重大行政决策调整的重要依据，并赋予了决策机关行政首长"中止执行"选择权。调整程序依旧遵循本条例规定。

针对当前规范中评估机制的具体规定，理论上认为还存在一定的缺憾，主要表现在以下几个方面：

一是后评估程序主要由决策机关自我组织。自查机制可能会导致评估形式化，不利于评估内容保持客观、真实。第三方评估模式虽然被列为选项之一，但选择权仍属于决策机关的裁量权，无法形成刚性约束力。[1]

二是听取意见制度过于概括。为了确保后评估程序的实效，后评估过程仍应遵循多方协商合作的机制，将各方意见的反馈信息反映到后评估内容

---

[1] 李洪雷：《协商民主视野中的重大行政决策程序立法》，载《中国发展观察》2017年第22期。

中。这需要从条例体系入手，将后评估程序中的多方主体参与和前述公众参与、专家咨询论证、风险评估（后评估中的风险再评估），以及同级人大及其常委会的监督机制建立起有效联系。这是对行政重大决策科学、民主、依法决策三大要求的深入细化。

三是评估的后续处理机制简化。后评估制度的功效期待首先在于通过对决策执行效果的阶段性调查，达到检验决策质量的目的。其次，后评估机制还肩负着对决策环境进行动态观测的任务，以达成决策风险自控的效果。为了达成上述目的，评估的后续处理程序尤为关键。如何应对实施过程中的新老问题，如何将评估结果中的多方意见有效转化为后续调整内容，是后评估机制发挥法治功效的重要保障。这不但需要从正面对后续处理程序进行细化，也需要引入外部监督力量，以保障后续处理的落实。因此，有学者提出，后评估机制应与责任追究制度相衔接，引入同级人大常委会的异体监督机制，利用问责制度的纠错功能，倒逼决策机关重视评估结果。[①]

（2）法律责任

《暂行条例》第38条至第41条明确了终身责任追究制度，大体构建了多元合作的追责体系。条例确立的责任主体包括决策机关的"行政首长、负有责任的其他领导人员和直接责任人员"，决策承办单位和执行单位的"负有责任的领导人员和直接责任人员"以及"承担论证评估工作的专家、专业机构、社会组织"。追责主体为"上一级行政机关"和"决策机关"。有关归责原则的选取，第38条规定："造成决策严重失误或者依法应该及时作出决策但久拖不决，造成重大损失、恶劣影响的。"这一表述实际上是对地方经验的一种囊括，涵盖了过错归责、违法归责和结果归责三类标准，是一种多元性的归责体系。

《暂行条例》对责任追究制度的一些基本问题作出了回应，将党的十八届四中全会《决定》提出的重大决策问责制和终身追责制以行政法规的形

---

① 严新龙：《重大行政决策后评估制度的类型化及其与责任追究程序的有效衔接——兼评〈重大行政决策程序暂行条例〉第36条》，载《河北法学》2020年第6期。

式固定了下来。① 但在问责追责的具体实施上，目前的规范内容尚未体现出系统化的操作路径。首先，关于追责程序的启动。启动主体和启动条件还缺乏明确规定，对于不同责任主体之间的启动程序是否有所区别也缺乏充分的规范回应。其次，责任倒查范围和调查原则和目标仍不明确。最后，《暂行条例》第38条第2款所列举"决策严重失误""久拖不决""造成重大损失、恶劣影响"等追责情形应当依据怎样的标准来判断，在《暂行条例》的规范框架中并没有作出充分的规定，还有待于理论研究上进一步澄清。

① 党的十八届四中全会的《决定》提出："建立重大决策终身责任追究制度及责任倒查机制，对决策严重失误或者依法应该及时作出决策但久拖不决造成重大损失、恶劣影响的，严格追究行政首长、负有责任的其他领导人员和相关责任人员的法律责任。"

第五章 行政执法改革

第一节 行政执法改革背景

一般认为，行政执法是具有法定权限的国家行政机关依法执行行政法律法规，并对违反行政法律法规的行为依法进行监督检查、行政处罚以及行政强制等以使法律得到遵守的一系列行为的统称。[①] 行政执法改革的背景主要体现在行政执法体制的变化上。而行政执法体制是指行政执法机关各自的权限以及相互关系。[②] 已有研究认为，我国 40 年来行政执法体制的改革历程，可以根据行政执法权责配置的调整变化具体分为以下四个阶段：[③]

第一阶段是从 1978 年到 1995 年，行政执法机构初步设置与分散赋权。在这一阶段，行政执法机构自上而下设置，在地级市以上政府层级，专门执法机构的设置较为完备；而在县级以下政府层级，执法机构的设置相当薄弱。行政执法机构因法而设，出台一部行政法律法规就设置相对应的行政执法机构或队伍，使得执法权也分散在数量众多的行政执法机构当中，引发了执法权分散、多头交叉执法和重复执法的问题。

第二阶段是从 1996 年到 2002 年，该阶段开始了相对集中行政处罚权改革。1996 年颁布的《行政处罚法》第 16 条规定，国务院或者经国务院授权的省、自治区、直辖市人民政府可以决定一个行政机关行使有关行政机关的行政处罚权。为了更好地克服分散赋权和多头执法的弊端，1996 年 4

---

① 姜明安：《论行政执法》，载《行政法学研究》2003 年第 4 期。
② 马怀德：《健全综合权威规范的行政执法体制》，载《中国党政干部论坛》2013 年第 12 期。
③ 吕普生：《中国行政执法体制改革 40 年：演进、挑战及走向》，载《福建行政学院学报》2018 年第 6 期。

月，国务院发出的《关于贯彻实施〈中华人民共和国行政处罚法〉的通知》要求各省、自治区、直辖市人民政府要认真做好相对集中行政处罚权的试点工作，结合本地方实际提出调整行政处罚权的意见，报国务院批准后施行。2000年9月，《国务院办公厅关于继续做好相对集中行政处罚权试点工作的通知》着重强调了实施相对集中行政处罚权制度的重大意义，重申积极稳妥地扩大试点范围，要求把试点经验运用于市、县机构改革，按照相对集中行政管理权和行政处罚权的要求理顺市、县行政管理体制和执法体制，力图把改革推向基层。

第三阶段是从2002年到2012年，执法改革从相对集中行政处罚权过渡到实行综合执法。2002年10月，国务院办公厅转发《中央编办关于清理整顿行政执法队伍实行综合行政执法试点工作的意见》（国办发〔2002〕56号，以下简称《综合执法意见》），决定在广东省、重庆市开展清理整顿行政执法队伍、实行综合行政执法的试点工作。这里的"实行综合行政执法"主要是指通过调整合并行政执法机构，改变多头执法的状况，组建相对独立、集中统一的行政执法机构。《综合执法意见》要求"严格控制执法机构膨胀的势头，能够不设的不设，能够合设的合设；一个政府部门下设的多个行政执法机构，原则上归并为一个机构。在此基础上，重点在城市管理、文化市场管理、资源环境管理、农业管理、交通运输管理以及其他适合综合行政执法的领域，合并组建综合行政执法机构。按有关规定，经批准成立的综合行政执法机构，具有行政执法主体资格"。《综合执法意见》还要求"改变多层执法的状况，按区域设置执法机构并实行属地管理。行政执法机构主要在城市和区、县设置。省、自治区政府各部门不再单独设置行政执法机构；设区的市设置行政执法机构，可根据当地的具体情况和不同行政执法领域，适当选择以市为主或以区为主的模式"。

第四阶段是自2013年至今，该阶段开始进行全面深化综合行政执法改革。2013年以来，先后通过《中共中央关于全面深化改革若干重大问题的决定》（2013年）、《中共中央关于全面推进依法治国若干重大问题的决定》（2014年）、《法治政府建设实施纲要（2015—2020年）》和《中共中央国务院关于深入推进城市执法体制改革改进城市管理工作的指导意见》（2015年）等文件，对执法主体、执法权限、执法领域、执法程序、执法能力等内容提出新的要求。[①] 2013 年 11 月，《中共中央关于全面深化改革若干重大问题的决定》明确要求必须"整合执法主体，相对集中执法权，推进综合执法，着力解决权责交叉、多头执法问题，建立权责统一、权威高效的行政执法体制"。2015 年 4 月，《中央编办关于开展综合行政执法体制改革试点工作的意见》（中央编办发〔2015〕15 号）确定在全国 22 个省（自治区、直辖市）的 138 个试点城市开展综合行政执法体制改革试点，试点目的是按照党的十八届三中、四中全会关于推进综合执法、建立权责统一权威高效的行政执法体制的要求，探索整合政府部门间相同相近的执法职能，归并执法机构，统一执法力量，减少执法部门，探索建立适应我国国情和经济社会发展要求的行政执法体制。要求试点地区在继续推进减少执法层级、明确各级政府执法职责的同时，重点从探索行政执法职能和机构整合的有效方式、探索理顺综合执法机构与政府职能部门职责关系、创新执法方式和管理机制、加强执法队伍建设四个方面推进试点。

2015 年 12 月，中共中央、国务院出台了《关于深入推进城市执法体制改革改进城市管理工作的指导意见》，明确要求"推进综合执法。重点在与群众生产生活密切相关、执法频率高、多头执法扰民问题突出、专业技术要求适宜、与城市管理密切相关且需要集中行使行政处罚权的领域推行综合执法……到 2017 年年底，实现住房城乡建设领域行政处罚权的集中行使"。在此基础上，2017 年以后的改革进一步深化，中共中央办公厅、国务院办公厅又以文化市场、市场监管、农业、交通运输与生态环境保护五个领域作为综合执法改革的重点领域，要求理顺省、市、县三级行政执法

[①] 杨丹：《综合行政执法改革的理念、法治功能和法律限制》，载《四川大学学报》2020 年第 4 期。

体制，健全跨部门、跨领域、跨区域的执法联动机制。[①]

不难理解，前述的行政执法体制改革主要是从行政执法主体及其执法权限整合这两个方面的进行。除此之外，我国目前正在进行"放管服"改革，将事前监管（主要是行政审批）转为事中事后监管也是行政执法方式的重要改革。根据《国务院关于加强和规范事中事后监管的指导意见》（国发〔2019〕18号，以下简称《事中事后监管指导意见》），创新和完善事中事后监管方式包括下列六方面的内容：一是深入推进"互联网＋监管"；二是提升信用监管效能；三是全面实施"双随机、一公开"监管；四是对重点领域实行重点监管；五是落实和完善包容审慎监管；六是依法开展案件查办，依法进行惩处。上述这六方面的监管创新改革本质上可以归入执法检查和执法惩处（主要是行政处罚和行政强制，必要时使用刑事处罚和其他手段）两方面。上述第一方面的"互联网＋监管"方式和技术、第二方面的信用监管方式既可以用于执法检查方面也可以用于执法惩处方面。第三方面、第四方面的改革主要是关于行政执法检查采用"双随机、一公开"方式及"重点监管"方式的创新。第五方面和第六方面主要涉及是否和如何进行执法惩处方面的创新内容。

还值得注意的是，我国正在进行的优化营商环境建设也要求政府部门进行行政执法改革。具体而言，优化营商环境建设要求政府部门持续深化简政放权、放管结合、优化服务改革，最大限度减少政府对市场资源的直接配置，最大限度减少政府对市场活动的直接干预，降低制度性交易成本，减轻企业负担，解放和发展社会生产力。[②] 另外，政府部门为了实现保护公众利益（特别是消费者）的监管目标，需要进行并加强行政执法，这就

---

① 中共中央办公厅、国务院办公厅先后印发了《关于深化文化市场综合行政执法改革的指导意见》（中办发〔2018〕59号）、《关于深化农业综合行政执法改革的指导意见》（中办发〔2018〕61号）、《关于深化市场监管综合行政执法改革的指导意见》（中办发〔2018〕62号）、《关于深化交通运输综合行政执法改革的指导意见》（中办发〔2018〕63号）、《关于深化生态环境保护综合行政执法改革的指导意见》（中办发〔2018〕64号）。

② 《优化营商环境条例》（中华人民共和国国务院令第722号）第1条、第3条。

不可避免地对企业施加成本和负担。因此，在当前优化营商环境建设的大背景下，政府部门急需在减轻企业负担和保护公众（特别是消费者）利益这两个相互冲突的价值选择中找到平衡，通过改革和完善行政执法来实现监管执法的目标，又能最大限度地减少对被监管企业的负担。2019年10月，国务院颁布的《优化营商环境条例》第五章专章规定了监管执法。该章除规定上述创新和完善事中事后监管方式六方面的内容外，还特别强调了"行政执法公示、行政执法全过程记录和重大行政执法决定法制审核制度"三项特别程序要求，优先使用"说服教育、劝导示范、行政指导等非强制性手段"和"健全行政执法自由裁量基准制度"等要求。以下从执法主体的综合行政执法改革、行政执法检查改革、行政执法惩处改革、信用监管及其他新型执法工具的使用、行政执法程序优化等方面进行分析。

第二节　推进综合行政执法改革

如上所述，2013年起，我国开始进行全面深化综合行政执法改革。中共中央、国务院和中央编办先后制定了一些关于深化综合行政执法改革的规范性文件。2019年10月，国务院颁布的《优化营商环境条例》第57条还明确规定，国家建立健全跨部门、跨区域行政执法联动响应和协作机制，实现违法线索互联、监管标准互通、处理结果互认。国家统筹配置行政执法职能和执法资源，在相关领域推行综合行政执法，整合精简执法队伍，减少执法主体和执法层级，提高基层执法能力。《事中事后监管指导意见》第13项也规定，要加快转变传统监管方式，打破条块分割，打通准入、生产、流通、消费等监管环节，建立健全跨部门、跨区域执法联动响应和协作机制，实现违法线索互联、监管标准互通、处理结果互认。深化市场监管、生态环境保护、交通运输、农业、文化市场综合行政执法改革，在其他具备条件的领域也要积极推进综合行政执法改革，统筹配置行政处罚职能和执法资源，相对集中行政处罚权，整合精简执法队伍，推进行政执法权限和力量向基层乡镇街道延伸下沉，逐步实现基层一支队伍管执法，解决多头多层重复执法问题。

一、深化综合行政执法改革的任务和要求

2019年2月，中央编办三局对《关于深化文化市场综合行政执法改革的指导意见》《关于深化农业综合行政执法改革的指导意见》《关于深化市场监管综合行政执法改革的指导意见》《关于深化交通运输综合行政执法改革的指导意见》《关于深化生态环境保护综合行政执法改革的指导意见》5个综合行政执法改革指导意见（以下简称"5个《指导意见》"）进行了解读。根据该解读，在深化综合行政执法改革方面，要重点突出完成以下三个方面的改革任务：

一是整合归并执法队伍，切实解决多头执法、多层执法和重复执法问题。应按照减少层次、整合队伍、提高效率的原则，大幅减少执法队伍种类，合理配置执法力量；一个部门设有多支执法队伍的，原则上整合为一支队伍；推动整合同一领域或相近领域执法队伍，实行综合设置；对整合组建市场监管等5支综合执法队伍作出具体部署。在整合组建5个领域综合执法队伍的基础上，有条件的可以实行更大范围的综合执法。继续深入推动城市管理等其他跨领域跨部门综合执法。

二是加强对行政处罚、行政强制事项的源头治理，切实解决违规执法、执法扰民问题。要完善执法程序，严格执法责任，做到严格规范公正文明执法。通过全面梳理执法事项，要大力清理取消没有法律法规规章依据的、长期未发生且无实施必要的、交叉重复的执法事项，切实防止执法扰民。

三是探索建立体现综合行政执法特点的编制管理方式，切实解决综合执法队伍管理不规范的问题。要按照统一规范管理的方向，探索建立体现综合行政执法特点的编制管理方式，逐步规范综合执法队伍人员编制管理。

此外，该解读还指出：上述"5个《指导意见》"提出了五项需要重点把握的改革要求。一是要求省、自治区行政主管部门原则上不设执法队伍，现有事业性质执法队伍要逐步清理消化。法律法规明确由省级承担的执法职责，可结合部门"三定"规定明确由省级主管部门内设机构承担，并以

主管部门名义对外开展执法检查活动。个别业务管理有特殊性的领域，如有必要，由省、自治区另行报批。二是要求减少执法层级，推动执法力量下沉。直辖市综合行政执法体制和层级设置，由直辖市党委按照中央减少多层多头重复执法改革要求，结合实际研究确定。设区市与市辖区原则上只设一个执法层级，市级设置综合执法队伍的，由同级主管部门管理，区级不再承担相关执法责任；区级设置综合执法队伍的，市级主要负责监督指导和组织协调，不再设置综合执法队伍；县（市、区）一般实行"局队合一"体制，地方可根据实际情况探索具体落实形式，压实县级部门对综合行政执法工作和队伍建设的责任，改变重审批轻监管的行政管理方式，把更多行政资源从事前审批转到加强事中事后监管上来。实行"局队合一"后，有关县级部门要强化行政执法职能，将人员编制向执法岗位倾斜，同时通过完善内部执法流程，解决一线执法效率问题。乡镇探索逐步实现一支队伍管执法。此外，生态环境保护、农业、文化等领域的指导意见对副省级城市综合行政执法体制和层级设置作了具体规定。三是要求规范和精简执法事项。要全面梳理、规范和精简执法事项，加强对行政处罚、行政强制事项的源头治理，实行执法事项清单管理制度，并依法及时动态调整。凡没有法律法规规章依据的执法事项一律取消，对长期未发生且无实施必要的、交叉重复的执法事项要大力清理，最大限度减少不必要的行政执法事项，切实防止执法扰民。对涉及的相关法律法规规章及时进行清理修订。此外，各地要按照中央改革要求，聚焦办理量大、企业和群众关注的重点领域重点事项，逐项编制标准化工作规程和操作指南，完善执法程序，严格执法责任。四是关于有序整合执法队伍。在明确执法机构和人员划转认定标准和程序基础上，按照"编随事走、人随编走"的原则有序整合执法队伍，锁定编制底数。坚持"凡进必考"，严禁借队伍整合组建之际转"干部"身份。全面清理规范临时人员和聘用人员，严禁使用辅助人员执法。五是关于做好组织实施方面的工作。深化综合行政执法改革，总体由地方负主体责任，因为队伍总体上在地方。中央有关部门主要是制定指导意见，统一规范要求。

二、整合监管执法机构、消除职能重叠和交叉的理论分析

从理论上说，整合监管执法机构，消除职能重叠和交叉是为提高执法检查效率和减少检查所带来的成本和负担而进行的一项重要的制度改革。在许多国家，现有的执法职能往往是根据新立法或政策一时的需要而设置，但没有从全面或战略的角度加以考虑。因此，在一些领域，有多个政府部门依据不同的法规同时行使监管权，却没有相互协调并以各自不一致的方式来执行法规。因此，政府应查明现有各执法机构之间存在职能重叠和交叉的主要领域，以便在执法时尽量减少这些职能重叠和交叉的问题。[①]

国际经验表明，可以数量有限的不同类型风险作为执法机构整合和职能重新配置的基础。一种可能的办法是按"一种风险，一个执法检查机构"的合并重组模式来进行机构整合和职能配置。如果采用这种模式，大多数国家政府都需要进行相当大的机构改革，特别是机构合并。尽管各国之间存在差异，但以下领域及其对应的风险往往可以作为监管执法核心职能认定和执法机构设置的基础，具体包括：[②] 食品安全、非食品产品安全和消费者保护、技术和基础设施/施工安全、公共卫生及药品和保健、职业安全与健康、环境保护、国家收入、运输安全、银行、保险和金融服务监管、核安全。而另一个有效的方法是执法协调，即通过行政安排来促进执法机构的协调，确保信息共享和检查不重复，而不一定需要机构合并重组。比如，可在每个监管领域安排一个"牵头机构"，它可以向其他机构通报该机构实地检查发现的结果。[③] 实践中有一种很好的替代机构合并的执法协调方法，[④] 就是在检查那些技术不太复杂且违法行为造成社会损失有限的微型、中小型企业时，可

---

① OECD, *Regulatory Enforcement and Inspections*（2014）, OECD Best Practice Principles for Regulatory Policy, OECD Publishing, p.41.

② OECD, *Regulatory Enforcement and Inspections*（2014）, OECD Best Practice Principles for Regulatory Policy, OECD Publishing, p.42.

③ 这种执法协调的方法也可以在涵盖不同监管领域的执法机构之间采用。

④ OECD, *Regulatory Enforcement and Inspections*（2014）, OECD Best Practice Principles for Regulatory Policy, OECD Publishing, p.41.

让"一线检查人员"接受专门培训并承担更广泛的若干不同监管领域的执法检查任务；一旦发现相关问题，他们可以要求在不同监管执法机构工作的更专业的检查人员进行检查。这些"一线检查人员"实际上是多个机构的"耳目"，他们的检查的确可以替代一些更专业检查人员的初步检查。在任何情况下，适应当地政治和体制现实及优先事项都是至关重要的。重大的机构合并改革常常可能非常困难且代价高昂，但在某些情况下，机构间协调根本不起作用。因此，政府应该在合并重组和在现有机构内的执法协调两种选择中之间找到最合适的组合，以确保最终真正取得成效和提高效率。

此外，各国政府有时还需要在执法机关的整合和进一步专业化分立这两者之间进行权衡。进一步的专业化分立至少适用于以下两种情形：第一，拟分立的不同执法机关可能存在利益冲突或相互制约关系而要求较高程度的相互保密性和相互独立性。这些相互制约关系、相互保密性和相互独立性的存在往往是为了不同执法机关之间相互制约从而减少其执法带来的错误成本。第二，被监管行为可能带来较大社会损失的风险且该风险能在不同监管执法领域未分立的情况下相互传递而形成系统性风险；为避免该系统性风险和保证相关不同监管领域的执法机关之间更高程度的专业化而进行分立。在这些领域，政府可能将上述核心职能进一步分开，如将银行、保险和其他金融服务分业经营且分开监管，是为避免不同监管领域间风险传导而导致系统性风险以及保持上述不同领域的执法机关更高程度的专业化。但在其他情况下，如果执法机关的整合和执法协调带来的资源共享、交易成本降低等收益大于其整合和协调的成本（包括机构整合而减少相互监督所产生的执法错误成本），我们就应该进一步整合。例如合并食品安全和非食品安全领域的执法机构，甚至将大多数技术安全执法职能交由一个单一检查机构承担，不同的内设部门负责不同的具体问题，但受统一管理。[1] 这种重组的目的不仅在于消除职能重叠和交叉重复，降低重复执法

---

① OECD, *Regulatory Enforcement and Inspections*（2014）, OECD Best Practice Principles for Regulatory Policy, OECD Publishing, p.43.

对被监管企业的负担，还在于改善执法协调和优化资源分配。

三、对我国综合行政执法改革的评析

2002 年 10 月，中央编办《关于清理整顿行政执法队伍实行综合行政执法试点工作的意见》（以下简称《综合执法意见》）首次明确提出"两个相对分开"原则，即政策制定、审查审批职能与监督处罚职能相对分开，监督处罚职能与技术检测检验职能相对分开。[1] 虽然上述《综合执法意见》在 2015 年已被废止，[2] 但该原则仍然被许多地方政府采用来指导综合行政执法改革。有学者认为，该原则旨在从横向上厘清不同机构的属性、职能和权责关系，有力把握了行政执法体制的核心症结，为后续行政执法体制改革提供了准确方向。[3] 但该原则的具体适用显然应该比较分立（分开）带来的成本提高值和其要求的不同机关相互制约从而导致的错误成本减少值之间的大小。只有前述的成本提高值小于错误成本减少值时，分立才有正当性。这应该大多发生在未分立可能导致错误执法决定带来错误成本较大的情形，如在先前的行政监察机关未分立于行政机关的情形。

我国目前进行的综合执法改革不仅注重减少横向的"多头执法"问题，而且力图解决纵向的"多层执法"问题，力图避免出现"重复执法"问题。"重复执法"不仅浪费宝贵的执法资源，更可能给作为被监管对象的企业和个人带来不必要的负担。目前采用的"减少执法层级，推动执法力量下沉"和"省、自治区行政主管部门原则上不设执法队伍"的做法显然有助于解决"多层执法"问题。但决策者还需注意执法力量下沉到基层可能带来的下列问题：第一，对相同或类似案情的执法结果的差异性加大，不利于法律实施的全国统一性甚至公平性。第二，执法力量下沉可能导致执法受到

---

[1] 吕普生:《中国行政执法体制改革 40 年：演进、挑战及走向》，载《福建行政学院学报》2018 年第 6 期。

[2] 根据国务院《关于宣布失效一批国务院文件的决定》（国发〔2015〕68 号），此文件已宣布失效。

[3] 吕普生:《中国行政执法体制改革 40 年：演进、挑战及走向》，载《福建行政学院学报》2018 年第 6 期。

地方保护主义的更多影响，使执法决定的错误成本提高。第三，由于我国城乡经济水平以及受教育人口分布的不同，一些技术化要求程度高或敏感程度较高的执法机关可能需要设在城市地区才能以更低成本获得人力资源和相关设备等执法能力要素。这将影响执法能力下沉农村基层地区的程度。

无论如何，各国政府应制定政策来确保监管执法机构之间有效的信息共享和执法协调。以下方法可能有助于改进信息共享和执法协调，各国政府应根据自身实际情况加以使用：首先，政府部门应建立一个统一的执法信息系统或以其他方式将现有的执法信息系统强有力地连接起来；任一执法检查机构可以系统地与其他执法机关共享所有的相关数据，并在可能的情况下共享检查执法计划和预案。已有证据表明，被监管企业在一个被监管领域的违法行为经常预示其在另一个被监管领域也可能存在违法行为，因而共享信息极为重要。[①] 其次，将符合合并条件的大多数执法检查机构合并在一个"单一检查机构"内（可保持内部各专门部门，但归于一个机构统一管理），也可以设立一个协调委员会或其他协调机构。各执法检查机构通过该机构和协调机制能和其他执法机构见面讨论、协调执法安排和分享信息。同时，他们还可以通过前述"互为耳目"来提高违法行为的被发现的概率和改善执法检查的效果。最后，避免不同执法机关在一定期限内对同一被检查企业的同一问题进行重新检查，除非在第一次检查中执法机关已发现问题并要求再次检查。

第三节　行政执法检查的优化使用

一、我国行政执法检查的相关法律依据

行政执法检查是行政执法的重要手段。目前我国除直接涉及公共安全和

---

① OECD, *OECD Regulatory Enforcement and Inspections Toolkit*（2018）, OECD Publishing, Paris, p.32.

人民群众生命健康等特殊行业、重点领域使用重点检查外，已通过法规及其他规范性文件全面推行"双随机、一公开"方式进行行政执法检查。所谓"双随机、一公开"，即在行政执法过程中随机抽取检查对象，随机选派执法检查人员，抽查情况及查处结果及时向社会公开。

2015年8月，为进一步推进简政放权、放管结合、优化服务的部署和要求，创新政府管理方式，规范市场执法行为，切实解决当前一些领域存在的检查任性和执法扰民、执法不公、执法不严等问题，营造公平竞争的发展环境，推动大众创业、万众创新，国务院办公厅发表了《关于推广随机抽查规范事中事后监管的通知》。根据该通知的要求，要建立随机抽取检查对象、随机选派执法检查人员的"双随机"抽查机制，严格限制监管部门自由裁量权；此外，还要坚持公开透明，实施随机抽查事项公开、程序公开、结果公开。该通知要求通过以下四个方面来大力推广随机抽查制度：

一是制定随机抽查事项清单。法律法规规章没有规定的，一律不得擅自开展检查。对法律法规规章规定的检查事项，要大力推广随机抽查，不断提高随机抽查在检查工作中的比重。要制定随机抽查事项清单，明确抽查依据、抽查主体、抽查内容、抽查方式等。随机抽查事项清单根据法律法规规章修订情况和工作实际进行动态调整，及时向社会公布。

二是建立"双随机"抽查机制。建立健全市场主体名录库和执法检查人员名录库，通过摇号等方式，从市场主体名录库中随机抽取检查对象，从执法检查人员名录库中随机选派执法检查人员。推广运用电子化手段，对"双随机"抽查做到全程留痕，实现责任可追溯。

三是合理确定随机抽查的比例和频次。要根据当地经济社会发展和监管领域实际情况，合理确定随机抽查的比例和频次，既要保证必要的抽查覆盖面和工作力度，又要防止检查过多和执法扰民。对投诉举报多、列入经营异常名录或有严重违法违规记录等情况的市场主体，要加大随机抽查力度。

四是加强抽查结果运用。对抽查发现的违法违规行为，要依法依规加大惩处力度，形成有效震慑，增强市场主体守法的自觉性。抽查情况及查处结果要及时向社会公布，接受社会监督。

　　随着"双随机、一公开"检查模式逐渐在全国推广，有学者发现实践中还存在一些问题，尤其以下三个问题较为典型。① 其一，"双随机"检查模式是否适用于所有事中事后监管领域，在保障人身健康和生命财产安全、国家安全、生态环境安全领域的监管是否应适用在风险评估、风险警示基础上的风险导向型检查？其二，"双随机"抽查是否将成为唯一的检查监管方式？特别是，如何处理随机抽查与现行法律法规政策规定的日常巡查、定向检查、专项检查、依举报检查的关系？其三，"双随机"抽查频次与比例如何确定才是科学的？ 2019 年 9 月，《事中事后监管指导意见》的发布在一定程度上回应了上述问题。根据该意见，"双随机、一公开"监管应全面实施，即在市场监管领域全面实行随机抽取检查对象、随机选派执法检查人员、抽查情况及查处结果及时向社会公开，除特殊行业、重点领域外，原则上所有日常涉企行政检查都应通过"双随机、一公开"的方式进行。不断完善"双随机、一公开"监管相关配套制度和工作机制，健全跨部门随机抽查事项清单，将更多事项纳入跨部门联合抽查范围。将随机抽查的比例频次、被抽查概率与抽查对象的信用等级、风险程度挂钩，对有不良信用记录、风险高的要加大抽查力度，对信用较好、风险较低的可适当减少抽查。抽查结果要分别通过国家企业信用信息公示系统、"信用中国"网站、国家"互联网 + 监管"系统等全面进行公示。

　　《事中事后监管指导意见》还提出对重点领域实行重点监管的方法。对直接涉及公共安全和人民群众生命健康等特殊重点领域，依法依规实行全覆盖的重点监管，强化全过程质量管理，加强安全生产监管执法，严格落实生产、经营、使用、检测、监管等各环节质量和安全责任，守住质量和安全底线。对食品、药品、医疗器械、特种设备等重点产品，建立健全以产品编码管理为手段的追溯体系，形成来源可查、去向可追、责任可究的

---

　　① 宋世明:《"双随机、一公开"：简约并不简单》，载《经济日报》2016 年 11 月20 日，第 3 版。

信息链条。地方各级政府可根据区域和行业风险特点，探索建立重点监管清单制度，严格控制重点监管事项数量，规范重点监管程序，并筛选确定重点监管的生产经营单位，实行跟踪监管、直接指导。

除《事中事后监管指导意见》之外，2019 年 10 月国务院颁布的《优化营商环境条例》第 54 条也规定，国家推行"双随机、一公开"监管，除直接涉及公共安全和人民群众生命健康等特殊行业、重点领域外，市场监管领域的行政检查应当通过随机抽取检查对象、随机选派执法检查人员、抽查事项及查处结果及时向社会公开的方式进行。针对同一检查对象的多个检查事项，应当尽可能合并或者纳入跨部门联合抽查范围。对直接涉及公共安全和人民群众生命健康等特殊行业、重点领域，依法依规实行全覆盖的重点监管，并严格规范重点监管的程序；对通过投诉举报、转办交办、数据监测等发现的问题，应当有针对性地进行检查并依法依规处理。

二、行政执法检查的相关理论和对我国相关法律的评价

由于执行法律需要花费大量成本，而一个国家、社会在一定时间内执法的资源必然是有限的，因而从经济学上分析，行政执法的目标不是"百分之百的法律遵守"，而是"最优的法律遵守"。[1] 当我们为了提高监管法律制度的遵守程度而进一步执法所付出的成本增加值等于该执法下守法程度提高带来的社会损失减少值时，我们就实现了"最优的法律遵守"这一理想状态。与"最优的法律遵守"程度相对应的执法水平就可称为"最优执法水平"。此时就没有必要投入更多的执法资源，否则执法成本增加值就会高于社会损失减少值，从而产生"入不敷出"，浪费执法资源的结果。"最优执法"这一理想状态也可以定义为使下列两类成本之和最小化的情形：一类成本是一旦法律得到百分百遵守就不会发生的损失，也称为"法律未被完全执行而导致的社会损失成本"。另一类成本是为了减少上述损失

---

[1] George J. Stigler, 'The Optimum Enforcement of Laws' (1970), 78 Journal of Political Economy, pp. 526-536.

而进行执法活动所付出的成本，包括执法机关执法付出的执法成本和被监管对象因监管执法而付出的应对成本。如前所述，这些应对成本不仅包括被监管企业提供信息给执法机关、配合检查的成本，还包括因这些检查活动及其处理结果带给被监管企业的非正式成本（如心理压力成本和声誉损失）、[①] 可能的错误执法决定施加给被监管企业的错误成本（包括该企业不服该决定而寻求救济的成本，如上诉成本）等。"最优执法"指使上述两类成本之和最小的情形，即法律未被完全执行而导致的社会损失成本加上为了减少上述损失而进行执法活动所付出的成本之和最小的情形。从这个角度分析，有限的执法资源应该放在那些法律未被完全实施而导致的社会损失成本较大的领域。或者说，有限的执法资源应该放在违法行为所引起的风险较高的领域；执法检查应以减少违法行为带来的风险作为目标，执法检查的频次和所用的资源应该同违法行为所可能引起的风险成比例。这就是以风险导向型的执法，英文为"Risk-based Enforcement"。本书中，风险应该理解为以下两方面的组合：一是该违法行为导致发生不良事件（如危险和损害）的可能性；二是该违法行为可能造成损害的大小程度，如综合考虑受损害的人员数量以及每个人受到损害的严重程度。这意味着，通常最高的风险类别将包括发生可能性和损害的严重程度都很高的情形。但在某些情况下，即使发生可能性（概率）很低，但损害的程度是极度严重的，而且许多损害不可能修复，也构成高风险的类别。所有的执法活动应分析和掌握其针对的违法行为所可能引起的风险，并根据该风险来开展执法活动和配置执法资源。[②] 针对可能引起高风险的违法行为优先开展执法活动并更多地配置执法资源。上述的风险分析应该用在监管制度设计、执行（执法）和评估的全过程中，但在执法阶段的风险分析尤其重要。因为政府监管部门往往无法检查每一个被监管企业或监管对象；即使努力这样

---

① A Ogus, Costs and Cautionary Tales: Economic Insights for the Lawyers (2006), pp.129-130.

② OECD, *Regulatory Enforcement and Inspections* (2014), OECD Best Practice Principles for Regulatory Policy, OECD Publishing, p.27.

做也不一定有效，还可能导致巨大和不必要的行政负担。所以，检查和执法行动中以风险分析和评估为基础确定一些优先的检查对象是必不可少的。

具体而言，风险导向型执法意味着各国政府应确保每个监管执法机构能从以下几方面进行执法：第一，设立和发展一个评估每个被监管企业违法风险并根据评估的风险等级对其进行排序的标准。第二，收集所有（或至少大多数）被监管企业的数据，这些数据能用来有效地评估它们每一个的具体风险水平。第三，设立执法计划和资源配置机制，使执法检查基于风险水平来有效规划且执法资源得到合理分配。第四，保持对上述数据和标准的更新，定期纳入新的信息对每个被监管企业的风险程度进行更新并根据关于危险发生可能性、损害严重程度等新统计数据来修改风险标准。第五，将一贯合规的企业纳入较低的风险，相应减少执法检查的频次。

三、我国行政执法检查制度的评析

如前所述，除特殊行业、重点领域外，我国市场监管领域全面实施"双随机、一公开"制度。这样的安排较前述风险导向型执法而言，无法将有限的执法资源放在那些法律未被完全实施而导致的社会损失成本较大的领域，也很难实现前述"最优执法"的目标，即法律未被完全执行而导致的社会损失成本加上为了减少上述损失而进行执法活动所付出的成本之和最小的理想情形。按风险导向型执法的要求，有限的执法资源应该放在违法行为所引起的风险较高的领域；执法检查应以减少违法行为带来的风险作为目标，执法检查的频次和所用的资源应该同违法行为所可能引起的风险成比例。目前我国的"双随机、一公开"制度会在一定程度上减少执法人员根据其喜好的"随意性"执法以及可能的关联腐败问题，但上述问题也可以通过执法机关向社会公开其按风险导向型的抽查标准并严格实施该标准的做法来解决，且后者因能防治较大的社会损失而较"双随机、一公开"制度有比较优势。

《事中事后监管指导意见》要求对重点领域实行全覆盖的重点监管，强化全过程质量管理，建立追溯体系，形成来源可查、去向可追、责任可究的信息链条。但即使在重点领域已形成追溯体系，也只是增加违法风险实际发生事后发现违法者的概率，执法部门仍然需要在风险实际发生前对潜在的违法者进行频繁地检查来降低该风险发生的可能性。在有限执法资源无法实现全方位全流程事前检查的情况下，仍然需要在重点领域适用风险导向型执法检查，即根据重点领域里不同环节的违法风险高低程度不同，将有限的执法资源优先配置到高违法风险的环节。

第四节　行政处罚和行政强制的优化使用

一、慎重实施行政强制手段

《优化营商环境条例》第 59 条规定：行政执法中应当推广运用说服教育、劝导示范、行政指导等非强制性手段，依法慎重实施行政强制。采用非强制性手段能够达到行政管理目的的，不得实施行政强制；违法行为情节轻微或者社会危害较小的，可以不实施行政强制；确需实施行政强制的，应当尽可能减少对市场主体正常生产经营活动的影响。开展清理整顿、专项整治等活动，应当严格依法进行，除涉及人民群众生命安全、发生重特大事故或者举办国家重大活动，并报经有权机关批准外，不得在相关区域采取要求相关行业、领域的市场主体普遍停产、停业的措施。

国际经验表明，许多被监管的市场主体很难理解它们需要做什么来满足合规的要求。许多监管文件使用复杂的技术性语言，而且它们提出的要求通常以"基于结果"的方式来描述，即在这样或那样的情况下，流程必须是安全的。虽然这给市场主体采用何种具体方法实现安全结果带来了灵活性，但该种灵活性要求仅仅是更大、更先进的企业所能接受的，对于微型企业、中小企业或缺乏专业知识的企业来说，往往很难遵循该要求。政府应该要求监管执法机构制定和发布指引或工具包来帮助微型企业和中小企业来理解该要求，以及如何在最常见的情况和领域遵守该要求。此外，执法部门还应确保这些指导文件得到正式发布，并保证检查人员将认为遵循这些要求的企业是合规的。在被监管的市场主体不太清楚如何来满足合规要求时，行政执法机关提供指南等行政指导显然将比使用处罚能以更低的成本来使企业满足合规性要求。行政机关有效地处理来自企业的问题对于提高合规性至关重要。为实现这一目标，建立热线和在线支持，配备训练有素的工作人员，并对特定问题提供深入思考后的一系列答案，是一种成本效益较高的方法。①

值得注意的是，前述"采用非强制性手段能够达到行政管理目的的，不得实施行政强制"的要求，需要建立在"非强制手段"能以较低成本实现行政管理目的的基础上，故需进一步地明确表述为"采用非强制性手段能够以较少的成本达到行政管理目的的，不得实施行政强制"。在很多情况下，"非强制手段"可能会比"强制性手段"带来的社会总成本高。比如，"建议大家到人员密集的公共场所戴口罩"是指导性非强制措施，而"强制要求大家到人员密集的公共场所戴口罩"是强制性措施。前者较后者省去了执法成本，但前者建议如未得到很好的自觉遵守就会带来很高的生命健康损失，进而导致使用前者时社会总成本较高。

二、优化使用行政处罚

对于如何在行政执法中优化行政处罚的使用，本章仅从"放管服"改革和优化营商环境的角度来讨论行政执法中行政处罚的优化使用。《优化营商环境条例》中优化使用行政处罚的规定主要在第 60 条，要求国家健全行政执法自由裁量基准制度，合理确定裁量范围、种类和幅度，规范行政执法自由裁量权的行使。行政处罚裁量基准制度是行政执法主体对法律规定的行政处罚自由裁量空间，根据过罚相当等原则并结合本地区经济社会发展状况以及执法范围等情况，细化为若干裁量格次，每个格次规定一定的量罚标准，并依据违法行为的性质、情节、社会危害程度和悔过态度，处

---

① OECD, *Regulatory Enforcement and Inspections*（2014）, OECD Best Practice Principles for Regulatory Policy, OECD Publishing, pp.59-60.

以相对固定的处罚种类和量罚幅度，同时明确从轻或从重处罚的必要条件的一种执法制度。[①] 制定和完善客观上公平公正的行政处罚裁量标准，约束自由裁量空间，可以防止和克服滥用行政处罚权和滥罚现象的发生，为规范行政处罚自由裁量权提供制度保障。除此之外，《事中事后监管指导意见》第 17 项也要求健全行政执法自由裁量基准制度，合理确定裁量范围、种类和幅度，严格限定裁量权的行使。禁止将罚没收入与行政执法机关利益挂钩。除此之外，《事中事后监管指导意见》第 12 项还对如何使用行政处罚提出了如下要求："对监管中发现的违法违规问题，综合运用行政强制、行政处罚、联合惩戒、移送司法机关处理等手段，依法进行惩处。对情节轻微、负面影响较小的苗头性问题，在坚持依法行政的同时，主要采取约谈、警告、责令改正等措施，及时予以纠正。对情节和后果严重的，要依法责令下架召回、停工停产或撤销吊销相关证照，涉及犯罪的要及时移送司法机关处理。建立完善违法严惩制度、惩罚性赔偿和巨额罚款制度、终身禁入机制，让严重违法者付出高昂成本。"

不难理解，《事中事后监管指导意见》第 12 项的规定力图体现过罚相当的原则，即行政主体对违法行为人适用行政处罚时，所课罚种和处罚幅度要与违法行为人的违法程度相适应，既不轻过重罚，也不重过轻罚，裁量的具体手段和裁量的目的相协调、相适应。[②] 但《事中事后监管指导意见》所要求采用的"约谈""责令改正""下架召回"并非我国现行《行政处罚法》中规定的处罚类型。其中"约谈"是一种行政检查的类型。而"责令改正"或"责令限期改正"是《行政处罚法》第 28 条规定行政机关实施行政处罚时的一项法定义务，具有恢复性而非惩罚性的特征。同样，责令"下架召回"也更具有恢复性的特征。对于"建立完善违法严惩制度、惩罚

---

① 《规范行政执法自由裁量权 建立行政处罚裁量基准制度》，2007 年 11 月 23 日司法部江凌副司长在第六次全国地方推行行政执法责任制重点联系单位工作座谈会上的讲话。

② 《规范行政执法自由裁量权 建立行政处罚裁量基准制度》，2007 年 11 月 23 日司法部江凌副司长在第六次全国地方推行行政执法责任制重点联系单位工作座谈会上的讲话。

性赔偿和巨额罚款制度、终身禁入机制"的要求，还应考虑赔偿额和罚款额可能受到被处罚人的财富数量的限制，也受公司有限责任及破产程序的限制而影响其震慑力的可能性。

三、落实和完善包容审慎监管

对新技术、新产业、新业态、新模式等不能按照传统行业的管理规定来类推适用，而应根据其新特点建立和适用不同的规则，并进行相应的行政强制和行政处罚。《优化营商环境条例》第 55 条规定，政府及其有关部门应当按照鼓励创新的原则，对新技术、新产业、新业态、新模式等实行包容审慎监管，针对其性质、特点分类制定和实行相应的监管规则和标准，留足发展空间，同时确保质量和安全，不得简单化予以禁止或者不予监管。

《事中事后监管指导意见》第 11 项也规定了"落实和完善包容审慎监管"的要求。具体为：对新技术、新产业、新业态、新模式，要按照鼓励创新原则，留足发展空间，同时坚守质量和安全底线，严禁简单封杀或放任不管。加强对新生事物发展规律研究，分类量身定制监管规则和标准。对看得准、有发展前景的，要引导其健康规范发展；对一时看不准的，设置一定的"观察期"，对出现的问题及时引导或处置；对潜在风险大、可能造成严重不良后果的，严格监管；对非法经营的，坚决依法予以查处。推进线上线下一体化监管，统一执法标准和尺度。

根据已有研究，包容审慎监管原则内涵可分为"包容创新""审慎监管"和"有效监管"三方面：[1] 第一，包容创新是指监管者对新业态要有宽容态度，要站在促进创新的角度实施监管，不能让新业态因为缺乏包容的监管而无从发展，更不能将新业态"一棍子打死"；第二，审慎监管原则是指政府对新业态监管要审时度势、谨慎干预，在充分考虑监管得失利弊之后再实施科学合理适当监管；第三，有效监管是指政府对新业态监管必须

---

[1] 张效羽：《行政法视野下互联网新业态包容审慎监管原则研究》，载《电子政务》2020 年第 8 期。

坚持守住底线，特别是法律底线、人身安全底线和系统性风险底线。对于新业态发展过程中存在的突破底线的行为要坚决制止，实现有效监管。该原则的行政法意义在于容忍新业态在发展初期的无法可依的状态，只要新业态没有违反基本法律秩序且没有显著社会危害性，行政机关就不应实施行政处罚。[①]

第五节　信用监管和其他新型执法手段的使用

一、信用监管作为一种新型执法手段的使用

信用监管，顾名思义，是以主体信用程度为基础的新型监管机制。我国《优化营商环境条例》第53条规定，政府及其有关部门应当按照国家关于加快构建以信用为基础的新型监管机制的要求，创新和完善信用监管，强化信用监管的支撑保障，加强信用监管的组织实施，不断提升信用监管效能。具体而言，信用监管是在行政主管部门建立起市场主体的信用档案和记录的基础上，行政执法部门推进信用分级分类监管，即根据执法对象的信用档案中记录的信用程度，在监管执法（检查）方式、抽查比例和频次等方面采取差异化措施，以及据此对执法对象进行守信奖励和联合失信惩戒并纳入信用记录的执法体制安排。

根据《事中事后监管指导意见》以及国务院办公厅《关于加快推进社会信用体系建设构建以信用为基础的新型监管机制的指导意见》（国办发〔2019〕35号），行政执法部门要提升信用监管效能。具体有以下要求。

一是事前的信用监管安排。以统一社会信用代码为标识，依法依规建立权威、统一、可查询的市场主体信用记录。根据权责清单建立信用信息采集目录，在办理注册登记、资质审核、日常监管、公共服务等过程中，及

---

① 张效羽:《行政法视野下互联网新业态包容审慎监管原则研究》，载《电子政务》2020年第8期。

时、准确、全面记录市场主体信用行为，特别是将失信记录建档留痕，做到可查可核可溯。完善法人和非法人组织统一社会信用代码制度，以统一社会信用代码为标识，整合形成完整的市场主体信用记录，并通过"信用中国"网站、国家企业信用信息公示系统或中国政府网及相关部门门户网站等渠道依法依规向社会公开。此外，大力推行信用承诺制度，探索开展经营者准入前诚信教育，将信用承诺履行情况纳入信用记录。在办理适用信用承诺制的行政许可事项时，申请人承诺符合审批条件并提交有关材料的，应予即时办理。申请人信用状况较好、部分申报材料不齐备但书面承诺在规定期限内提供的，应先行受理，加快办理进度。书面承诺履约情况记入信用记录，作为事中、事后监管的重要依据，对不履约的申请人，视情节实施惩戒。要加快梳理可开展信用承诺的行政许可事项，制定格式规范的信用承诺书，并依托各级信用门户网站向社会公开。鼓励市场主体主动向社会作出信用承诺。支持行业协会商会建立健全行业内信用承诺制度，加强行业自律。

二是加强事中环节信用监管。深入开展公共信用综合评价。全国信用信息共享平台要加强与相关部门的协同配合，依法依规整合各类信用信息，对市场主体开展全覆盖、标准化、公益性的公共信用综合评价，定期将评价结果推送至相关政府部门、金融机构、行业协会商会参考使用，并依照有关规定向社会公开。推动相关部门利用公共信用综合评价结果，结合部门行业管理数据，建立行业信用评价模型，为信用监管提供更精准的依据。同时，推进信用分级分类监管，依据企业信用情况，在监管方式、抽查比例和频次等方面采取差异化措施。在充分掌握信用信息、综合研判信用状况的基础上，以公共信用综合评价结果、行业信用评价结果等为依据，对监管对象进行分级分类，根据信用等级高低采取差异化的监管措施。"双随机、一公开"监管要与信用等级相结合，对信用较好、风险较低的市场主体，可合理降低抽查比例和频次，减少对正常生产经营的影响；对信用风险一般的市场主体，按常规比例和频次抽查；对违法失信、风险较高的市场主体，适当提高抽查比例和频次。

　　三是完善事后环节信用监管。首先，规范认定并设立市场主体信用"黑名单"，健全失信联合惩戒对象认定机制。有关部门依据在事前、事中监管环节获取并认定的失信记录，依法依规建立健全失信联合惩戒对象名单制度。以相关司法裁判、行政处罚、行政强制等处理结果为依据，按程序将涉及性质恶劣、情节严重、社会危害较大的违法失信行为的市场主体纳入失信联合惩戒对象名单。加快完善相关管理办法，明确认定依据、标准、程序、异议申诉和退出机制。制定管理办法要充分征求社会公众意见，出台的标准及其具体认定程序以适当方式向社会公开。支持有关部门根据监管需要建立重点关注对象名单制度，对存在失信行为但严重程度尚未达到失信联合惩戒对象认定标准的市场主体，可实施与其失信程度相对应的严格监管措施。其次，深入开展失信联合惩戒。加快构建跨地区、跨行业、跨领域的失信联合惩戒机制，从根本上解决失信行为反复出现、易地出现的问题。依法依规建立联合惩戒措施清单，动态更新并向社会公开，形成行政性、市场性和行业性等惩戒措施多管齐下，社会力量广泛参与的失信联合惩戒大格局。对失信主体实施在行业准入、项目审批、政府项目招标投标、申请财政性资金项目、享受税收优惠、出入境等行政性惩戒措施，实施限制其获得授信、乘坐飞机、乘坐高等级列车和席次等市场性惩戒措施，以及实施对其通报批评、公开谴责等行业性惩戒措施。特别是要坚决依法依规实施市场和行业禁入措施。以食品药品、生态环境、工程质量、安全生产、养老托幼、城市运行安全等与人民群众生命财产安全直接相关的领域为重点，实施严格监管，加大惩戒力度。对拒不履行司法裁判或行政处罚决定、屡犯不改、造成重大损失的市场主体及其相关责任人，坚决依法依规在一定期限内实施市场和行业禁入措施，直至永远逐出市场。再次，建立企业信用与自然人信用挂钩机制，依法追究企业相关责任人违法失信责任。建立健全责任追究机制，对被列入失信联合惩戒对象名单的市场主体，依法依规对其法定代表人或主要负责人、实际控制人进行失信惩戒，并将相关失信行为记入其个人信用记录。机关事业单位、国有企业出现违法失信行为的，要通报上级主管单位和审计部门；工作人员出现违法失信行为的，要通报所在单位及相关纪检监察、组织人事部门。最后，还要探索建立信用修复机制。失信市场主体在规定期限内纠正失信行为、消除不良影响的，可通过作出信用承诺、完成信用整改、通过信用核查、接受专题培训、提交信用报告、参加公益慈善活动等方式开展信用修复。修复完成后，各地区各部门要按程序及时停止公示其失信记录，终止实施联合惩戒措施。加快建立完善协同联动、一网通办机制，为失信市场主体提供高效便捷的信用修复服务。建立健全信用修复、异议申诉等机制。在保护涉及公共安全、国家秘密、商业秘密和个人隐私等信息的前提下，依法公开在行政管理中掌握的信用信息，为社会公众提供便捷高效的信用查询服务。

二、深入推进"互联网 + 监管"新型执法方式的使用

"互联网 + 监管"新型执法方式，是指为了降低监管成本和提升监管效率，政府及其有关部门充分运用互联网、大数据等技术手段，依托国家统一建立的在线监管系统，加强监管信息归集共享和关联整合，提高监管的精准化、智能化水平，推行以远程监管、移动监管、预警防控为特征的非现场监管的执法方式。具体而言，该种监管方式依托国家"互联网 + 监管"系统，联通汇聚全国信用信息共享平台、国家企业信用信息公示系统等重要监管平台数据，以及各级政府部门、社会投诉举报、第三方平台等数据，加强监管信息归集共享，将政府履职过程中形成的行政检查、行政处罚、行政强制等信息以及司法判决、违法失信、抽查抽检等信息进行关联整合，并归集到相关市场主体名下；同时还充分运用大数据等技术，充分利用国家"互联网 + 监管"等系统建立风险预判预警机制，及早发现违法违规线索和防范苗头性和跨行业跨区域风险，加强对风险的跟踪预警，有效防范危害公共利益和群众生命财产安全的违法违规行为；探索推行以远程监管、移动监管、预警防控为特征的非现场监管，提升监管精准化、智能化水平。

国际经验表明：为了在执法和监管方面取得重大成效和进一步提高效率，互联网、大数据等技术手段是必不可少的。它是基于风险导向型监管

执法和有效协调监管执法不可缺少的基础。同时，如果在所有类型的监管中对信息系统没有全面的认识，例如不兼容的系统，缺乏信息共享，结果可能会造成重复的工作并产生不必要的浪费。为确保信息科技能充分发挥其效益，各国政府应制定并采纳在执法方面发展统一信息系统的做法，这一愿景的目标应该是确保协调和数据共享。不同的监管执法机构往往有部分相同或类似的关注点，因此它们所需要的大量信息也是相似的。其中一个机构工作的调查结果很可能与其他机构直接相关。共享数据在某种程度上能够使监管部门对每个业务的风险级别有更准确和更新的评估，无须花费额外的资源。此外，该监管方式能够避免工作的重复。如果一个机构最近进行了检查，其调查结果可以提供给其他机构，它们可以避免重复的检查。各国政府应确保将执法机构每次检查的基本数据提供给其他机构，以便进行风险分析和管理。由于用于构建监管信息系统的大量数据（如企业名称和地址、企业位置和规模等）在各个机构之间是通用的，因此几个（或所有）监管执法机构依赖于一个通用数据库是有意义的。在每个单独的数据库中，数据的结构和索引至少需要相同，这样才能有效地进行信息交换。各国政府应考虑设立一个联合数据库，供多个监管执法机构使用，并至少采用信息结构的共同标准，以确保信息的兼容一致性。

现代的信息技术可以将监管执法机构的许多关键程序整合成一个系统，对检查计划和排期、记录检查结果、跟进和进行行政处罚、检查方式和清单，甚至工作人员的时间管理等数据进行分析和报告。主管部门应为几个监管执法机构建立一个联合系统，而不是使用框架基本相似的多个相互不联动的系统，以符合效率原则。相关研究建议，各国政府应支持更新监管执法机构的联合信息系统，以促进有效的风险管理，并尽可能优先考虑多个检查机构共享系统、共享信息。①

---

① OECD, Regulatory Enforcement and Inspections（2014）, OECD Best Practice Principles for Regulatory Policy, OECD Publishing, p.59.

三、对我国新型行政执法手段相关的规定的评析

前述我国目前的信用监管制度可以从以下三个方面进行分析：第一，根据执法对象信用档案中记录的信用程度，在监管执法检查（包括检查方式、抽查比例和频次等方面）方面采取的差异化措施符合风险导向型执法检查的要求，其将有限的执法资源放在更容易出现违法现象的领域，也更有利于形成对潜在违法行为人从事每一次违法行为的震慑，因而在其他条件相同时更容易实现前述"最优执法"的目标，即法律未被完全执行而导致的社会损失成本加上为了减少上述损失而进行执法活动所付出的成本之和最小的理想情形。但应注意，在监管执法检查方面采取的差异化措施不仅应根据执法对象的信用程度，还需考虑执法对象的潜在违法行为可能造成的社会危害程度等因素。第二，目前对执法对象进行联合失信惩戒并纳入信用记录的执法体制安排，虽然各部门联合惩戒可以产生较大的震慑力，但基于以往失信违法记录对该失信人员进行第二次或多次的不利处分或处罚可能违反比例原则和"一事不二罚"原则。同时，由于执法资源有限等原因，执法者无法发现并将所有的违法者绳之以法，总有一些违法者虽然违法但却未被发现；而基于那些已被发现违法的违法记录进行二次或多次联合惩戒会扩大那些已被发现违法的人和实际违法但未被发现的违法者之间的"处罚待遇不平等"，并将一些错误执法决定的成本（错误成本）进一步成倍扩大化。第三，"互联网＋监管"新型执法方式能有效地降低执法成本和提升执法效率，已被大量使用；在使用该新型执法方式的过程中，执法部门还应特别注意通过立法和执法手段保护执法对象及相关主体的信息权利和隐私权利。

第六节　完善行政执法程序

由于本书第七章专章讨论行政程序，此处将只介绍和分析行政执法程序的最新三项要求，即行政执法程序三项新制度。《优化营商环境条例》第58

条规定："行政执法机关应当按照国家有关规定，全面落实行政执法公示、行政执法全过程记录和重大行政执法决定法制审核制度，实现行政执法信息及时准确公示、行政执法全过程留痕和可回溯管理、重大行政执法决定法制审核全覆盖。"此处所说的三项新制度即前述"行政执法公示""行政执法全过程记录"和"重大行政执法决定法制审核制度"三项程序制度（以下统称"执法三项制度"）。本节从四个方面加以讨论。

一、"执法三项制度"的背景和总体要求

2019 年 1 月 3 日，国务院办公厅《关于全面推行行政执法公示制度执法全过程记录制度重大执法决定法制审核制度的指导意见》（国办发〔2018〕118 号，以下简称《执法三项制度指导意见》）正式发布。《执法三项制度指导意见》指出："近年来，各地区、各部门不断加强行政执法规范化建设，执法能力和水平有了较大提高，但执法中不严格、不规范、不文明、不透明等问题仍然较为突出，损害人民群众利益和政府公信力。《中共中央关于全面推进依法治国若干重大问题的决定》和《法治政府建设实施纲要（2015—2020 年）》对全面推行行政执法公示制度、执法全过程记录制度、重大执法决定法制审核制度作出了具体部署、提出了明确要求。聚焦行政执法的源头、过程、结果等关键环节，全面推行'三项制度'，对促进严格规范公正文明执法具有基础性、整体性、突破性作用，对切实保障人民群众合法权益，维护政府公信力，营造更加公开透明、规范有序、公平高效的法治环境具有重要意义。"

《执法三项制度指导意见》提出推行"执法三项制度"时，应坚持依法规范、执法为民、坚持务实高效、坚持改革创新、坚持统筹协调的原则，以实现"三项制度在各级行政执法机关全面推行，行政处罚、行政强制、行政检查、行政征收征用、行政许可等行为得到有效规范，行政执法公示制度机制不断健全，做到执法行为过程信息全程记载、执法全过程可回溯管理、重大执法决定法制审核全覆盖，全面实现执法信息公开透明、执法全过程留痕、执法决定合法有效，行政执法能力和水平整体大幅提升，行政执法行为被纠错率明显下降，行政执法的社会满意度显著提高"的目标。2021 年 8 月，中共中央、国务院印发的《法治政府建设实施纲要（2021—2022 年）》再次要求"全面严格落实行政执法公示、执法全过程记录、重大执法决定法制审核制度"。

二、全面推行行政执法公示制度

行政执法公示是保障行政相对人和社会公众知情权、参与权、表达权、监督权的重要措施。行政执法机关要按照"谁执法谁公示"的原则，明确公示内容的采集、传递、审核、发布职责，规范信息公示内容的标准、格式。建立统一的执法信息公示平台，及时通过政府网站及政务新媒体、办事大厅公示栏、服务窗口等平台向社会公开行政执法基本信息、结果信息。涉及国家秘密、商业秘密、个人隐私等不宜公开的信息，依法确需公开的，要作适当处理后公开。发现公开的行政执法信息不准确的，要及时予以更正。《执法三项制度指导意见》要求具体要做到以下三点。

第一，要强化事前公开。行政执法机关要统筹推进行政执法事前公开与政府信息公开、权责清单公布、"双随机、一公开"监管等工作。全面准确及时主动公开行政执法主体、人员、职责、权限、依据、程序、救济渠道和随机抽查事项清单等信息。根据有关法律法规，结合自身职权职责，编制并公开本机关的服务指南、执法流程图，明确执法事项名称、受理机构、审批机构、受理条件、办理时限等内容。公开的信息要简明扼要、通俗易懂，并及时根据法律法规及机构职能变化情况进行动态调整。

第二，要规范事中公示。行政执法人员在进行监督检查、调查取证、采取强制措施和强制执行、送达执法文书等执法活动时，必须主动出示执法证件，向当事人和相关人员表明身份，鼓励采取佩戴执法标识的方式，执法全程公示执法身份；要出具行政执法文书，主动告知当事人执法事由、执法依据、权利义务等内容。国家规定统一着执法服装、佩戴执法标识的，执法时要按规定着装、佩戴标识。政务服务窗口要设置岗位信息公示牌，明示工作人员岗位职责、申请材料示范文本、办理进度查询、咨询服务、投诉举报等信息。

第三，要加强事后公开。行政执法机关要在执法决定作出之日起 20 个工作日内，向社会公布执法机关、执法对象、执法类别、执法结论等信息，接受社会监督，行政许可、行政处罚的执法决定信息要在执法决定作出之日起 7 个工作日内公开，但法律、行政法规另有规定的除外。建立健全执法决定信息公开发布、撤销和更新机制。已公开的行政执法决定被依法撤销、确认违法或者要求重新作出的，应当及时从信息公示平台撤下原行政执法决定信息。建立行政执法统计年报制度，地方各级行政执法机关应当于每年 1 月 31 日前公开本机关上年度行政执法总体情况有关数据，并报本级人民政府和上级主管部门。

三、全面推行执法全过程记录制度

行政执法全过程记录是行政执法活动合法有效的重要保证。行政执法机关要通过文字、音像等记录形式，对行政执法的启动、调查取证、审核决定、送达执行等全部过程进行记录，并全面系统归档保存，做到执法全过程留痕和可回溯管理。《执法三项制度指导意见》要求具体要做到以下四点。

第一，要完善文字记录。文字记录是以纸质文件或电子文件形式对行政执法活动进行全过程记录的方式。要研究制定执法规范用语和执法文书制作指引，规范行政执法的重要事项和关键环节，做到文字记录合法规范、客观全面、及时准确。司法部负责制定统一的行政执法文书基本格式标准，国务院有关部门可以参照该标准，结合本部门执法实际，制定本部门、本系统统一适用的行政执法文书格式文本。地方各级人民政府可以在行政执法文书基本格式标准基础上，参考国务院部门行政执法文书格式，结合本地实际，完善有关文书格式。

第二，要规范音像记录。音像记录是通过照相机、录音机、摄像机、执法记录仪、视频监控等记录设备，实时对行政执法过程进行记录的方式。各级行政执法机关要根据行政执法行为的不同类别、阶段、环节，采用相应音像记录形式，充分发挥音像记录直观有力的证据作用、规范执法的监督作用、依法履职的保障作用。要做好音像记录与文字记录的衔接工作，充分考虑音像记录方式的必要性、适当性和实效性，对文字记录能够全面有效记录执法行为的，可以不进行音像记录；对查封扣押财产、强制拆除等直接涉及人身自由、生命健康、重大财产权益的现场执法活动和执法办案场所，要推行全程音像记录；对现场执法、调查取证、举行听证、留置送达和公告送达等容易引发争议的行政执法过程，要根据实际情况进行音像记录。要建立健全执法音像记录管理制度，明确执法音像记录的设备配备、使用规范、记录要素、存储应用、监督管理等要求。研究制定执法行为用语指引，指导执法人员规范文明开展音像记录。配备音像记录设备、建设询问室和听证室等音像记录场所，要按照工作必需、厉行节约、性能适度、安全稳定、适量够用的原则，结合本地区经济发展水平和本部门执法具体情况确定，不搞"一刀切"。

第三，要严格记录归档。要完善执法案卷管理制度，加强对执法台账和法律文书的制作、使用、管理，按照有关法律法规和档案管理规定归档保存执法全过程记录资料，确保所有行政执法行为有据可查。对涉及国家秘密、商业秘密、个人隐私的记录资料，归档时要严格执行国家有关规定。积极探索成本低、效果好、易保存、防删改的信息化记录储存方式，通过技术手段对同一执法对象的文字记录、音像记录进行集中储存。建立健全基于互联网、电子认证、电子签章的行政执法全过程数据化记录工作机制，形成业务流程清晰、数据链条完整、数据安全有保障的数字化记录信息归档管理制度。

第四，要发挥记录作用。要充分发挥全过程记录信息对案卷评查、执法监督、评议考核、舆情应对、行政决策和健全社会信用体系等工作的积极作用，善于通过统计分析记录资料信息，发现行政执法薄弱环节，改进行政执法工作，依法公正维护执法人员和行政相对人的合法权益。建立健全记录信息调阅监督制度，做到可实时调阅，切实加强监督，确保行政执法文字记录、音像记录规范、合法、有效。

四、全面推行重大执法决定法制审核制度

重大执法决定法制审核是确保行政执法机关作出的重大执法决定合法有效的关键环节。行政执法机关作出重大执法决定前，要严格进行法制审核，未经法制审核或者审核未通过的，不得作出决定。《执法三项制度指导意见》要求具体要做到以下四点。

第一，要明确审核机构。各级行政执法机关要明确具体负责本单位重大执法决定法制审核的工作机构，确保法制审核工作有机构承担、有专人负责。加强法制审核队伍的正规化、专业化、职业化建设，把政治素质高、业务能力强、具有法律专业背景的人员调整充实到法制审核岗位，配强工作力量，使法制审核人员的配置与形势任务相适应，原则上各级行政执法机关的法制审核人员不少于本单位执法人员总数的5%。要充分发挥法律顾问、公职律师在法制审核工作中的作用，特别是针对基层存在的法制审核专业人员数量不足、分布不均等问题，探索建立健全本系统内法律顾问、公职律师统筹调用机制，实现法律专业人才资源共享。

第二，要明确审核范围。凡涉及重大公共利益，可能造成重大社会影响或引发社会风险，直接关系行政相对人或第三人重大权益，经过听证程序作出行政执法决定，以及案件情况疑难复杂、涉及多个法律关系的，都要进行法制审核。各级行政执法机关要结合本机关行政执法行为的类别、执法层级、所属领域、涉案金额等因素，制定重大执法决定法制审核目录清单。上级行政执法机关要对下一级执法机关重大执法决定法制审核目录清单编制工作加强指导，明确重大执法决定事项的标准。

第三，要明确审核内容。要严格审核行政执法主体是否合法，行政执法人员是否具备执法资格；行政执法程序是否合法；案件事实是否清楚，证据是否合法充分；适用法律、法规、规章是否准确，裁量基准运用是否适当；执法是否超越执法机关法定权限；行政执法文书是否完备、规范；违法行为是否涉嫌犯罪、需要移送司法机关等。法制审核机构完成审核后，要根据不同情形，提出同意或者存在问题的书面审核意见。行政执法承办

机构要对法制审核机构提出的存在问题的审核意见进行研究，作出相应处理后再次报送法制审核。

第四，要明确审核责任。行政执法机关主要负责人是推动落实本机关重大执法决定法制审核制度的第一责任人，对本机关作出的行政执法决定负责。要结合实际，确定法制审核流程，明确送审材料报送要求和审核的方式、时限、责任，建立健全法制审核机构与行政执法承办机构对审核意见不一致时的协调机制。行政执法承办机构对送审材料的真实性、准确性、完整性，以及执法的事实、证据、法律适用、程序的合法性负责。法制审核机构对重大执法决定的法制审核意见负责。因行政执法承办机构的承办人员、负责法制审核的人员和审批行政执法决定的负责人滥用职权、玩忽职守、徇私枉法等，导致行政执法决定错误，要依纪依法追究相关人员责任。

当前，我国行政执法改革正向纵深推进。从执法主体的综合行政执法改革、行政执法检查推行"双随机、一公开"方式、行政执法强制和处罚的完善和优化使用、行政执法三项程序制度的推行、信用监管及"互联网＋监管"新型执法方式的使用都表明我国行政执法方面的巨大进步。这些进步不仅体现了公平、公正和公开的要求，还能有效地降低执法成本和提升执法效率，实现效率目标。虽然学术界对如何使用"双随机、一公开"检查方式和信用监管等新的执法方式仍存在争议，但进一步的理论研究和实践发展将无疑将优化我国的行政执法制度并使其实现"最优执法"的目标。

第六章 政府监管的创新与发展

监管，是政府依法对经济社会进行管理，履行宏观调控职能的重要内容。在我国经济社会发展的进程中，为适应不同时期的管理需要，政府监管的模式和方法也在不断创新与发展。2019 年，国务院印发《关于加强和规范事中事后监管的指导意见》（国发〔2019〕18 号），明确提出把更多行政资源从事前审批转到加强事中事后监管上来，落实监管责任，健全监管规则，创新监管方式，加快构建权责明确、公平公正、公开透明、简约高效的事中事后监管体系。[①]

第一节 事中事后监管理念

事中事后监管，并非一个严格的法律概念。事中事后监管作为官方用语概念，法解释学上缺乏精确定义，主要源自《行政许可法》第 13 条对于行政许可替代机制的粗略框定，更多是当代中国行政任务变迁与规制改革的实践产物。[②] 事中事后监管作为我国深化改革背景下的创新理念和重要举措，具有深刻的内涵和意义。

一、事中事后监管理念的内涵

（一）推进国家治理体系和治理能力现代化的应有之义

党的十九届四中全会审议通过的《中共中央关于坚持和完善中国特色社会主义制度、推进国家治理体系和治理能力现代化若干重大问题的决定》指出，坚持和完善中国特色社会主义制度、推进国家治理体系和治理能力

---

① 《国务院关于加强和规范事中事后监管的指导意见》（国发〔2019〕18 号）。
② 卢超：《事中事后监管改革：理论、实践及反思》，载《中外法学》2020 年第 3 期。

现代化，是全党的一项重大战略任务。

改革开放特别是党的十八大以来，党和国家在国家治理实践探索中积累了丰富而宝贵的经验。国家治理最为关键的是需要适应经济社会发展的客观情况和现实需要。过去，在社会主义市场经济体制还不完善的情况下，政府治理更加注重对社会经济文化等领域的统一管理，政府在市场经济的发展中发挥着更为基础的作用，一定程度上适应了我国社会发展的需要，因此促进了我国经济社会的快速发展。

随着我国社会主义市场经济体制的逐渐完善，以及社会主义现代化的需要，完善和发展中国特色社会主义制度、推进国家治理体系和治理能力现代化成为全面深化改革的总目标。国家治理体系和治理能力现代化，要求社会治理体制不断创新，政府治理水平不断提高，形成高效的、现代化的治理格局。

政府监管，作为社会治理体系中的重要内容和关键环节，在推进国家治理体系和治理能力现代化的宏观背景下，无论是监管理念，还是监管模式、方法、手段，都需要彰显现代化的治理能力和治理水平。只有转变过去以事先审批为主的监管理念和方式，推进更加以人民为中心、以市场为主体的事中事后监管，正确处理好政府与市场的关系，才能保障市场主体的合法权益。这是新时代推进国家治理体系和治理能力现代化的应有之义，只有创新的政府监管模式，才能为经济社会发展营造良好的环境，促进我国经济社会不断向前发展。

（二）政府职能转变的重要抓手

政府职能，是政府即国家行政机关，依法对国家政治、经济、文化等各项事务承担管理的职责和功能。政府职能体现了行政机关行政管理活动的内容和方向，不同政府职能能够反映和体现政府治理及其行政行为的不同价值取向。

《中共中央关于全面深化改革若干重大问题的决定》明确提出，加快转变政府职能，建设法治政府和服务型政府。政府职能转变，就是从过去只注重"管得了"到"管得好"的转变，从实际出发，从有利于经济社会发展出发，既不多管，也不少管，从而更好地发挥政府管理的作用和效能。

2015 年，李克强总理在全国推进简政放权放管结合职能转变工作电视电话会议上的讲话中指出，当前和今后一个时期，深化行政体制改革、转变政府职能总的要求是：简政放权、放管结合、优化服务协同推进，即"放、管、服"三管齐下。在简政放权、"放管服"改革中，加强事中事后监管就是其中的重要抓手。

在政府职能转变的过程中，取消和下放大量行政审批事项，把该放的权力放掉，把不该管的事项交出，强化从事先审批到事中事后监管的措施，使市场在资源配置中起决定性作用，才能激发市场活力和社会创造力。

（三）完善社会主义市场经济体制的必然要求

习近平总书记在党的十九大报告中要求，加快完善社会主义市场经济体制。《中共中央　国务院关于新时代加快完善社会主义市场经济体制的意见》中指出，社会主义市场经济体制是中国特色社会主义的重大理论和实践创新，是社会主义基本经济制度的重要组成部分。完善社会主义市场经济体制，对于资源要素的有效配置、市场经济的高质量发展、社会生产力的解放和发展都具有重要意义。

社会主义市场经济体制的完善，离不开经济体制改革及其他各方面体制改革，离不开体制机制的创新发展。《中共中央　国务院关于新时代加快完善社会主义市场经济体制的意见》中提出的全面实施市场准入负面清单制度、全面落实公平竞争审查制度都是为了优化制度设计，发挥制度保障作用。这些制度改革，大幅放宽了市场准入门槛，是完善社会主义市场经济体制的重要基础。

与此同时，市场准入门槛的放宽，也对政府治理方式提出了更高的要求。只有配合事中事后监管，才能保证市场的规范性、有序性和稳定性。通过建立健全监管体制，完善监管的法律法规体系，改变过去以事先审批为重点的监管模式，破除阻碍统一市场和公平竞争的壁垒，促进市场资源要素的合理流动、资源的高效配置，并以事中事后监管保证市场的公平公正，才能不断完善社会主义市场经济体制。

二、事中事后监管的基本原则

《国务院关于加强和规范事中事后监管的指导意见》中明确提出了事中事后监管的基本原则，包括依法监管、公平公正、公开透明、分级分类、科学高效、寓管于服六大基本原则。

（一）依法监管

依法行政，是行政机关履行职责的最基本原则之一。2014 年《中共中央关于全面推进依法治国若干重大问题的决定》中明确提出：要"深入推进依法行政，加快建设法治政府"。依法行政是推进国家治理体系和治理能力现代化的必然要求和重要内容。

依法行政要求行政机关职权法定，法定职责必须为，法无授权不可为。因此，行政机关和行政机关工作人员所有的行政活动只能在法律授权的范围内进行，所有的行政活动也不得违背现有法律的规定。只有做到依法行政，才能真正推进法治政府和法治国家建设。

对市场主体和市场活动进行监管是政府最重要的职能和责任之一。依法进行事中事后监管，是负有监管职责的行政机关履行职责首要和最基本的原则。行政机关只有依据法律规定的职权，在法律规定范围内进行的监管，其监管行为才具有合法性和正当性。

依法监管原则，要求行政机关的事中事后监管，从监管权限到监管事项，以及监管程序和监管人员都合法合规，形成监管的法治化、制度化、规范化。因此，依法进行事中事后监管是一项系统性工程，既要有完善的法律顶层设计，也要有细致合理的操作规范。

（二）公平公正

改革开放特别是党的十八大以来，我国社会主义市场经济体制不断完善，市场经济充满活力，生产力得到极大的发展。其中，党和国家保障和促进市场的公平公正是最重要的原因之一。

我国出台了《反垄断法》《价格法》《消费者权益保护法》等一系列法律法规，逐步形成完善的社会主义市场经济法律体系，目的都在于保护市场的公平公正，实现资源配置效率的最大化。2020 年《中共中央、国务院关于新时代加快完善社会主义市场经济体制的意见》正式发布。其中进一步强调了保障市场公平竞争，明确指出要夯实市场经济基础性制度，保障市场公平竞争。

政府监管是对我国社会主义市场经济法律体系的执行和落实，旨在保护市场的公平公正，促进市场的繁荣有序发展。我国政府监管从强调事前审批到事中事后监管理念的转变，也正是为了进一步破除妨碍公平竞争的体制机制障碍，推动构建更加系统完备、更加成熟定型的高水平社会主义市场经济体制。

因此，在事中事后监管中，公平公正成为重要的监管原则之一。它贯穿于整个监管活动，既要求政府以公平公正的理念构建事中事后的监管体制机制，确保权利、机会、规则的公平；也要求政府在具体的事中事后监管执法活动中，对市场主体一视同仁，公平公正执法，避免对不同主体不同行为的选择性执法，保障各类市场主体的合法权益。

（三）公开透明

公开透明，是指政府在事中事后的监管过程中，要将监管规则、标准、过程、结果等依法公开，让监管执法在阳光下运行，给市场主体以稳定预期。

从依法行政的角度来看，信赖保护是依法行政中的重要内容，它是指政府应当基于诚实信用的原则，确保行政行为的明确性、连续性和稳定性，行政相对人因此对行政机关及其行政行为产生信赖。因此，在政府监管过程中，为树立和保护市场主体等行政相对人对行政机关事中事后监管行为的真诚信赖，相应的监管规则、标准、过程、结果，都应依法被公开，为公众所知晓。也只有做到监管行为的公开透明，才能真正树立起行政机关的监管的严肃性和公信力，提高监管的威慑力，实现保障市场平稳有序运行的监管目的。

从转变政府职能的角度来看，推动服务型政府建设是当前我国政府职能转变的重要内容。服务型政府强调的是理顺政府与市场、政府与社会的关系，以公民为本位、社会为本位的理念，发挥市场主体的作用，推动经济社会的发展。对市场主体而言，监管规则、标准和过程不透明，将影响市场主体开展市场活动的信心和预期，势必阻碍市场经济的发展。因此，建立公开透明的市场监管体系和规则，是稳定市场合理预期，推动市场公平竞争，保证市场平稳运行的重要保障。

（四）分级分类

《国务院关于加强和规范事中事后监管的指导意见》提出的事中事后监管分级分类的原则，即根据不同领域特点和风险程度，区分一般领域和可能造成严重不良后果、涉及安全的重要领域，分别确定监管内容、方式和频次，提升事中事后监管精准化水平。对新兴产业实施包容审慎监管，促进新动能发展壮大。

从分级分类原则中，可以看到政府精细化管理理念的体现。精细化管理，是政府转变过去粗放化、笼统式、"一刀切"的管理思维，强调更为精准、细致、严谨的管理理念。在政府管理和社会治理过程中，根据政府工作的目标和管理的需要，精准区分不同的管理对象和管理目标，进一步将管理计划、管理标准、管理程序细化，并严格执行相关操作流程。精细化管理是推进国家治理能力和治理水平的重要内容和重要体现，它贯穿于政府行政管理和监督的各个环节。

政府监管所涉及的领域并不是单一的，相反政府监管所面临的是不同领域、不同主体、不同情况。如果在事中事后监管中，对不同级别、不同类型的监管领域采用同一监管方式、频次，那么将无法实现事中事后监管的初衷，毫无疑问会阻碍经济社会发展。因此，强调分级分类进行事中事后监管，特别是针对新兴产业实施包容审慎监管，正是推进国家治理能力和治理水平要求的体现和需要，也是从政府监管模式的创新层面推动经济社会创新发展。

（五）科学高效

行政效率是政府依法行政过程中不可忽视的要求。《中共中央关于全面推进依法治国若干重大问题的决定》明确指出高效便民是依法行政的重要原则。党的十九届四中全会也明确提出，创新行政方式，提高行政效能，建设人民满意的服务型政府。党和国家机构改革，行政体制机制的改革，以及各地提出"最多跑一次"等行政措施，都是为了优化职能配置，提高行政效率。

提高行政效率也是政府监管中的重要要求。从强调事前审批到事中事后监管理念的转变，本身就是行政高效要求的体现。通过创新监管模式，推动监管体制机制改革，综合运用简政放权、减少行政审批事项等一系列措施，将事前审批转到事中事后监管，降低了市场主体的生产经营成本，提高了社会运转的效率，行政监管、行政执法的效能都不断提高。

行政效能的提高，离不开体制机制的改革和创新，也离不开科学管理思维和技术运用。随着互联网、大数据、物联网、云计算、人工智能、区块链等新技术不断发展，政府通过运用新的技术支撑行政监管的可能性和必要性都不断提升。因此，在事中事后监管过程中，行政机关依托新技术手段，最大可能发挥技术的促进作用，不断改进监管方式和监管手段，有利于实现监管效能最大化，降低监管行政成本，同时对监管对象产生最小的影响。

（六）寓管于服

寓管于服，顾名思义，就是将管理与服务相结合，寓管理于服务之中。党的十九大报告指出：中国特色社会主义进入新时代，我国社会主要矛盾已经转化为人民日益增长的美好生活需要和不平衡不充分的发展之间的矛盾。人民日益增长的美好生活需要，对政府的行政管理能力和管理水平都提出了更高的要求。建设人民满意的服务型政府，增强政府公信力和执行力，将管理置于服务之中，是转变政府职能的目标和任务。

创新政府监管方式，推进事中事后监管正是政府强化服务，将监管与服务相结合的重要举措。事中事后监管，改变了过去一味强调事前审批管理的思维，从尊重市场主体的理念出发，致力于服务好市场主体，保障市场主体的合法权益，为市场主体提供良好的发展环境。

在管理与服务两者之间取得平衡，是事中事后监管能否取得预期成效的关键。既不能是过去仅以政府为主体的监管，否则无法实现事中事后监管的目的；也不能一味放松监管，否则无法保证市场的平稳有序发展。但是，无论在监管体系、监管方式还是监管手段的设计和构建上，都应当以市场为主体，以服务理念来做好顶层设计和具体执行，减少对市场主体不必要的手续、阻碍、影响。转变监管服务理念，倒逼政府监管模式创新，从而形成相互结合、相互促进的良好局面，人民群众对政府的满意度自然能够得以提高，实现增强人民群众幸福感、获得感和安全感的监管目的。

三、事中事后监管责任

（一）明确监管对象和范围

具有明确的监管对象和监管范围，是依法落实监管责任的前提。依法行政是行政机关履行职责的基本原则，监管机关在履行监管职责的过程中，依法开展监管工作是必须遵守的要求。过去，以事前监管为主的监管模式，以行政审批作为手段，通常具有较为明确的要求。从事前监管转向事中事后监管，并不意味着监管对象和监管范围可以不确定。如果监管对象和监管范围混乱不清，依法履行监管责任则无从谈起。只有明确监管对象和监管范围，才能避免事中事后监管的随意性、选择性和盲目性。

监管对象、监管范围以及监管责任的确实并不是随意的。明确监管对象和监管范围，以及不同行政机关的监管责任，需要规范化、法律化。通过合法、合理的正当程序确立监管对象和监管范围，有利于保证监管范围的有效覆盖、监管事项的公开透明。

此外，明确监管对象和范围，有利于科学合理配置监管力量。政府开展监管的行政资源并不是无限的，不同行业、不同领域以及不同时间对监管力量的需求也不尽相同。监管范围越广，所需的监管力量越多；监管对象越多越复杂，对监管技术的要求也越高。行政机关只有根据明确的监管对象和范围，才能科学合理地配置相应的监管人员等一系列监管资源。对于一些无法配置专门监管力量的行业和领域，根据事先明确的监管对象和范围，监管机关才能通过预先设置委托执法、联合执法等方式落实监管责任。

在监管责任的落实中，要与行政审批制度改革相适应。《行政许可法》

第 61 条第 1 款规定："行政机关应当建立健全监督制度，通过核查反映被许可人从事行政许可事项活动情况的有关材料，履行监督责任。"在实施行政许可的事项监管中，行政机关对行政许可负有监管义务，由于行政审批制度改革审批权下放的事项，需要调整相应的监管职责，确保审批监管权责统一。而对于取消审批或者改为备案的事项，监管部门对于同样需要监管的事项，通过核查等各种方式，落实事中事后监管责任。

（二）厘清监管事权

政府事权是指政府根据宪法、法律的规定所拥有的处理公共事务的职权或职责。政府事权划分是指政府处理公共事务的职权、职责在政府各部门之间以及上下级政府之间进行科学、合理的配置。[①] 政府事权的划分是国家治理体系现代化的关键，对于经济社会具有至关重要的作用。因此，《中共中央关于全面推进依法治国若干重大问题的决定》明确提出，推进各级政府事权规范化、法律化，完善不同层级政府特别是中央与地方政府事权法律制度。

监管事权作为政府事权的重要内容，关系到政府履行监管职能的效果。"放管服"改革就是政府事权、监管事权划分的一项改革。事中事后监管作为"放管服"改革的重要抓手，其责任的落实需要厘清监管事权。随着"放管服"改革的推进，一大批监管事项下放至地方政府。在改革的过程中，容易出现监管事权不明，监管责任互相推诿的现象。只有合理地划分监管事权，厘清不同层级政府、不同部门的监管事权，才能有效推动事中事后监管工作开展。

根据《国务院关于加强和规范事中事后监管的指导意见》的要求，厘清监管事权涉及各级政府、各监管部门。

一是省级人民政府。不同级别的政府具有不同的比较优势，适合于处理

---

① 豆星星：《政府事权划分的理论基础和法治化进路》，载《广西政法管理干部学院学报》2019 年第 1 期。

具有不同信息复杂程度的事务和提供不同类型的公共服务。[①] 省级政府在政策制定、资源分配、信息数据等方面都拥有更多的优势，承担着重要的宏观调控职责。因此，《国务院关于加强和规范事中事后监管的指导意见》要求省级人民政府要统筹制定本行政区域内监管计划任务，指导和督促省级部门、市县级人民政府加强和规范监管执法。

二是市县级人民政府。根据《国务院关于加强和规范事中事后监管的指导意见》的要求，市县级人民政府的主要责任是加强公正监管，维护良好的市场秩序。市县政府作为市场秩序的重要管理者，在"放管服"改革推进过程中承担了更多的监管事权。这些职责能否被顺利承接，关系到改革的效果和目的能否得以实现。事中事后监管责任关键在于落实执行，公平公正地开展监管是监管目标实现的重要基础，因此，执行好监管计划和监管任务，成为市县级政府的重点。

三是各监管部门。监管部门作为监管事项和任务的执行部门，承担着自身监管领域的监管规则、监管标准的制定以及风险研判等各项工作，直接影响着事中事后监管的执行开展。政府组成部门需要落实好政府制订的监管计划。在垂直管理部门中，垂直管理部门负责统筹制订本系统的监管计划任务，并与属地政府协同配合。

厘清监管事权的核心在于监管事权的规范化、法律化，即在法律层面合理划分各级政府、各个部门的监管事权。在事中事后监管的改革实践中，越来越多地通过法律法规的制定、修改明确相关监管职责。例如，为强化药品生产环节监管，做到权责清晰，2020 年新修订的《药品生产监督管理办法》（国家市场监督管理总局令第 28 号）明确了监管事权划分，其中规定了国家药监局主管全国药品生产监督管理工作，对省级药品监管部门的药品生产监督管理工作进行监督和指导；同时明确省级药品监管部门负责本行政区域内的药品生产监督管理，承担药品生产环节的许可、检查和处

---

① 刘剑文、侯卓：《事权划分法治化的中国路径》，载《中国社会科学》2017 年第 2 期。

罚等工作。

（三）构建协同监管格局

狭义地来说，监管责任主要是政府承担的监管职责。但与事前监管相比，事中事后监管作为一种创新的监管方式，政府事中事后监管责任的落实，离不开市场主体责任和社会监督。

市场主体作为市场活动的主要参与者，对于经济社会发展具有十分重要的作用。政府的事中事后监管，正是为了保护市场主体拥有良好的发展环境。市场主体在追求自我发展的同时，也承担着保障安全生产、强化质量管理等方面的法定义务。事中事后监管需要理顺政府与市场的关系，政府在落实监管责任的同时，需要引导和强化市场主体自我监督，发挥行业自治的作用，敦促市场主体履行法定义务，从而推动政府监管责任的落实。

社会监督，是监管责任落实的重要保障。一方面，社会监督能够对政府监管行为进行有效监督，督促政府依法履行监管职责，防止监管部门不作为、乱作为。另一方面，通过建立投诉、举报等社会监督机制，依靠社会力量，政府加强对监管对象的监管，及时发现违法行为。同时通过对违法行为、典型案件的曝光等机制，实现对违法行为的震慑，提高政府监管的效能。

在事中事后监管中建立和运用的信用评价、黑名单等制度，正是政府为了强化市场主体责任，发挥社会监督所采取的方式和举措。只有形成市场自律、政府监管、社会监督互为支撑的协同监管格局，事中事后监管责任才能得以真正落实，实现提高市场主体竞争力和市场效率，推动经济社会持续健康发展的任务和目标。

第二节　监管方式创新

事中事后监管理念的转变，带来的是监管方式上的创新。"互联网＋监管"、信用监管、"双随机、一公开"监管、包容审慎监管等一系列创新的监管方式，成为事中事后监管理念的具体落实，也是政府转变职能提高监管效率的重要抓手。

一、"互联网 + 监管"

随着信息技术的快速发展，互联网已经深入社会生产活动的各行各业和人们生活的方方面面。"互联网 + 监管"正是政府在互联网经济时代利用互联网信息技术，创新监管方式的重要选择。

（一）"互联网 + 监管"的源起与发展

2015 年，"互联网 +"写入政府工作报告。李克强总理在报告中提出，制订"互联网 +"行动计划，推动移动互联网、云计算、大数据、物联网等与现代制造业结合，促进电子商务、工业互联网和互联网金融健康发展，引导互联网企业拓展国际市场。[①] 从此"互联网 +"的概念和理念广泛受到人们的关注和接受。

随着"互联网 +"概念的兴起以及在各行各业的应用，行政领域同样开始探索通过利用"互联网 +"，提高政府服务水平和效果。2016 年，"互联网 + 政务服务"写入政府工作报告。报告明确提出：大力推行"互联网 + 政务服务"，实现部门间数据共享，让居民和企业少跑腿、好办事、不添堵。简除烦苛，禁察非法，使人民群众有更平等的机会和更大的创造空间。[②]

伴随着政府职能的转变，以及"互联网 + 政务服务"的深入开展，监管作为政务服务中的重要内容，如何推动"互联网 +"和监管相结合，充分利用互联网发展，创新政府监管的方式，成为政府监管领域的重要议题。2018 年，国务院常务会议决定，依托国家政务服务平台建设"互联网 + 监管"系统，强化对地方和部门监管工作的监督，实现对监管的"监管"，并通过归集共享各类相关数据，及早发现防范苗头性和跨行业跨区域风险。[③]

---

① 《2015 年政府工作报告》。
② 《2016 年政府工作报告》。
③ 《李克强主持召开国务院常务会议 确定建设国家"互联网 + 监管"系统》，载国家互联网信息办公室网，http://www.cac.gov.cn/2018-10/23/c_1123596911.htm，最后访问时间：2020 年 8 月 6 日。

2019 年,《国务院关于加强和规范事中事后监管的指导意见》在创新和完善监管方式中,明确提出深入推进"互联网 + 监管"。其中重要的内容,就是依托国家"互联网 + 监管"系统,加强监管信息归集共享,将政府履职过程中形成的行政检查、行政处罚、行政强制等信息以及司法判决、违法失信、抽查抽检等信息进行关联整合,并归集到相关市场主体名下。①

此后,各地方开始积极推进"互联网 + 监管"工作。例如,上海市印发《上海市"互联网 + 监管"工作实施方案》,明确了推行"互联网 + 监管"的工作目标、重点任务和保障措施。湖北省印发《湖北省"互联网 + 监管"系统建设方案》,对"互联网 + 监管"具体的建设内容和主要任务作出了部署。

(二)"互联网 + 监管"的内涵

"互联网 + 监管",通过信息化手段,依托相关信息化平台,将监管信息归集共享,有利于规范监管、精准监管、监管全覆盖以及实现对监管的"监管"。"互联网 + 监管"作为"放管服"改革中重要的监管创新方式,具有丰富的内涵和意义。

1. "互联网 + 监管"是一种基于大数据的监管方式

互联网时代发展到今天,已然成为一个大数据时代。社会信息数据每时每刻都以惊人的速度增长。在政府监管领域,无论是被监管主体还是被监管行为都在迅速的增加,这对于政府监管能力无疑造成巨大的挑战。如果继续沿用传统的监管方式,显然无法适应时代的发展,也无法满足监管的需要。

"互联网 + 监管",是互联网发展背景下孕育而生的监管方式。它通过利用大数据技术,突破传统监管方式的瓶颈,将相关监管信息归集共享,既能达到传统现场监管的效果,又能实现远程监管、移动监管等非现场监管的监管目的。"互联网 + 监管"是行政职能与科技发展的结合,有利于实现事中事后监管科学高效的基本原则。

以资本市场监管为例,证券金融市场活动频繁,监管对象和监管行为等

---

① 《国务院关于加强和规范事中事后监管的指导意见》(国发〔2019〕18 号)。

数据都极其庞大。为充分发挥科技在监管工作中的作用，证监会于 2018 年印发《中国证监会监管科技总体建设方案》，明确了监管科技 1.0、2.0、3.0 各类信息化建设工作需求和工作内容。其中，监管科技 3.0 的工作核心便是建设一个运转高效的监管大数据平台，以便实时对市场总体情况进行监控监测，及时发现涉嫌内幕交易、市场操纵等违法违规行为。[1] 这样的监管方式，能够通过多维度的数据进行分析，高效识别证券交易活动中的关联交易、债券违约等风险，监管的效能得以不断提升。

2."互联网 + 监管"是一种创新的监管理念

从形式上看，"互联网 + 监管"是一种政府采取的监管方式，但其中更重要的是体现了政府监管思维的转变，是一种创新的监管理念。

"互联网 + 监管"是一种现代化管理理念的体现。国家治理体系和治理能力现代化对政府监管水平也提出了更高的要求。政府监管，需要通过各种方式和手段，既要实现监管的目标，又要尽可能地减少对行政相对人不必要的影响。同时，在监管过程中，还要对各地方、各部门的监管行为实现"监管"，这体现了将权力关进制度的笼子里的重要理念。

"互联网 + 监管"同时也是一种服务理念的体现。政府职能转变，要求政府在行政履职过程中，更加注重服务，更加注重人性化。政府监管，通过互联网技术和平台，能够将管理的相关信息、执法结果、监管要求和标准都公开透明。这种以互联网平台为基础的监管方式，能够为公众的广泛参与提供更为便捷的渠道和方式，促进事中事后寓管于服的监管原则得以实现。

（三）"互联网 + 监管"的案例

以北京市"互联网 + 监管"系统为例。该系统网站包括投诉举报、监管服务、法律法规、监管事项目录清单、监管执法情况公示、双随机检查结果公示等功能模块。

---

[1] 《证监会正式发布实施监管科技总体建设方案》，载中国证监会网，http：//www.csrc.gov.cn/newsite/zjhxwfb/xwdd/201808/t20180831_343433.html，最后访问时间：2020 年 8 月 10 日。

图1　北京市"互联网＋监管"系统

"互联网＋监管"最重要的基础和特点，就是利用互联网技术和平台开展监管工作。北京市"互联网＋监管"系统，将监管中所包含的内容和信息，都在系统平台中集中归置，提高了监管的效率。

系统将监管执法情况、双随机检查结果进行公示，相关监管信息的公开，能够保障监管活动的公平公开，保障社会公众的知情权，同时对于失信行为的公示能够督促被监管人及时改正行为，实现事中事后监管的目标。

此外，北京市"互联网＋监管"系统提供了企业信用信息、黑名单信用、行政许可信用等信息查询功能，更好地服务于社会公众，充分体现了事中事后监管寓管于服的原则。

二、信用监管

信用监管，是行政机关或法律、法规授权的具有公共管理职能的组织对相对人的公共信用信息进行记录、归集、使用，并按照一定指标体系开展评价、评级、分类，进而分别采取激励或惩戒等措施，实现政府规制目的的行为。①

（一）信用监管的内涵

李克强总理多次强调，市场经济就是信用经济。信用经济是从对货币银行学的研究发展起来的。德国的旧历史学派经济学家布鲁诺·希尔布兰德最早提出了信用经济的概念。② 信用经济是商品经济发展到一定阶段所产生的经济现象，它是以信用交易为主导的，涉及社会的生产、分配、交易、消费等各个环节。

信用经济以信用为基础，通过信用的调节作用能够提高资源配置的效率，是市场经济发展的必然追求。建立和完善社会信用体系，有利于促进社会经济发展。社会信用体系是社会主义市场经济体制和社会治理体制的重要组成部分，对于促进提升国家整体竞争力，促进社会发展与文明进步具有重要意义。③

信用经济的发展、信用体系的建设，离不开健全完善的信用社会体制机制。政府既要通过建立健全信用体系，提高社会资源的配置和社会运行的效率，又要保障经济的平稳有序发展。因此，在政府监管领域强调信用监管显得格外重要。

信用监管，是对信用市场的参与主体、交易活动以及相关产品进行规范、控制和监督，它对实现政府监管目标，促进经济发展都具有积极意义。

一方面，信用监管有利于防范信用风险。信用风险，是信用经济中无法回避的问题。由于信用经济自身的特点，信用风险的征兆可能很小甚至毫无征兆。然而，由于信用关系和信用活动涉及各个环节，一旦发生信用风险，社会运转和发展的基础信用链被打断，将引起一系列的连锁反应，引发系统性风险，对社会经济造成的影响无法估量。因此，加强信用监管，在不同领域不同部门采取相应的信用监管方式，有利于精准识别信用风险，

---

① 袁文瀚：《信用监管的行政法解读》，载《行政法学研究》2019 年第 1 期。
② 李长健、伍文辉：《信用经济及其实践理性》，载《发展》2006 年第 4 期。
③ 《国务院关于印发社会信用体系建设规划纲要（2014—2020 年）的通知》（国发〔2014〕21 号）。

从而加以防范和控制。

另一方面，信用监管有利于规范社会信用行为，促进经济发展。以信用为基础的市场活动和交易，涉及的主体多、范围广。通过建立完善的社会信用体系，政府通过信用监管的方式对市场参与主体的信用等级、信用行为进行评价、监督和管理，降低市场交易成本，减少了对被监管主体所造成的影响，避免政府监管行为成为市场主体发展、市场交易和运行的阻碍。

（二）信用监管的机制

从 2014 年《国务院关于印发社会信用体系建设规划纲要（2014—2020年）的通知》（国发〔2014〕21 号），到 2019 年国务院办公厅印发了《关于加快推进社会信用体系建设构建以信用为基础的新型监管机制的指导意见》（国办发〔2019〕35 号）。我国信用体系建设和信用监管方式都在不断推进和完善。

《关于加快推进社会信用体系建设构建以信用为基础的新型监管机制的指导意见》中强调，建立健全贯穿市场主体全生命周期，衔接事前、事中、事后全监管环节的新型监管机制。其中提出了一系列的信用监管方式和手段，主要包括信用记录、公共信用综合评价、信用分级分类监管、信用承诺、失信联合惩戒、信用修复等制度和机制。

信用记录，是政府在办理注册登记、资质审核、日常监管、公共服务等过程中，对市场主体的信用行为进行记录。同时，根据法律法规的规定，将市场主体的信用记录公开公示。全面、准确、及时的信用记录，是社会信用体系以及信用监管有效开展的基础。

公共信用综合评价，对市场主体开展全覆盖、标准化、公益性的公共信用综合评价。公共信用评价，是信用监管中重要的基础性制度，各行业、各领域开展分级分类监管以此为基础性依据，因此信用评价结果必须科学、公正、客观。

信用承诺，是由符合条件的适用对象，在行政审批过程中或市场活动中作出承诺，行政机关根据信用承诺对象的信用状况加快行政审批，分类开展事中事后监管等。信用承诺的方式包括多种形式，例如，审批替代型信用承诺、主动公示型信用承诺、行业自律型信用承诺、信用修复型信用承诺。[①]

失信联合奖惩，是事后监管的重要制度。针对守信对象进行奖励，是对"诚信"品质的鼓励。针对失信对象，依法依规进行失信联合惩戒，让失信对象因为失信行为承担一定的不利后果，形成威慑作用，从而维护社会的信用秩序。

信用修复，是指失信主体在一定期限内通过改正行为、消除不良影响等方式进行信用修复，从而停止公示失信记录、失信惩戒等监管措施的机制。信用修复制度，体现了信用惩戒等监管措施只是手段不是目的，采取信用监管是为了更好地维护市场的有序运行，规范市场主体的活动和行为。

（三）信用监管的案例

2015年12月，国务院印发《关于上海市开展"证照分离"改革试点总体方案的批复》（国函〔2015〕222号），同意在上海市浦东新区开展"证照分离"改革试点。2018年国务院《关于上海市进一步推进"证照分离"改革试点工作方案的批复》（国函〔2018〕12号）中，同意在上海市浦东新区进一步推进"证照分离"改革试点，并明确上海市人民政府可根据试点情况，大胆探索，稳步扩大试点领域。

上海市在"证照分离"改革试点中，积极探索告知承诺制度。行政审批机关根据申请人的书面承诺，只要申请人承诺符合审批条件即可获得行政审批。如果申请人的承诺与实际情况不符，行政机关将会撤销行政审批，申请人的失信行为也会被记录诚信档案，并受到相应的行政处罚。

告知承诺制度，减少了行政审批中的环节和材料，提升了政府行政审批效率。以开设便利店为例，开店所需填写的表格从9张减至1张，填表要素从313项减至98项，企业所需准备材料从53份减少至10份。2018年上海浦东新区全区所有审批事项平均办结时间，较法定平均办结时间缩短了

---

① 湖北省信用办《关于全面建立信用承诺制度的通知》（鄂信用办〔2018〕34号）。

90%，较 2017 年平均承诺办结时间进一步压缩了 50%。[①]

信用监管提升了政府行政部门履行职责的效能，符合依法行政的要求，促进了社会经济的发展。但与此同时，信用监管也需要配套的法律体系为信用监管的开展提供相应的保障。因此，2018 年上海市出台《上海市行政审批告知承诺管理办法》（上海市政府令 4 号），明确了告知承诺制度后续监管措施，对违反承诺的被审批人可以予以警告、罚款等行政处罚，并记入诚信档案等。

三、"双随机、一公开"监管

《国务院关于加强和规范事中事后监管的指导意见》要求，全面实施"双随机、一公开"监管，原则上所有日常涉企行政检查都应通过"双随机、一公开"的方式进行。

（一）"双随机、一公开"监管的内涵

"双随机、一公开"，"双随机"指随机抽取检查对象、随机选派执法检查人员的"双随机"抽查机制；"一公开"指加快政府部门之间、上下之间监管信息的互联互通，依托全国企业信用信息公示系统，整合形成统一的市场监管信息平台，及时公开监管信息，形成监管合力。[②]

"双随机、一公开"最早可以追溯到 2014 年李克强总理在考察天津新港海关时，针对海关在工作中利用电脑摇号随机确定抽检对象、随机确定检查人员的"双随机"做法，称赞这种"双随机"抽检方式是"一种创造"。[③] 2015 年，国务院办公厅印发《关于推广随机抽查规范事中事后监管的通知》（国办发〔2015〕58 号），明确提出大力推广随机抽查监管，建

---

① 《上海浦东：告知承诺制探索信用监管新路径》，载信用中国（上海浦东）网，http://www.pudong.gov.cn/shpd/xypd/20190821/025008_793b0310-fbf4-48c3-a926-593c598b4e92.htm，最后访问时间：2020 年 8 月 10 日。

② 《国务院办公厅关于推广随机抽查规范事中事后监管的通知》（国办发〔2015〕58 号）。

③ 《何谓"双随机、一公开"？李克强为何如此重视这招？》，载中国政府网，http://www.gov.cn/xinwen/2018-06/08/content_5296904.htm，最后访问时间：2020 年 8 月 2 日。

立"双随机"抽查机制。2016年，国务院印发《关于印发2016年推进简政放权放管结合优化服务改革工作要点的通知》（国发〔2016〕30号），明确要求加强监管创新，全面推开"双随机、一公开"监管。

从2016年"双随机、一公开"写入《政府工作报告》，我国开始全面推行"双随机、一公开"监管。随机抽取检查对象，随机选派执法检查人员，及时公布查处结果，成为政府监管部门开展监管工作的重要方式。

"双随机、一公开"是政府监管理念转变的体现。在加快政府职能转变的背景和要求下，监管领域如何处理好政府和市场的关系，减少监管活动对市场主体和市场活动的过度干预和不必要的影响，成为监管领域改革和创新的关键问题。"双随机、一公开"通过随机抽取检查对象，随机选派执法检查人员的方式，减少政府权力寻租的空间和可能，同时查处结果的公开，确保了监管的公开透明，符合政府职能转变的要求和精神，因此成为监管创新的重要方式之一。

（二）"双随机、一公开"监管的发展和目标

国务院2019年印发《关于在市场监管领域全面推行部门联合"双随机、一公开"监管的意见》（国发〔2019〕5号），为推行部门联合"双随机、一公开"监管，实现市场监管领域全覆盖提出了相关意见。自"放管服"改革及全面推行"双随机、一公开"监管以来，国家部委和各级政府都出台了相应的配套措施。

国家发展改革委办公厅2017年印发《关于印发〈项目稽察"双随机、一公开"实施指南〉的通知》（发改办稽察〔2017〕1663号），对项目稽察工作中"双随机、一公开"的稽察事项清单、随机抽取稽察人员、随机抽取稽察对象、稽察结果公开等方面都作出了明确规定。

原国家工商总局2016年印发《关于新形势下推进监管方式改革创新的意见》（工商企监字〔2016〕185号），提出建立随机抽查事项清单、建立检查对象名录库和执法检查人员名录库、制定随机抽查工作细则等各项措施，并明确2016年各级工商部门市场监管执法事项的70%以上，2017年实现全覆盖，从检查对象名录库中随机抽取检查对象，比例不低于总数的

3% 等一系列具体明确要求。

市场监管总局 2019 年印发《市场监管总局关于全面推进"双随机、一公开"监管工作的通知》(国市监信〔2019〕38 号),进一步就市场监管部门"双随机、一公开"监管工作提出各项工作要求。

财政部 2016 年印发《关于政府采购监督检查实施"双随机一公开"工作细则的公告》(财政部公告 2016 年第 123 号),对于在实施政府采购监管检查过程中,采取随机抽取检查对象、随机选派执法检查人员并公开抽查情况和查处结果,细化了相关监管工作细则。

此外,各省、自治区、直辖市都对"双随机、一公开"监管工作作出了部署安排,通过建立随机抽查事项清单、构建配套保障机制,打造监管平台等一系创新措施,推进"双随机、一公开"监管方式在政府监管工作中全面运用。

"双随机、一公开"在各部门各领域的深入推进,主要目的是通过创新的监管方式,提高监管的效率,营造良好的市场竞争环境。

首先,"双随机、一公开"是为了实现监管的公平公正。市场经济的重要特征就是市场主体能够公平地参与市场竞争,在公平竞争的市场环境下,市场主体也应当受到公平、公正的监管。政府监管,应当对市场主体一视同仁,公平公正开展监管活动。"双随机、一公开"通过随机的方式,解决过去存在的选择性执法、权力寻租等问题,实现公平执法、公正执法、严格执法。

其次,"双随机、一公开"是为了减少监管对企业造成的影响。我国监管部门较多,过去不同监管部门的重复检查、突击检查给企业造成了极大的负担。采用"双随机、一公开"监管,通过对不同领域的监管设置不同的上限比例,确定合理的检查方式,能够合理控制检查频率,避免对企业造成不必要的影响,有利于营造良好的营商环境。

最后,"双随机、一公开"是为了提高政府监管效率。近年来,我国经济发展迅速，市场主体越来越多，2019年全国市场主体达到1.23亿户。[①]如何对数量庞大的市场主体进行有效监管，是政府监管的重要难题。"双随机、一公开"监管，对市场主体随机抽选检查对象，能够有效解决监管对象过多，监管执法力量不足的矛盾。同时，结合信用监管等事中事后监管方式，全面提高监管效率和监管效果。

（三）"双随机、一公开"监管的案例

2019年《国务院关于在市场监管领域全面推行部门联合"双随机、一公开"监管的意见》提出到2020年底，实现市场监管领域相关部门"双随机、一公开"监管全覆盖。[②] 同年，国家市场监督管理总局印发的《市场监管总局关于全面推进"双随机、一公开"监管工作的通知》，对统一各项制度、规范检查流程、厘清责任边界、加强组织实施等方面作出了具体规定。

为落实国务院和市场监管总局的相关文件要求，各地市场监管部门深入推进"双随机、一公开"监管工作。江苏省市场监督管理局发布《关于贯彻市场监管总局关于全面推进"双随机、一公开"监管工作的通知的实施方案》（苏市监〔2019〕51号），提出了"坚持全面覆盖、坚持规范透明、坚持问题导向、坚持协同推进"的总体要求，明确了工作要点，除特殊重点领域，原则上所有行政检查都应通过双随机抽查方式进行，取代日常监管原有的巡查制和随意检查，形成常态化管理机制。此外，实施方案对主要任务、工作流程等方面作出了规定。[③]

根据该实施方案的要求，省局应每年制订省市场监管部门年度抽查工作计划。2019年是江苏省第一次开展抽查工作，公布了《江苏省市场监管局2019年度抽查计划》（苏市监信〔2019〕72号），对监管事项进行了整合，

---

① 国家市场监管总局《2019年全国市场主体发展基本情况》。
②《国务院关于在市场监管领域全面推行部门联合"双随机、一公开"监管的意见》（国发〔2019〕5号）。
③《关于贯彻市场监管总局关于全面推进"双随机、一公开"监管工作的通知的实施方案》（苏市监〔2019〕51号）。

随机抽查事项清单涵盖 26 类 72 项。^① 江苏省"双随机、一公开"监管工作实施方案和抽查计划的制定和公布，明确了监管事项和监管流程，促进了"双随机、一公开"监管工作的规范法、法治化。

2020 年，江苏省发布《江苏省市场监管局关于印发 2020 年度"双随机、一公开"抽查计划的通知》（苏市监信〔2020〕84 号），明确 2020 年全省抽取比例总体不低于企业总数的 5%，并提出同一检查对象在不同任务中均被抽到，应统筹整合相关检查事项，按照"进一次门、查多项事"的要求开展检查，避免多头布置。^② 随机抽查比例的设置以及"进一次门、查多项事"的规定，能够根据执法力量的实际情况，在充分保证监管抽查效果的前提下，避免给抽查对象增加不必要的影响，真正发挥"双随机、一公开"监管的积极作用。

四、包容审慎监管

《国务院关于加强和规范事中事后监管的指导意见》中明确提出，落实和完善包容审慎监管。对新技术、新产业、新业态、新模式，要按照鼓励创新原则，留足发展空间，同时坚守质量和安全底线，严禁简单封杀或放任不管。包容审慎监管成为事中事后监管的重要方式。

（一）包容审慎监管的内涵

包容审慎监管，即在监管中采取包容和审慎并重的原则。2017 年《政府工作报告》中提出：本着鼓励创新、包容审慎原则，制定新兴产业监管规则，引导和促进新兴产业健康发展。^③ 近年来，我国经济发展一定程度上得益于包容审慎监管。

---

① 高莉、祝富：《江苏省市场监管局推进"双随机、一公开"监管取得实质性进展》，载《食品安全导刊》2019 年第 4 期。

② 《省市场监管局关于印发 2020 年度"双随机、一公开"抽查计划的通知》，载江苏省市场监督管理局网站，http://scjgj.jiangsu.gov.cn/art/2020/3/31/art_70312_9028523.html，最后访问时间：2020 年 8 月 12 日。

③ 《2017 年政府工作报告》，载中国政府网，http://www.gov.cn/premier/2017-03/16/content_5177940.htm，最后访问时间：2020 年 8 月 12 日。

首先，包容的监管符合新产业、新业态的发展需要。一方面，新兴产业作为经济发展的有效助推器，成为各个国家发展和培育的重点之一。在我国，新兴产业的发展成为经济增长不可忽视的力量，早在 2010 年，国务院发布《关于加快培育和发展战略性新兴产业的决定》（国发〔2010〕32 号），旨在加快培育和发展战略性新兴产业，2019 年我国战略性新兴产业增加值比上年增长 8.4%[①]。另一方面，我国新业态发展如火如荼，成为我国经济增长的重要引擎。为支持新业态新模式健康发展，激活消费市场带动扩大就业，2020 年国家发改委等 13 部门《关于支持新业态新模式健康发展激活消费市场带动扩大就业的意见》（发改高技〔2020〕1157 号）。新产业、新业态的发展离不开创新，创新则离不开宽松的环境。在对新产业、新业态领域的监管中，通过较为包容的监管机制和监管方式，为产业发展提供更为广阔的空间，不会因为监管而把产业"管死"，让产业创新充满活力。

其次，审慎的监管能够防范产业发展的风险。创新伴随风险。包容的监管，并不意味着放任不管，而是在包容中秉持审慎监管。新产业、新业态的发展需要空间，但同时不能触犯底线。产业发展在创新发展过程中，其生产安全和产品质量、参与市场竞争等方面都应当遵守一定的标准和规则，否则产业无法健康持久地发展。审慎的监管，要求在包容同时，对于存在风险、违法违规的行为进行查处，能够帮助产业发展守住底线，避免产业发展过程中的风险进一步扩大。因此，《国务院关于加强和规范事中事后监管的指导意见》明确提出，对潜在风险大、可能造成严重不良后果的，严格监管；对非法经营的，坚决依法予以查处。推进线上线下一体化监管，统一执法标准和尺度。

最后，包容审慎监管能够营造良好营商环境。营商环境是市场主体发展的重要基础。良好的营商环境，应当对市场主体进行合理的保护，对市场秩序进行高效的维护，对市场风险进行有效的防范。这也是政府对市场主体和行为开展监管和规制的目的。政府监管模式和效果，成为营商环境好

[①] 国家统计局《2019 年统计公报》。

坏的重要影响因素。因此,《优化营商环境条例》(国务院令第 722 号)第 55 条中,明确规定了对新技术、新产业、新生态、新模式等实行包容审慎监管。① 包容审慎监管,它对于市场主体的创新与竞争,既能够持以包容的态度,充分给予市场主体发展空间,同时又坚守审慎的原则,对市场的违法违规行为加以监管和管理,从而为市场企业营造既宽松又安全稳定的营商环境。

(二)包容审慎监管实践中的难点

包容审慎监管,作为事中事后监管中创新的机制,在具体的实践过程中也面临着一定程度的挑战。

一方面,是如何构建包容审慎原则下的制度体系。依法行政是行政机关履行职责的基本原则,包容审慎监管需要依法监管。从现阶段来看,包容审慎作为一种创新的监管机制和理念,与之配套的法律法规体系,以及实践操作规范都不完善。只有包容审慎的标准、对象都经法律法规进一步的明确和细化,行政监管部门在实施包容审慎监管的具体实践中才能具有正当的合法性和可行性。包容审慎,不仅是在某个领域、某项政策的实施中进行原则性的规定,其制度体系的建立更需要法律、法规、地方性法规等各个层面的制度和规定加以凸显和完善。

另一方面,是如何保证实际监管执行过程中的合法合理。某种程度上,在包容审慎监管的过程中,行政执法机关具有较大的自由裁量权。包容审慎制度体系的建设完善,就是为了尽量避免实践过程中的模糊状态。正如《行政处罚法》第 5 条中规定的,设定和实施行政处罚必须以事实为依据,与违法行为的事实、性质、情节以及社会危害程度相当。但是在具体的执行过程中,由于各种不同因素的影响,如何界定危害程度高与低之间的临界点将成为监管合法合理的关键。因此,包容审慎监管在实践过程中,需要监管机关、

---

① 《优化营商环境条例》第 55 条:政府及其有关部门应当按照鼓励创新的原则,对新技术、新产业、新业态、新模式等实行包容审慎监管,针对其性质、特点分类制定和实行相应的监管规则和标准,留足发展空间,同时确保质量和安全,不得简单化予以禁止或者不予监管。

监管执法人员都具有较高的监管水平和丰富的监管经验。

（三）包容审慎监管的案例

共享经济监管，是包容审慎监管中最具代表性的案例之一。2019 年共享经济市场交易额为 32828 亿元，比上年增长 11.6%，[①] 这其中离不开政府包容审慎监管方式。

分享经济包括交通出行、住宿、医疗等众多领域，其中网约车的发展最为人们所熟悉。在网约车发展的初期，各地方对此新事物倾向于更为包容的监管，没有特别出台针对网约车的监管文件和政策。在宽松和包容的监管环境下，网约车行业发展迅速，2010 年 9 月至 2016 年 2 月，在此期间成立各类大中平台达 10 家以上，滴滴、嘀嗒、易到、神州和优步成为融资额达 10 亿美元或注册用户达千万级以上的主流平台。[②]

伴随着网约车行业快速而不受限制地发展，网约车领域开始出现安全性、网约车平台之间竞争以及与传统出租车行业竞争等一系列问题。网约车的合法性、如何监管等问题引发了较大的争议。

2016 年，交通部等 7 部门出台《网络预约出租汽车经营服务管理暂行办法》，政府开始探索对网约车进行监管，其中对网约车的车辆和驾驶员人员的条件、网约车经营行为等方面进行了规定。至此，网约车的合法地位受到了认可，其发展也得到政府的鼓励和支持。但与此同时，网约车发展受到更多的监管。

虽然政府加强了对网约车的监管，但仍然持以包容的监管态度。因此，一段时期内，网约车健康平稳的发展得到了保障。但 2018 年，网约车爆发乘客安全性事件，引起了社会广泛的关注，也引起了监管部门的重视。为防范类似的安全性风险发生，《出租汽车服务质量信誉考核办法》《关于进

---

① 《国家信息中心分享经济研究中心发布〈中国共享经济发展报告（2020）〉》，载国家信息中心网，http：//www.sic.gov.cn/News/568/10429.htm，最后访问时间：2020 年 8 月 12 日。

② 国家信息中心信息化研究部、中国互联网协会分享经济工作委员会《中国分享经济发展报告 2016》，载国家信息中心网，http：//www.sic.gov.cn/News/568/6010.htm，最后访问时间：2020 年 8 月 10 日。

一步加强网络预约出租汽车和私人小客车合乘安全管理的紧急通知》相继发布，旨在明确运输安全和服务质量的底线，进一步强化监管责任落实，堵住安全风险隐患。

得益于政府包容审慎监管方式，网约车从 2010 年发展初期，到如今已经逐渐成为人们日常生活中习以为常的产品和服务，2019 年网约车在网民中的普及率达到 47.4%[①]。包容审慎监管，推动了网约车长久持续的快速发展，彰显了政府创新监管对经济发展的重要意义。

---

① 《国家信息中心分享经济研究中心发布〈中国共享经济发展报告（2020）〉》，载国家信息中心网，http://www.sic.gov.cn/News/568/10429.htm，最后访问时间：2020 年 8 月 12 日。

第七章 行政程序统一立法

第一节 行政程序统一立法的基本原理

一、行政程序对行政法治理念的影响

从文字本身的意义来看，"程序"一般指事件进行的过程和步骤，"行政程序"则为行政行为应当遵循的步骤、方法和次序。然而，在现代行政法语境中，"行政程序"的内涵在一定程度上已经突破了文字本身中所体现的含义，还包含着价值层面限制行政恣意和保障公民权利的法治意旨。正如季卫东认为，"程序，从法律学的角度来看，主要体现为一定的顺序、方式和手续来作出决定的相互关系。其普遍形态是：按照某种标准和条件整理争论点，公平地听取各方意见，在使当事人可以理解或认可的情况下作出决定。"[1] 因此，行政程序成为现代行政法的重要制度。"以行政权力的运行为规范对象的行政程序法在行政权力居于国家权力结构主导地位的现代社会已经成为衡量一国法治实现程度的标志性法律。"[2] 从世界范围来看，行政程序对行政法治产生的影响，主要体现为从分权法治走向程序法治和从实体正义走向程序正义两个方面。

（一）从分权法治走向程序法治

传统行政法控制政府权力更多地依靠宪法和组织法上的分权、授权和限权。宪法和行政组织法构建并逐步完善了以权力分工或权力制约的机制：代议制机关作为民主机构独立掌握立法权，立法授权行政机关行使行政权

---

[1] 季卫东：《法治秩序的建构》，中国政法大学出版社1999年版。

[2] 王万华：《中国行政程序法立法研究》，中国法制出版社2005年版，第2页。

力，法院通过司法审查监督行政权力。这种事前、事中与事后的控权机制对保障公民权利和防止权力滥用发挥了重要作用。然而，20世纪中叶以来，世界各国政治、经济、文化、法律发生了巨大变化，社会治理事务纷繁、复杂、多样，立法机关无法及时、有效地通过授权等方式监督行政行为，不得不在行政权运行中赋予行政机关较大的裁量空间。同时政党政治的发展也使得这种以权力分工和制约的传统机制开始部分"失灵"，司法审查因其被动性与滞后性使得权利受损的行政相对人难以得到及时和充分的救济，分权法治控权模式越来越显示出其局限性和弊端。

20世纪中叶以后，行政程序开始走进人们的视野，人们开始以建立一种公众参与为核心的事中控权机制，试图在行政行为作出的过程中控制行政权力，预防风险发生，最大限度地维护当事人的合法权益。例如，在"二战"后，美国更加注重程序控权，"行政程序法所提供的行政程序模式为更加严格的司法监督提供了控制工具。这种司法监督能够尊重法院已经确立的同时维护立法机关和行政官员实体裁量权的原理"。① 程序法治相较于传统的分权控制机制，体现出了公众参与和限制行政机关恣意行为的特征，开始为越来越多的国家和地区所采用。

首先，"以权利制约权力"机制较之权力分工与制约机制，为行政机关施加了更多的监督压力。行政程序赋予了当事人程序参与权利，如在行政立法、重大事项行政决策、行政许可、行政处罚，特别是参与与其自身利益有利害关系的各种行政行为中，当事人通过参与作出行政行为的过程来实现公民权利对政府权力的监督，形成的"以权利制约权力"机制对政府公权力产生实际制约的效果要远远大于"以权力制约权力"的机制。原因在于当事人因与行政行为（如征收征用、吊销营业执照、房屋拆迁、行政许可、罚款等）有着切身利害关系，因此这些当事人有着比其他机关和社会组织更大的参与积极性和动力。政府公开相关信息是公众参与的前提，

---

① Jerry L. Mashaw, Due Process in the Administrative State, Yale University Press 1985, p. 26.

相关信息的公开可以使公众在参与行政活动的过程中了解行政权力运行的依据、方式、程序等，从而形成一种无形的监督氛围，可以在各类行政活动中对政府权力的运行形成有效的制度化和普遍化的监督。

其次，行政程序督促行政主体依法、及时履行行政职责，限制了行政主体的恣意行为。"行政程序是根治行政机关相互推诿、相互扯皮、拖延耽搁的官僚主义和衙门作风的有效药方。"[1] 行政程序具有法定性，行政主体必须严格遵守法律所确定的程序。例如，在行政许可和行政处罚中，行政主体必须在法定期限内作出行政决定。否则，该行政机关及其工作人员就要因不作为或怠于行使职权而承担法律责任。

正是基于行政程序中的公众参与和严格的形式要求，行政程序大大限制了行政主体在行政活动中的恣意行为，对行政主体依法行政、合理行政的标准提出了更高要求，增强了行政活动的公众接受度，提高了行政行为的科学性，有利于及时纠错和防范风险。监督行政主体依法行政等程序法治的价值在今天已被世界各国普遍接受，但不同时期、不同地域尊重并真正运用程序法治来控制行政权力的程度还不尽相同，这直接影响了一个国家或地区法治建设的进程。

（二）从实体正义走向程序正义

在不同时期和不同国家，由于法治化程度的不同，人们对实体与程序的关系有着不同认识。最为典型的争议是，如果一项行政行为实体决定正确但程序违法，是否应承担不利法律后果？程序工具主义认为程序不具有独立价值，其只是实现实体公正的工具和手段，因此，只要最终的实体处理结果正确，法律的规范目的即已实现，所作出的决定不因程序违法而失去法律效力。而程序本位主义认为程序具有独立的内在价值，它不是实体公正的附庸。在这种理念下，是否认定程序违法与实体处理结果的正确性没有必然联系，因而一个实体完全正确的行政决定有可能因为程序瑕疵而被撤销。

---

[1] 姜明安主编：《行政程序法》，北京大学出版社 2006 年版，第 5—8 页。

我国长期以来，在"传统上都坚持程序工具主义观点"，[①] 强调行政效率和执行力，忽视了程序过程的价值。同时，我国将立法工作的重心置于实体法的制定，立法偏重于管理和支配公民的权利义务，而对于行政机关如何行使职权、行使职权应当遵循什么程序等规定，在法律中所占比重不高。但"由于行政法的特殊性，行政实体法大多都赋予行政主体一定的裁量空间，因此，要保障行政权的合法运作和行政相对人的合法权益，就必须建立起一套科学的程序规则"。[②] 因为司法机关对于实体公正有时难以判断，但可以通过程序是否公正来判断实体问题。只要行政机关遵循正当程序原则，履行了法定程序，公正就可以认为已经实现。这是程序正义理念和形式法治的重要内涵。正如美国行政法学者施瓦茨曾言："行政法更多的是关于程序和补救的法，而不是实体法。"[③] 这正说明了现代行政法治的实现，在很大程度上取决于行政程序法治，"在一个实行现代法治的国家，没有行政程序法是不可想象的。"[④]

长期以来，中国的行政法治呈现出"重实体轻程序"特征。直到1989年制定《行政诉讼法》时，程序正义的观念逐渐被接受，用程序制约行政权力的思想开始受到重视。例如，1989年《行政诉讼法》规定，违反法定程序的行政行为应予撤销，这"标志着以实体法中心主义为传统的我国，开始注重程序的独立价值，这是我国立法史上的一个创举"。[⑤] 1996年《行政处罚法》、1999年《行政复议法》、2003年《行政许可法》又相继规定了违反法定程序应撤销、变更或确认行政行为违法的条款。2011年颁布的《行政强制法》更是一部借助程序控制功能来保障相对人合法权益、监督行政机关依法行政的法律。2004年，国务院发布《全面推进依法行政实施纲

---

① 陈光中、王万华：《论诉讼法与实体法的关系》，载陈光中、江伟主编：《诉讼法论丛》（第1卷），法律出版社1998年版，第3页。

② 杨海坤、黄学贤：《中国行政程序法典化——从比较法角度研究》，法律出版社1999年版，第432—433页。

③ ［美］伯纳德·施瓦茨：《行政法》，徐炳译，群众出版社1986年版，第3页。

④ 姜明安：《21世纪中外行政程序法发展述评》，载《比较法研究》2019年第6期。

⑤ 王玎：《行政程序违法的司法审查标准》，载《华东政法大学学报》2016年第5期。

要》，将政府行政行为遵循正当法律程序确定为依法行政和建设法治政府的基本要求。2014年，党的十八届四中全会召开，这是党中央全会首次专题讨论依法治国问题。会议通过的《中共中央关于全面推进依法治国若干重大问题的决定》高度重视程序在依法治国中的重要作用，明确指出要完善行政程序法律制度，推进程序法定化，并将公众参与、专家论证、风险评估、合法性审查、集体讨论决定确定为重大行政决策法定程序，以确保决策制度科学、程序正当、过程公开、责任明确。2015年，中共中央和国务院联合发布《法治政府建设实施纲要（2015—2020年）》，将行政决策和行政执法程序法治化作为建设法治政府的重要衡量标准。重大行政决策中的公众参与、专家论证、风险评估、合法性审查、集体讨论决定确定等程序规定，集中体现了行政程序最主要的制度内容。2019年4月，国务院颁布《重大行政决策程序暂行条例》，就行政决策中的决策启动、公众参与、专家论证、风险评估、合法性审查、集体讨论决定和决策公布、决策执行和调整等程序予以明确规定。近年来，诸多地方政府也相继出台地方重大行政决策程序规定，以健全行政决策机制，规范行政决策程序，提高行政决策的科学化、民主化、法治化水平。行政程序的理念不仅影响了行政立法，还影响着法院对行政行为的司法审查。例如，有法院在审查政府信息公开案件中，判断被申请公开的政府信息是否可能危及社会稳定，主要考量被告行政机关是否按照重大事项社会稳定风险评估办法对公开该政府信息进行社会稳定风险评估。① 因此，行政程序对行政法治理念产生着深刻影响，在我国行政法治建设中发挥着越来越重要的作用。

二、行政程序统一立法的意义

随着行政程序观念逐步深入人心，推动行政程序制度不断发展完善，更好发挥行政程序对法治的保障作用已经成为各界共识。然而，未来应该如何推动行政程序法的发展，当下亟须在立法路径上作出选择。

---

① 如浙江省诸暨市人民法院行政判决书，（2015）绍诸行初字第23号。

中国目前尚未制定统一的行政程序法典，有关行政程序法的条文规定分散规定在单行法律规范中。可以将包含行政程序内容的单行立法分为两类：一类是实体规定与程序规定并存的单行立法。例如1996年《行政处罚法》、2003年《行政许可法》、2011年《行政强制法》即为此类立法，将行政处罚、行政许可、行政强制的实体内容与程序内容规定在统一法律之中。另一类是仅包含程序内容的单行立法。这类单行立法既有国家层面的统一程序规定，还有国家部委制定的行业领域程序规定，也有地方政府制定的程序规定。例如，《重大行政决策程序暂行条例》《行政法规制定程序条例》等，属于国家专门规定行政程序事项的统一行政立法；《公安机关办理行政案件程序规定》属于国家部委制定的行业领域内专门的程序规定；《湖南省行政程序规定》等，即属于地方政府制定的程序规定。

截至2020年8月8日，通过网络检索，共有10个省、市两级人民政府以地方政府规章形式颁布了地方行政程序规定，分别是：《湖南省行政程序规定》《浙江省行政程序办法》《宁夏回族自治区行政程序规定》《江苏省行政程序规定》《山东省行政程序规定》《海口市行政程序规定》《蚌埠市行政程序规定》《汕头市行政程序规定》《兰州市行政程序规定》《西安市行政程序规定》。其中，湖南省人民政府于2008年颁布的《湖南省行政程序规定》是我国第一部地方行政程序立法。此外，还有部分地方政府以行政规范性文件形式颁布了行政程序规定。例如，《白山市行政程序规则》《嘉峪关市行政程序规定》《凉山州行政程序规定》《邢台市行政程序规定》《酒泉市行政程序规定（试行）》《兴安盟行政程序规定（试行）》《海北藏族自治州行政程序规定》《永平县行政程序暂行办法》等。

上述有关行政程序的单行立法为在我国建立行政程序法律制度，梳理行政程序法治理念，发挥了重要的基础性作用，也为我国制定统一的行政程序法典奠定了坚实基础，提供了多种可行方案。目前，摆在眼前的现实问题是，在已有诸多单行行政程序立法的前提下，我国是否有必要制定统一的行政程序法典。从单行立法和统一立法的利弊来看，采用分散式立法的优点在于立法灵活性和针对性较强，具有体现因地制宜、因时制宜的优势。

但其缺点更为突出。首先，不利于树立重视程序的法治意识。"因为对于生活在法制状态下的人们来说，主观上存在一种意识：如果某事项重要，国家就会立法加以规范；反之，如果国家没有立法加以规范，则此事项不重要。"① 因此，无论是将程序规定与实体规定混合规定于单行立法当中，还是在特定领域或地区制定单行的行政程序规定，均不利于凸显行政程序的价值，不利于为行政机关人员树立依照法定程序履行职责的意识，不利于为公众树立行使程序权利保护自身利益的意识。其次，各单行立法就行政程序的规定可能存在矛盾。行政程序单行立法散见于各部门和各地方，完全可能出现部门与部门之间、地方与地方之间、部门与地方之间就统一事项的程序规定不一致的情形，导致法律适用中的冲突。最后，容易导致重复立法，浪费立法资源。从一些地方行政程序立法来看，诸多立法在体例、内容上存在高度雷同。这说明在全国范围内制定统一的行政程序立法具有普遍适用性，能够极大节约地方立法资源。同时，学界多数观点认为，在全国制定统一的行政程序立法具有显著优势，例如，统一立法能够解决分散规定模式无法在单行立法中规定的具有普遍适用力的基本问题，可以提高现行行政程序法的位阶并解决结构的合理性问题，可以使体现公正、民主、高效的现代行政程序制度成为普遍性制度，可以统一行政程序法制，并与当前类型化的单行立法构成一个完善的体系。② 行政程序统一立法是规范行政权力运行的基本法，是依法行政和法治政府建设的重要制度载体。制定行政程序统一立法还具有以下重要意义：

第一，行政程序统一立法有利于推进国家治理现代化。党的十九届四中全会就中共中央关于坚持和完善中国特色社会主义制度，推进国家治理体系和治理能力现代化作出重要部署。《中共中央关于坚持和完善中国特色社会主义制度 推进国家治理体系和治理能力现代化若干重大问题的决定》明确提出"健全决策机制，加强重大决策的调查研究、科学论证、风险评估，

---

① 王万华：《中国行政程序法立法研究》，中国法制出版社 2005 年版，第 32 页。
② 王万华：《中国行政程序法立法研究》，中国法制出版社 2005 年版，第 255—256 页。

强化决策执行、评估、监督"。现代国家的治理方式要求程序化、规范化，要求公开透明、公众参与、民主协商。为了规范治理方式，提高治理水平，多数国家都制定了行政程序法，以法律形式明确了比例原则、信赖保护原则等行政法基础性原则，以及听证、行政调查、说明理由等行政程序的基本制度。这些基本原则和程序性规定能够使国家权力的运行更加透明、规范，使每一个重大决策都建立在广泛听取民意、充分汇集意见的基础之上，极大增强了决策的科学性、民主性、正当性和文明性，与传统意义上管理方式具有显著区别。实现国家治理程序化、规范化的路径就是制定行政程序统一立法。行政程序统一立法，能够以法律形式明确听证、说明理由、行政调查等程序制度，保障行政决策的顺利有效实施，推进国家治理体系和治理能力现代化。

第二，行政程序统一立法有利于推进法治政府建设。行政法就是规范行政权力运行和保障相对人合法权益的法律制度体系。其中，行政程序法是行政法极为重要的组成部分，没有行政程序法律制度，就无法建成法治政府。《法治政府建设实施纲要（2015—2020年）》将"政府职能依法全面履行，依法行政制度体系完备，行政决策科学民主合法，宪法法律严格公正实施，行政权力规范透明运行，人民权益切实有效保障，依法行政能力普遍提高"作为建成法治政府的衡量标准。行政程序统一立法是达到上述法治政府建成标准不可或缺的关键制度。规范行政权力运行，可以通过事前立法和事后司法审查的方式来进行，而在行政权力运行过程中只有行政程序法才可能规范行政权力的运行，把行政权力关进制度的笼子，防止行政权力的恣意和滥用。从保护人民权益的角度来看，长期以来公众直接参与行政行为并在行政行为中行使权利始终是行政法治的薄弱环节。行政权力行使过程中出现侵害当事人合法权益的问题，往往留给后端的行政诉讼、国家赔偿、行政处分来解决。这一制度使得行政权力时常对当事人造成重大且无法挽回的损失，既不利于切实维护公民、法人或者其他组织的合法权益，也不利于提高行政效率。行政程序统一立法则可以在事前和事中规范行政权力的行使，为行政机关和当事人提供平等对话的机会，增强行政行为的正当性，减少对当事人造成不必要的权利损害。因此，行政程序统一立法与行政复议、行政诉讼、行政赔偿统一立法同等重要，共同构成了推进法治政府建设、维护人民权益的重要基础性制度。建成法治政府离不开行政程序统一立法。

第三，行政程序统一立法有利于明确最低限度的程序正义规则。我国目前已有地方行政程序立法和部门行政程序立法。通过单行行政程序来规定行政程序制度，必然会存在立法缺位和法律适用冲突的问题。行政程序统一立法，能够明确最低限度的程序正义规则，克服单行行政程序立法的上述弊端。首先，行政程序单行立法只能为某一特定领域或地区提供行政程序规则，只有在所有领域和地方都制定行政程序规定，才能保证行政程序始终有规可循。2014年党的十八届四中全会决定明确提出，要将公众参与、专家论证、风险评估、合法性审查、集体讨论决定为重大行政决策法定程序。然而时隔五年之后，国务院才制定颁布《重大行政决策程序暂行条例》，就上述重大行政决策法定程序予以明确规定。此外，自湖南省人民政府在2008年制定《湖南省行政程序规定》之后，只有为数不多的省、市两级人民政府以地方政府规章形式颁布地方行政程序规定，绝大多数省级或市级行政单位尚未制定地方行政程序规定。通过行政程序统一立法，能够有效解决上述立法速度滞后和立法缺位问题。在单行行政程序立法出台之前，行政程序统一立法就能够为各个行业领域和地方提供最低限度的程序正义规则。其次，行政程序单行立法可能出现程序规定不一致的情形，导致法律适用中的冲突。例如，我国《行政处罚法》和《行政许可法》均规定了听证制度。然而，《行政许可法》规定了听证中的案卷排他制度，明确行政机关应当根据听证笔录作出行政许可决定。而《行政处罚法》并未确立听证中的案卷排他制度，听证案卷只是行政机关作出处罚决定的参考。针对同样的听证制度，《行政许可法》和《行政处罚法》就是否采用案卷排他制度作出了截然相反的规定。因此，只有行政程序统一立法才能解决单行行政程序立法中规定不一致的问题，提供最低限度的程序正义规则。

第二节　行政程序法的基本制度

行政程序基本制度也称作行政程序的一般制度，是指一般行政程序中普遍存在的，对行政权力的行使起到一定指导和规范作用的方式、方法、步骤、时限等程式性规范构成的综合体系。① 行政程序基本制度是对行政程序具体制度在中观层面的抽象和概括。一般认为，回避、调查与证据、听取当事人意见、说明理由等是各类行政行为共同遵循的基本程序规则。

一、听取意见制度

听取意见制度是指行政机关行使行政权力作出行政决策、决定之前，尤其是在作出不利于公众和当事人的决策、决定之前，应当听取当事人与公众的意见的制度。② 听取意见制度是行政程序法的核心制度，德国、瑞士、奥地利、荷兰、葡萄牙、意大利、西班牙、挪威、瑞典等国的行政程序法典中均规定了听取意见制度。听取意见制度是维护行政相对人合法权益的制度安排。通过听取意见制度，行政相对人可以在行政机关作出行政决策或行政决定前表达自己的意见或建议，特别是对不利行政决定的反驳意见，从而参与到行政权力行使过程中，起到维护自身权益的作用。同时，听取意见制度还有助于提升行政决策和决定的正确性。正所谓"兼听则明、偏听则暗"，听取受行政决策或决定影响主体的意见，使行政机关能够掌握更为全面的信息，有利于增强行政决策的科学性和民主性，提升行政决定的准确性。

不同国家采用不同的名称表述听取意见制度。在美国，听取意见制度被泛称为听证，包括从审判型听证到非正式的会谈等二十多种听证形式。③ 而在日本和韩国，听证是听取意见的一种形式，还包括公听会、赋予辨明

---

① 姜明安：《行政程序研究》，北京大学出版社 2006 年版，第 31 页。
② 王万华：《中国行政程序法立法研究》，中国法制出版社 2005 年版，第 207 页。
③ 王名扬：《美国行政法》，中国法制出版社 1995 年版，第 450 页。

之机会（日）、提出意见（韩）等。① 我国对听取意见制度的规定分散于单行立法中，听取意见的形式复杂多样。如《重大行政决策程序暂行条例》规定，听取意见可以采取座谈会、听证会、实地走访、书面征求意见、向社会公开征求意见、问卷调查、民意调查等多种方式。有学者借鉴美国做法对听证作广义理解，使用听证泛指听取意见制度。② 但在我国《行政处罚法》《行政许可法》《立法法》《价格法》等现行立法中，听证仅指以举办听证会的方式听取意见的制度，不包括其他听取意见的形式。因此，宜在狭义上使用听证概念，作为听取意见制度的一种类型。对于听证以外的其他听取意见形式，我国尚无专门法律术语对其予以描述，可采用我国台湾地区的做法，使用陈述意见概念概括。

不同类型的听取意见形式适用不同的程序规则。概言之，听证程序类似于审判程序，较为正式、完备，而陈述意见程序较为简便，实践中主要由行政机关裁量实施。就听证程序而言，不同类型的行政行为所适用的听证程序也不尽相同。其中，由于行政行为所指向的对象不同，行政决定与行政决策的听证程序构造差异最大，以下分述之。

（一）听证

听证指行政机关通过召开听证会的方式听取行政相对人及其他利害关系人意见的制度。自1996年《行政处罚法》首次引入听证制度以来，听证的适用领域不断扩大，行政许可、行政立法、行政决策、行政裁决等领域也确立了听证制度。听证制度是我国现行立法中规定最为完善的行政程序制度，尤其在行政处罚和行政许可领域，已形成较为完备且具实操性的规则体系。虽然我国立法中统一使用听证这一概念，但行政决定听证与行政决策听证的理论基础和制度设计存在较大区别。

---

① 应松年主编：《行政程序法》，法律出版社2009年版，第124页。
② 如姜明安等、戴桂洪等对听证采广义理解。参见姜明安等：《行政程序法典化研究》，法律出版社2016年版；戴桂洪：《中国行政程序法制现代化》，南京师范大学出版社2008年版。

1. 行政决定听证

行政决定听证源于正当法律程序原则的要求。行政制裁听证是公民基本权利之防御权对行政权力的要求，通过听证有利于保障行政制裁的合法性和合理性，在制裁相对人违法行为的同时对其权利提供必要保护。[①] 行政决定听证的程序构造类似审判程序，具有两造对抗、居中裁判的特点，有助于行政机关认定事实、适用法律，作出正确的行政决定。

（1）听证的适用范围

听证适用于行政决定将对当事人合法权益产生重大影响的情形。听证制度的高司法化程度导致适用听证所需的行政成本较高，因而必须对听证的适用情形作出合理限制。一般认为，对当事人合法权益的影响程度是衡量是否适用听证制度的判断标准。只有对当事人合法权益将产生重大影响的，才适用听证制度。具体而言，立法确定了两种适用听证的情形：第一，法律、法规、规章明文规定适用听证的情形。如《行政处罚法》规定，行政机关作出责令停产停业、吊销许可证或者执照、较大数额罚款等行政处罚决定之前，应当告知当事人有要求举行听证的权利；当事人要求听证的，行政机关应当组织听证。第二，行政机关认为需要举行听证的情形。除法定方式外，行政机关还可行使裁量权决定是否适用听证程序。如《行政许可法》规定，行政机关认为需要听证的其他涉及公共利益的重大行政许可事项，行政机关应当向社会公告，并举行听证。

（2）听证的主体

由于听证制度借鉴了审判程序的等腰三角程序构造，因而主要涉及三方主体，包括居中裁判的听证主持人，以及两造对抗的行政调查人员和当事人。

第一，听证主持人。听证主持人由行政机关指定产生。为保证听证的中立性，在主持人的选任上应注意回避，不能由本案的调查人员担任。如《行政处罚法》规定，听证由行政机关指定的非本案调查人员主持。还有地方立法在回避基础上进一步实行人员职能分离，如《上海市行政处罚听证

---

① 姜明安等：《行政程序法典化研究》，法律出版社 2016 年版，第 170 页。

程序规定》规定，听证主持人一般由本机关法制机构人员或者专职法制人员担任。

第二，行政调查人员。行政调查人员是指负责该行政决定的行政机关工作人员，包括该行政处罚的调查人员、审查该行政许可申请的工作人员等。行政调查人员在听证程序中扮演控方角色，应当在听证中提供作出该行政决定所依据的事实和证据等。根据《行政处罚法》的规定，举行听证时，调查人员提出当事人违法的事实、证据和行政处罚建议。

第三，当事人与利害关系人。当事人指的是行政决定的当事人，包括行政处罚的被处罚人、行政许可申请人等。与听证所涉及的行政决定有利害关系的当事人以外的公民、法人或其他组织，也有权参加听证。《行政许可法》规定，行政许可直接涉及申请人与他人之间重大利益关系的，行政机关在作出行政许可决定前，应当告知申请人、利害关系人享有要求听证的权利。但《行政许可法》《行政处罚法》等单行法律并未对当事人与利害关系人在听证中的具体权利和义务作出规定。北京市、上海市等地方立法中明确列举了当事人在听证中的权利和义务。如《北京市行政处罚听证程序实施办法》规定当事人在听证中享有两项权利：其一，有权对案件涉及的事实、适用法律及有关情况进行陈述和申辩；其二，有权对案件调查人员提出的证据进行质证并提出新的证据。同时列举出当事人的两项义务：其一，如实陈述案件事实和回答主持人的提问；其二，遵守听证会场纪律、服从听证主持人指挥。当事人、利害关系人在听证中扮演辩方角色，可以提供证据为自己申辩，与行政调查人员进行质证。

第四，其他听证参加人。除以上三方主体外，还有其他主体可能参加到听证程序中，如当事人的委托代理人、证人、翻译人员、鉴定人、勘验人员等。听证参加人在听证中负有一定义务。根据《上海市行政处罚听证程序规定》的规定，听证参加人应当按时到指定地点出席听证，遵守听证纪律，如实回答听证主持人的询问。

（3）听证前的通知

《行政处罚法》和《行政许可法》均规定，行政机关应当在举行听证的七日前，通知当事人举行听证的时间和地点。听证前的通知是听证制度的一个重要环节。当事人与利害关系人可通过听证前的通知程序事先了解听证的基本内容，为参加听证提前做好准备，从而有效保障听证质量。然而，《行政处罚法》和《行政许可法》中规定的通知内容仅限于听证的时间和地点。听证前的通知还应包括听证所涉及的行政决定的基本事实、法律依据、听证主持人的选任、当事人权利和义务等内容。如《上海市行政处罚听证程序规定》，听证通知书应当载明下列事项：当事人的姓名或者名称；举行听证的时间、地点和方式；听证人员的姓名；告知当事人有权申请回避；告知当事人准备证据、通知证人等事项。

（4）公开原则

《行政处罚法》和《行政许可法》确立了听证公开原则，规定除涉及国家秘密、商业秘密或者个人隐私外，听证应当公开举行。所谓公开原则，即原则上要求行政机关举办听证会应向社会公布，让公众知晓并允许到场旁听。公开听证不仅能起到保护当事人合法权益的作用，还有助于提升政府透明度，增强公民对行政权运行的监督，确保重大行政决定的正确性和执行力。

（5）听证会的程序

听证会的程序与审判程序类似，较审判程序更为简便，大致可分为以下阶段：第一，预备阶段。在听证开始时，由听证主持人宣读听证纪律、核对听证参加人身份、询问当事人是否申请回避。第二，调查阶段。调查阶段是听证会的核心程序。进行听证调查时，先由行政调查人员提出该案所涉及的事实、证据和法律依据，以及将要作出的行政决定内容。然后由当事人及利害关系人进行陈述、申辩和质证。听证调查类似于法庭调查，听证主持人应当组织双方当事人举证、质证。第三，最后陈述阶段。经过调查阶段后，《北京市行政处罚听证程序实施办法》还增设了最后陈述阶段，要求听证主持人听取当事人最后陈述。当事人陈述后，听证程序结束。

（6）听证笔录

听证笔录是对听证会全过程的客观记录。《行政处罚法》和《行政许可法》均规定，听证应当制作笔录，笔录应当交听证参加人确认无误后签字或者盖章。地方立法中还就听证笔录应当记载的事项进行详细列举，如《上海市行政处罚听证程序规定》规定，听证笔录应当载明下列事项：案由；听证参加人姓名或者名称、地址；听证人员姓名；举行听证的时间、地点和方式；案件调查人员提出的事实、证据和适用听证程序的行政处罚建议；当事人陈述、申辩和质证的内容；听证参加人签名或者盖章。

听证笔录的约束力。听证记录的约束力是听证制度的核心问题，指行政机关的决定是否必须根据听证记录作出，行政机关能够根据听证记录之外的证据作出决定。[1]《行政处罚法》未对这一问题作出规定，但《行政许可法》明文规定，行政机关应当根据听证笔录，作出行政许可决定。由此，行政许可听证遵循诉讼程序的案卷排他原则，行政机关不能依据听证笔录之外的证据作出行政决定。案卷排他原则也应当适用于行政处罚等任何类型行政行为的听证程序。因为案卷排他原则是听证制度发挥其制度功能的有力保障。听证程序的准司法化设计使其运行需要花费较高成本，并牺牲行政效率。如果听证笔录对行政决定的作出不具有约束力，那么听证程序将沦为摆设，行政机关与当事人双方都不愿适用。

2. 行政决策听证

行政决策听证源于民主原则的要求。行政决策存在民主正当性不足问题，让公民参与到行政决策过程中，有利于弥补行政决策的民主正当性，同时也是公民基本权利之参与权的重要实现形式。[2] 不同于行政决定指向特定对象，行政决策所指向的对象是不特定的，涉及不特定多数人的利益。由此，行政决策中并未形成具有明显利益冲突的"两造"，而是存在多重利益。行政决策听证的目的与程序设置也因此有别于行政决定听证。行政决策听证旨在不特定主体之间形成充分对话与有效协商机制，最终在多元利益中寻求共识。在听证程序构造上，行政决策听证不具有两造对抗特点，不围绕证据调查展开，而主要是为不特定利益主体提供陈述意见平台，便

---

[1] 王万华：《中国行政程序法立法研究》，中国法制出版社 2005 年版，第 230 页。
[2] 参见姜明安等：《行政程序法典化研究》，法律出版社 2016 年版，第 170 页。

于行政机关广泛听取公众意见。

（1）适用范围

自 1998 年《价格法》在政府价格决策领域首次引入听证制度，《立法法》《环境影响评价法》等也在行政立法、环境影响评价中建立了听证制度。如今，听证已成为地方重大行政决策立法的重要内容之一。行政决策听证也遵循有限适用规则，主要适用于以下情形：法律明文规定举行听证会的；涉及重大公共利益的；涉及公众切身利益、社会关注度高、可能影响社会稳定的；公众对决策方案草案有重大分歧的，以及决策主体认为有必要的其他情形。

（2）听证会代表

行政决策听证的对象不特定，考虑到听证成本，我国确立了听证会代表制度，在立法中明确规定听证会代表的遴选条件。如《四川省重大行政决策程序规定》规定，以听证会方式征求公众意见的，决策起草部门应当根据行业特点、专业知识和报名顺序，按照持不同观点的各方人数基本相当的原则确定参加人员。

（3）公告

在举办听证会前，行政机关应事先通过多种渠道向社会公告听证会召开的相关事项。地方重大行政决策立法中就公告应载明的事项进行了详细列举。如《广东省重大行政决策听证规定》规定，听证公告应当包括听证事项的目的、内容、依据、听证时间、地点以及听证参加人产生方式等内容。

（4）听证会的程序

行政决策听证会的程序不具有司法化特点，更类似于一般的行政会议，听证程序没有严格规范，由行政决策单位人员和公众分别就听证事项发表意见。双方进而围绕听证事项展开辩论。《湖南省行政程序规定》规定，行政决策听证会按照下列步骤进行：①主持人宣布听证会开始；②记录员查明听证会参加人是否到会，并宣布听证会的内容和纪律；③决策承办单位工作人员陈述；④听证会参加人依次陈述；⑤听证会参加人之间、听证会参加人与决策承办单位工作人员之间围绕听证事项进行辩论。

（5）回应公众意见

行政决策听证也应制作听证笔录，也可以同时进行录音录像。听证笔录经听证参加人确认无误后签字或盖章。目前尚无立法规定决策听证实行案卷排他原则，但普遍建立了公众意见回应机制。关于听证笔录对行政决策的影响目前有两种做法：第一，明确行政决策听证笔录应当作为政府决策的重要依据。如《江西省县级以上人民政府重大行政决策程序规定》规定，听证会形成的听证报告应当作为政府决策的重要依据。第二，要求决策部门应当充分考虑采纳听证代表提出的合理意见，不予采纳的，应当说明理由。如《湖北省人民政府重大行政决策程序规定（试行）》规定，决策承办单位应当充分考虑、采纳听证代表的合理意见，不予采纳的，应当说明理由。

（二）陈述意见

陈述意见是除听证外所有听取意见方式的统称。不同于听证的有限适用，陈述意见的适用范围广泛，还可与听证结合适用。在程序构造方面，我国现行立法对陈述意见的规定过于简单，尚未形成制度化的程序规则。相较于听证的准司法程序，简便是陈述意见的优势，但并不意味着无规可依。在未来的行政程序法中，应为陈述意见制度建立一定的程序规则，以符合程序正义之要求为限。我国现行立法中规定了多种陈述意见的形式，尤其在近年来地方重大行政决策立法中体现较为全面，大致包括以下几种：

第一，征求意见。征求意见是广泛听取公众意见的方式。征求公众意见的形式多样，可采用书面征求意见的形式，也可以通过公众媒体或者网络征求意见。随着互联网时代的到来，征求公众意见的方式也从传统的书面方式扩展到与媒体、网络等平台相结合，征求意见方式的多元发展能够满足不同公众的需求，更加高效、便民。《佛山市重大行政决策程序规定》即确立了此种陈述意见方式，规定公众可就决策方案征求意见稿提出意见建议；决策事项承办单位应通过公开邮箱、电话、地址等联系方式，设置网上回复功能等途径方便公众提出意见建议。

第二，座谈会。座谈会也是听取公众意见、建议的重要方式。但座谈会的公众参与范围有限，与会代表的选取成为座谈会效用发挥的关键。《四川省重大行政决策程序规定》规定了与会代表的选取标准，"以座谈会方式征求公众意见的，决策起草部门应当邀请有利害关系的公民、法人或者其他组织代表参加"。

第三，协商会。协商会的参与主体主要是利益相关方，范围较小。协商会的目的是让利害关系人通过协商、沟通的方式解决问题，达成共识。根据《四川省重大行政决策程序规定》规定，对涉及经济社会发展重大问题、重大公共利益或重大民生的决策，要重视吸纳社会公众特别是利益相关方参与协商；涉及特定群体利益的，加强与相关人民团体、社会组织以及群众代表的沟通协商。

第四，民意调查、问卷调查、走访。民意测验、发放问卷和走访调查等方式也是行政机关听取公众意见的方式之一。《上海市闵行区人民政府重大事项决策程序规定（试行）》规定，重大事项决策需要考虑社会认同度或者承受度的，承办部门可以委托专门调查机构进行民意调查。

第五，提出建议。行政机关还可通过公众直接提出建议的方式听取公众意见。《四川省重大行政决策程序规定》规定，公民、法人和其他组织可以直接向政府及其工作部门提出决策建议。政府的相关部门应按职责办理，并将处理情况向提出意见的公众反馈。经调查研究论证认为可以采纳的公众意见，可列为决策事项。

二、说明理由制度

行政机关作出行政行为应当说明理由已成为现代法治国家的一项共识。美国、德国、日本等国的行政程序法典中均规定了说明理由制度。作为一项重要行政程序制度，说明理由具有控权和维权的双重功能。一方面，说明理由具有制约行政权功能。说明理由是控制权力滥用的有效手段之一，是行政机关自我约束的一种有效形式，是制约决定者武断的必要武器。[1]另一方面，说明理由具有保护当事人合法权益功能。说明理由满足了相对

---

[1] 宋华琳:《英国行政决定说明理由研究》，载《行政法学研究》2010 年第 2 期。

人知情权的要求，祛除行政行为"暗箱操作"的神秘感，同时在一定程度上满足了相对人参与权的要求，使相对人能够了解自身的申述与申辩对行政行为产生的实际影响。[①] 此外，行政机关对行政行为的说理还为相对人事后寻求行政救济或司法救济提供依据。

我国现行立法中一般均确立了说明理由制度，但很少细化规定说明理由的具体要求。如《行政许可法》规定，行政机关依法作出不予行政许可的书面决定的，应当说明理由，并告知申请人享有依法申请行政复议或者提起行政诉讼的权利。再如，《江苏省行政程序规定》规定，行政执法决定限制公民、法人和其他组织权利或者增加其义务的，应当说明决定的理由。然而，说明理由制度的核心问题就是说理应当满足的具体要求。根据各国行政程序法的规定，说明理由通常包括说明与决定相关的如下问题：（1）事实原因。（2）法律原因。（3）如果涉及裁量权，还应当说明行使裁量权时考量的关键因素。[②]《湖南省行政程序规定》借鉴了各国行政程序法的一般规定，规定行政执法决定文书的说明理由包括证据采信理由、依据选择理由和决定裁量理由。同时，《湖南省行政程序规定》还对说明理由提出了说理应充分的要求，规定行政执法决定文书仅简要记载当事人的行为事实和引用执法依据的，属于未说明理由，当事人有权要求行政机关予以说明。

三、调查与证据制度

"先取证，后决定"是行政程序的一项基本原则。行政机关在作出行政决定前，必须先经过调查、取证环节，在认定事实的基础上，适用法律，最终作出行政决定。因此，调查与证据制度构成行政程序的重要内容。

（一）调查

调查是指行政机关收集证据、查明案件事实的活动。[③] 根据《行政处罚

---

① 姜明安等：《行政程序法典化研究》，法律出版社 2016 年版，第 159—160 页。
② 应松年主编：《行政程序法》，法律出版社 2009 年版，第 134 页。
③ 王万华：《中国行政程序法典试拟稿及立法理由》，中国法制出版社 2010 年版，第 246 页。

法》的规定，行政机关必须全面、客观、公正地调查，收集有关证据。据此，调查应当遵循全面调查原则，行政机关不能仅收集对当事人不利的证据，也要收集对当事人有利的证据，从而尽可能地避免主观判断，还原客观事实。《行政处罚法》还要求行政机关在调查或者进行检查时，执法人员不得少于两人，并应当向当事人或者有关人员出示证件。规定调查人员人数主要是基于相互监督的考虑，一个执法人员单独调查缺乏有效监督，违法行使调查职权的可能性高。要求行政机关向被调查人出示证件的目的在于表明身份，被调查者负有协助调查义务。如果行政机关在调查时未出示证件表明身份，被调查人有权拒绝配合调查。

调查措施是行政机关在调查取证时采取的方式或手段。《公安机关办理行政案件程序规定》中规定了讯问、询问、勘验、检查、鉴定、检测、抽样取证等调查措施。其中部分调查措施可对被调查人的合法权益产生直接影响。对此类调查措施的使用，应当有法律依据。对于不直接影响公民、法人、其他组织合法权益的调查措施，行政机关可根据调查需要自行选择。当个案中存在数种调查措施时，调查措施的选择应当符合立法的目的，遵循合理原则的要求。[①]

（二）证据

我国《刑事诉讼法》对证据作出了法律界定，"可以用于证明案件事实的材料，都是证据"。证据在行政程序法中的内涵与诉讼法中的内涵并无不同，但行政证据，特指行政机关在行政程序中收集的，据以认定案件事实、进而作出行政行为的材料。行政证据的种类与《行政诉讼法》规定的证据种类基本一致，包括：书证；物证；视听资料；电子数据；证人证言；当事人的陈述；鉴定意见；勘验笔录、现场笔录等。

并不是所有证据都能作为认定案件事实的依据，只有同时具备证据能力和证明力的证据材料才能作为定案根据。所谓证据能力，是从形式方面观

---

① 应松年主编:《行政程序法》，法律出版社 2009 年版，第 118 页。

察其资格；证明力，是从实质方面考察其价值。[①]《浙江省行政程序办法》列举了六类不得作为行政执法决定依据的情形。其中，违反法定程序收集，可能严重影响执法公正的情形属于不具有证据能力；相关人员不予认可且没有其他证据印证的证据的复制件或者复制品，无法辨认真伪，不能正确表达意思的证人提供的证言，在中华人民共和国领域以外形成的未办理法定证明手续的情形属于不具有证明力。证据的证据能力和证明力经过行政机关认证后，方能成为定案根据。根据《湖南省行政程序规定》，作为行政执法决定依据的证据应当查证属实。当事人有权对作为定案依据的证据发表意见，提出异议。未经当事人发表意见的证据不能作为行政执法决定的依据。

类似于行政诉讼中的举证责任分配规则，在行政程序中，原则上由行政机关对行政决定承担举证责任。不同于行政诉讼的是，行政机关对其作出的行政决定，不仅要证明其合法性，还要证明其合理性。如《江苏省行政程序规定》规定，行政机关对依职权作出的行政执法决定的合法性、适当性负举证责任。原则上由行政机关承担举证责任并不意味着当事人不负任何举证责任。在依申请行政行为中，当事人负有证明其提出过申请的责任。如《湖南省行政程序规定》规定，行政机关依申请作出行政执法决定的，当事人应当如实向行政机关提交有关材料，反映真实情况。

四、回避制度

行政回避是行政程序法上的基本制度，是指行政机关工作人员在行使职权过程中，因其与所处理的事务有利害关系，为保证实体处理结果和程序进展的公正性，根据当事人的申请或行政机关工作人员的请求，有权机关依法终止其职务的行使并由他人代理的一种法律制度。[②] 回避是程序正义的基本要求，在行政程序中引入回避制度为行政权的公正行使提供制度保

---

① 李学灯：《证据法比较研究》，台湾五南图书出版公司 1992 年版，第 464 页。
② 章剑生：《论行政回避制度》，载《浙江大学学报（人文社会科学版）》2002 年第 6 期。

障。我国大量单行立法中均确立了回避制度。回避情形主要有三种：第一，有亲属关系。各单行立法对亲属关系的范围规定不同。《山东省行政程序规定》规定，与本人有夫妻关系、直系血亲关系、三代以内旁系血亲关系以及近姻亲关系的，应当回避。而《上海市行政处罚听证程序规定》则笼统规定，为当事人、本案调查人员的近亲属的，应当主动回避。第二，有利害关系。如《江苏省行政程序规定》规定，与本人有利害关系的应当回避。虽然立法未对利害关系作出具体解释，但应当认为，回避所涉及的利害关系不仅包括经济利益关系，还包括情感关系、名誉关系等。第三，可能影响公正执行公务的其他情形。单行立法一般都设置了兜底条款，为尚未考虑到的回避情形预留法律空间。

回避程序可分为自行回避和申请回避两种。自行回避由行政机关一方提出，具体包括两种情形：第一，行政机关工作人员认为自身存在应回避的情形，主动申请回避；第二，行政机关工作人员应当回避但本人未申请回避，行政机关指令其回避。申请回避由公民、法人或者其他组织一方提出。《山东省行政程序规定》规定，公民、法人和其他组织可以以书面形式提出回避申请。回避决定由行政机关负责人作出。根据《湖南省行政程序规定》，行政机关工作人员的回避由该行政机关主要负责人或者分管负责人决定，行政机关主要负责人的回避由本级人民政府或者其上一级主管部门决定。

第八章　透明政府的理念与制度

2016 年 2 月，中共中央办公厅、国务院办公厅印发《关于全面推进政务公开工作的意见》，明确提出："公开透明是法治政府的基本特征。全面推进政务公开，让权力在阳光下运行，对于发展社会主义民主政治，提升国家治理能力，增强政府公信力执行力，保障人民群众知情权、参与权、表达权、监督权具有重要意义。"这一论述全面阐释了政府公开透明的多重价值。当今时代，政府的公开透明既是法治政府建设的必然要求，同时也是社会主义民主政治的题中之义，更是国家治理体系现代化的重要象征。本章将以政府信息公开制度为重点，对透明政府的理念与制度进行介绍。

第一节　信息公开的价值与功能

信息公开承载着民主与法治、公平与正义等多元价值，对于公民权利保护、社会发展和国家治理都具有重要作用。[①] 具体而言，信息公开的价值可以归纳为三个层面：在民主政治层面，信息公开能够有效保障公众的知情权、参与权、表达权、监督权等权利的行使；在法治层面，信息公开透明能够规范和优化公共权力的运行，促进法治政府建设；在效率层面，信息的公开透明能够促进信息的流通，确保信息在数字经济时代发挥更大效能，服务于社会生产生活。正如有研究者所言，"在当今的公共问题治理背景中，或许已没有多少人会否认信息公开的重要性。从价值理性、工具理性、沟通理性维度看，信息公开的意义都毋庸置疑"。[②]

---

① 马怀德：《政府信息公开制度的发展与完善》，载《中国行政管理》2018 年第 5 期。
② 王锡锌：《传染病疫情信息公开的障碍及克服》，载《法学》2020 年第 3 期。

一、民主价值：保障公众的知情权、参与权、表达权、监督权

政府信息公开透明的理念与"人民主权"原则紧密相关，是公民实现民主权利的重要基础。"人民主权"或曰"主权在民"是建构现代国家的一项基础性原则，旨在确认国家权力来源于人民，并为人民所享有。"人民主权"的理论符合人性解放和人类自由发展的客观要求，在打破沿袭人类社会数千年的"君权神授""朕即国家"政治模型上发挥了巨大的作用，成为近现代以来立宪者所尊崇的重要价值。为落实"人民主权"的政治理念，确保公民能够实际性地享有和行使国家权力，现代国家的宪法通常会构建相应的民主机制，确认公民享有各种各样的政治权利。从宪法理论上说，人民行使国家权力的方式主要有两种：一是间接民主制，即人民通过代议制机关行使国家权力的形式，其在政治权利上派生出公民的选举权和被选举权。二是直接民主制，即人民直接参与政治的形式，其经典形态是古希腊的全民公决等制度。近代以来，由于民族国家地域和人口的增长，人民直接参与政治越来越难以实现，直接民主制在技术上存在一定困难，[①]代议民主因而被认为是在庞大而复杂的社会体系中实现民主的最重要路径，选举权和被选举权也因此被认为是最重要和最基础的政治权利。

20世纪以来，面对日益复杂的社会事务，行政权力逐渐扩张，"行政国家"开始兴起，由传统代议制所维系的民主价值受到了一定的挑战。在传统代议制之下，公民通过行使选举权和被选举权组成代议机关，行政机关则被视为一个单纯的传送带，其职责是在特定案件中执行代议机关的立法指令，从而确保行政活动的民主正当性。[②]然而，面对大量迅速变化的、不确定的公共事务，为了使具备专业特长的行政机关能够更好完成行政任务，立法机关的授权越来越宽泛和不具体，行政裁量的空间日渐增大，行政不再是单纯的执行性活动而开始带有一定的政治过程属性，开始更为积

---

① 林来梵：《从宪法规范到规范宪法》，商务印书馆2017年版，第130—131页。
② ［美］理查德·B.斯图尔特：《美国行政法的重构》，沈岿译，商务印书馆2011年版，第10—11页。

极地回应社会需求，这导致经由代议机关向公共行政传送正当性的模式难以为继，出现所谓的"民主赤字"。① 传统代议制民主先天具有间接、有限的特点，其本质是政治精英对政治决策的掌控，公民在选举代表后即与民主制度出现疏离，这本身就存在民主价值的损耗。② 而代议机关对行政机关控制的日渐孱弱加剧了这一状况，非民选和政治中立的行政官员与民众间的民主责任链条可能出现断裂的情况。

在这一背景下，参与民主的概念被提出并得到广泛承认，其作为对代议制"民主赤字"之弥补，对政治实践产生了重大影响。参与民主强调在涉及个体生活的决策和治理过程中，由公众通过多种形式直接介入和参与公共议题，实现民主价值。从一定程度上说，参与民主带有直接民主的部分要素，其派生或强化了一系列政治性参与权利，如程序性参与权、表达权、监督权等，完成了对民主价值和公共行政正当性的补强。正如有研究者所言，"作为政治制度的民主关注的主要是选举，但是在人民的选票已经投出去之后，在选举的间隙，人民的参与权不应当处于休眠状态。他们需要通过各种各样的、持续性的参与行动，来影响、管理、控制与他们的生活密切相关的事务"。③

而无论是传统民主下的选举权和被选举权，还是参与民主下所强调的参与权、表达权、监督权，其实际行使都必须以权利人充分了解和掌握公共信息为前提。这就引出了知情权这一现代社会中的重要权利。在任何形式的民主过程中，公众要想进行实质性参与，都必须充分获知相关信息。因为民主参与的本质是"话语表达、竞争和有效协商的能力"，④ 倘若公众不具备充分的信息基础，就无法制定和实施具有实际意义的参与方案。尤其是在具有信息优势的行政机关面前，倘若缺乏知情权的保障，行政机关与

---

① 王锡锌：《当代行政的"民主赤字"及其克服》，载《法商研究》2009 年第 1 期。
② 唐丽萍：《从代议民主制到参与式民主制——网络民主能否重塑民主治理》，载《兰州学刊》2007 年第 3 期。
③ 王锡锌：《公众参与：参与式民主的理论想象及制度实践》，载《政治与法律》2008 年第 6 期。
④ 王锡锌：《当代行政的"民主赤字"及其克服》，载《法商研究》2009 年第 1 期。

公众之间就会处于严重的信息不对称状态。在巨大的信息优势之下，行政机关可以完全左右公共议题中的议程设置、方案选择，从而使得民主参与流于形式。因此，保障知情权是现代民主政治的必然要求。事实上，早在美国建国初期，作为美国宪法第一修正案设计者的詹姆斯·麦迪逊就论述过信息对于民主的价值，其经常被引用的一段话指出，"公众要想成为自己的主人，就必须用习得的知识中隐含的权力来武装自己；政府如果不能为公众提供充分的信息，或者公众缺乏畅通的信息渠道，那么所谓的面向公众的政府，也就沦为一场滑稽剧或悲剧或悲喜剧的序幕"。①

从学理上看，还有研究者认为知情权与生存权、平等权等基本权利紧密相关。例如，有研究者认为，知情权可视为由生存权派生出来的一项基本人权，"因为人是社会动物，只有依靠人群组成的社会共同体的集体力量才能对付自然和其他外来因素的影响和控制，求取生存。为此，就必须了解外界和共同体内部人与自然、人与人之间的各种情况和信息，才能确定如何获取其生存所需的物资与精神文化资源，抵抗、对付外来的侵扰"。② 另有研究者提出，知情权与自由发展的权利具有紧密联系。"当今社会里的自由应是通过政府积极推动，让每个人都有获取充分信息的自由，特别是使处于社会不利地位的人有充足条件获得信息、知识、技能，通过大力发展教育、科技、普及网络、改良个人福利条件等，从而获得建立在对社会信息平等享有基础上最大限度发挥自己潜力的自由。要实现人在当今复杂的、信息化的社会里的充分自由，知悉必要的信息是先决条件之一。"③

知情权对于民主政治的重要价值使得其日益得到各个主权国家的重视。"二战"之后，知情权（right to know）或信息获取权（right to access to information）在许多国家都上升为一项法定权利。有的国家在宪法条文中明

---

① ［美］斯蒂格利茨：《自由、知情权和公共话语——透明化在公共生活中的作用》，宋华琳译，载《环球法律评论》2002年第3期。
② 郭道晖：《知情权与信息公开制度》，载《江海学刊》2003年第1期。
③ 汪习根、陈焱光：《论知情权》，载《法制与社会发展》2003年第2期。

确规定知情权的宪法地位，如泰国、菲律宾等，[①] 有的国家则通过专门立法确立政府公开透明的义务和公民获取政府信息的权利，如美国在 1966 年制定了《信息自由法》，规定公众享有知情权；英国则在 2000 年制定了《信息自由法》，明确了公众享有与获取政府信息的权利；[②] 日本也在 1999 年通过了《信息公开法》，确立了公民有请求公开行政文件的权利。[③]

作为社会主义民主国家，我国始终坚持"一切权力属于人民"的基本原则。在社会主义制度下，人民是国家和社会的主人，国家的一切权力来自人民并且属于人民。国家权力必须服从人民的意志，服务人民的利益。[④] 我国现行《宪法》第 2 条第 1 款明确规定中华人民共和国的一切权力属于人民，这一规定是我国国家制度的核心内容和根本准则。为确保人民能够有效行使国家权力，《宪法》第 2 条第 2 款规定人民行使国家权力的机关是全国人民代表大会和地方各级人民代表大会，即人民可以通过选举人大代表，组成人民代表大会的方式行使民主权利。同时，《宪法》第 2 条第 3 款规定人民依照法律规定，通过各种途径和形式，管理国家事务，管理经济和文化事业，管理社会事务，这意味着宪法认可公民除了行使选举权和被选举权之外，还可以通过行使包括监督权、管理权在内的各项政治权利，参与到国家政治生活中。[⑤]

此外，我国《宪法》第 27 条第 2 款规定，一切国家机关和国家工作人员必须依靠人民的支持，经常保持同人民的密切联系，倾听人民的意见和建议，接受人民的监督，努力为人民服务。第 35 条规定中华人民共和国公民有言论、出版、集会、结社、游行、示威的自由。第 41 条第 1 款规定中

---

① 章志远：《行政公共信息公开的理论及其实践》，载《河南省政法管理干部学院学报》2005 年第 3 期。

② 蒋红珍：《知情权与信息获取权——以英美为比较法基础的概念界分》，载《行政法学研究》2010 年第 3 期。

③ 朱芒：《开放型政府的法律理念和实践——日本信息公开制度（上）》，载《环球法律评论》2002 年第 3 期。

④ 《宪法学》编写组：《宪法学》，高等教育出版社、人民出版社 2011 年版，第 96 页。

⑤ 林来梵：《从宪法规范到规范宪法》，商务印书馆 2017 年版，第 131 页。

华人民共和国公民对于任何国家机关和国家工作人员，有提出批评和建议的权利；对于任何国家机关和国家工作人员的违法失职行为，有向有关国家机关提出申诉、控告或者检举的权利，但是不得捏造或者歪曲事实进行诬告陷害。这进一步明确了公民享有监督权、言论自由、批评建议权等直接参与公共事务的政治权利。

如前所言，上述政治权利的有效行使，均依赖于公开、透明的公共信息。尤其是在信息化时代，信息在社会发展中所起到的作用日益重要。一个国家民主参与的实际效果在很大程度上直接取决于公共信息的开放、透明程度，取决于公众获取公共信息的全面、便利程度。事实上，从政治伦理上看，公开、透明所带来的民主价值早已成为执政党推动社会主义民主政治发展的重要考量。早在 1987 年，党的十三大报告就提出"提高领导机关活动的开放程度，重大情况让人民知道，重大问题经人民讨论"。1997 年，党的十五大报告进一步要求"坚持公平、公正、公开的原则，直接涉及群众切身利益的部门要实行公开办事制度"。2002 年，党的十六大报告两次提到公共信息的"公开"，要求"健全基层自治组织和民主管理制度，完善公开办事制度，保证人民群众依法直接行使民主权利，管理基层公共事务和公益事业，对干部实行民主监督"，"认真推行政务公开制度"。2007 年，党的十七大报告将"保障人民的知情权、参与权、表达权、监督权"写入报告，并将上述权利视为扩大人民民主、保证人民当家作主的重要依托。2016 年中办、国办印发的《关于全面推进政务公开工作的意见》也明确，全面推进政务公开对于发展社会主义民主政治，保障人民群众知情权、参与权、表达权、监督权具有重要意义。上述一系列由执政党所发布的重要文件标志着我国自信息化时代肇始即已意识到，政府的开放和透明具有重要的民主价值，是保障公民知情权、参与权、表达权、监督权等政治权利的必然要求。

二、法治价值：规范和优化公共权力的运行

中办、国办 2016 年印发的《关于全面推进政务公开工作的意见》开篇

即明确提出"公开透明是法治政府的基本特征"。通常认为，政府事务的公开、透明能够促使行政机关遵守法律法规，对行政机关依法办事起到反向督促作用，从而规范和优化行政权力的运行过程。我国于 2007 年颁布的《政府信息公开条例》和 2019 年修订后的《政府信息公开条例》也分别将"促进依法行政"和"建设法治政府"作为立法的重要目的。具体而言，推进政府的透明和公开，对于推进依法行政、建设法治政府主要产生以下两个方面的作用：

第一，公开、透明能够增强政府行为的法治化、规范化程度，提高其可预期性和可接受度。当行政机关的行为规则及具体活动都公开时，意味着其利用信息不对称进行黑箱操作、违法操作处理、利用信息资源进行寻租的空间被最大限度地压缩，依照公开颁布的规则行事的可能性增加。当公众能够依照法律规定清楚了解行政机关的行为依据、行为过程、行为结果时，也能够对行政机关的行为产生较为稳定的预期，对行政机关作出的决定产生更高的接受度，从而构建良好的公共信任秩序。此外，政府信息的公开并非是简单的"为公开而公开"，公开和透明本身还有着更多的内在要求和附加价值。当政府时刻向公众保持开放、透明时，意味着政府向公众所展示的信息一般是清晰、明确、易于理解的。这本身意味着公开、透明的政府是一个理性的、遵守规则的政府。

第二，公开、透明能够强化政府行为的可问责性，从而对政府形成反向约束。首先，政府行为的公开、透明能够在很大程度上解决政府与其他主体间的信息不对称问题，提高政府行为的可见度，为问责的开展奠定基础。在保密状态下，即便存在问责机制的设计，政府也能够采取各种措施规避其可能承担的责任。例如，倘若某项政策未能达到预期效果，政府官员可以解释说若非出台该政策，情况会变得更加糟糕，[①] 此时民主问责机制将难以为继。对于这一问题，法学家富勒在"法律的内在道德"问题中曾做过

---

① ［美］斯蒂格利茨：《自由、知情权和公共话语——透明化在公共生活中的作用》，宋华琳译，载《环球法律评论》2002 年第 3 期。

说明。富勒认为，法的公布对于法治的实现具有重要价值。因为法律的公布有助于公众了解法的内容，尽管并非所有人都能完全读懂法律，但那些少数人的行为会指引和影响多数人；法律应当被公布的原因是这样才能将它们置于公众的评论之下，去评判其可接受度。如果法律不公布，就无法监督负责适用和执行这些法律的人是否无视法律的规定。[①]

其次，政府行为的公开和透明本身就能够形成一种压力，这种压力通常借助民主应责机制、社会声誉机制发挥作用，形成对行政机关的行为激励。例如，中办、国办2016年印发的《全面推进政务公开意见》就明确提出，"各级政府及其工作部门都要做好督查和审计发现问题及整改落实情况的公开，对不作为、慢作为、乱作为问责情况也要向社会公开，增强抓落实的执行力"。这意味着公开"不作为、慢作为、乱作为"的问责情况会对行政机关形成较大的震慑，本身就有促进执行的实际效果。另一个典型的例子是，我国在建立系统的政府信息公开制度后，又在司法领域大力推进司法公开，秉持"以公开促公正"的理念建设了全球最大的裁判文书公开系统和庭审直播系统。从实践来看，其在提高裁判质量等方面取得了良好的效果。我国素有"以吏为师、以法为教"的传统，行政机关和作为"关键少数"的政府官员是否遵守法律规定，往往是社会关注的重点。[②] 因此，政府信息的透明和公开将会对行政机关形成强大的社会作用力，促进其依法行政。

有反对者认为，信息公开并不能促进依法行政，并从逻辑上论证信息公开法本身是依法行政之内的事物，而所谓促进甚至"倒逼"，必定是依法行政之外的事物。人不能扯着自己的头发把自己提起来。作为依法行政内在要素之一的信息公开法，当然也不能发挥外部的促进作用。[③] 事实上，这种观

---

① ［美］富勒：《法律的道德性》，郑戈译，商务印书馆2005年版，第59—62页。

② 马怀德：《新时代法治政府建设的意义与要求》，载《中国高校社会科学》2018年第5期。

③ 后向东：《论我国政府信息公开制度变革中的若干重大关系》，载《中国行政管理》2017年第7期。

点是对依法行政的机械化理解，忽略了依法行政这项整体工作中存在不同方面、不同领域的具体部分，这些具体部分之间、具体部分与整体之间是有机联系的。一些具体部分完全能够对其他具体部分甚至整体产生积极影响。从实践来看，在"依法行政"的整体目标之下，行政权的自我约束正是我国法治政府建设的重要组成部分，尤其是作为最高国家行政机关的国务院在推进全面依法治国方略的实现上作出了值得肯定的重要努力。[①] 例如，国务院为推动法治政府建设而发布的《国务院关于全面推进依法行政的决定》《全面推进依法行政实施纲要》《国务院关于加强法治政府建设的意见》《法治政府建设实施纲要（2015—2020年）》等重要文件，以及近年来展开的法治政府建设督查工作，也同样是"依法行政之内的事物"，属于最高行政机关依法监督下级行政机关的范畴，无论是从理论层面还是事实层面，都无法否定上述举措对于法治政府建设所发挥的重大作用。

政府信息的公开同样如此，其虽然属于依法行政的内在要求，属于国务院以行政法规的形式作出的制度安排，但其对依法行政起到的作用同样是巨大的。这也是党的十八届四中全会《中共中央关于全面推进依法治国若干重大问题的决定》将"全面推进政务公开"与"强化对行政权力的制约和监督"等并列作为"深入推进依法行政，加快建设法治政府"的重要举措的原因。正如有研究者所言："政府信息公开制度的有效实施，对行政机关依法全面履行政府职能，完善依法行政制度体系，推进行政决策科学化、民主化、法治化，坚持严格规范公正文明执法，以及行政权力的制约和监督均发挥了重要作用。政府信息公开是政府的一场自我革命，是我国民主与法治发展进程中政府主导的自我改革与完善。"[②]

三、效率价值：促进信息资源效用的发挥

如果说，透明政府的传统价值主要在于保障公民"知"和"言"方面

---

① 沈岿：《行政自我规制与行政法治：一个初步观察》，载《行政法学研究》2011年第3期。

② 马怀德：《政府信息公开制度的发展与完善》，载《中国行政管理》2018年第5期。

的权利，从而维护民主价值的话，那么随着科技的发展和社会经济文化条件的变化，政府的透明和开放正在衍生出更多元和更丰富的价值。尤其是当移动互联网和数字技术兴起后，信息获取、储存、传播的成本大幅降低，其效用在多个方面得到扩展，人类由此迈入"数字时代"与"信息社会"。信息正在日益成为新时代最重要的生产资料，以其作为核心配置社会资源，能够充分发挥科技的驱动力量，促进供给与需求端的共同繁荣。正如有研究者所言"信息和数据之于信息社会而言，就像煤炭和石油之于工业社会，是重要的资源和生产要素；对信息资源进行整合、加工并向社会开放，是现代政府治理中资源配置和效率提升的重要技术"。[①]

政务信息是行政机关在其履行职责过程中所获取的信息，内容可能涉及社会发展、经济建设、基础设施、生态环境、人口资源等各个方面。尤其是在行政职能扩张的时代，政务信息往往能够全面、真实地反映出行政机关与社会的互动关系，体现出行政权力型塑社会生活的具体方式。同时，相较于企业信息、个人信息等信息而言，政务信息通常具有更高的质量和更大范围内的通用价值，"蕴含无限商业机会和创新潜能"。[②] 可以说，在行政职能扩张的当下，政务信息在信息社会中具有难以被取代的基础性地位。积极推进政务信息的开放、透明，对于激活社会范围内的信息流通、满足各类主体的信息需求具有重大意义。

更进一步而言，政务信息的公开透明不仅仅是对公民、法人等私主体信息需求的满足，还蕴含着变革治理关系，构建更为良善的合作治理模式的可能。通常认为，在推进国家治理体系与治理能力现代化建设中，从"管理"到"治理"的转变包含了"一元化管理主体"与"多元化治理主体"的意蕴。由透明、开放的政务信息驱动多方参与到社会问题的解决中，正体现了这一积极导向。实践也很好地证明了这一点，"很多城市治理的经验

---

① 王锡锌：《政府信息公开制度十年：迈向治理导向的公开》，载《中国行政管理》2018 年第 5 期。

② 王万华：《论政府数据开放与政府信息公开的关系》，载《财经法学》2020 年第 1 期。

表明，通过开放交通、天气等与民生相关的数据，企业、组织、公民既可以挖掘政府开放的数据的商业价值，也可以利用数据帮助政府解决交通管理、公共事件预测与应对等问题，与政府共同解决城市治理面临的大城市病，借由数据开发实现公私合作治理"。[①]

在信息时代的变革中，我国始终秉持积极、开放、务实的态度，从宏观政策导向上强调通过数字技术改变社会互动方式，使各类主体、服务和技术创新相互融合，引领科技革命和产业变革，并改造传统经济。[②] 观察近年来的顶层设计即可看出，我国高度重视信息技术对社会发展繁荣的促进作用，并倡导以政务信息、政府数据为先导，促进信息资源的规模化、创新性应用。2016 年中办、国办印发的《关于全面推进政务公开工作的意见》指出，"优先推动民生保障、公共服务和市场监管等领域的政府数据向社会有序开放。制定实施稳步推进公共信息资源开放的政策意见。支持鼓励社会力量充分开发利用政府数据资源，推动开展众创、众包、众扶、众筹，为大众创业、万众创新提供条件"。2016 年 9 月，国务院印发《政务信息资源共享管理暂行办法》，对政务部门间政务信息资源共享工作进行了系统部署。2017 年 2 月 6 日，中央深改组第三十二次会议审议通过《关于推进公共信息资源开放的若干意见》，意见指出，"推进公共信息资源开放，要加强规划布局，进一步强化信息资源深度整合，进一步促进信息惠民，进一步发挥数据大国、大市场优势，促进信息资源规模化创新应用，着力推进重点领域公共信息资源开放，释放经济价值和社会效应"。可以预见，在上述布局下，我国政务信息有望实现学者所主张的"既为公开工作服务，也为领导决策、公众参与、行政执法、大众创业、经济社会发展等众多工作服务，与党和国家的主旋律保持一致，形成'互联网 +'环境下的制度集聚效应"。[③]

---

① 王万华：《论政府数据开放与政府信息公开的关系》，载《财经法学》2020 年第 1 期。

② 赵鹏：《数字技术的广泛应用与法律体系的变革》，载《中国科技论坛》2018 年第 11 期。

③ 周汉华：《打造升级版政务公开制度——论〈政府信息公开条例〉修改的基本定位》，载《行政法学研究》2016 年第 3 期。

第二节　我国政府信息公开制度的发展历程

在民主参与、信息自由等价值的影响之下，政府的开放、透明成为世界性潮流。诸如英国等具有浓厚的保密传统的国家，也在复杂的博弈中艰难前行。[①] 对于我国而言，政府从封闭保守转向公开透明是一次极为重大的观念转型。尤其是我国古代长期奉行"民可使由之，不可使知之"的神秘主义政府理念，以"刑不可知，则威不可测"的立场来垄断公共信息，提升治理便利度，而不管这种信息的不对称状态是否会造成巨大的社会资源分配效率损失。这种文化和制度惯性对新中国建立后的少数国家工作人员依然具有一定影响。[②] 改革开放以来，社会主义民主政治的发展使得开放、透明的理念逐渐深入人心，相关制度也不断发展完善，较好保障了人民的知情权、监督权等民主权利，促进了社会信息的有序流动。

在我国现行法律制度中，政府开放、透明的要求在多领域、多层级、多类型的立法中均有体现。例如，我国虽尚未制定《行政程序法》，但在《行政处罚法》《行政许可法》等行政法领域的基础性立法中均已规定了公开原则。又如，《重大行政决策程序暂行条例》等单行立法也就重大行政决策的公开内容、公开对象等进行了规定。[③] 再如，《传染病防治法》《突发事件应对法》《食品安全法》等法律分别就各自所调整的特定事项设定了信息公开的相关要求。

不同类型的行政公开制度有着不同的目标和功能，其中，对于实现政府开放、透明而言，最为重要的通常被认为是专门的政府信息公开制度。政府信息公开制度的公开对象是不特定的公民、法人和其他组织，公开内容

[①] 关于英国秘密行政的传统及其政府透明化的艰难改革可参见刘恒、黄泽萱：《论制定香港信息公开法》，载《行政法学研究》2014年第4期。英国BBC电视台出品的政治讽刺剧 Yes, Minister（《是，大臣》）第一季第一集也以 "Open Government" 为主题，对这一问题进行了尖锐的讽刺。

[②] 周汉华：《政府信息公开条例的制定与实施》，载《中国法律》2012年第6期。

[③] 王万华：《开放政府与修改〈政府信息公开条例〉的内容定位》，载《北方法学》2016年第6期。

是政府保管和持有的信息，公开的首要目的是满足公众对政府信息知情的权利，[①] 因而具有规范性强、成本低廉、参与面广、效果明显等特点。[②] 二战后，大量国家之所以选择以专门立法的形式确立政府信息公开制度，就在于这一制度在保障公共知情权、推进行政透明化上有着难以取代的作用。我国政府信息公开制度同样被视为是民主法治建设中的一座里程碑。因此，本节和下一节将主要以我国政府信息公开制度为中心，讨论其建立、发展的历史，以及主要的制度构成。

一、《政府信息公开条例》出台之前的实践探索

"来自基层的实践探索和制度创新始终是我国行政法治发展的鲜活素材和不竭动力。在改革开放至今的行政法治建设历程中，诸多诞生于基层的有益制度和经验被国家立法肯定和吸收，在全国范围内推开，对我国行政法治建设产生了重大影响"[③]。我国政府信息公开制度的发展也遵循这一路径，在统一的《政府信息公开条例》颁布前，来自基层的村务公开、乡镇机关政务公开和厂务公开为全面政务公开奠定了重要基础。加入世界贸易组织、抗击"非典"等一系列重大事件则促进了透明度、开放度的提升，加速推动了政务公开制度的出台。

（一）村务公开、乡镇机关政务公开和厂务公开

通过群众自治，实行基层直接民主，是社会主义民主政治的重要内容。[④] 我国基层群众自治的实践始于中华人民共和国成立初期的城市街道居民自治。1982 年宪法进一步将基层群众的自治从城市拓展到了农村。

---

① 王万华：《开放政府与修改〈政府信息公开条例〉的内容定位》，载《北方法学》2016 年第 6 期。

② 周汉华：《打造升级版政务公开制度——论〈政府信息公开条例〉修改的基本定位》，载《行政法学研究》2016 年第 3 期。

③ 马怀德、孔祥稳：《中国行政法治四十年：成就、经验与展望》，载《法学》2018 年第 8 期。

④ 彭真：《通过群众自治实行基层直接民主》，载《彭真文选（一九四一——一九九〇年）》，人民出版社 1991 年版，第 607—608 页。

1982 年《宪法》第 111 条第 1 款规定，"城市和农村按居民居住地区设立的居民委员会或者村民委员会是基层群众性自治组织。居民委员会、村民委员会的主任、副主任和委员由居民选举"。这一规范为制定单行的村委会组织法和居委会组织法提供了宪法依据。1987 年 11 月，六届全国人大常委会第二十三次会议通过了《村民委员会组织法（试行）》。毫无疑问，村民委员会制度的核心是"保障农村村民实行自治，由村民群众依法办理群众自己的事情"，[①] 而村民有序自治又离不开对公共信息的掌握。尤其是当村委会承担起管理、教育、服务、办理公益事业等职责后，村委会履职是否足够公开透明，就成为村民是否能够有效监督村委会履职的关键。正因如此，《村民委员会组织法（试行）》在第 17 条规定，"村民委员会办理本村的公共事务和公益事业所需的费用，经村民会议讨论决定，可以向本村经济组织或者村民筹集。收支账目应当按期公布，接受村民和本村经济组织的监督"。这一规定旨在将村民最为看重的财务收支账目透明化，以减少监督中的信息不对称，保障村委会依法履职。

在以公开促监督的理念之下，村务公开的范围和内容不断扩展。1990 年 12 月，中共中央同意并批转了由中央组织部、中央政策研究室、民政部、共青团中央、全国妇联等联合召开的全国村级组织建设工作座谈会所形成的《全国村级组织建设工作座谈会纪要》。该份纪要在谈到加强《村民委员会组织法（试行）》的实施时，明确提出"要增加村务公开程度，接受村民对村民委员会工作的监督"。1994 年 12 月发布的《中共中央关于加强农村基层组织建设的通知》规定，"凡涉及全村群众利益的事情，特别是财务收支、宅基地审批、当年获准生育的妇女名单及各种罚款的处理等，都必须定期向村民张榜公布，接受群众监督"。该规定在《村民委员会组织法（试行）》所规定的财务收支账目之外又添加了宅基地审批、生育名单、罚款处理等明确列举项，并概括性地要求凡涉及全村群众利益的事情原则上都必须向村民张榜公布。

---

① 《中华人民共和国村民委员会组织法（试行）》第 1 条。

1997 年，党的十五大沿着"发展社会主义民主政治"的路径，提出"城乡基层政权机关和基层群众性自治组织，都要健全民主选举制度，实行政务和财务公开，让群众参与讨论和决定基层公共事务和公益事业，对干部实行民主监督"，"坚持公平、公正、公开的原则，直接涉及群众切身利益的部门要实行公开办事制度"，这在很大程度上加速了基层民主的推进。以上述精神为指引，1998 年 4 月，中办、国办针对村务公开问题专门印发了《中共中央办公厅、国务院办公厅关于在农村普遍实行村务公开和民主管理制度的通知》（中办发〔1998〕9 号），对村务公开的内容、方式、时间等作出了要求，各省也陆续出台相应的实施细则或落实方案，强化了村务公开的制度化建设。1988 年 11 月，《村民委员会组织法》正式通过。该法第 22 条规定了"村民委员会实行村务公开制度"，并对公布事项的范围进行了进一步的拓展列举。2004 年，中办、国办再次印发《中共中央办公厅 国务院办公厅关于健全和完善村务公开和民主管理制度的意见》（中办发〔2004〕17 号），提出要根据农村改革发展的新形势、新情况，及时丰富和拓展村务公开内容，并进一步规范了村务公开的形式、时间、程序和监督机制。

在十五大精神的指引和村务公开实践的探索基础上，同样是基于健全民主机制、加强监督、防止腐败的目的导向，乡镇机关政务公开和国有企业、集体企业的厂务公开开始持续推进。2000 年 12 月，中办、国办印发《中共中央办公厅国务院办公厅关于在全国乡镇政权机关全面推行政务公开制度的通知》（中办发〔2000〕25 号），要求在全国乡镇政权机关和派驻乡镇的站所全面推行政务公开制度，公布乡镇政府行政管理、经济管理活动的事项、与村务公开相对应的事项等信息。2002 年 6 月，中办、国办印发《中共中央办公厅国务院办公厅关于在国有企业、集体企业及其控股企业深入实行厂务公开制度的通知》（中办发〔2002〕13 号），指出"党的十五大特别是十五届四中全会以来，一批企业通过实行厂务公开，加强了企业的管理和改革，完善了职工代表大会制度，促进了基层民主政治建设，提高了企业经济效益"，^① 要求公开企业重大决策问题、企业生产经营管理方面的重要问题、涉及职工切身利益方面的问题、与企业领导班子建设和党风廉政建设密切相关的问题等信息。此外，由公安部主导推进的警务公开与最高人民检察院主导推进的检务公开也在社会范围内产生了积极的影响。^②

上述实践反映出，信息公开与社会主义民主政治具有高度的契合性。作为政府信息公开的制度雏形，发端于《村民委员会组织法（试行）》的村务公开一直将财务收支问题作为公开重点，很好地展示了权力的开放与透明在促进监督方面所发挥的作用。在党中央的统一部署下，公开、透明所带来的制度价值被基层政府的政务公开、厂务公开所吸纳，并成为建立统一政府信息公开制度的实践基础与价值证明。正如有研究者所言："没有这些实践探索，不可能制定《条例》（编者注：指 2007 年制定的《政府信息公开条例》，下同），更不可能有《条例》在制度建设上的提升和规范化。"^③从上述制度的实效上看，在民主法治建设尚不完善的时期，面对频发的腐败和官僚主义问题，通过信息公开减少公共治理中的信息不对称，从而赋予民众参与和监督公共事务的实际可能，不失为一条可行的路径。

（二）重大事件对于政府透明度的促进

在基层信息公开的实践之外，一系列重大事件也推动了我国政府的透明化转型。2001 年，我国加入世界贸易组织。作为一项重要原则，透明度原则几乎在世贸组织的所有主要协议和协定中都有所体现，^④ 被视为各成员国经济和多边贸易体制的"固有价值"（inherent value）。在国际投资与贸易活动中，经济行为跨越时空，在不同国家或地区不同的制度框架中展开，

---

① 《中共中央办公厅国务院办公厅关于在国有企业、集体企业及其控股企业深入实行厂务公开制度的通知》（中办发〔2002〕13 号）。

② 周汉华：《打造升级版政务公开制度——论〈政府信息公开条例〉修改的基本定位》，载《行政法学研究》2016 年第 3 期。

③ 周汉华：《打造升级版政务公开制度——论〈政府信息公开条例〉修改的基本定位》，载《行政法学研究》2016 年第 3 期。

④ 方洁、杨国华：《WTO 对成员贸易法律制度的透明度要求》，载《法学杂志》2001 年第 2 期。

存在更大的不确定性和风险。确保成员国国内政策的透明度，能够提升法律的可预见性和可计算性，使经济理性建立在法律理性的基础上，减少不确定性，降低交易成本。① 受长期以来的计划经济模式和封闭管理思维的影响，彼时我国对外贸易法规政策的透明度和开放度较为有限，这使得透明度问题成为入世谈判过程中的重点议题之一。最终达成的《中华人民共和国加入议定书》及9个附件和《工作组报告》中包含了大量的透明度要求，如所有与贸易有关的法律文件和措施都应公开发布后才可实施、官方应设立定期出版的公报公布所有与贸易有关的法律文件和措施、设立咨询点使相关主体能够获取上述信息，等等。上述要求对我国的立法和执法透明度都提出了更高要求。② 落实上述要求一方面是实现对世贸组织的承诺所需，另一方面，"从国内角度看，透明度可以使公众对立法和行政过程有更清楚的理解，因此可以鼓励更加有效的参与，提高公众和政府部门间对这些问题讨论的质量"。③

对我国政府的公开和透明程度产生重大影响的另一事件是2003年暴发的"传染性非典型肺炎"（SARS）疫情。由于部分行政机关在疫情发生早期采取严格的信息封锁策略，甚至存在故意瞒报的现象，导致社会各方面未形成足够的警惕，贻误了疫情防控的最佳时机，最终造成疫情的蔓延和扩散，国家和社会付出了惨重的代价，政府的公信力也受到重创。经历"非典"事件后，社会公众和党政机关对于"封闭信息""关门行政"的治理方式进行了深刻反思，意识到封闭不符合社会发展潮流，不适应信息化社会的治理需要，是一种"政治上的短视行为"④，透明政府的理念得到进一步强化。在制度建设层面，以公共卫生领域的信息公开为先导，大量促进政府信息开放

① 谢晓尧：《WTO透明度：固有价值与保障机制》，载《法学》2003年第1期。
② 沈四宝、顾业池：《世贸组织透明度原则与中国的法治进程》，载《对外经济贸易大学学报》2004年第1期。
③ 应松年、王锡锌：《WTO与中国行政法制度改革的几个关键问题》，载《中国法学》2002年第1期。
④ 赵正群：《中国的知情权保障与信息公开制度的发展进程》，载《南开学报（哲学社会科学版）》2011年第2期。

透明的法律法规在较短时间内陆续出台：在非典防控过程中，国务院启动了《突发公共卫生事件应急条例》的制定。从 2003 年 4 月 14 日国务院常务会议提出制定《突发公共卫生事件应急条例》，到 2003 年 5 月 7 日该条例通过不到一个月时间。该条例单列一章规定了突发公共卫生事件的报告与信息发布，并明确规定了法律责任，整部条例关于信息报告和公开的条文总数达到十条；全国人大常委会于 2004 年 8 月修订了《传染病防治法》，重点之一即是明确传染病的预警、报告、通报和信息公布制度；[①]《政府信息公开条例》则在这一时期被正式纳入国务院立法工作计划中。

二、《政府信息公开条例》的制定与修改

（一）2007 年《政府信息公开条例》的制定与颁布

《政府信息公开条例》的制定是时代发展的必然结果。一方面，在中办、国办多份重要文件的引导下，村务公开、基层政务公开、厂务公开积累了大量公共信息公开的实践经验，加之一些重大事件产生的影响，透明政府的观念已逐渐被社会所接纳，建立相应制度来保障这一价值的呼声越发高涨。另一方面，作为新世纪的国家战略，信息化建设的重要性日益突出，这对政府信息的开放、透明、可及也提出了要求。尤其是国家信息化领导小组在 2002 年 7 月召开的第二次会议上明确提出了"把电子政务建设作为今后一个时期我国信息化工作的重点，政府先行，带动国民经济和社会发展信息化"的发展路径，将电子政务作为了我国信息化建设的排头兵。基于此，"加快研究和制定电子签章、政府信息公开及网络与信息安全、电子政务项目管理等方面的行政法规和规章"就成为必然要求[②]，这在很大程度上推进了政府信息公开制度的建设。在此之外，各地方、部门出台的信息公开规则也在一定程度上为统一立法奠定了基础。据统计，在 2007 年《政府信息公开条例》颁布前，已由 15 个中央部门、14 个省（直辖市）、

---

① 王锡锌：《传染病疫情信息公开的障碍及克服》，载《法学》2020 年第 3 期。
② 《中共中央办公厅国务院办公厅关于转发〈国家信息化领导小组关于我国电子政务建设指导意见〉的通知》（中办发〔2002〕17 号）。

16 个较大的市先于国家制定了本部门、本地区的政府信息公开规定。^① 制定统一的政府信息公开规范既具有现实必要性，也具备了充分的可行性。

2002 年，国务院正式启动了《政府信息公开条例》的起草工作，并在年底完成了送审稿。2003 年公布的国务院立法工作计划将《政府信息公开条例》定性为"规范政府共同行为需要制定的行政法规"，列入"需要抓紧研究、条件成熟时适时提请审议的法律、行政法规"序列，^② 这是政府信息公开条例首次进入国务院年度立法计划中。2005 年，中办、国办印发《关于进一步推行政务公开的意见》，明确提出了"抓紧制定《政府信息公开条例》"的要求，成为立法的重要推动力。在 2006 年国务院立法工作计划中，《政府信息公开条例》进入"力争年内出台的重点立法项目"序列。^③ 经过五年时间的努力，2007 年 1 月 17 日国务院第 165 次常务会议通过了《政府信息公开条例》，自 2008 年 5 月 1 日起施行。该条例共 5 章 38 条，分别规定了政府信息公开的管理体制、基本原则，信息公开的范围，信息公开的方式和程序，对信息公开的监督与保障等内容。

《政府信息公开条例》的颁布实施是对已有政务公开规范的整合和提升，按照研究者的归纳，其对于原有的政务公开制度所带来的影响包括六个方面：第一，条例明确赋予了政府公开信息的义务，将信息公开从单方面不确定的"恩赐"变成申请人的权利；第二，条例扩大了政府信息公开的范围，政府机关不但要公开办事程序与结果，还要公开手中掌握的大量信息；第三，条例规定的程序将更为多样和严格，既有主动公开又有依申请公开，既有法定公开形式，又有非法定公开形式；第四，条例提供了行政复议、行政诉讼等法定救济途径，以确保可通过独立审查有效地解决争议，监督政府机关依法公开信息；第五，条例对配套制度的要求更高，通

---

① 李盛：《〈中华人民共和国政府信息公开条例〉的制定背景、主要内容及目录编制》，载《电子政务》2008 年第 5 期。

② 《国务院办公厅印发关于做好国务院 2003 年立法工作的几点意见和国务院 2003 年立法工作计划的通知》（国办发〔2003〕36 号）。

③ 《国务院办公厅印发关于做好国务院 2006 年立法工作的意见和国务院 2006 年立法工作计划的通知》（国办发〔2006〕2 号）。

过打开政府信息资源管理的末端环节，倒逼政府机关完善整个政府信息资源管理制度；第六，原先的政务公开大多是靠文件推动，规范效力等级低，条例作为国务院制定颁布的行政法规，能够很好解决这一问题。[①] 总之，《政府信息公开条例》的颁布实施标志着我国正式建立了系统性的政府信息公开制度，向建成阳光政府、开放政府、透明政府、法治政府又迈出了重要一步。[②] 对于各级行政机关而言，这不啻为是一次从传统到现代，从封闭到开放的重大转型。

从国务院层面到地方各级行政机关，都对于《政府信息公开条例》的实施给予了高度重视。条例公布后，国办于 2007 年 8 月专门发布了《国务院办公厅关于做好施行〈中华人民共和国政府信息公开条例〉准备工作的通知》（国办发〔2007〕54 号），要求各级行政机关充分认识贯彻施行《政府信息公开条例》的重要性和紧迫性，抓紧编制或修订政府信息公开指南和公开目录，尽快建立健全政府信息公开工作机制及制度规范，认真落实相关配套措施，有效开展对行政机关工作人员的教育培训等，从而为条例的实施进行准备。在条例生效后的 2008 年 4 月，国办发布《国务院办公厅关于施行〈中华人民共和国政府信息公开条例〉若干问题的意见》（国办发〔2008〕36 号），对政府信息公开的管理体制、政府信息发布的协调机制、政府信息的保密审查等问题作出了进一步明确。《政府信息公开条例》生效后，政府信息公开相关行政诉讼案件数量迅速增加，成为人民法院行政审判的一个新增长点。有的地方信息公开行政案件甚至占到全部行政案件的半数以上。[③] 对于这类新型案件，最高人民法院在 2011 年制定颁布了《最高人民法院关于审理政府信息公开行政案件若干问题的规定》（法释〔2011〕17 号），在受案范围、公开信息范围、举证责任、判决方式等方面对审判工作予以指导和规范。

---

① 周汉华：《政府信息公开条例将带来六大变化》，载《人民日报》2007 年 2 月 14 日，第 3 版。

② 马怀德：《政府信息公开制度的发展与完善》，载《中国行政管理》2018 年第 5 期。

③ 江必新主编：《〈最高人民法院关于审理政府信息公开行政案件若干问题的规定〉理解与适用》，中国法制出版社 2011 年版，第 2 页。

（二）2019 年《政府信息公开条例》的修改

2007 年《政府信息公开条例》自颁布实施以来，对保护公民的知情权，促进政府开放透明发挥了重要作用。近年来，全面依法治国和法治政府建设的迅速推进、互联网和大数据技术的迅速发展、公民知情权的进一步觉醒都对政府的透明开放提出了更高的要求。制定于 2007 年的《政府信息公开条例》因为立法局限、时代局限而已经无法满足现实需要，亟待修改完善。总结起来，2007 年《政府信息公开条例》所存在的问题主要包括：

第一，政府信息公开制度的定位和功能有待进一步明确。如本章第一节所论，透明政府的功能与价值是多元化的，但制定于 2007 年的《政府信息公开条例》在定位和功能上并不足够清晰，既没有明确公民的知情权，也没有确认信息公开的基本原则，从而导致在具体制度设计上出现诸多争论。

第二，信息公开范围有待进一步明确。尤其是《政府信息公开条例》对于不予公开信息的范围缺乏清晰界定，引发实践争论。对于例外事项，《政府信息公开条例》仅在第 14 条规定了"行政机关不得公开涉及国家秘密、商业秘密、个人隐私的政府信息"，未规定比较法上常见的内部信息、过程性信息等内容，但在第 8 条又规定"行政机关公开政府信息，不得危及国家安全、公共安全、经济安全和社会稳定"（也即俗称的"三安全一稳定"），且未明确条文之间的相互关系，造成适用混乱。有研究者指出，《政府信息公开条例》仅列举国家秘密、商业秘密和个人隐私三个例外事项，理论上意味着可公开的信息较多，但宽泛和难以界定的"三安全一稳定"条款又使得信息公开的可能性急剧降低。"《条例》相应条款的一松一紧之间，可以感受立法者游移不定的态度，也导致信息公开范围张弛无度、边界模糊。"[①]

第三，对申请人资格限制过多。《政府信息公开条例》第 13 条规定，除主动公开的信息外，公民、法人或者其他组织可以根据自身生产、生活、科研等特殊需要，申请获取政府信息。《国务院办公厅关于施行〈中华人民共和国政府信息公开条例〉若干问题的意见》进一步明确"行政机关对申

---

① 王敬波：《政府信息公开中的公共利益衡量》，载《中国社会科学》2014 年第 9 期。

请人申请公开与本人生产、生活、科研等特殊需要无关的政府信息，可以不予提供。"这导致很多行政机关在处理政府信息公开时将"生产、生活、科研"这"三需要"作为申请政府信息公开的资格条件，要求申请人证明申请用途和目的。[①] 然而，以"三需要"对申请人的资格进行限制实际上弱化了对公民知情权的保护，排除了监督政府的客观性。从国际比较看，世界上很多国家在信息公开法中都没有设置申请人的资格限制。[②]

第四，章节体例和逻辑顺序不够清晰。例如，在公开方式上，《政府信息公开条例》区分了主动公开与依申请公开两类公开程序，并以此作为制度设计的重要基准。但在具体条文顺序上，《政府信息公开条例》的逻辑却显得混乱而不统一。例如，条例第二章虽名为"公开的范围"，但实际内容主要是主动公开的信息，第三章虽名为"公开的方式和程序"，但实际内容主要是依申请公开的信息，这导致《政府信息公开条例》在整体结构上不匹配，[③] 主动公开和依申请公开应当分别适用的程序规则也不够完善。

第五，对于一些实践中出现的突出问题如滥用政府信息公开申请权等规制不足。《政府信息公开条例》颁布后，少数申请人大量、反复提起信息公开申请，并基于信息公开申请大量提起行政复议或行政诉讼已成为一个引人关注的现象。尤其是在土地资源类案件、城市管理类案件中，有的被拆迁人对补偿安置不满，其他诉讼手段已用尽转而转向政府信息公开，希望借助政府信息公开方式获取证据、给政府施加压力，也有的就是为了发泄不满而提出申请，制造麻烦。[④] 此类现象挤占了大量行政、司法资源，对政府信息公开的正常秩序造成严重影响，但《政府信息公开条例》却未有合适的回应机制。

---

① 吕艳滨：《政府信息公开制度实施状况——基于政府透明度测评的实证分析》，载《清华法学》2014 年第 3 期；余凌云：《政府信息公开的若干问题：基于 315 起案件的分析》，载《中外法学》2014 年第 4 期。

② 王敬波：《谁有权申请——关于信息公开申请人资格的国际比较》，载《中国法律评论》2016 年第 4 期。

③ 周汉华：《打造升级版政务公开制度——论〈政府信息公开条例〉修改的基本定位》，载《行政法学研究》2016 年第 3 期。

④ 程琥：《〈政府信息公开条例〉的修改》，载《国家检察官学院学报》2016 年第 3 期。

上述问题表明，制定于 2007 年的《政府信息公开条例》已经无法适应新时代下全面推进政务公开的需要，亟须修订。在此背景下，2015 年的国务院立法工作计划将《政府信息公开条例》的修订列入"研究项目"中。2016 年 2 月，中办、国办印发《关于全面推进政务公开工作的意见》，条例的修订自此进入快车道。2016 年的国务院立法工作计划将其纳入"全面深化改革急需的项目"中，并在 2017 年 6 月公布了修订草案的征求意见稿。2019 年 4 月 3 日，国务院第 711 号令通过了修订后的《政府信息公开条例》。①

2019 年颁布的新《政府信息公开条例》对 2007 年《政府信息公开条例》进行了全面修改完善，条文数量增加到 6 章 56 条。按照司法部负责同志的回答，《政府信息公开条例》修订的总体思路可概括为四个方面：一是积极扩大主动公开，坚持"公开为常态、不公开为例外"的原则，凡是能主动公开的一律主动公开，切实满足人民群众获取政府信息的合理需求；二是平衡各方利益诉求，既要保障社会公众依法获取政府信息的权利，也要保护国家秘密、商业秘密和个人隐私，同时要防止有的申请人不当行使申请权，超出行政机关公开政府信息的能力，影响政府信息公开工作的正常开展；三是坚持问题导向，研究梳理现行《政府信息公开条例》实施中遇到的突出问题，将行之有效的经验和做法上升为法律规定，增强制度的针对性、可操作性和实效性；四是研究国外政府信息公开的新经验、新做法，对适合我国国情的予以借鉴。② 应当说，修订后的《政府信息公开条例》基本实现了上述目的。按照媒体的总结，新《政府信息公开条例》的亮点包括：扩大主动公开的范围和深度、提升政府信息公开的在线服务水平、取消依申请公开的"三需要"门槛、完善依申请公开的程序规定、强化便民服务举措、进一步加大落实监督保障力度。③ 尤其是新《政府信息公开条

---

① 下文所称《政府信息公开条例》均指 2019 年修订后的文本。在涉及与 2007 年《政府信息公开条例》对比时，将标明"2007 年《政府信息公开条例》"。

② 《司法部负责人就政府信息公开条例修订答记者问》，载《法制日报》2019 年 4 月 16 日，第 2 版。

③ 万静、刘子阳：《新修订政府信息公开条例公布 呈现扩大主动公开范围深度等七大亮点》，载《法制日报》2019 年 4 月 16 日，第 1 版、第 4 版。

例》还明确规定了"以公开为原则，不公开为例外"的基本原则，重新厘定了政府信息公开的例外事项，就政府信息公开申请的处理决定进行了类型化，对不合理利用政府信息公开申请权的行为作出了针对性规定。这些制度变革较为有效地回应了实践中的突出问题。可以预见，新《政府信息公开条例》的实施将能够更好维护社会公众的民主权利，进一步推动我国政府的开放与透明。

（三）制定《政务公开法》的主张

在修订《政府信息公开条例》的过程中，有部分研究者提出，《政府信息公开条例》所存在的一些问题可以通过修法解决，但另一部分问题的解决还有赖于制定更高位阶的《政务公开法》：首先，目前政府信息公开制度的系统性依据主要由《政府信息公开条例》和一些位阶较低的规章、规范性文件组成，这使得政府信息公开制度无法与更高位阶的法律相对接。其中最为重要的是与《档案法》所确立的档案管理制度的对接。《档案法》就档案资料的开放和利用规定了一套与《政府信息公开条例》完全不同的权限和程序。由于两部规范因未明确各自对处于不同阶段文件资料的调整规则，实践中可能会出现适用冲突。实践中也确实存在一些公开主体以政府信息已经归档，须经档案部门同意方可决定是否允许查阅为由，拒绝提供政府信息的情况。[1] 其次，当前已有越来越多的单行法律规定了具体领域的政府信息公开制度，如《环境保护法》以专章的方式规定了环境信息公开制度。未来我国还会在个人信息保护、数据安全、电子政务等领域制定法律，政府信息公开需要更高位阶的规范来发挥制度统领作用。[2] 最后，制定《政务公开法》能够进一步延伸和扩展当前的政府信息公开制度，"政务公开的公开范围更为广泛，公开形式更为灵活，公开制度更加规范，公开更多地依赖互联网和媒体技术"。[3] 尤其是党务公开成为当前重要工作的

---

① 王敬波、李帅：《我国政府信息公开的问题、对策与前瞻》，载《行政法学研究》2017年第2期。
② 马怀德：《政府信息公开制度的发展与完善》，载《中国行政管理》2018年第5期。
③ 马怀德：《政府信息公开制度的发展与完善》，载《中国行政管理》2018年第5期。

情况下，^① 也能够有效统合政务公开与党务公开。^②

事实上，早在《政府信息公开条例》制定出台之前，就有学者讨论过制定信息公开法与制定信息公开条例的利弊，并提出直接制定信息公开法的优势包括以下几个方面：第一，效力层级较高，更具权威性；第二，所能调整的范围更广，适用范围上可以包括所有的国家机关；第三，以法律的形式明确赋予申请人信息权或知情权，可以协调信息公开立法和其他法律的关系，减少矛盾冲突；第四，法律可以规定各种形式的制裁和法律责任，更有利于信息公开制度的推行。但考虑到立法速度、积累经验等原因，最终还是先以行政法规的形式颁布了《政府信息公开条例》。^③ 从目前情况来看，制定统一的《政务公开法》时机已经成熟，在适当的时候将《政府信息公开条例》上升为《政务公开法》确有必要。

第三节 政府信息公开的主要制度与实践

如前所述，在我国现行法律制度中，政府透明、开放的要求在多领域、多层级、多类型的立法中均有体现。其中，由《政府信息公开条例》所确立的政府信息公开制度通常被认为是促进政府开放、透明的最重要基石，其所确立的诸多制度对于实现政府的开放、透明有着不可替代的作用，是公民依法获取公共信息最重要的制度依托。因此，本节将围绕2019年修订后的《政府信息公开条例》，从政府信息概念界定、政府信息公开范围、政府信息的公开方式与程序等方面介绍我国政府信息公开的主要制度与实践。

---

① 2017年11月30日，中共中央政治局会议审议通过《党务公开条例（试行）》，对加强和规范党务公开工作提出明确要求。

② 马怀德：《政府信息公开制度的发展与完善》，载《中国行政管理》2018年第5期。

③ 周汉华：《起草〈政府信息公开条例〉（专家建议稿）的基本考虑》，载《法学研究》2002年第6期。

一、政府信息的概念界定

政府信息公开制度有效运行的前提是界定何为"政府信息"。2007 年《政府信息公开条例》将"政府信息"界定为"行政机关在履行职责过程中制作或者获取的，以一定形式记录、保存的信息。"这一概念的界定相对宽泛，引发实践中的诸多争议：由于 2007 年《政府信息公开条例》对例外事项的界定不够清晰完整，部分行政机关将政府信息的认定与内部信息、过程性信息等例外事项混淆，以"不属于政府信息"为由拒绝公开。[①] 例如，有研究者在 2012 年的调研中发现有多个部委在政府信息公开答复中称人事任免信息不属于《政府信息公开条例》所指的政府信息。[②] 在这种情况下，"不属于政府信息"几乎成为信息不公开的兜底理由。同时，部分行政机关对"政府信息"的概念进行不当限缩，例如将政府信息限定为行政机关自行制作的信息，从而排除行政机关从公民、企业处获得的信息，导致信息公开范围被大幅限缩。[③] 总之，"是否属于政府信息"已成为政府信息公开中的主要争议问题之一，重新考虑如何界定"政府信息"的概念内涵确有必要。

在学理上，对"政府信息"界定标准的阐释有三要素、四要素等不同观点。例如有研究者提出，认定政府信息时，可从三个方面进行考量：一是主体方面，政府信息的主体为行政机关，当然在一定条件下企业信息、个人信息也可以转化为政府的信息；二是内容方面，政府信息是行政机关履行行政管理职责中制作或获取的信息，但对"履行职责"应当作广义理解，除了公安机关行使刑事侦查权等法律另有规定的以外，一般不能以行政机关的信息不属于"履行职责中"信息而否定信息的政府信息性质；三是形式方面，政府信息是"以一定形式记录、保存的信息"，其中"一定形式"通常是书面

[①] 肖卫兵：《政府信息概念：基于 874 件诉讼案例的实证分析》，载《中国法律评论》2016 年第 4 期。

[②] 吕艳滨：《政府信息公开制度实施状况——基于政府透明度测评的实证分析》，载《清华法学》2014 年第 3 期。

[③] 《全国法院政府信息公开十大案例"余穗珠诉海南省三亚市国土环境资源局案"》，载《人民法院报》2014 年 9 月 13 日，第 3 版。

文字等正式形式，但也可能存在非正式的信息形式。[①]

　　另有研究者提出，界定"政府信息"应当考虑四个方面的要素：第一，主体要素，即政府信息是由行政机关掌握的信息，此处的"行政机关"采广义理解，不仅包括各级人民政府及其组成部门，还包括法律法规授权管理公共事务的组织；第二，职责要素，即政府信息产生或获取于行政机关履行职责的过程中，行政机关的职责可从其宏观职能、行政组织法、"三定方案"等依据中具体确定；第三，来源要素，政府信息不仅包括行政机关在履行职责过程中通过制作方式形成的信息，还包括履行职责过程中从其他国家机关、社会组织以及公民个人那里获取的相关信息；第四，载体要素，即政府信息是以一定形式记录和保存的信息，具体的记录和保存形式可以是纸质文本，也可以是电子介质或其他载体，但前提是必须能够为人所感知。[②]

　　上述解释方式能够在一定程度上澄清"政府信息"的概念，对实践起到指导作用。但其存在的问题是，部分要素依然不够客观、清晰，需要进一步解释。例如，对于最为核心的"职责要素"，就存在行政机关是否具有相关职责、内部管理是否属于"履行职责"、行政机关参与民事活动是否属于"履行职责"、行政机关行使刑事权力时是否属于"履行职责"等一系列争论。[③] 2019年修订后的《政府信息公开条例》第2条规定："本条例所称政府信息，是指行政机关在履行行政管理职能过程中制作或者获取的，以一定形式记录、保存的信息。"比起2007年《政府信息公开条例》，该规定将"履行职责过程中"修改为"履行行政管理职能过程中"，强调了行政机关履职的行政性，这有利于解决公安机关在履行刑事侦查职能时所制作或获取信息的性质问题，但也可能进一步引发行政机关参与民事活动时的信息是否公开的问题。尤其是在房屋拆迁法律关系中，只要行政机关以拆迁人

---

　　① 张岩：《政府信息的认定》，载《中国行政管理》2012年第8期。
　　② 王敬波：《政府信息概念及其界定》，载《中国行政管理》2012年第8期。
　　③ 王军：《"政府信息"的司法认定——基于86件判决的分析》，载《华东政法大学学报》2014年第1期。

的身份出现，法院很多时候就倾向于认定"作为拆迁人的行政机关与当事人之间产生的关系为民事法律关系，而非其在履行行政职责"①。

针对上述复杂情况，另有研究者提出，对政府信息的概念进行准确界定在实际操作层面不具有可行性，可考虑适用"持有即有关"的替代性思路解决这一问题，即在法律上推定行政机关持有的信息都是与其履行职责有关的信息，都属于政府信息。至于相关信息是否应当公开，则依照信息公开范围的规定来进行判断。这样一来，是否对政府信息作出界定、如何界定等，就成为一个并不十分重要的问题，政府信息公开的核心问题放置到公开范围中进行解决。②应当说，从兼顾权利保护要求与实际操作性的角度出发，这也不失为一种可行的方法，但其可能造成政府信息界定这一装置完全失去过滤意义，将更多问题引入信息公开范围当中。因此，更为稳妥的方式是在现有的规范涵摄范围内进行较为宽泛的解释：例如在职能方面，将行政机关以私法手段实现公共目的的行为认定为是履行行政管理职能的行为；③再如，在来源方面，除了行政机关自行制作的信息，还要重点考虑行政机关获取的信息，只要企业信息、个人信息经历了提交、登记等程序转化为政府信息的，就应当认定为是政府信息。

二、政府信息公开的例外事项

对于政府信息公开制度而言，哪些信息公开，哪些信息不公开是其制度核心。尤其是在《政府信息公开条例》确定了"以公开为原则、不公开为例外"这一精神的前提下，从正面列举应当公开的信息难度较大，只有准确厘定不予公开的例外事项，才能在反向排除的基础上真正把握公开信息的范围。从比较法的视角观之，世界上已经制定信息公开法律的国家中，

---

① 王军:《"政府信息"的司法认定——基于 86 件判决的分析》，载《华东政法大学学报》2014 年第 1 期。

② 后向东:《论我国政府信息公开制度变革中的若干重大问题》，载《行政法学研究》2017 年第 5 期。

③ 余凌云:《政府信息公开的若干问题:基于 315 起案件的分析》，载《中外法学》2014 年第 4 期。

关于信息公开范围的规定都是重中之重，尤其是不公开信息的例外事项更是决定信息公开范围的关键因素。[①] 因此，准确把握政府信息公开的例外事项尤其重要。

2007 年《政府信息公开条例》第 14 条第 4 款规定"行政机关不得公开涉及国家秘密、商业秘密、个人隐私的政府信息。但是，经权利人同意公开或者行政机关认为不公开可能对公共利益造成重大影响的涉及商业秘密、个人隐私的政府信息，可以予以公开"。此外还在第 8 条规定了"行政机关公开政府信息，不得危及国家安全、公共安全、经济安全和社会稳定"。如前所述，上述两个条文之间的关系及其适用在实践中造成了较大争议。因此，2019 年修订的《政府信息公开条例》对上述规定进行了系统整合，在第 14 条至第 16 条分类规定了政府信息公开的例外事项。

（一）国家秘密等公开后可能产生危害的政府信息

《政府信息公开条例》第 14 条规定"依法确定为国家秘密的政府信息，法律、行政法规禁止公开的政府信息，以及公开后可能危及国家安全、公共安全、经济安全、社会稳定的政府信息，不予公开"。该条文整合了 2007 年《政府信息公开条例》的第 8 条和第 14 条，将"三安全一稳定"明确纳入例外事项中，并规定了其他法律、行政法规禁止公开的政府信息也不得公开。

涉及国家秘密的信息通常是各国信息法所共同排除的公开事项，其通常包括国际关系、国防、军事、外交等方面关涉国家安全和利益的信息，在行为表现上多为国家行为，往往在法律性之外还具有政治性。[②] 我国《保守国家秘密法》第 2 条对国家秘密进行了定义："国家秘密是关系国家安全和利益，依照法定程序确定，在一定时间内只限一定范围的人员知悉的事项。"同时，《保守国家秘密法》还在第 9 条第 1 款列举了 7 类国家秘密，

---

① 王敬波：《什么不能公开？——信息公开例外事项的国际比较》，载《行政法学研究》2016 年第 3 期。

② 王敬波：《什么不能公开？——信息公开例外事项的国际比较》，载《行政法学研究》2016 年第 3 期。

分别为：（1）国家事务重大决策中的秘密事项；（2）国防建设和武装力量活动中的秘密事项；（3）外交和外事活动中的秘密事项以及对外承担保密义务的秘密事项；（4）国民经济和社会发展中的秘密事项；（5）科学技术中的秘密事项；（6）维护国家安全活动和追查刑事犯罪中的秘密事项；（7）经国家保密行政管理部门确定的其他秘密事项。从内容上可以看出，上述 7 类列举只是对秘密事项领域的列举，而非对国家秘密的直接界定。

有研究者指出，我国《保守国家秘密法》对于国家秘密采取的是复合形式的认定结构，只有既符合形式要件亦符合实质要件的事项，才能构成国家秘密。[①]所谓形式要件，是指国家秘密应由法律授权的定密主体及定密责任人确定。在这一问题上，《保守国家秘密法》第 12 条和第 13 条对各个密级的定密主体和定密责任人进行了规定：中央国家机关、省级机关及其授权的机关、单位可以确定绝密级、机密级和秘密级国家秘密；设区的市、自治州一级的机关及其授权的机关、单位可以确定机密级和秘密级国家秘密。所谓实质性要件，则应当从《保守国家秘密法》第 2 条出发，考虑该信息是否"关系国家安全和利益"以及是否属于非公开信息。对于相关信息泄露后是否会对国家安全和利益造成损害、会造成何种程度的损害这一问题而言，定密机关有着较大的裁量空间。但定密机关在定密时，应当说明其认定国家安全和利益受到特别严重、严重或一般损害时的考虑。且这种解释，必须指向现实的、可以特定化的不利益。[②]

按照上述要求，在政府信息公开中，如果行政机关认定申请人所申请公开的信息涉及国家秘密，应当不予公开的，应当告知申请人并说明其认定理由。行政机关对政府信息不能确定是否涉及国家秘密时，应当依照法律、法规和国家有关规定报有关主管部门或者保密行政管理部门确定。此外，对于主要内容需要公众广泛知晓或参与，但其中部分内容涉及国家秘密的信息，可以经法定程序解密并删除涉密内容后，予以公开。[③]

---

① 郑春燕：《政府信息公开与国家秘密保护》，载《中国法学》2014 年第 1 期。
② 郑春燕：《政府信息公开与国家秘密保护》，载《中国法学》2014 年第 1 期。
③ 程琥：《〈政府信息公开条例〉的修改》，载《国家检察官学院学报》2016 年第 3 期。

信息公开制度与保密制度的关系是政府信息公开中的关键问题，其涉及一国的公共信息究竟是"保密主导下的公开"，还是"公开主导下的保密"。[①] 尽管在《政府信息公开条例》生效后，我国已经对《保守国家秘密法》和《保守国家秘密法实施条例》进行了修改完善，以期能够与政府信息公开制度相适应，[②] 但从近年来政府信息公开的实践来看，还是存在对"国家秘密"解释过于宽泛，司法审查力度不强的问题。[③] 这在一定程度上对政府信息的开放形成了不当限制。就这一问题，学界提出的解决方案包括借鉴美国定密制度，从定密责任人、定密异议制度、解密制度等方面对我国现行保密制度进行完善；[④] 或是进一步完善司法审查模式，明确相关主体的证明责任，强化法院的审查力度。[⑤] 也有研究者从变更定密体制的角度提出了两个解决方案，一是将定密的权力收归省级以上机关，通过提级的方式来进行规范和限制；二是在省级以上保密行政管理部门内部建立相对独立的信息公开委员会，判断信息是否属于国家秘密，是否允许公开，用团体主义来降低个人判断的政治风险。[⑥]

与此同时，《政府信息公开条例》第14条还规定，除《政府信息公开条例》所规定的例外事项外，法律、行政法规禁止公开的政府信息也不予公开。这一规定在坚持"以公开为原则，不公开为例外"的前提下，允许其他法律、行政法规就政府信息的公开作出特别的考量和规定，行政机关应当遵从相关特殊规定。

---

① 王锡锌：《政府信息公开语境中的"国家秘密"探讨》，载《政治与法律》2009年第3期。

② 沈福俊：《建立与政府信息公开制度相适应的保密制度——以〈保守国家秘密法〉的修改为视角》，载《法学》2009年第9期。

③ 郑春燕：《政府信息公开与国家秘密保护》，载《中国法学》2014年第1期；余凌云：《政府信息公开的若干问题：基于315起案件的分析》，载《中外法学》2014年第4期。

④ 王敬波、田甜：《美国定密制度及其借鉴》，载《保密工作》2015年第10期。

⑤ 郑春燕：《政府信息公开与国家秘密保护》，载《中国法学》2014年第1期。

⑥ 余凌云：《政府信息公开的若干问题：基于315起案件的分析》，载《中外法学》2014年第4期。

需要注意的是，该条依然保留了 2007 年《政府信息公开条例》中的"三安全一稳定"条款，并将其明确纳入政府信息公开的例外范围中。如前文所言，"三安全一稳定"属于高度不确定的法律概念，与《政府信息公开条例》第 14 条所规定的"依法确定为国家秘密的政府信息"和"法律、行政法规禁止公开的政府信息"都可能存在交叉重合。尽管保留"三安全一稳定"能够对公开例外事项起到兜底作用，但其也有可能在实践中被扩张解释，影响到当事人获取政府信息的权利。"多数案件在论及'三安全、一稳定'时，无论是法庭辩论还是判决也都只是给出结论，不加分析。"[①]有研究者提出，应当通过列举与排除并用的方式明确"三安全一稳定"所涉事项的范围，从而在不影响国家利益的前提下，最大限度地保障公民知情权。[②]事实上，在已经明确"法律、行政法规禁止公开的政府信息不得公开"这一规则的前提下，未来可以通过在具体领域立法中明确不予公开的事项，依托单行立法将"三安全一稳定"可能涉及的内容不断具体化，并删除"三安全一稳定"条款，确保政府信息公开例外事项的可预期性。

（二）商业秘密、个人隐私等公开会对第三方合法权益造成损害的政府信息

《政府信息公开条例》第 15 条规定，"涉及商业秘密、个人隐私等公开会对第三方合法权益造成损害的政府信息，行政机关不得公开。但是，第三方同意公开或者行政机关认为不公开会对公共利益造成重大影响的，予以公开"。按照上述规定，在适用这一条款时，需要经过商业秘密与个人隐私的识别认定、征求第三方意见以及公共利益衡量三个层次的处理。

将商业秘密规定为政府信息公开的例外，主要是基于维护市场公平竞争的考虑。政府在管理过程中通常会收集到企业的商业秘密，如果允许政府公开企业商业秘密，企业的商业活动就失去了保护，不利于促进市场公平

---

① 余凌云：《政府信息公开的若干问题：基于 315 起案件的分析》，载《中外法学》2014 年第 4 期。

② 王敬波、李帅：《我国政府信息公开的问题、对策与前瞻》，载《行政法学研究》2017 年第 2 期。

合理竞争。^①就商业秘密的认定而言，行政机关和法院通常沿用《反不正当竞争法》中的标准进行判断。《反不正当竞争法》第9条第4款规定，商业秘密，是指不为公众所知悉、具有商业价值并经权利人采取相应保密措施的技术信息、经营信息等商业信息。具体而言，构成商业秘密通常具备三个要件：一是秘密性，即该信息不为公众所知；二是具有商业价值，此处的商业价值可认定为能够带来经济上的收益或良好的预期；三是权利人采取了相应的保密措施。

考虑到隐私在维护人格尊严、促进个人自治等方面的重要价值，政府信息公开制度将个人隐私作为公开的例外事项。但是，如何界定个人隐私是一直困扰理论和实践的问题。最高人民法院在制定政府信息公开行政案件司法解释时，曾经试图对个人隐私的种类进行详细列举，但多数专家和有关单位的从业者都提出，目前无论是法律还是司法解释都缺乏对隐私权的明确界定，在司法解释中进行列举既缺乏立法依据，也难以周全，故最后未作明确规定。^②《政府信息公开条例》修订过程中也曾考虑对个人隐私进行列举式限定，国务院法制办所公布的修订草案征求意见稿曾经规定："行政机关不得公开涉及商业秘密的政府信息，不得公开涉及他人身份、通讯、健康、婚姻、家庭、财产状况等个人隐私的政府信息。"但这一列举存在两个问题：一是明确列举可能挂一漏万；二是在信息化时代，不同场景下的个人隐私的定义往往随着场景的变化而发生转变，在此场景中属于个人隐私的内容，在彼场景中可能出现完全相反的认定，这也是个人信息保护中对于个人的认定强调"场景化"的原因。最终，条例修订稿并未采取上述的列举式立法。这表明对个人隐私进行概念上的精确界定确实存在难度。有研究者从司法实践中总结出界定个人隐私的两条标准：一是不向公众公开、不愿为公众知悉的信息；二是公开后会对权利人生产、生活造成明显

① 王敬波、李帅：《我国政府信息公开的问题、对策与前瞻》，载《行政法学研究》2017年第2期。

② 李广宇：《政府信息公开司法解释读本》，法律出版社2015年版，第255—256页。

不当影响的信息。[①] 应当说，这两条标准分别兼顾了隐私认定主观和客观层面的标准，具有一定的合理性和可操作性。但同时需要注意，"不向公众公开、不愿为公众知悉的信息"这一标准应当以一般大众的认知进行衡量，而不应当以当事人的个别认知进行衡量。2021 年生效的《民法典》第 1032条第 2 款对隐私作了定义，规定隐私是自然人的私人生活安宁和不愿为他人知晓的私密空间、私密活动、私密信息，同样兼具主观和客观层面的要件。

对于涉及商业秘密和个人隐私的信息，保护第三人附着在此类信息上的法益是政府信息公开制度设计时应当考量的因素。对于行政机关主动公开的信息，公开之前应当进行充分的利益衡量。对于依申请公开的信息，《政府信息公开条例》第 32 条规定了征求第三方意见的要求和程序："依申请公开的政府信息公开会损害第三方合法权益的，行政机关应当书面征求第三方的意见。第三方应当自收到征求意见书之日起 15 个工作日内提出意见。第三方逾期未提出意见的，由行政机关依照本条例的规定决定是否公开。第三方不同意公开且有合理理由的，行政机关不予公开。行政机关认为不公开可能对公共利益造成重大影响的，可以决定予以公开，并将决定公开的政府信息内容和理由书面告知第三方。"按照该条文的规定，征求第三方意见可能产生三种不同结果：其一，第三方同意公开的，视为第三方同意放弃相关商业秘密和隐私利益，行政机关可以公开。其二，第三方不同意公开且有合理理由的，行政机关不予公开。但对于此类情况仍需进行公共利益衡量，若经衡量认为不公开可能对公共利益造成重大影响的，可以决定公开。其三，第三方逾期未答复的，应当推定为第三方不同意公开。因为对于商业秘密和隐私利益的放弃应当是明示的，而不能是默示和推定的。此时由行政机关按照《政府信息公开条例》的规定进行公共利益衡量后决定是否公开。

按照《政府信息公开条例》第 15 条的规定，尽管当事人不同意公开相

---

① 余凌云：《政府信息公开的若干问题：基于315起案件的分析》，载《中外法学》2014 年第 4 期。

关信息，或逾期未作出答复，但若行政机关认为不公开会对公共利益构成重大影响时，也应当公开相关信息。此处涉及"公共利益"和"重大影响"两个不确定法律概念的解释问题。对"公共利益"的解释向来是法学理论上的重大难题，学术界与司法实务界都作出了诸多努力，却未能取得理想的成果。造成这一状况的本质原因在于，"公共利益"本身在利益的内容、收益的对象多个方面都存在不确定性，[①] 对其进行一般性的阐释难以达到预期目的。有研究者提出，政府信息公开领域的"公共利益"有两个重要的特征。第一，其不仅仅包括经济利益，还应当包括政治利益、文化利益、公共安全利益等。第二，所保护的范围仅限于公共性质的利益，而不包括他人的私人利益，因为私人权利之间具有平等性。[②] 在政府信息公开案件中，"公共利益"的界定应当采取类型化和个案化的界定思路，[③] 结合个案的特殊情境，综合考量公开或不公开对于政治、经济、文化、社会可能产生的影响，从而进行利益之间的判断与衡量。[④]

同时，利益衡量过程中，要求不公开可能对公共利益产生"重大影响"时方才公开，意味着需要对公开相关信息产生的影响进行量的分析。从文义上看，"重大"同样是不确定性概念，难以进行准确描述。故而何谓"重大"可能需要由行政机关在个案中酌情判定。[⑤] 从文义解释的角度出发，对事物造成"重大影响"，通常是指会使事物的发展方向或本质发生彻底性的变化。循此逻辑，对公共利益构成的"重大影响"应当是使得相关公共利益无法实现或几乎不能实现。有研究者提出，司法实践中对"重大影响"的理解主要是在尊重行政裁量的基础上，要求行政机关提供其认定构成"重大影响"的基本事实根据，特别是与第三方私人利益进行比较权衡时所选用因素的科学性、完整性、现实性。[⑥]

---

① 黄学贤：《公共利益界定的基本要素及应用》，载《法学》2004 年第 10 期。
② 章剑生：《现代行政法专题》，清华大学出版社 2014 年版，第 139 页。
③ 余军：《"公共利益"的论证方法探析》，载《当代法学》2012 年第 4 期。
④ 王敬波：《政府信息公开中的公共利益衡量》，载《中国社会科学》2014 年第 9 期。
⑤ 章剑生：《现代行政法专题》，清华大学出版社 2014 年版，第 139 页。
⑥ 程琥：《〈政府信息公开条例〉的修改》，载《国家检察官学院学报》2016 年第 3 期。

（三）行政机关的内部事务信息、过程性信息、执法案卷信息

《政府信息公开条例》第 16 条第 1 款规定"行政机关的内部事务信息，包括人事管理、后勤管理、内部工作流程等方面的信息，可以不予公开。"第 2 款规定"行政机关在履行行政管理职能过程中形成的讨论记录、过程稿、磋商信函、请示报告等过程性信息以及行政执法案卷信息，可以不予公开。法律、法规、规章规定上述信息应当公开的，从其规定。"这一条文增加了 2007 年制定《政府信息公开条例》时未作明确规定，但在实践中又确实有必要豁免公开的内部事务信息、过程性信息和执法案卷信息，[①] 对于进一步厘清我国政府信息公开的例外事项具有重要意义。

所谓内部事务信息，通常是指行政机关的内部管理活动所产生的信息，区别于行政机关对外实施行政管理职能而制作、获取的信息。"内部管理行为是行政机关为了顺利有效地履行其社会职能而对其内部各系统和关系进行的有意识地计划、组织、指挥、协调和控制的活动过程，有组织管理、人事管理、财务管理和物质设施管理等等不同的层次和职能的分工。"[②]《政府信息公开条例》第 16 条第 1 款在明确内部事务信息概念的同时，列举了人事管理、后勤管理、内部工作流程等事项，并以"等"字表示是不完全列举。

从比较法经验上看，很多国家也都将此类信息作为信息公开的豁免事项。例如，美国《信息自由法》规定，纯粹关于机关内部人员规则和习惯的信息豁免公开。参议院对该条款所作的进一步解释指出："豁免条款二只涉及行政机关内部人员规则和习惯。例如职员车库的使用、食堂规则、病假政策以及类似的其他情况。"[③] 之所以将内部事务信息作为公开例外事项，

---

① 国务院办公厅于 2010 年印发的《国务院办公厅关于做好政府信息依申请公开工作的意见》中提出，"行政机关在日常工作中制作或者获取的内部管理信息以及处于讨论、研究或者审查中的过程性信息，一般不属于《条例》所指应公开的政府信息。"这一规定是对实践中豁免公开需要的回应，但因为这一规范性文件超越了《政府信息公开条例》所规定的豁免范围，因此在合法性上受到诟病。

② 程琥：《〈政府信息公开条例〉的修改》，载《国家检察官学院学报》2016 年第 3 期。

③ ［美］理查德·J. 皮尔斯：《行政法》（第五版），苏苗罕译，中国人民大学出版社 2016 年版，第 278 页。

主要是从成本收益角度进行考量，内部事务信息大多与行政机关琐碎的日常事务相关联，无关乎社会管理，无关乎公民、法人和其他组织的权益，公开与否不会对公共利益造成影响，因而公开该类信息所耗费的行政成本不符合效益原则。① 当然，这在另一方面也意味着，内部事务信息豁免公开并非绝对，当内部事务信息关涉行政机关法定职责的履行，涉及公共利益时，则应当公开相关信息。

实践中，适用该条款界定内部事务信息的公开豁免时，需要注意以下几个方面的问题。第一，内部事务信息需要具备纯粹性和公共利益无涉性，即相关信息应当仅与内部事务相关，与外部职权的行使毫无关联，不涉及公民、法人、其他组织的权益和社会公共利益。相关信息一旦涉及外部事务，且可能影响他人利益、公共利益，则应当被排除出内部事务信息的范畴，或进行区分处理。例如，对外招聘、遴选、资格评定等与外部相关的人事信息就应当被排除在内部管理信息的范围之外。② 作为对外管理依据的信息也应当被排除在内部管理信息的范围之外。第二，在实定法层面，对于行政机关的内部运行管理，我国制定有专门的《机关事务管理条例》。该条例对于机关事务提出公开要求的，行政机关应当遵循其规定予以公开。第三，内部事务信息豁免公开主要是出于经济考量，在信息化建设逐步完善的大背景下，信息公开的成本正在逐渐降低，因此内部事务信息的豁免范畴也应当随着时代发展而逐渐收缩，从而更好推进透明政府的建设。

所谓过程性信息，一般是指处于行政机关讨论、研究或者审查过程中的信息。对过程性信息的理解，学界有两种不同观点：第一种观点认为，过程性信息是指在最终行为作出前的调查、处理和讨论等过程中所形成的信息，③ 即"过程性信息"的"过程"不是指信息的形成过程，而是指信息所

---

① 王敬波：《什么不能公开？——信息公开例外事项的国际比较》，载《行政法学研究》2016 年第 3 期。
② 梁艺：《政府信息公开中"内部管理信息"的判定》，载《行政法学研究》2015 年第 1 期。
③ 王敬波：《过程性信息公开的判定规则》，载《行政法学研究》2019 年第 4 期。

服务的行为的形成过程。① 基于这一理解，豁免过程性信息公开主要是考虑到此类信息尚不属于最终决定，公布可能会对公众形成误导。同时，过早公开此类信息也可能会对讨论、决策造成不利影响。第二种观点认为，过程性信息指尚未制作完成的非正式、不完整因而不具有使用价值的信息，② 即每个政府信息自身的状态是"不确定"的信息，其本质是"未制成"信息。③ 基于这一理解，豁免过程性信息公开主要是因为这些信息仍处在变动中，具有不确定性，并不具有真正的信息价值。

从第 16 条第 2 款所列举的讨论记录、过程稿、磋商信函、请示报告等事项来看，《政府信息公开条例》对于"过程性信息"的界定采用第一种立场，将过程性信息界定为在最终行为作出前的调查、处理和讨论等过程中所形成的信息，实践中多表现为行政决定、行政决策之前的准备、筹划、内部沟通等信息。需要注意，此类信息同样也并非绝对不予公开。条例第16 条第 2 款同时规定，法律、法规、规章规定上述信息应当公开的，从其规定。例如，《重大行政决策程序暂行条例》规定了重大行政决策的公众参与和信息公开要求，行政机关就应当按照要求公开信息。此外，即便其他单行立法未就该类信息的公开作出规定，但立法中采用了"可以不予公开"的表述，意味着行政机关具有公开相关信息与否的裁量权。当公开相关信息不会对公共讨论构成负面影响，公开所实现的公共利益又较大时，则应当公开相关信息。

有研究者提出，过程性信息的公开与否应当考虑信息的类型和公开的时间。在信息类型上，应当区分事实性信息与意见性信息。事实性信息原则上应当公开。意见性信息需要视信息来源而定。一般来说，公务人员的意见如果公开可能会影响其坦诚表达和尽责履职，因此应以不公开为原则，

① 杨小军：《过程性政府信息的公开与不公开》，载《国家检察官学院学报》2012年第 2 期。
② 杨登峰：《论过程性信息的本质——以上海市系列政府信息公开案为例》，载《法学家》2013 年第 3 期。
③ 章剑生：《现代行政法专题》，清华大学出版社 2014 年版，第 120—122 页。

公开为例外。专家发言的公开则有利于客观、中立、负责，因此应当以公开为原则，不公开为例外。在公开时间上，在行政决策决定作出之前，行政机关或其机构之间的会商信息以不公开为原则，公开为例外。在行政决策或者行政决定作出后，公开相关信息不再会造成程序中断的影响，因而可视对决策实施的影响等因素考虑公开相关信息。① 最高人民法院公布的政府信息公开典型案例"姚新金、刘天水诉福建省永泰县国土资源局案"也指出，"过程性信息一般是指行政决定作出前行政机关内部或行政机关之间形成的研究、讨论、请示、汇报等信息，此类信息一律公开或过早公开，可能会妨害决策过程的完整性，妨害行政事务的有效处理。但过程性信息不应是绝对的例外，当决策、决定完成后，此前处于调查、讨论、处理中的信息即不再是过程性信息，如果公开的需要大于不公开的需要，就应当公开"。②

行政执法案卷信息通常与当事人、利害关系人之外的其他主体没有直接利害关系，且通常涉及相关主体的商业秘密和个人隐私。③ 另外，行政执法案卷信息可能涉及行政机关对案件调查的技术、方法等内容，全部公开可能会影响到执法程序的正常进行。故《政府信息公开条例》将其作为例外情形具有必要性和合理性。但是，对于行政执法案卷信息，《政府信息公开条例》同样规定了"法律、法规、规章规定上述信息应当公开的，从其规定"。例如《行政处罚法》《行政许可法》等法律都规定了当事人的卷宗阅览权，此时行政机关应当按照这些法律的规定允许当事人查阅案卷，而非援用《政府信息公开条例》的规定拒绝公开上述信息。

三、政府信息公开的方式与程序

《政府信息公开条例》规定了两种信息公开模式，一是行政机关主动公

---

① 王敬波：《过程性信息公开的判定规则》，载《行政法学研究》2019年第4期。
② 《全国法院政府信息公开十大案例》，载《人民法院报》2014年9月13日，第3版。
③ 程琥：《新条例实施后政府信息公开行政诉讼若干问题探讨》，载《行政法学研究》2019年第4期。

开，二是依申请人所提出的申请而公开。主动公开是指无须由特定申请人主张，行政机关主动对社会公开发布信息的行为，主动公开的信息主要是涉及公众利益调整、需要公众广泛知晓或者需要公众参与决策的政府信息。依申请公开是指除了行政机关主动公开的信息外，公民、法人或者其他组织还可以依照相关要求，向行政机关申请获取政府信息。区分主动公开和依申请公开，是我国政府信息公开制度中的重要设计，其主要考虑是需求程度高的信息需要主动公开，从而减少回复公众经常申请的行政成本，提高效率。对于需求程度较低的信息，则从节约公开成本的角度考虑，实行依申请公开。[①] 二者相结合有利于兼顾更大范围内的信息透明和个别化的信息诉求。

（一）主动公开

《政府信息公开条例》第 20 条明确列举了行政机关主动公开信息的范围，主要包括：（1）行政法规、规章和规范性文件；（2）机关职能、机构设置、办公地址、办公时间、联系方式、负责人姓名；（3）国民经济和社会发展规划、专项规划、区域规划及相关政策；（4）国民经济和社会发展统计信息；（5）办理行政许可和其他对外管理服务事项的依据、条件、程序以及办理结果；（6）实施行政处罚、行政强制的依据、条件、程序以及本行政机关认为具有一定社会影响的行政处罚决定；（7）财政预算、决算信息；（8）行政事业性收费项目及其依据、标准；（9）政府集中采购项目的目录、标准及实施情况；（10）重大建设项目的批准和实施情况；（11）扶贫、教育、医疗、社会保障、促进就业等方面的政策、措施及其实施情况；（12）突发公共事件的应急预案、预警信息及应对情况；（13）环境保护、公共卫生、安全生产、食品药品、产品质量的监督检查情况；（14）公务员招考的职位、名额、报考条件等事项以及录用结果；（15）法律、法规、规章和国家有关规定规定应当主动公开的其他政府信息。

---

① 余凌云：《政府信息公开的若干问题——基于315起案件的分析》，载《中外法学》2014 年第 4 期。

总结起来，上述信息大致可以概括为以下四类：一是机构和职权类信息、如机关职能、机构设置等；二是行政机关作出的行政行为相关信息，如行政许可、行政处罚、行政强制的依据、条件等；三是涉及公共财政资金的收取、管理和使用的信息，如财政预算决算、政府采购、重大建设项目等；四是与民众日常生活和民生权益相关联的重大信息，如扶贫、教育、医疗、环保、公共卫生、食品安全等。需要注意的是，上述主动公开的信息范围并非完整列举。《政府信息公开条例》第20条第15项作为兜底条款明确规定，行政机关还应当公开"法律、法规、规章和国家有关规定规定应当主动公开的其他政府信息"，这意味着当其他法律、法规、规章或国家相关规定明确了其他主动公开的内容时，行政机关也应遵守。

除上述信息外，《政府信息公开条例》还赋予了特定层级的人民政府公开特定信息的义务。按照《政府信息公开条例》第21条的规定，设区的市级、县级人民政府及其部门还应当根据本地方的具体情况，主动公开涉及市政建设、公共服务、公益事业、土地征收、房屋征收、治安管理、社会救助等方面的政府信息；乡（镇）人民政府还应当根据本地方的具体情况，主动公开贯彻落实农业农村政策、农田水利工程建设运营、农村土地承包经营权流转、宅基地使用情况审核、土地征收、房屋征收、筹资筹劳、社会救助等方面的政府信息。

随着社会信息化程度的提高，行政机关主动公开的信息范围应当逐渐扩大。从原则上说，只要是涉及公众利益调整、需要公众广泛知晓或者需要公众参与决策的政府信息，行政机关都应当主动、及时公开。另外，按照《政府信息公开条例》的规定，倘若有多个申请人就相同政府信息向同一行政机关提出公开申请，且该政府信息属于可以公开的，行政机关也可以将该信息纳入主动公开的范围，从而降低公众的信息获取成本，提高政府信息公开的效率。

在公开的途径上，行政机关应当将主动公开的信息通过政府公报、政府网站或者其他互联网政务媒体、新闻发布会以及报刊、广播、电视等途径予以公开。其中，政府门户网站是主动公开信息的重要渠道，其有利于公众便捷检索、获取信息。各级人民政府及其工作部门应当确保政府信息公开平台具备信息检索、查阅、下载等功能，以提升公民的信息获取便利度。除此之外，各级人民政府还应当在国家档案馆、公共图书馆、政务服务场所设置政府信息查阅场所，并配备相应的设施、设备。在公开时限上，行政机关应当自相应的政府信息形成或者变更之日起 20 个工作日内及时公开。

从近年来的实证研究成果来看，对于《政府信息公开条例》明确规定的主动公开信息，部分行政机关还存在公开力度不足、公开不及时、公开不全面不完整等问题，[1] 如有研究所言，"存在于诸多政府部门中的'动员型'主动公开远不能适应当下数据总量激增、信息交互渠道多元化的现状，不利于全社会公开透明风尚的形成"。[2] 未来还应当在"公开为原则，不公开为例外"思想的引导下，制定政府信息公开长效机制，强化监督问责，确保主动公开的持续、平稳推进。[3]

（二）依申请公开

除了行政机关主动公开的信息外，公众还可以依法向行政机关申请获取政府信息。在具体程序上，申请人应当向行政机关指定的政府信息公开工作机构提出申请，申请应当写明姓名或名称、身份证明、联系方式，申请公开的政府信息名称、文号，申请公开的政府信息形式要求等内容。由于行政机关内部机构设置不同，负责机构通常也有所差异，不同的行政机关可能由办公室、信息中心、新闻处、法制处、信访办等不同机构负责政府信息公开工作，[4] 申请人可从行政机关发布的政府信息公开指南中获取准确的政府信息公开工作机构。信息公开申请原则上应当以书面形式提出，如果申请人采用书面形式确有困难的，可以口头提出后由受理该申请的政府

---

[1]　吕艳滨：《政府信息公开制度实施状况——基于政府透明度测评的实证分析》，载《清华法学》2014 年第 3 期。

[2]　王敬波、李帅：《我国政府信息公开的问题、对策与前瞻》，载《行政法学研究》2017 年第 2 期。

[3]　王敬波、李帅：《我国政府信息公开的问题、对策与前瞻》，载《行政法学研究》2017 年第 2 期。

[4]　程琥：《〈政府信息公开条例〉的修改》，载《国家检察官学院学报》2016 年第 3 期。

信息公开工作机构代为填写。

对于行政机关收到申请后的处理期限,《政府信息公开条例》第 33 条规定,行政机关收到政府信息公开申请,能够当场答复的,应当当场予以答复;不能当场答复的,应当自收到申请之日起 20 个工作日内予以答复;需要延长答复期限的,应当经政府信息公开工作机构负责人同意并告知申请人,延长的期限最长不得超过 20 个工作日。实践中,超期答复的情况时有发生,应当引起行政机关的重视。

最高人民法院第 26 号指导案例"李健雄诉广东省交通运输厅政府信息公开案"对于以互联网方式申请公开政府信息的处理期限提出了重要的解释规则。该案中,原告李健雄于 2011 年 6 月 1 日通过广东省政府公众网络系统向被告广东省交通运输厅递交了政府信息公开申请,系统以申请编号11060100011 予以确认,并通过短信通知原告该政府信息公开申请提交成功。但直至 7 月 28 日,被告才作出受理记录确认上述事实,并于 8 月 4 日向原告送达《关于政府信息公开的答复》和《政府信息公开答复书》,超过了法定答复期限。被告辩称,原告申请政府信息公开通过的是广东省人民政府公众网络系统,即省政府政务外网,而非被告的厅内网。按规定,被告将信息公开系统的后台办理设置在厅内网。由于被告的厅内网与互联网、省外网物理隔离,互联网、省外网数据都无法直接进入厅内网处理,需通过网闸以数据"摆渡"方式接入厅内网办理,因此被告工作人员未能立即发现原告在广东省人民政府公众网络系统中提交的申请,致使被告未能及时受理申请。由于政府信息公开中的申请受理并非以申请人提交申请时间为起算点,而是以行政机关收到申请为准,故应当以 7 月 28 日作为时限起算点。法院经审理后认定,广东省人民政府"政府信息网上依申请公开系统"作为政府信息申请公开平台具有整合性与权威性,如未做例外说明,则从该平台上递交成功的申请应视为相关行政机关已收到原告通过互联网提出的政府信息公开申请。至于外网与内网、上下级行政机关之间对于该申请的流转,属于行政机关内部管理事务,不能成为行政机关延期处理的理由。因此,原告通过政府公众网络系统提交政府信息公开申请的,该网络系统确认申请提交成功的日期应当视为被告收到申请之日，被告逾期作出答复的，应当确认为违法。[①]

对于当事人的信息公开申请，行政机关应当根据具体情况作出答复。如果申请人所申请公开的信息已经主动公开的，告知申请人获取该政府信息的方式和途径即可，无须重复公开。申请人所申请的信息可以公开的，应当向申请人提供该政府信息，或者告知申请人获取该政府信息的方式、途径和时间。

如果申请人申请的信息属于政府信息公开的例外事项，行政机关决定不予公开的，应当告知申请人不予公开并说明理由。实践中，行政机关的不予公开决定超过法定答复期限、说理不充分，甚至根本不说明理由的情况还时有发生，[②] 这意味着未来还需要通过颁布指导性案例、典型案例或指导性文件等方式进一步解释信息公开的例外事项，强化行政机关的告知义务和说明理由义务。此外，还需要注意的是，在以"公开为原则，不公开为例外"的精神之下，行政机关应当尽可能公开能够公开的信息。如果申请公开的信息中含有不应当公开或者不属于政府信息的内容，但是能够作区分处理的，行政机关应当向申请人提供区分处理后可以公开的政府信息内容，并对不予公开的内容说明理由。

如果申请人申请的信息不存在，行政机关应当告知申请人该政府信息不存在。所谓政府信息不存在，是指该政府信息不仅没有被被申请机关制作或保存，而且其他行政机关也没有制作或保存，即该政府信息在客观上并不存在，自始没有形成。[③] 需要注意的是，当行政机关认定相关政府信息不存在时，需要尽到充分合理的查找、检索义务，并向当事人说明理由。最高人民法院 101 号指导案例"罗元昌诉重庆市彭水苗族土家族自治县地

---

① 最高人民法院指导案例 26 号：李健雄诉广东省交通运输厅政府信息公开案。

② 程琥：《〈政府信息公开条例〉的修改》，载《国家检察官学院学报》2016 年第 3 期；王敬波、李帅：《我国政府信息公开的问题、对策与前瞻》，载《行政法学研究》2017 年第 2 期。

③ 程琥：《〈政府信息公开条例〉的修改》，载《国家检察官学院学报》2016 年第 3 期。

方海事处政府信息公开案"中，原告罗元昌申请公开兴运 2 号等船只事故的海事调查报告和相关材料，并提交了兴运 2 号船于 2008 年 5 月 18 日在彭水高谷长滩子发生整船搁浅事故以及于 2008 年 9 月 30 日在彭水高谷煤炭沟发生沉没事故的相关线索，但彭水县地方海事处作为《内河交通事故调查处理规定》所规定的船舶事故调查主体，在未经充分查询、翻阅和搜索的情况下，作出了政府信息不存在的答复。法院认定，彭水县地方海事处认定政府信息不存在仅有其自述，没有提供印证证据证明其尽到了查找、检索义务，其《政府信息告知书》违法。该案的裁判要点指出："在政府信息公开案件中，被告以政府信息不存在为由答复原告的，人民法院应审查被告是否已经尽到充分合理的查找、检索义务。原告提交了该政府信息系由被告制作或者保存的相关线索等初步证据后，若被告不能提供相反证据，并举证证明已尽到充分合理的查找、检索义务的，人民法院不予支持被告有关政府信息不存在的主张。"①

---

① 最高人民法院指导案例 101 号：罗元昌诉重庆市彭水苗族土家族自治县地方海事处政府信息公开案。

第九章　应急法治的原理和制度

第一节　应急法的功能和特征

一、法律在应急管理中的两重作用

法律在应急管理中具有两重作用，一是"应急"，就是确立应对突发事件的经验法则；二是"法治"，就是进行应急状态下的公权、私权再平衡。

（一）作为应对突发事件经验法则的法律

应急法的本质是应急机制及作为其组织载体的应急体制的主要内容的法律表现形式。[①] 那么，应急机制、应急体制作为人类应对突发事件的核心经验积累、固化的成果，其主要内容为什么不能仅仅以政策文件、工作规程或其他的形式存在，而必须上升为某一层次的法律规范来实施呢？换言之，法律作为这些应急管理经验法则固化的成果，作用何在呢？主要体现在三个方面。

第一，法律能够引导和约束人们应对突发事件的行为，保障应急体系的有效运行。应急机制、应急体制是人类在历次突发事件应对实践中付出巨大代价所获得的、实践证明行之有效的、相对稳定的对抗公共危机的策略和方法及其组织形式。[②] 换言之，这是一种经过历史积淀的经验法则。但对于每一次突发事件中的各方应对主体而言，这种策略和方法很可能并不是源于其自身的感性经验，因此未必能够获得其高度认同和自觉遵行。面对每一次突发事件，如果没有某种具备强制约束力的规则，人们的感性认

---

① 林鸿潮：《中国公共应急体制改革研究》，中国法制出版社 2015 年版，第 8 页。

② 韩大元、莫于川：《应急法制论》，法律出版社 2005 年版，第 63 页。

— 233 —

知和行为选择必然是五花八门的。而突发事件一旦来临，又要求那些相对稳定的策略和方法在最短的时间内被有效地实施下去，而不能放任人们按照自己的理解各行其是。因此，只有将这些机制、体制中最重要的部分上升为法律，借助于法律的权威及其背后的国家强制力，才能确保人们按照这些策略和方法行事，以有效应对新的突发事件。

第二，明晰人们在突发事件应对中的角色，保障应急体系的有序运行。应急机制、应急体制的实施，很多时候要求各类社会主体作出一定的角色转换，即人们在应急过程中需要扮演某种有别于平常的角色。这种转变可能表现为：政府权力的扩张和责任的增强，政府将比平常更加强烈地干预私人的生活；[1] 各种公共主体的权力界限被打破，政府可能代行立法机关的部分职责而拥有发布紧急命令的权力，而在政府瘫痪的极端情况下，执政党机关甚至军队又可能暂时代行行政管理上的职能；公民权利受到克减而公民义务被增加，主要表现为公民的人身自由权、财产权和部分政治权利的行使将暂时受到限制，同时又被赋予配合、服从政府实施应急处置并在必要时参加应急救援、参与辅助工作的义务；一些社会组织——比如居委会、村委会、小区物业可能临时获得某种行政职权并承担相应的义务。这些角色的转变既重大又复杂，不可能等到突发事件来临后再临时确定，必须在法律上作出预先的安排。我们很难想象，离开了法律上的安排，这种角色的转换在突发事件来临时将如何实现。

第三，确保应急资源必要的准备和投入，保障应急体系的有力运行。公共应急体系的运行，无论在事前的预防和准备，还是事中的处置和救援，抑或事后的恢复与重建，都需要以消耗惊人的人财物资源为代价。[2] 在人力方面，国家需要建立各级各类综合性、专业性的应急救援队伍并经常加以训练，需要在各级政府、各类机关配备充足的应急指挥和应急管理人员，需要使普通民众接受必要的应急教育和训练；在财力方面，突发事件将带

---

① 莫于川、莫菲：《行政应急法治理念分析与制度创新——以新冠肺炎疫情防控中的行政应急行为争议为例》，载《四川大学学报（哲学社会科学版）》2020年第4期。

② 林华：《非常规突发事件应急准备的法律保障》，载《法学杂志》2012年第5期。

来大量处置、救援、重建、救助、抚恤方面的开支，无事时的风险防控所需要耗费的资金则更加惊人；在物力方面，既要开辟和建设各种应急避难场所，又要配备大量用于信息监测和应急救援的装置和设备，还要储备足够的应急救援物资。在尚未发生突发事件的事前管理中，这些投入的资源还极有可能因久备不用而导致一定"浪费"，遭到一些人的质疑。上述这些资源无论来自公共财政的投入，还是商业渠道的统筹运作，或者对个人的劝募和征收，如果没有法律提供的依据和工具，其保障都是十分脆弱的。如果这些资源的投入不能得到满足，任何设计精致的应急机制、应急体制都是无法运转的，只能沦为空谈。

（二）作为应急状态下公、私权平衡器的法律

突发事件是一个基于能力本位的概念，可以被理解为其应对主体在常态下的应对能力存在一定差距的危机事件。[①] 能力差距越大，突发事件的等级也就越高。因此，突发事件发生之后，以政府为中心的应对主体必须通过必要的能力扩张来弥补这种差距，而这种能力扩张的过程必然会相应地引起公民、法人或者其他组织私权利的收缩。在常态下，法律——主要是以宪法、行政法为代表的公法为国家公权和社会私权之间划定了一个边界，而在爆发突发事件的情况下，这个常态下的边界就会出现不适用的情况，需要作出调整。调整的基本方向就是公权这一方面适度扩大，私权这一方面适度缩小。那么，这个新的边界确定在哪里，就需要一些特殊的法律再重新划定，使公私权之间形成新的平衡，这就需要通过应急法来实现。[②]在应急状态下，法律所需要解决的公私权之间的平衡问题，主要体现在这样几个方面：

一是财产权。对财产权的影响涉及三个方面：首先，政府在特殊情况下为了扩张应急能力，可能需要集中物力，在原有物力储备不足的情况下——毕竟实物储备是有限的——需要向社会汲取物资，可能通过紧急征

[①] 薛澜、张强、钟开斌：《危机管理：转型期中国面临的挑战》，清华大学出版社2003年版，第8页。

[②] 戚建刚：《应急行政的兴起与行政应急法之构建》，载《法学研究》2012年第4期。

购或者紧急征用的方式取得企业或者私人的财产所有权或者使用权，但政府应当支付相应的对价或者给予补偿；[①] 其次，有些私人财产本来就是某些突发事件应急处置的对象，比如禽流感疫情中饲养的禽类、被传染病病原体污染的物品、阻碍应急救援的建筑或者设施等，应急处置行为不可避免地会造成这些财产的损失；最后，有些突发事件的处置需要限制人的某些活动，在影响人身权利的同时也影响了财产权利，比如传染病疫情防控中限制聚集性活动，就会影响娱乐业、餐饮业等业主的经营自由和从业者的收入。

二是人身权。突发事件的应对经常需要采取不同程度限制人身权利的措施，大多数情况下涉及的是人身自由，比如在传染病疫情防控期间对确诊病人、疑似病人、密切接触者进行隔离治疗或者隔离观察，对于其他高风险地区的人群也可能采取限制外出、限制跨区域流动等人员疏离措施；在自然灾害、事故灾难中可能限制人员进入危险区域；在社会安全事件中可能限制进入容易形成人员聚集的区域；等等。有的情况下还会影响身体权，比如进行传染病的强制检疫、强制治疗等。

三是一些新型权利，比如个人信息权利。个人信息是指单独或者与其他信息对照可以识别特定个人的相关信息，包括公民的姓名、住址、出生日期、身份证号码、医疗记录、人事记录、照片等。2017 年颁布的《民法总则》第 111 条明确规定："自然人的个人信息受法律保护。任何组织和个人需要获取他人个人信息的，应当依法取得并确保信息安全，不得非法收集、使用、加工、传输他人个人信息，不得非法买卖、提供或者公开他人个人信息。"这一规定后来也被纳入了《民法典》，因此，个人信息权已经是一种明确受到法律保护的民事权利。而在突发事件应对中，个人信息的用途非常广泛，可以被用于预测预警、应急决策、趋势研判、危险源识别和控制等很多方面。[②] 比如，在新冠肺炎疫情防控中，各地政府为了追踪确诊

---

① 林鸿潮、刘文浩：《紧急征用 有原则 有限制》，载《中国应急管理》2020 年第 4 期。
② 林鸿潮、赵艺绚：《突发事件应对中的个人信息利用与法律规制——以新冠肺炎疫情应对为切入点》，载《华南师范大学学报（社会科学版）》2020 年第 3 期。

病人的密切接触者、曾经去过高危地区活动的人员等，需要移动通讯服务商提供这些人员的活动轨迹，这就是对个人信息的典型利用，形成了对这种新型民事权利的限制。

我们之所以说在应急状态下，需要法律作为公权、私权的平衡器，是因为上述这些限制、影响私人权利的措施，在平常状态下政府是不能采取的，而在应急状态下对这些措施的采取也要受到一定的限制。[①] 因此，法律一方面要授予政府采取这些措施的权力，使其具备在应急管理过程中集中资源和实施处置的法律能力，为最终克服公共危机提供保障；另一方面也要对这些特殊权力的行使加以必要限制，因为紧急权力对公民权利的危险性比一般的行政权力要大得多，必须避免权力的滥用。法律对紧急权力的授予和限制往往会规定在同一个条款当中，授权的同时就附加了各种条件，或者说"授权"和"控权"呈现为一体两面的关系。对紧急权力的限制主要体现在这样几个方面：一是条件限制，即规定政府行使紧急权力、采取紧急措施的前提条件；二是时间限制，即规定政府实施相关紧急措施的期限，或者结束条件；三是主体限制，即规定特定的紧急措施应当由符合相应条件的主体实施，比如行政机关的层级、地域、主管范围等；四是程度限制，就是通常所说的比例原则，要求行政紧急措施的实施不能超过必要限度，应当尽可能选择对私人权利影响比较小的措施；五是程序限制，即要求紧急措施的采取应当经过一定程序，虽然这些程序相对于常态下的行政程序来说有时简略一些，但并非完全没有程序。

就法律在应急管理中的两重作用来说，两者都十分重要，关系也非常密切，甚至可以说是须臾不可分离。但如果一定要排序的话，应该说"应急"的作用是第一位的，"法治"的功能是第二位的。尽管应急法的发展历史已经表明，人们对法治的诉求不会因为社会进入非常态而有所减弱，而法治的核心追求便是对公权力的有效控制，因此，对紧急权力的控制确实是应

---

① 马怀德、汤磊：《总体国家安全观视角下的公共应急管理法治化》，载《社会治理》2015 年第 3 期。

急法的重要目标。[①] 但是，如果法律作为突发事件应对经验法则的作用无法得到发挥，以政府为核心的相关主体不能获得战胜公共危机的足够能力，那么，任何控制紧急权力的努力都只能是奢谈。而公共危机应对能力的获得与提升并不仅仅是一个公共管理上的问题，绝对离不开法律的保障与支撑，这正是国家构建应急法制体系的首要目标所在。

二、应急法的基本特征

应急法是一种非常态的法，是围绕突发事件应对全过程而建立的法律体系。突发事件是社会运行中的非常态，而不是常态。一般的法律制度在立法、执法、司法、守法的各运行环节中，是以社会常态作为背景假设的；而应急法是在一般法律体系的基础上，加入了突发事件这个非常态因素进行制度设计的。因此，应急法是对一般法律制度的补充，是一种例外的、特别的法律制度。应急法作为一个体系，包含了大量的法律、法规、规章，这些法律规范尽管在调整对象、适用范围、具体措施等方面彼此存在较大差异，但我们还是可以抽象出它们的一些基本特征。相对于一般的法律来说，应急法之所以具备这样一些特征，归根结底是由法律的刚性、稳定性、普适性和突发事件及其应对过程固有的不确定性、灵活性、个别性之间的紧张关系所决定的。尽量平衡好这种紧张关系，是支配着应急法演变发展的永恒主题。

（一）应急法同时具有规范性和工具性

应急法属于国家法律体系的一部分，必然具有法律的规范性。多位规范性，就是法律要受到道德价值的规训，要按照各种公认的、普遍的价值来建立和实施法律制度。和其他领域的法律制度一样，应急法应当以人权、法治、民主、自由、秩序、安全等作为自己的价值目标，在应急管理领域的立法、执法、司法和守法过程中都应当贯彻和平衡好这些价值目标。在应急管理领域中，法律对各类主体作出的"应当如何""可以如何""不得

---

① 马怀德：《应急管理法治化研究》，法律出版社 2010 年版，第 8 页。

如何"等行为规范和指引,都必须以上述价值作为最终判断标准。由于突发事件应对的过程往往涉及对私人财产权、人身权的影响和限制,因此,在很多时候,法律价值的冲突在应急管理领域还表现得比较尖锐。这就更加要求我们在法律制度的设计上识别好不同价值之间的优先次序,平衡好不同价值之间的冲突。[①] 同时,我们知道,应急法是应急机制、应急体制中最核心部分的法律表现形式,应急机制和应急体制又是突发事件应对实践经验总结、沉淀的结果,因此,应急法又具有经验性、工具性的特征,要为应急管理工作实践服务。基于应急法的工具性,应急管理领域的法律、法规在立法中应当较为具体、详细、有可操作性,而且应当随着应急管理实践经验教训的积累而及时修改,具有较强的变动性。

（二）应急法同时具有刚性和弹性

"徒法不足以自行",法律的实施是以国家强制力为保证的,当然首先具有刚性,需要被严格执行。因此,法律在应急管理中最重要的功能之一,就是将人们在长期与突发事件斗争过程中积累下来的行之有效的方法、策略固定下来,借助法律背后的国家强制力来指引个体和集体的行动,保证这些方法、策略在新的危机应对活动中得到贯彻。这就体现了应急法具有刚性的一面。但与此同时,在人们应对新的突发事件时,应急法又构成了一种外在的制度性约束条件,限制了人们在应急管理中的决策选择空间。面对不确定程度较低的常规突发事件,如果法律制定得比较好的话,其确定性、普遍性的调整方式是很少受到挑战的。因此,在常规的应急管理过程中,法律可以凭借"以不变应万变"的方式小心翼翼地实现着各种目标——比如公正与效率、安全与自由等——之间的平衡。但是,对于新冠肺炎疫情这样的非常规突发事件来说,由于其前兆不充分,具有明显的复杂性特征和潜在的次生、衍生危害,破坏性严重,采用常规管理方式难以克服,超过了应对主体既有的风险认知范围和常规手段下的可控程度,从

---

① 林鸿潮、赵艺绚:《应急管理领域新一轮修法的基本思路和重点》,载《新疆师范大学学报（哲学社会科学版）》2020年第6期。

而需要使用非常规方式予以应对。[①] 这一类非常规事件的发生，一方面可能动摇人类已经取得并确认下来的经验法则，另一方面也将迫使人们突破现有的制度约束去寻求更加广阔的应急决策空间，这就会对应急管理中的法律系统形成冲击。[②] 法律的确定性与突发事件的不确定性间的紧张关系加剧到一定的程度，应急体制就很难按照法律预设的方式运作，法定的应急机制所蕴含的经验法则也将纷纷失灵。此时，人们如果仍旧僵化地遵循法律行事，将可能招致灾难性的后果；如果在法律之外寻求新的解决之道，又将因决策后果难以预料而面临承担法律责任的巨大压力；如果允许人们摒弃法律而不择手段，有可能在战胜危机的同时制造出威力强大而不被法律驯服的权力武器来，产生从根本上颠覆法治的危险。因此，在非常规突发事件情景下，想要继续发挥法律体系在应急管理中的保障和支持功能，就需要这些法律具备足够的弹性和适应性。这样的应急法律体系，既能够在常规应急管理中指引人们如何克服困难；也可以于非常规情况下，在保留法治目标所必需的少数核心规则的同时，摒弃一切成法，为人们释放出足够的策略选择空间。

（三）应急法同时具有稳定性和变动性

法律一旦制定，就需要相对稳定，不能频繁修改，以便保持其稳定性。一则，应急管理领域的很多基本经验、基本准则源于人们长期与突发事件进行斗争中经验教训的凝结，在法律上确认下来之后，是能够长期发挥作用的，不可轻易变动。二则，人权保障、公私平衡、信息公开等法治的基本价值也必须在应急法中被贯彻始终。三则，法律的稳定性和权威性是联系在一起的，法律的变动过于频繁，就会破坏民众对法律后果的预期，使其无所适从，最终损坏法律的权威性，影响其实施效果。

但是，应急法又有其特殊性，因为其调整的是突发事件的应对过程，而突发事件最本质的特征就是不确定性。新的突发事件类型的出现、突发事

---

① 王宏伟：《提升非常规突发事件的应对能力：应急管理体制改革成败的"试金石"》，载《公共管理与政策评论》2018 年第 6 期。
② 陈无风：《应急行政的合法性难题及其缓解》，载《浙江学刊》2014 年第 3 期。

件发生和演变形态的变化，都会导致法律出现滞后、不适应的地方。而社会发展与科学技术所带来的危机应对方法的进步，也决定了每一次危机应对都可能带给人们新的经验或者突破旧的认知。这就意味着作为经验法则的应急法必须保持与时俱进，其变动频率必然会高于其他法律。为了保持法律制度的有效性，我们需要及时总结经验教训，及时制定新的法律，修改或者废止旧的法律。而且，随着人类社会在后工业化时代进入风险社会，突发事件的这种变化会发生得越来越快、越来越大，法律的滞后性会越来越明显，需要修改的次数也会越来越多。正因如此，"大灾之后必修法"才会成为一种普遍的立法现象。例如，日本的《灾害对策基本法》自出台以来，大大小小的修改达到几十次，几乎每次重大灾害应对完毕之后，都要作出一定的修改。[①] 因此，我们不能用看待一般法律的眼光来看待应急法的稳定性，应急法变动的频率必然要高于一般法律，稳定性必然要低于一般法律。因此，应急法必须在稳定性和变动性之间保持适当的平衡，立法机关对于应急管理领域的立法不能过分偏执于追求稳定性，而应当把保持法律对实践的适应性摆在更加突出的位置，允许这个领域的法律、法规以较快的频率迭代。

（四）应急法既有"粗"的一面也有"细"的一面

应急法的一个重要功能是为紧急情况下政府采取的超常规措施进行授权，由于立法者很难对瞬息万变的应急处置过程作出预判，这些授权性规定势必比较概括、笼统，这就是应急法"粗"的一面。但是，对于突发事件前端的风险管理和应急准备来说，由于这些工作的绩效显示度比较低，又需要投入大量的时间精力和资源，如果法律规定得太笼统，就很难被有效落实下去，需要规定得十分明确、具体，这又是应急法中"细"的一面。我们过去在应急领域的立法中，主要看到了前者而忽视了后者，使很多法律制度未能发挥实际作用。在今后的立法、修法活动当中，我们必须摒弃

[①] 王德迅：《日本灾害管理体制改革研究——以"3·11东日本大地震"为视角》，载《南开学报（哲学社会科学版）》2016年第6期。

"宜粗不宜细"等已经不合时宜的立法理念,从应急法的本质要求出发,把粗的地方改细,把软的地方改硬,把松的地方改严,才能全面更新突发事件的风险管理和应急准备制度,在法治轨道上实现应急管理体系和能力的现代化。

第二节 应急法治的基本原则

一个法律体系既包括法律规范,也包括法律原则。人们在应急管理过程中的各种活动,除了要受到具体法律规范的调整之外,还应当遵循一些基本的、公认的法律原则。这些内容之所以被确定为应急法的基本原则,原因在于:第一,这些原则在应急管理领域立法、执法、司法、守法的全过程中贯穿始终,足以对整个应急法制的建立和实施发挥指导作用;第二,在具体的法律规范缺位时,这些原则可以直接成为规范和指引人们实施突发事件应对活动的依据;第三,这些原则为应急法制所特有,比如权力优先原则,或者虽然为其他法律制度所共有但在应急法制中具有特殊含义,比如法治原则、人权保障原则、比例原则和信息公开原则等。[①] 那么,在数量庞大、体系严密的法律规范之外,我们为什么还需要确立一些法律原则呢?换句话说,法律原则到底有什么作用呢?

首先,法律原则具有指引功能。指引功能主要体现在立法阶段,无论是整个法律部门法律体系的建构,还是一部法律的草拟制定,甚至是一个具体条款的确定,都有一个基本方向的问题。特别是在有多个可供选择的不同方案时,选择哪一个方案就有一个价值取向的问题。而法律所追求的价值目标——比如牺牲更多的私人权利以换取公共危机的尽快克服,还是容忍公共危机的延续但维护较多的个人自由——首先就体现在基本原则上。此时,基本原则就会成为一种指引性的标准,用来保障立法的过程不会偏离

---

① 戴激涛、刘薇:《政府应急处理中的人权保障——以比例原则为视角》,载《广州大学学报(社会科学版)》2008 年第 5 期。

应急和法治的基本方向。

其次，法律原则具有解释功能。对法律规范的解释，是法律执行和适用过程中最核心的一个环节，法律的每一次被执行和被适用都必然包含着执法者、司法者对法律进行解释的过程。当然，在绝大多数情况下，由于法律的含义是比较明确的，这种含义所指向的情况和实际生活也是比较符合的，因此，执法者和司法者对法律解释的结果基本上是一致的，也能够比较准确地用于解决其面临的个案。但在一部分情况下，法律条文的含义可能存在这样那样的不确定性，甚至是歧义，或者说虽然它的含义比较明确，但已经跟实际生活中的情况有所脱离了。这个时候，执法者、司法者对法律的解释就会产生困难，其解释的结果就很难预期，可能千差万别。在这种情况下，如何使执法者和司法者对法律的解释符合法治的精神并尽可能取得一致呢？此时就需要一些标准。这些标准不可能是其他，只能是一些基本的法律原则。比如，《突发事件应对法》第49条所规定的应急处置措施中有很多兜底性的表述，比如"其他救助措施""其他控制措施""其他保障措施""其他保护措施"等。在应急管理实践中，对于这里的好几个"其他"，到底是理解得宽一些，还是理解得窄一些，是有很大弹性空间的。执法者、司法者作出何种解释，最终就取决于其秉持的是哪些法律基本原则。

最后，法律原则具有补充功能。无论立法者如何试图将法律规范体系构建得尽量严密，也难免留下漏洞。事实上，在法律被执行和适用的过程中，这样的漏洞、空白是非常多的。应急管理领域的法律相对于其他法律来说，这样的问题只会更多，而不是更少。对于一个必须处理的个案，执法者和司法者首先应当在既有的法律规范中寻求适当的条款来解决问题；如果找不到这样的法律条款，接下来就应当尝试运用法律解释的方法——比如扩大解释、类比解释等——从而利用其他既有的法律条款来覆盖个案中的事实；如果连运用法律解释的余地也没有，就只能运用法律的基本原则作为解决问题的依据了。

一、应急管理基本法律原则的特殊性

我们知道，应急管理最重要的主体是政府，应急管理过程中最重要的社会关系是行政机关和公民、法人或者社会组织之间的关系，以及不同行政机关彼此之间的关系，有时候还涉及行政机关和其他国家机关之间的关系。而调整这些社会关系的法律，主要是狭义的公法，这区别于主要调整平等主体之间关系的私法，即民商法。而在公法当中，应急法主要属于行政法，还有的属于宪法。那么，公法的基本原则、特别是行政法的基本原则，自然也适用于应急法领域。但是，应急法又是一种特殊的公法、特殊的行政法，因为它调整的是特殊状态下的社会关系，所以，这些法律原则在应急法领域中多多少少有一些特殊的表现形式。[①] 因此，应急法中的很多法律原则都表现为一般性和特殊性的辩证统一。我们可以先通过一个典型的例子来了解一下这种辩证统一关系。

我们知道，2009 年发生在乌鲁木齐的"7·5"事件是一起严重违反我国宪法法律、破坏国家统一和社会稳定的事件。党和国家对事件进行了有效处置，维护了国家统一和民族团结。但有的法律问题值得我们从正反两个方面进行总结和思考。例如，打砸抢烧事件发生之后，当地政府分别于 2009 年 7 月 6 日凌晨 1 时至 8 时、7 月 7 日 21 时至 8 日 8 时实施了局部和全面交通管制，[②] 这一措施是必要且及时的。但是，在当地政府采取上述措施的通告中，却援引了《道路交通安全法》作为这些措施的合法性依据，这明显是错误的。《道路交通安全法》第 40 条规定："遇有自然灾害、恶劣气象条件或者重大交通事故等严重影响交通安全的情形，采取其他措施难以保证交通安全时，公安机关交通管理部门可以实行交通管制。"但是，"7·5"事件并非自然灾害等情形，其主要后果也不是影响交通安全，而是

---

① 吴昱江：《紧急状态下的法治与行政特权——康德、施米特与洛克的理论局限》，载《政法论坛》2017 年第 2 期。
② 《乌鲁木齐"7·5"事件中死亡人数增至 156 人》，载中国网，2009 年 7 月 7 日，http://www.china.com.cn/photo/txt/2009-07/07/content_18080466.htm。

严重破坏社会安全，使人民群众生命财产安全面临非法暴力的威胁。实际上，对"7·5"事件等社会安全事件实施交通管制的法律依据应该是《突发事件应对法》第50条，"组织处置工作的人民政府应当立即组织有关部门并由公安机关针对事件的性质和特点，依照有关法律、行政法规和国家其他有关规定"，采取"封锁有关场所、道路，查验现场人员的身份证件，限制有关公共场所内的活动"等应急处置措施。同时，《人民警察法》第15条也可以作为依据，其规定是"县级以上人民政府公安机关，为预防和制止严重危害社会治安秩序的行为，可以在一定的区域和时间，限制人员、车辆的通行或者停留，必要时可以实行交通管制"。因此，当地政府援引《道路交通安全法》第40条作为采取交通管制措施的依据，显然属于适用法律错误。这也说明，应对突发事件的实践对应急法律体系的不断完善提出了强烈需求，应急法律体系的不断完善是实践推动的结果。

我们通过上述事例可以发现，应急领域的法律和一般的法律既有共同的一面，又有特殊的一面。在应急管理中何时应当守法、何时可以权变，需要辩证看待。在"7·5"事件当中，对于交通管制和道路、场所封锁，法律已经作出了明确规定，而且其规定是合理、可行的，那么，政府就应当遵循合法行政原则的要求，严格地按照这些法律的规定去采取应急措施，这就体现了应急法和其他法律共同的一面；而对于当时实行的通信管制来说，法律的规定滞后于实际需要，①是不太合理的，这又要求政府果断变通，事急从权，从实质合法的立场出发采取应急措施，这又体现了应急法和其他法律不同的一面。应急法这种一般性和特殊性辩证统一的关系，首先就体现在其基本原则当中。我们在应急领域的每一项法律原则当中，都需要认真地体会这种辩证统一关系，才能够对应急法这一特殊的法律领域形成深刻的理解，才能够在立法、执法、司法和守法各环节与应急管理的根本目标保持契合。

————————

① 2010年11月1日，国务院和中央军委共同颁布《无线电管制规定》明确规定，出于维护国家安全、保障国家重大任务、处置重大突发事件需要，国家可以实施无线电管制。

下面，我们对应急管理中最重要的几项法律原则加以介绍。

二、应急法治原则

在民主法治国家，公权力机关的应急管理活动必须具备合法性和正当性基础，以有别于作为事实性强权行为的"应急管理"。因此，法治原则是应急法制体系中的首要原则。[①] 其具体含义包括：第一，一切应急状态都是临时性的状态，必须也只能根据宪法和法律的规定进入、延续和结束；第二，一切应急法律规范必须由有权机关按照其立法权限制定，应急领域的立法权应当适用必要的宪法保留和法律保留；第三，紧急权力的行使必须有法律依据，如果政府行使了暂时没有明确法律依据的紧急权力，之后应当及时获得有权机关的追认；第四，违法行使紧急权力或者不依法履行应急管理职责的国家机关或者个人必须承担相应的法律责任。

上述内容基本上是行政法上的合法行政原则——特别是其法律优先和法律保留两个子原则——在应急管理领域的具体体现，作为一般情况下的法律原则适用于应急管理领域是没有问题的。但对于应急管理来说，僵化地强调和适用上述原则有时候会导致某些不足，甚至产生严重的缺陷。在应急法的规范和保障之下，针对大部分常规突发事件实施的、可以常态化的应急管理活动可以被完整地纳入法治轨道。但由于非常规突发事件——特别是新发的、未知的、超大规模的突发事件的存在，以及突发事件演变过程的不确定性，使得这种"常态化"的努力只能永远处于"现在进行时"。由于非常规突发事件的不确定性很高，其性质、模式和后果完全可能超出立法者的考虑，因此，政府的应急活动溢出现有法律体制之外的现象仍会不断出现。非常规突发事件发生之后，对政治社会经济环境等方方面面造成的影响都处于不确定的、难以预知的状态，此时应急决策机关将不得不首先考虑"眼前利益"，着眼于控制突发事件的蔓延发展，所谓"急则治

---

① 莫于川：《治疫防疫：秉持应急法治原则》，载《检察日报》2020年2月13日，第3版。

标""事急从权"正是此意。[1] 这种"治标性"的应急活动不可避免地会出现一些形式上"违法""越权"的做法，法律对此应当提供必要的空间，给予支持和正面承认。因此，应急法治原则应该从两个方面进行全面理解，一方面是强调行政机关及其工作人员应当依法开展应急决策、实施应急处置活动；另一方面则是要为他们在必要时作出的形式上违法而实质上正当的应急活动提供正面激励。对于后者来说，法律主要通过两种方式来实现。一是建立紧急状态制度，在国家不得不超出现行法律规定采取超常规应急行动时，可以宣告进入紧急状态。进入紧急状态，意味着国家可以全部或者部分暂停宪法的实施，可以颁布临时性的法律、法令来规定那些必需的超常规措施。等到公共危机基本平息，超常规的措施无须继续采取时，再宣告结束紧急状态。二是建立合法性追认制度，就是对于形式上违反现行法律但实质上必要、正当的应急措施，由有权机关——通常是立法机关事后进行审查，追认这些措施的合法性，免除这些措施实施者的法律责任。关于紧急状态制度，我国宪法虽然在 2004 年作出了规定，但尚未制定《紧急状态法》加以具体落实，实践中也从来没有宣告过紧急状态；至于合法性追认制度，我国法律上还没有作出规定。

三、权力优先原则

权力优先针对的是应急管理过程中国家权力与公民权利间的关系，即打破常态下二者之间的均衡，向国家权力一方进行必要倾斜。具体表现在：第一，基于应急管理的需要，必要时可以暂时中止某些正常的法律活动，如中止诉讼、仲裁或者行政复议程序的进行，中止正在办理中的行政许可、行政处罚等，中止立法机关对行政活动的审查；[2] 第二，为了维护重大的公共利益和国家利益，公权力机关可以采取措施限制或者中止某些公民合法权利甚至宪法权利的行使；第三，多数情况下，政府的应急管理活动可

---

① 林鸿潮：《应急法概论》，应急管理出版社 2020 年版，第 215 页。
② 莫于川：《公共危机管理的行政法治现实课题》，载《法学家》2003 年第 4 期。

以遵循相对于平时宽松一些的简易程序，比如省略行政处罚中的听证程序，作出行政决定之后缩短给予义务人的履行期等。

相对应地，国家机关为了应对突发事件而行使紧急权力作出的行为，公民、法人和其他组织有配合的义务，如果拒绝配合可能会受到处罚；而因应急措施造成的私人利益损失，往往也不能按照通常情况下的标准获得补偿。如果这种损失是普遍的，则视为社会整体为了克服公共危机而集体作出的忍让和牺牲，一般不予补偿。例如，在"非典"、新冠肺炎等传染病疫情防控期间，各级政府为了防止病毒传染而限制人员密集场所的活动，以及对病人、疑似病人和密切接触者进行隔离治疗、观察，由此限制了公民的人身自由权，就属于不予补偿的情况。有时候，应急措施造成的私人利益损失是部分的、个别的，是牺牲少数人的利益换取大多数人更重大、更迫切的利益，那么，对于这样的损失就应当给予适当补偿。但是，考虑到损失相抵的情况，其补偿标准有时也会低于通常情况。例如，政府在禽流感期间对养殖户饲养的禽类进行扑杀，固然给养殖户造成了财产损失，但由于这一措施有利于及时结束禽流感的传播，也有利于养殖户及时止损，养殖户同时也是受益者。在这种情况下，对养殖户的补偿就必须权衡这种损益关系，其补偿标准就不可能完全按照被扑杀禽只的市场价值来确定。再如，在传染病疫情防控期间政府征用酒店用于隔离密切接触者或者来自高风险地区的人员，其给予酒店的补偿也会低于酒店的正常价格。因为，疫情防控期间酒店本来就客源锐减，政府征用酒店用于隔离实际上具有一定的"授益"性质，有助于弥补酒店房间大面积空置造成的一部分损失，因此在给予酒店的征用补偿标准上也应当酌减。

四、人权保障原则

应急管理中对人权的保障和对私人权利的克减是一对矛盾，如果说适当限制乃至中止部分私人权利是行使国家紧急权力的必然结果，也是实施应急管理的必需手段，那么，最大限度地实现对公民权利的保护，就是国家实施应急管理的终极目的。用我们更为熟悉的话语来说，就是应急管理要

"以人民为中心"。这一目的最终实现与否，是衡量一个国家应急管理系统成败得失，也是衡量一个国家是否能够在非常态下实质性地实现法治价值的最高标准。应急管理中的公民权利保障主要通过下列途径来实现：

第一，将公民权利保障确立为应急管理的终极价值。国家实施应急管理的最终目的在于保护人民的生命财产安全，否则一切应急管理活动就丧失了其最初的正当性。即使在特定条件下对部分私人权利加以必要限制和克减，其背后的追求仍应是某种更重大、更根本、更紧迫的公民权利。[1] 因此，一个建立在正确价值选择基础上的应急法制体系，绝不允许国家为了实现某些较小的利益而牺牲更加重大、根本的公民权利。基于这一点，国家因为采取应急行动而限制私人权利，有一个最基本的前提，就是对人民生命财产安全构成重大威胁的突发事件或其风险是真实存在的，至少大多数人相信这是真实存在的，而不是虚构的或者被夸大的。政府不能为了获得更多的紧急权力以便加强对社会的控制，从而虚构或者夸大某种安全风险。

第二，限定克减私人权利的条件。为了应对突发事件，政府是否需要克减私人权利？在何种时间和空间范围内克减这些权利？将这些权利克减至何种程度？对这些问题的回答都要求充分考虑必要性原则。1984 年在意大利召开的"关于《公民权利与政治权利国家公约》限制和克减条款研讨会"上通过的"希拉库萨原则"第 51 条指出："克减措施的严重性、时间和地域范围应当为消除危及国家生存的威胁所必需，并且与这种威胁的性质和程序相适应"。[2] 为了保证这一点，法律对政府在应急状态下克减私人权利的条件应当规定得尽量明确，尽量避免使用模糊、概括、兜底的表述，以减少紧急权力滥用的风险。

第三，划出私人权利克减的底线。在公民的权利体系中，有一部分基本权利提供了人之所以成其为人的最基本要素，这些基本人权在任何时

---

[1] 常健:《疫情防控中的人权保障》，载《学术界》2020 年第 2 期。
[2] 郭春明、郭兴之:《紧急状态下人权保障的比较研究——国内法和国际人权法的视角》，载《比较法研究》2004 年第 2 期。

候——包括在应急状态下都不应当受到剥夺和限制。① 如果国家以实施应急管理为由剥夺或限制了公民的这部分基本权利，则对于这些人来说，他们因此所遭受的损害甚至将超过突发事件本身所带来的损害。国际人权公约和很多国家的宪法对人权克减底线的规定不尽相同，但一般包括生命权、生存权、平等权、人格尊严、精神自由、免受酷刑的自由、免受奴役的自由、免受刑事追诉的自由等。

第四，突出地强调对某些公民基本权利的保护。应急法在允许政府基于处置公共危机的需要对一部分私人权利加以必要克减的同时，也强调对另一部分公民基本权利的保护。对这部分公民基本权利加以特别保障，一方面具体体现了应急管理的根本目的，另一方面也为突发事件应对的顺利、依法实施所必需。受到特别保障的基本权利至少包括知情权、赔偿和补偿请求权、基于生命权的救援请求权、基于生存权的救助请求权等。例如，在平常状态下，公民因为各种原因导致无法维持基本生活水平时，国家有义务提供必要救助。而如果公民是因为遭受自然灾害、事故灾难或者传染病疫情的损害而出现生活困难时，国家应当将对受害人群的生活救助放到更加突出的位置，将拯救生命、保障生存作为应对突发事件的首要目标。

第五，为受到违法应急管理行为侵害的私人权利提供救济。尽管应急状态下的法律秩序有着各种各样的特殊之处，但都不足以使其成为"有权利必有救济"这一朴素法律原则的例外。虽然在应急管理过程中，尤其是在紧急状态下，为了充分保障应对突发事件的效率，法律可能暂时中止对行政活动的司法审查，甚至中止一切行政纠纷解决机制，但这毕竟是一种权宜之计，在应急状态结束之后，受到违法行为侵害的公民仍有权通过各种正常途径寻求法律救济。解决因应急措施而引起的各种矛盾纠纷并对受到侵害的合法权益提供救济，在大多数代表性国家的法律中，都被确定为公共危机事后管理的一项重要制度。

---

① 张帆：《论紧急状态下限权原则的建构思路与价值基础——以我国〈突发事件应对法〉为分析对象》，载《政治与法律》2020年第1期。

五、比例原则

比例原则是行政法上最重要的基本原则之一，其所解决的是行政手段和行政目标之间的合理性问题。具体到应急管理领域，比例原则主要指的是国家机关在行使紧急权力时应当全面权衡有关的公共利益和个人权益，采取对公民权益造成限制或者损害最小的行为，并且使其造成的损害、付出的成本与所追求的目的相适应。一般认为，比例原则包括以下三个方面的子原则，即适合性原则、必要性原则、相称性原则。①

第一，适合性原则。指的是国家机关所实施的职权行为必须以实现宪法或法律所规定的职能为目标，并且有利于其法定职能和目标的实现。在突发事件应对中，适合性原则具体体现为如下要求：任何紧急权力的行使都必须以特定突发事件或其风险的存在为前提，只有存在特定的事实使国家利益或社会公共利益面临受到损害的现实危险时，政府才有正当理由对私人权利进行一定的限制；当社会状态处于有序运行时，国家对私人权利进行不必要的限制或者干预，就属于对权力的滥用。第二，必要性原则。指的是国家机关在实现某一职能目标时如果必须对私人权利进行限制、干预，则应当选择对这些权利损害最小的手段。也就是说，如果对实现同一应急管理目标，同时存在多种可供选择的手段，这些手段都能够实现该目标，但其对私人权利的限制程度各不相同，那么，国家应当选择对私人权利限制最小的那种手段。第三，相称性原则。指的是国家机关在实施任何职权行为的过程中，其对私人权利所造成的损害或所付出的行政成本与其所实现的社会公共利益之间应保持恰当的比例关系。如果国家运用的手段对私人权利造成的损害或所付出的社会成本明显高于行政活动所保护、实现的社会利益，这种手段就是违反比例原则的。

比例原则作为一项重要的基本原则，被我国《突发事件应对法》第11条所确认，其具体要求包括：第一，有关人民政府及其部门采取的应对突

① 罗豪才、湛中乐：《行政法学》，北京大学出版社2012年版，第23页。

发事件的措施，应当与突发事件可能造成的社会危害的性质、程度和范围相适应；第二，有多种措施可供选择的，应当选择有利于最大限度地保护公民、法人和其他组织权益的措施。在应急管理领域，比例原则的最集中体现就是突发事件的分类、分级、分阶段应对。分类应对之所以体现比例原则，原因在于不同类型突发事件的原因不同。比如，自然灾害是由自然原因引起的，在其应对措施中，对人的行为进行控制就不是很重要；而社会安全事件是人为的，处置此类事件首先就是对人的行为加以控制，对私人权利的影响肯定要大得多。再如，传染病、洪水、食品安全这些事件的影响范围有时候可能波及一省、全国甚至全球，其应急措施的适用范围自然也很广泛；生产安全事故、食物中毒等事件的影响区域通常不会太大，也就不需要采取大范围的控制性措施。而分级应对和比例原则的关系就更加明显了，不同级别的突发事件规模、影响范围、损失程度都存在差别，在应对措施的强度上更应轻重有别。分阶段应对所蕴含的比例原则精神也很容易被理解，在突发事件孕育、发展、演变的不同阶段，应急管理活动可能表现为对潜在风险的防控、对即将发生或者很可能发生的突发事件的预警预控、对已经爆发的事件的处置和救援，以及事态基本平息之后的恢复重建，在不同的环节中，政府所面临的应急管理任务紧迫程度不同，有轻重缓急之分，其相关措施的方式、程度自然也应该是不同的。

当然，基于突发事件的不确定性、突然性和复杂性，比例原则在应急管理中的适用应当留有相对灵活的余地，不应该像常态下那样被严格适用，要适当放宽，以免造成政府畏首畏尾、消极作为。例如，在新冠肺炎疫情防控的前期，由于对疫情传播的很多规律认识还很不充分，检测手段、检测能力也跟不上，很多地方政府不得不采取一些限制人员流动的"一刀切"措施，看起来比较简单粗暴，对公民的人身自由也造成了严重的影响。但在当时的情况下，各地政府不得不适度高估风险，采取较为严格的人员疏离措施，绝大多数人也都给予了理解与配合。而随着人们对新冠病毒认识的加深和检测能力的大幅提升，政府开始有条件采取更加精准、灵活、差别化的防控措施，再采取大面积"一刀切"的封闭隔离措施显然就背离比例原则的要求了。

六、信息公开原则

信息公开原则也可以称为透明原则。及时、准确地公开突发事件事态及其应对措施的相关信息，对于满足公众知情权、监督紧急权力正当行使、防止紧急权力滥用能够发挥举足轻重的作用。[①] 除此之外，它还具有常态下的政府信息公开所不具有的特殊功能。首先，信息公开能够为公众提供充裕的资讯，缓解公众在受到危机威胁时遭遇的无助和焦虑，帮助其作出合理的个人行动决策，促使其采取理性措施应对突发事件；其次，公开突发事件信息有助于增进公众对事态和政府应对工作的了解，是提高公众对应急管理措施认同度、配合度的有效方式；最后，突发事件的爆发极易伴随谣言滋生，及时、充分地公开突发事件信息可以防止谣言的产生和传播，避免危机应对工作因为谣言的产生和传播而恶化。大致上以 2007 年底《突发事件应对法》的实施为分界点，在此之前，中国应对突发事件的历史上曾经出现了很多因信息不透明、公开不及时而导致的惨痛教训。《突发事件应对法》充分吸取了这些教训，在其第 53 条中明确规定："履行统一领导职责或者组织处置突发事件的人民政府，应当按照有关规定统一、准确、及时发布有关突发事件事态发展和应急处置工作的信息。"应该说，在此之后的十几年间，中国在突发事件应对中的信息透明度有了长足的进步。当然，和应急管理领域中的其他法律原则一样，突发事件中的信息公开原则也有其特殊性，这主要体现在两个方面。

第一，突发事件中信息公开的准确性与及时性之间存在天然矛盾。在突发事件应对过程中，政府掌握准确信息的难度大大高于平时，而公开信息的紧迫性又较常态下更甚。在很多时候，政府可能无法在第一时间获取最为准确的信息，即使已经掌握了某些信息，也可能无法在短时间内判断这些信息

---

① 苟正金：《我国突发环境公共事件信息公开制度之检讨与完善——以兰州"4·11"自来水苯超标事件为中心》，载《法商研究》2017 年第 1 期。

是否准确，而社会公众却可能对这些信息表现出极大的关切，政府不得不在第一时间公开这些准确性尚无保障的信息。政府解决这一对矛盾的思路，最终还是要将信息公开的及时性而非准确性放到最优先的位置上，并不断提高和社会公众开展风险沟通的能力。首先，要求政府绝对准确地掌握突发事件信息，有时候是一项不可能完成的任务。尤其是对于一些非常规的、新发的突发事件来说，科学的认识存在滞后性，甚至可能经过长期的争论也无法达成科学上的共识，人们有可能一直等不到信息绝对"准确"的那一天。其次，效率是应急的生命线，政府处置危机必须迅速反应、高效行动，否则难以达到应对紧急危险的目的。信息的及时发布能够为危机应对赢得时间、提高效率，对拯救生命、减少损失、稳定人心至关重要，哪怕这个时候的信息还不那么准确。再次，即使政府不能掌握完全准确的信息，但是相对而言，政府拥有其他任何人无法比拟的资源优势，其掌握的信息就算是不准确的，那也是最接近准确的了。[①] 换句话说，如果连政府都不能准确掌握突发事件中的信息，那么基本上就没有其他人能够准确掌握。在要么公开这些不太准确的信息，要么没有任何信息而任凭虚假信息广为传播的两难选择之下，两害相权取其轻，公开政府掌握的信息必须成为退而求其次的选择。最后，及时将信息公开出来，本身就是提高信息准确性的手段之一，也是提高政府公信力的必然选择。因为，及时公开信息要求行政机关对这些信息要及时地、持续地更新，而通过这种不断的更新就能够促进信息一步步地趋于准确。一个典型的例子是，在 2020 年的新冠肺炎疫情中，当武汉市乃至湖北省的疫情防控工作已经取得决定性胜利、即将全面解除人员流动管控的时候，社会上又出现了对无症状感染者可能造成疫情反复的担忧。应该说，当时在医学上对于无症状感染者的一些认识还不够准确、全面，比如这些群体规模有多大、传染性有多强、最终会不会转为有症状的确诊病人等。但是，此事关系抗疫成败大局，社会公众对这个问题表现出了极大的关切，舆论极为关注。

---

① 刘晓花、李建：《试论突发公共事件中的政府信息公开》，载《中国行政管理》2019 年第 5 期。

当时，国家就坚持了及时性优先的原则，果断地在第一时间公开已经掌握的相关信息，并充分利用专家资源和公众展开风险沟通，有效地化解了社会焦虑、引导了社会舆论、稳定了社会秩序。而随着不久之后武汉市大规模检测的完成，以及对无症状感染者研究的深入，很多疑问随之得到解答，疫情防控形势也持续好转。

第二，突发事件中信息公开的全面性和选择性之间存在矛盾。许多国家在信息公开的立法或者司法实践中普遍设立了区分处理、部分公开制度。基于突发事件的特殊性以及信息公开制度在事件应对中所承担的特殊功能，政府在相关信息的公开中可以合理地作出一些筛选。首先，突发事件一旦发生将影响社会生活的方方面面，牵动重大社会公共利益，政府也会拥有来自方方面面各种各样的庞大信息。如果毫无保留、不加选择地公开所有信息，既会增加行政机关的工作压力，过多地占用可以用于信息公开的各种行政资源。而且，有的信息一开始看起来可能相互矛盾，全面、仔细地甄别这些信息需要付出更多的行政成本。其次，重大突发事件发生之后，人们的生活方式、思维方式必然有所变化，心理上也会产生一定压力，对信息真伪的辨别能力相对降低，流言和谣言也会相对增多。面对浩瀚的信息，有些公众难以在分析、筛选、加工处理信息的基础上从容理性地选择自己的行动模式。因此，对那些相对次要的、不是公众应对危机迫切需要了解的信息，政府可以有选择地不予公开或者推迟公开，这样既能合理地利用资源，又能最大限度地发挥信息公开对危机应对的关键作用。最后，突发事件不可避免地伴随着人员伤亡、组织消失、财产损失和环境破坏，还会对社会心理造成破坏性的巨大冲击，进而渗透到社会生活的各个层面，自然也包括对突发事件的应对处理。在这样的背景下，政府如果不加选择地将所有信息包括那些过于惨烈血腥的信息公之于众，无疑会给民众受伤和脆弱的心灵带来更加沉重的打击，如果处置的是社会安全事件，甚至可能激化社会矛盾，使事态更加恶化。因此，对这些信息进行有选择性地处理后部分公开，既不影响公众的知情权，也并不妨碍反而促进了危机的应对处理。

第三节　我国应急法治的制度体系和框架

以 1954 年《宪法》规定戒严制度为起点，我国的应急法制体系经历了从无到有、从少到多、从分散到系统的不断发展与完善的过程。目前，我国的应急法制体系主要包括四个层次的内容：宪法当中的紧急状态等条款；作为应急领域基本法的《突发事件应对法》；按照突发事件的种类或者应急管理的各环节制定的单行性法律、法规、规章；一般法律或者国际条约当中有关紧急状态或突发事件应对的条款。

一、我国应急法制体系发展的三个重要时期

第一，体系形成阶段："非典"疫情触发的应急立法需求。发生在 2003 年初的"非典"疫情，是触发我国应急管理体系发展进入"快车道"的里程碑式事件，应急法制体系的发展同样如此。2003 年以前，我国应急管理领域的立法处于分散状态，这与我国当时实行的应急管理体制是对应的。[①]长期以来，我国一直实行部门分工负责为主、议事协调机构和部际联席会议负责协调的应急管理体制。在法律体系上，基本上也是按照突发事件的类型和负责部门进行分别立法，形成了一类事件制定一部法律、行政法规（或者一部法律配套若干部行政法规），并主要由一个部门负责应对的体制和法律对应关系，缺乏综合应对和统筹协调的理念和相应的制度设计。这种"一事一法"立法方式的缺陷在 2003 年的"非典"疫情中暴露无遗，因为"非典"虽然表现为一个公共卫生事件，但其应对工作却不仅仅涉及主管的卫生部门，而是广泛涉及交通、公安、教育、民航、民政、市场监管、商务等其他部门和广大基层政府，需要通过政府发挥综合协调作用才能有效应对。为了应对此次危机，国务院仅用一个月左右的时间就制定了《突

[①] 钟开斌：《中国应急管理体制的演化轨迹：一个分析框架》，载《新疆师范大学学报（哲学社会科学版）》2020 年第 6 期。

发公共卫生事件应急条例》，用于保证"非典"中的资源调配、政令畅通和正常生产、生活秩序的恢复。此后，全国人大常委会很快修订了《传染病防治法》，各地也及时出台了一系列法规、规章。2003 年之后，我国的应急管理体系和法治理念、现代应急管理理念逐渐接轨，以"一案三制"为主体的应急管理体系开始形成，也逐步建立起了应急法制的基本框架。这一阶段的代表性立法成果有二：一是 2004 年的《宪法》修正案将"戒严"制度修改为"紧急状态"制度，二是 2007 年应急管理领域综合性法律《突发事件应对法》颁布实施。

第二，快速发展阶段：南方雨雪冰冻灾害和"5·12"汶川地震之后的密集立法。《突发事件应对法》实施后不久，2008 年的南方雨雪冰冻灾害和"5·12"汶川地震相继发生。人们开始普遍意识到，对于不确定程度较低的常规突发事件，应急法律可以凭借"以不变应万变"的方式小心翼翼地实现各种目标，而非常规突发事件的发生将使这一切重新面临考验。事实证明，《突发事件应对法》在南方雨雪冰冻灾害、汶川地震这样的新型突发事件或者特别重大突发事件考验、冲击之下暴露出了一系列缺点和不足，不能满足这些非常规突发事件应对的需求。因此，很多专家学者提出了修改《突发事件应对法》的建议，指出现行应急法制存在对应急组织体系的规定不够健全、对社会和市场力量参与制度规定不足、对应急预案的编制和演练要求不够明确、对重大突发事件的应急准备保障不到位，以及对事后恢复和重建制度的规定存在空白等问题。[①] 尽管汶川地震之后，全国人大常委会一度考虑过修订《突发事件应对法》——此时距离该法实施不过短短半年时间——但令人遗憾的是，这一设想最终并没有得到落实。尽管如此，连续发生的重大突发事件仍然进一步推动了我国应急法制体系的完善。2008 年之后，我国针对地震等重大突发事件应对以及应急管理中的一些制度空白进行了密集立法，比如修订了《防震减灾法》《气象法》等，制定了

---

① 钟雯彬：《〈突发事件应对法〉面临的新挑战与修改着力点》，载《理论与改革》2020 年第 4 期。

《自然灾害救助条例》《社会救助暂行办法》等。各地人大常委会和地方政府也纷纷颁布适用于本行政区域的地方性法规、地方政府规章,很多地方性的《突发事件应对条例》或者实施《突发事件应对法》的办法,都颁布实施于这一时期。

第三,体系革新阶段:应急管理体制改革之后的立法趋势。2018 年的国家机构改革组建了应急管理部,整合了此前分散在 11 个部门的 13 项应急管理职能。随后,地方各级政府的应急管理部门也相继挂牌运行。应急管理部门的设立是我国应急管理体制的里程碑式重大改革,在我国应急管理体系的发展史上是一个重大事件。[1] 体制的变革必然要求法律体系作出相应的调整,可以预见,机构改革后我国的应急法制体系必将进入一个新的密集立法期,目前已经有所体现。例如,《消防法》已经在 2019 年修改,《安全生产法》也在 2021 年 6 月完成了修订,将《危险化学品安全管理条例》升格为《危险化学品安全法》和起草《自然灾害防治法》等法律的工作也已经启动。在这个新的阶段,立法将呈现两个显著特点:一是综合性立法增多,这和应急管理部门所承担的在自然灾害防治、安全生产、应急救援等方面的综合性职能是密切相关的;二是更多地反映国家治理体系和治理能力现代化进程中的新成果,特别是简政放权、放管结合、优化服务的"放管服"改革的成果,"告知承诺制""双随机、一公开""互联网 + 监管""失信联合惩戒""黑名单"等制度将在新制定、新修订的一批法律、法规中得到体现。

二、我国应急法制体系的主要框架

国家建立应急管理法制体系的最终目的是追求非常态下的法治,实现这一目标的基础是建立一套完整的应急法律规范,以保证应急管理"有法可依""依法应急"。我国的应急法制体系经过长期发展,尽管还存在很多不

---

① 钟开斌:《国家应急指挥体制的"变"与"不变"——基于"非典"、甲流感、新冠肺炎疫情的案例比较研究》,载《行政法学研究》2020 年第 3 期。

够完善的地方，但在体系框架上已经基本完整。下面，我们简要介绍这个体系的主要内容。

（一）宪法上的紧急权等制度

大多数国家的宪法都规定了紧急权制度，这是一个国家建立应急法制体系的宪法基础。但是，不同国家宪法对紧急权的规定大不相同：有的国家将上至战争状态、下至普通突发事件应急管理的各种非常法律状态统一规定为紧急状态，有的按照轻重缓急区分了具体类型，有的则没有区分；有的国家将战争状态和紧急状态分别进行规定；有的国家将战争状态、紧急状态和普通突发事件应急管理分别进行规定。[①]

2004年，十届全国人大二次会议对1982年《宪法》作了第四次修改，将《宪法》中规定的"戒严"修改为"紧急状态"，并对紧急状态的决定与宣布作出了规定。这次修改结束了宪法非常法制条款规定不周延的局面——修改之前的《宪法》仅规定了战争、动员、戒严这三种情况——为此后应急法律的制定提供了立法依据。目前，我国宪法中的紧急权制度包括：第一，决定并宣布战争状态的制度，规定在《宪法》第62、67、80条；第二，决定并宣布紧急状态的制度，规定在《宪法》第67、80、89条。此外，根据《突发事件应对法》第69条规定，普通突发事件的应急管理不属于紧急状态。由此可见，我国宪法上的紧急权制度只适用于战争状态和足以引起宪法秩序改变的特别重大非战争危机，应对其他普通突发事件的法律和行为，不得突破平常的宪法秩序。

除了紧急权制度之外，宪法上还有一些规定是某些应急法律制度的重要基础。例如，《宪法》第45条规定："中华人民共和国公民在年老、疾病或者丧失劳动能力的情况下，有从国家和社会获得物质帮助的权利。国家发展为公民享受这些权利所需要的社会保险、社会救济和医疗卫生事业。"尽管这一条规定的表述中没有明确提到公民遭遇突发事件的情况，但可以通过扩大解释，将其作为公民在各种情况下具有社会保障权的依据，从而成

---

① 顾林生、刘静坤：《国外紧急状态立法的经验》，载《法学》2004年第8期。

为我们建立应急救助、灾害保险等法律制度的宪法基础。

（二）应急管理的基本法

我国没有制定《紧急状态法》，现有的应急基本法是 2007 年 11 月开始实施的《突发事件应对法》，适用于各类普通突发事件的全过程应对。我国之所以采取制定一部涵盖非紧急状态下各种突发事件应对全过程的基本法这种独一无二的立法模式，与当时的立法背景有关。因为，在 2003 年的"非典"疫情之后，本来计划制定的是《紧急状态法》，其范围自然涵盖全部种类的突发事件。后来由于立法思路发生了重大转变，改为只调整非紧急状态的应急管理活动，但其涵盖全部种类突发事件、作为应急管理"总法"的思路却被延续了下来，就形成了这种独特的立法模式。

在"非典"结束后不久的 2004 年 3 月，作为对此次公共危机反思的结果，当时召开的十届全国人大第二次会议决定将《宪法》中的戒严制度修改为紧急状态制度。原因在于，戒严仅仅适用于政治动乱、暴乱、骚乱一类的公共危机，对于其他可能给国家安全和社会稳定带来同等程度冲击的突发事件则不能适用，只有将"戒严"扩大到"紧急状态"才能够解决这个问题。为了配套宪法上的这一修改，《紧急状态法》随即被列入全国人大常委会和国务院当年的立法计划，但该法最终出台时却更名为《突发事件应对法》。从《紧急状态法》更名为《突发事件应对法》，体现了这部法律调整对象、调整范围的变化，背后则折射出立法思路上的重大转变。在立法工作之初，当时主要是以 2003 年的"非典"疫情作为突发事件的情景假设，因此，重点考虑的是解决紧急状态的宣告、结束、监督，以及对紧急状态下政府特殊权力的授予和控制问题。[①] 但在《紧急状态法》起草的过程中，起草部门认为《紧急状态法》所调整的对象和应对公共突发事件所需要包含的对象之间虽然有一定的重叠，但应对突发事件的内涵要比紧急状态宽得多。突发事件应对包括自然灾害、事故灾难、公共卫生事件和社会安全事件四大类，需要

---

① 《非常态行政法律秩序的基本法——对话参与起草〈突发事件应对法〉的于安教授》，载《中国减灾》2007 年第 12 期。

宣布紧急状态可能只是其中的一部分，而且偏重于后面两类事件。大部分突发事件的应对虽然没有达到需要宣告紧急状态的程度，并不会引起宪法秩序的改变，但仍然需要政府采取若干有别于常态的特殊措施，这可能引起行政管理法律秩序的改变，因而也需要获得法律上的根据，需要法律进行调整。因此，如果以《紧急状态法》来涵盖突发事件应对的全部内容，会显得法律的名称和内容很不相称。而且，每一个突发事件的应对都应当依法处置，即使是达不到宣告紧急状态的突发事件，其应对工作也需要有法律来规范。而从应急管理的过程来看，宣告紧急状态主要着重的还是突发事件的事中处置环节，对于事前的风险防控和应急准备、监测预警，以及事后的恢复重建等环节涉及的不多。而"非典"的经验教训表明，应急管理是一个覆盖突发事件发生、发展、演变各环节的全过程管理，而且是以事前的风险防控为主。如果立法仅仅关注紧急状态问题，范围就太窄，覆盖不了全过程，因此需要拓展到整个突发事件应对的层面。这几个方面，成为当时起草部门决定将《紧急状态法》更名为《突发事件应对法》的主要动因。有鉴于此，起草部门一度将紧急状态制度和一般的应急管理制度同时纳入草案当中，并一度在征求意见阶段，将该法更名为《突发事件和紧急状态处置法》。草案的主体内容则分成了两大部分：一部分调整一般突发事件的应对活动，另一部分则调整紧急状态，包括紧急状态的决定、宣布、终止、延续及紧急状态下的特别处置措施等问题。

在国务院将立法草案提交全国人大常委会审议之后，立法思路再一次发生了重大变化。立法机关考虑到如果确实发生了需要宣告紧急状态的极端突发事件，国家在紧急状态下的危机应对措施需要很强的灵活性，而有关紧急状态决定和宣布的制度在《宪法》中已经有了原则性的规定，如果确实需要另行采取特殊处置措施，也可以由全国人大常委会临时另行立法。因此，正式提交审议的立法草案中又删去了有关紧急状态制度的章节和具体条款。最终，在 2007 年 8 月 24 日提交全国人大常委会进行第三次审议草案中，只在这部法律的"附则"中保留了一个开放性的条款对紧急状态的问题加以交代，就是该法的第 69 条。其规定是："发生特别重大突发事件，对人民生命财产安全、国家安全、公共安全、环境安全或者社会秩序构成重大威胁，采取本法和其他有关法律、法规、规章规定的应急处置措施不能消除或者有效控制、减轻其严重社会危害，需要进入紧急状态的，由全国人民代表大会常务委员会或者国务院依照宪法和其他有关法律规定的权限和程序决定。紧急状态期间采取的非常措施，依照有关法律规定执行或者由全国人民代表大会常务委员会另行规定。"最终，这部以《紧急状态法》之名列入立法计划的法律，经过四年多的起草、修改和审议，更名为《突发事件应对法》，于 2007 年 8 月 30 日经十届全国人民代表大会常务委员会第二十九次会议审议通过，于 2007 年 11 月 1 日正式实施。

（三）应急管理单行法

单行性的应急管理法律数量众多，是我国应急法制体系的主体内容，主要包括三类：第一，适用于某一类或某一种突发事件的法律，我们可以称其为"一事一法"，这种立法的基础是不同类型突发事件的性质和应对方式存在重大差异，因此需要分别立法。第二，适用于应急管理某一阶段的法律，可以称其为"一阶段一法"，这样立法的前提是国家希望通过整合资源建立起某一应急管理阶段的综合性系统，比如灾害保险、应急准备、应急救助等。第三，适用于某一种类突发事件某一应对阶段的法律，可以称其为"一事一阶段一法"，这种立法针对的通常是对某个国家具有特殊影响的突发事件，用于推行针对该事件的某项特殊政策，如地震、海啸之于日本，洪水、飓风之于美国。我国的应急管理单行法大多数属于"一事一法"；部分为了实施法律而制定的法规、规章属于"一事一阶段一法"，如《汶川地震灾后恢复重建条例》；"一阶段一法"的应急类法律比较少，比较有代表性的是《自然灾害救助条例》《军队参加抢险救灾条例》等。这反映了我国应急工作长期以来以行业管理、分散治理为主的历史传统，也是造成应急管理资源整合不足、综合协调不力的重要原因之一。

以突发事件的类型作为标准，我国"一事一法"的应急管理法律法规主要包括如下几类。

第一，自然灾害类。此类立法主要按照灾种划分，现有立法主要包括法律层面的《防洪法》《防沙治沙法》《防震减灾法》《气象法》《大气污染防治法》等，行政法规层面的有《防汛条例》《抗旱条例》《破坏性地震应急条例》《森林防火条例》《草原防火条例》《森林病虫害防治条例》《地质灾害防治条例》《气象灾害防御条例》等，此外还有大量的部门规章。总体来看，我国的自然灾害类立法体现了这几个特点：一是以单灾种立法为主，缺乏跨灾种综合立法；二是行政法规、规章的数量比较多，法律的数量比较少；三是各灾种之间立法的数量很不均衡，比如针对水旱灾害的单行法共有 9 部，而针对海洋灾害的专门性单行法目前还没有。

第二，事故灾难类。我国事故灾难类的立法相对于其他三类突发事件的立法来说，发展得比较成熟。其中，《安全生产法》作为本领域内的综合性立法，以专章规定了"生产安全事故的应急救援与调查处理"；除此之外，还包括《建筑法》《消防法》《矿山安全法》《特种设备安全法》《海上交通安全法》《放射性污染防治法》等行业法律以及《生产安全事故报告和调查处理条例》《安全生产许可证条例》《生产安全事故应急条例》《危险化学品安全管理条例》《放射性同位素与射线装置安全和防护条例》《国务院关于预防煤矿生产安全事故的特别规定》《建设工程安全生产管理条例》《道路运输条例》《内河交通安全管理条例》《渔业船舶检验条例》《河道管理条例》等一系列涉及生产经营、特种作业监督、矿山和危化品日常管理、交通安全、从业人员救援保障的行政法规、规章。事故灾难领域立法的问题主要有两点：首先，主要法律中对应急管理的规定不足，应急管理理念比较陈旧；其次，由于存在诸多行业性法律法规，难免存在"多头立法"，导致下位法与上位法的规定存在不一致甚至冲突之处。当务之急是要以应急管理部的成立为契机加快修法进程，修改《安全生产法》及相关法律，及时删除不合时宜的规定，将非常态下的应急管理作为《安全生产法》中的一个独立章节加以充实。与此同时，应当尽快进行法规清理，废除年代久远、不再适用的法律文件，或者删除与上位法冲突的条款。

第三，公共卫生类。公共卫生类突发事件的管理以 2003 年《突发公共卫生事件应急条例》出台作为法治化的标志，在法律层面主要包括《传染病防治法》《食品安全法》《动物防疫法》《进出境动植物检疫法》《国境卫生检疫法》等；在行政法规层面主要包括《重大动物疫情应急条例》《突发公共卫生事件应急条例》《植物检疫条例》等。

第四，社会安全事件类。社会安全事件并不是一个精确的法律概念，只是对同类现象的概括，也可以认为只要是由于人为的因素造成或者可能造成一定区域内的人身或者财产损失的事件就可称为社会安全事件。目前，社会安全事件主要包括恐怖袭击、群体性冲突或暴力事件、经济安全事件、网络安全事件和涉外突发事件等。目前，我国还没有专门针对社会安全事件应急管理的专门立法，将来制定这样一部法律的可能性也比较小，但有大量法律、法规、规章涉及社会安全事件的应急管理。具体而言，我国《宪法》规定了紧急状态的决定和宣布问题；在法律层面，《价格法》《戒严法》《国防法》《国家安全法》《反恐怖主义法》等分别规定了当正常的经济秩序、社会秩序、国家管理秩序进入非常状态时的紧急处置措施；在行政法规层面主要有《信访条例》《民用爆炸物安全管理条例》《农药管理条例》《中央储备粮管理条例》《粮食流通管理条例》等。除了以上国内法，我国加入的《制止恐怖主义爆炸的国际公约》等也在实践中规范着社会安全事件的应急管理活动。

以突发事件的应对环节作为标准，我国"一阶段一法"的应急管理法律法规主要包括如下几个部分。

第一，事前预防、准备、监测、预警阶段。这是突发事件发生之前的管理阶段，突发事件并没有实际发生或者只是刚刚发现征兆信息，公共危机处于尚未发生或者向发生演变的过程中。在这一阶段，政府主要履行四个方面的职能：一是对可能导致突发事件的风险加以识别、评估和防控，尽量降低突发事件发生或者造成损失的可能性和程度；二是为将来有可能发生的突发事件进行准备性工作，如进行应急预案编制、应急资源储备、应急场所建设、应急救援队伍建设和演练等；三是对可能发生的突发事件进行日常监测，及时捕捉相关信息；四是在监测过程中发现突发事件已经发生或者有极大的可能发生，向有可能受到突发事件影响的地区或者人员发出警报。在我国目前的应急法律体系中，就应急管理的某一环节进行跨灾种防控、准备或者监测预警的相关法律、法规基本上没有，但有一些针对单一类型突发事件某些环节进行规定的行政法规，针对地震的《地震安全性评价管理条例》《地震预报管理条例》，针对粮食危机的《中央储备粮管理条例》《粮食流通管理条例》。还有一些法律法规的部分章节涉及相关类型突发事件的事前管理环节，如和海洋灾害有关的《海洋观测预报管理条例》。

第二，事中处置、救援阶段。进入这一阶段标志着突发事件已经实际发生，正常秩序被破坏，应急行动开始实施，行政紧急权力得到扩大。2018年应急管理部成立之后，原公安消防部队、武警森林部队退出现役，与安全生产救援队伍共同组成了综合性常备应急救援力量。因此，这一阶段的立法可以细分为两部分：第一部分是侧重于规定应急处置和救援措施的，如《破坏性地震应急条例》《生产安全事故应急条例》《铁路交通事故应急救援和调查处理条例》等；第二部分是侧重于规定救援人员的，如《消防法》——该法主要针对火灾救援，但是消防部队转制之后，消防队伍承担综合性应急救援的职责，以及《军队参加抢险救灾条例》等。

第三，事后恢复重建阶段。突发事件的危险源基本得到控制，人员和财产救援活动基本结束之后，政府及其相关部门的主要职责是将应急状态恢复到生产生活的正常状态，并对在事件中遭受的各种损失进行恢复，同时处理各种善后问题。目前，我国关于这一阶段的立法比较少，在法律层面上主要是在《慈善法》《公益事业捐赠法》当中有个别条款涉及，另外在2008年汶川地震之后先后出台了《汶川地震灾后恢复重建条例》《自然灾害救助条例》《社会救助暂行办法》等行政法规。

（四）应急管理相关法

应急法是一个庞大、复杂的规范体系，除了专门的应急管理法律、法规、规章之外，其他法律中也广泛存在某些与应急管理相关的制度。这些制度可能是某部法律文件的个别章节，也可能只是个别条款。例如，我国的《刑法》《治安管理处罚法》《人民警察法》《劳动法》《道路交通安全法》《环境保护法》《森林法》《草原法》《公益事业捐赠法》《慈善法》等许多法律中都有和应急管理相关的条款。

（五）有关国际条约和协定

国际条约和协定中有关应急管理的制度主要包括两类：一是有关共同应对某类突发事件的国际条约和协定，如针对恐怖袭击、劫持航空器、海难、海啸等事件的国际法规范；二是国际人权公约中对紧急状态下人权克减和人权保护的规定，如《公民权利和政治权利公约》《欧洲人权公约》《美洲人权公约》中均有相应的规定。

（六）应急预案

有关应急预案，特别是国家、省级政府及其部门制定的层级较高的应急预案，是否属于应急管理法制体系的一部分，或者说如何确定应急预案效力的问题，人们在认识上还存在分歧。对此，我们认为应当历史地看，辩证地看。在我国，特别是 2007 年《突发事件应对法》颁布之前，一定级别的应急预案在早期曾经具有相当于行政法规或规章的效力，对应急管理活动发挥着重要的调整、规范作用，曾经属于应急管理法制体系的渊源之一。[①] 从原则上看，在当时的情况下，国务院制定的预案可以视为行政法规；国务院有关部门制定的预案可以视为部门规章；省级或较大市政府制定的预案可以视为地方政府规章；其他应急预案是一般行政规范性文件。这些做法在一定程度上曾促进了我国应急法制体系的建设，但确实存在"以案代法"的情况。2007 年颁布实施的《突发事件应对法》第 17 条明确规定："国家建立健全突发事件应急预案体系。""地方各级人民政府和县级以上地方各级人民政府有关部门根据有关法律、法规、规章、上级人民政府及其有关部门的应急预案以及本地区的实际情况，制定相应的突发事件应急预案。"2013 年国务院办公厅颁布的《突发事件应急预案管理办法》第 2 条明确规定："本办法所称应急预案，是指各级人民政府及其部门、基层组织、企事业单位、社会团体等为依法、迅速、科学、有序应对突发事件，最大

---

① 钟开斌：《国家应急管理体系：框架构建、演进历程与完善策略》，载《改革》2020 年第 6 期。

程度减少突发事件及其造成的损害而预先制定的工作方案。"应急预案作为工作方案的性质,其制定应当以法律、法规、规章为依据,这两个基本问题至此得以明确。在此之后,各级应急预案明显淡化了对应急管理工作的指引、规范功能,转而向增强可操作性、实战性的方向完善。

第十章 行政复议制度发展与主渠道实现

行政复议是行政系统内部层级监督和解决"民告官"行政争议的法律制度，由行政机关应相对人的申请，依法对行政争议作出裁决，是行政机关以法治方式自我解决行政争议的重要渠道。我国行政复议起步较早，中华人民共和国成立初期就建立了相关制度。1990 年出台《行政复议条例》，1999 年颁布《行政复议法》，正式开启我国行政复议制度的法律化时代。从行政复议法实施 20 余年的情况来看，行政复议在化解行政争议、维护行政相对人合法权益和监督依法行政方面发挥了积极作用。2020 年 2 月 5 日，中央全面依法治国委员会召开第三次会议，习近平总书记指出，要充分发挥行政复议公正高效、便民为民的制度优势和解决行政争议的主渠道作用。这为新时期行政复议制度的创新发展指明了方向，提出了具体要求。目前，《行政复议法》的修改已经列入十三届全国人大常委会 2022 年立法工作计划，修订工作正在推进中。本章将专门对新时代背景下，行政复议的法律属性、功能定位、质效评价体系等基本理论问题进行探讨，以探寻确保行政复议主渠道目标实现的最优路径，以及行政复议法修改的良法善治问题。

第一节 新时代行政复议的法律属性

法律制度的价值及其具体制度设计往往以其法律属性为基础。法律属性是法律制度的价值所在，决定着立法的价值取向，是探讨法律制度功能定位问题的基础。"行政复议的性质是行政复议的根本问题，它关系到设置行政复议制度、程序的内容、方式与模式，只有明确而恰当的定性，才会有自成一体的而不是自相矛盾的、正确的而不是偏差的制度模式与制度内容。"①

探究我国行政复议制度的法律属性，有必要回溯我国行政复议制度的发展历程。广义上讲，我国行政复议制度始于辛亥革命之后。《中华民国约法》第 8 条规定："人民依法律所定，有请愿于行政官署及陈述于平政院之权。"1914 年 7 月，北洋政府颁布了《诉愿条例》，这就是最早的行政复议制度雏形。自此，"诉愿"成为人民对抗"国家"（行政机关）公权力侵害之重要基本权利②。1930 年南京国民政府颁布了《诉愿法》，正式确立了行政诉愿（行政复议）制度。根据该法规定，行政相对人因行政官署违法或不当处分致其权利受到损害时，可以向原官署或其上级官署请求撤销或变更原处分。这种诉愿分为诉愿和再诉愿两级，不服再诉愿的可以提起行政诉讼。《诉愿法》几经修订，至今仍在我国台湾地区施行。国务院在制定我国第一部统一的行政复议制度《行政复议条例》时，立法机构的起草说明还明确指出行政复议也称为"诉愿"，从而阐明了新中国行政复议制度与民国时期以及具有大陆法系传统的其他国家的诉愿制度的对应关系。③

新中国行政复议制度的法治化起步也较早，中华人民共和国成立初期即已出现。1950 年中央人民政府政务院批准、财政部公布的《财政部设置财政检查机构办法》第 6 条规定："被检查的部门，对检查机构之措施，认为不当时，得具备理由，向其上级检查机构，申请复核处理。"这里的"复核"指的就是行政复议。1950 年 12 月政务院公布并于同日施行的《税务复议委员会组织通则》，首次在立法中使用了"复议"这一概念，同时对行政复议的职能和体制、行政复议机构的组成和运作要求等作出规定。此后，行政复议制度发展较快，有关行政复议制度的法律、法规越来越多。

"文革"期间，法制遭到严重破坏，行政复议工作也陷入停滞。党的十一届三中全会以后，特别是 20 世纪 80 年代后期，行政复议制度作为社

---

① 杨小君：《我国行政复议制度研究》，法律出版社 2002 年版，第 1 页。

② 张文郁：《我国台湾地区诉愿制度之过去、现在和将来》，载《行政法学研究》2015 年第 3 期。

③ 郜风涛主编：《行政复议法教程》，中国法制出版社 2011 年版，第 5 页。

会主义法治建设的一项重要内容得到迅速发展，到 1990 年，已有 100 多部单行的法律、法规规定了行政复议制度。这些规定不仅立法技术日趋成熟，而且还注意了有关法规之间的衔接和协调，对有效解决行政争议，加强行政系统内部的自我约束，发挥了积极作用。但由于没有对行政复议制度进行统一规范的法律，关于行政复议的范围、管辖、审理、程序、时限等，都缺乏统一的法律依据。尤其是法律、法规对行政复议的名称的规定十分混乱，有的称为"申诉"，有的称为"复审""复查"或"复验"，只有一部分法律、法规称为复议。[①] 在《行政复议条例》颁布前，行政法学界对行政复议制度也有不同的认识和称谓，相当一部分学者因为行政复议制度和行政诉讼制度一样具有解决行政争议的性质，而对两种制度不加区分，行政复议制度被作为广义的行政诉讼制度来看待。也有的学者提出了"行政复查"的学术概念，以区别于行政诉讼。

1989 年《行政诉讼法》在建立统一的行政诉讼制度同时，一并确定了统一的行政复议制度。该法第 37 条规定，公民、法人或者其他组织对行政机关的具体行政行为不服，在向人民法院提起行政诉讼前，可以申请行政复议。为与行政诉讼法做好衔接，规范行政复议活动，1990 年 12 月，国务院公布了《行政复议条例》，对行政复议的范围、行政复议机构、管辖、参加人、申请与受理、审理与决定、期间与送达、法律责任等作出全面规定。1999 年 4 月，第九届全国人大常委会第九次会议通过了《行政复议法》，将行政复议制度在立法层面上升为法律，为我国行政复议制度完善发展奠定了坚实基础。

自行政复议制度产生发展以来，关于其法律属性的讨论就一直未停歇。早在《行政复议条例》出台之前，学界即已围绕行政复议与行政诉讼的关系，展开过关于行政复议性质的争论。有学者提出，"行政复议制度是行政诉讼制度的组成部分，它同行政诉讼制度密不可分，构成一个有机的整体"。[②] 也

---

① 国务院法制局编：《行政复议条例释义》，中国法制出版社 1991 年版，第 2 页。
② 高文英：《浅谈我国的行政复议制度》，载《中国法学》1987 年第 2 期。

有学者提出，"行政诉讼与行政复议是两种性质不同的救济方法。行政复议属于行政行为范围，是上级行政机关对下级行政机关的行政行为进行的审查，这种审查仍然属于行政系统内部的救济手段，审查后作出的决定仍然是一种行政决定"。[1] 还有学者提出，"行政复议虽然仍属于行政系统的活动，但它与一般的行政管理活动不同，属于行政司法（裁决）的范围"。[2] 由以上两种比较典型的论述可以看出，20 世纪 80 年代对行政复议制度法律属性的争议主要是其到底是"行政性"还是"司法性"。

在《行政复议条例》起草期间，学界和实务界关于行政复议的性质的争议仍然没有停止，其中主要的观点有三种：一是认为行政复议具有行政司法性质，是行政机关在行政管理过程中依法行使司法裁判权，在法定范围内审理和裁决个别案件和解决法律纠纷，兼具行政性和司法性的双重属性。二是认为行政复议具有行政监督性质，是行政机关按照宪法和法律规定，履行对其所属的下级行政机关及其工作人员是否严格执行有关行政法律文件的监督责任是制度化、法律化。三是认为行政复议兼具行政司法和行政监督的性质，一方面，行政复议使上级行政机关与行政争议双方（其一是下级行政机关），形成双线循环型管理关系，具有准司法性质，以区别于一般行政执法，另一方面，行政复议又是行政系统内部上级行政机关对下级行政机关的执法监督，以区别于行政诉讼。行政复议程序比一般行政执法严密，但与行政诉讼相比又"简单"一些。[3] 这些争议依然是主要围绕行政复议的"行政性""司法性"或者"准司法性"展开。

国务院颁布的《行政复议条例》在关于行政复议的性质上，采取了更倾向于行政性的立场。虽然作为《行政诉讼法》的配套制度，该条例"无论

---

① 韦宗、阿江：《行政诉讼立法要论》，载《中国法学》1988 年第 6 期。
② 谭宗泽、王连昌：《试论我国行政复议制度的建设》，载《法学杂志》1990 年第 3 期。
③ 参见魏风：《关于制定〈行政复议条例〉的讨论综述》，载《河北法学》1990 年第 5 期。

实体规定还是体例结构均与行政诉讼相仿，具有明显的准司法的特点"。[①]
但在国务院法制局编的《行政复议条例释义》中，仍将行政复议定义为：
"行政机关在行使其管理职权时，与作为被管理对象的相对人发生争议，根
据相对人的申请，由该行政机关的上一级行政机关对引起争议的具体行政
行为进行复查的一种具体行政行为"，"是行政机关的活动，是上级行政机
关对下级行政机关进行层级监督的一种较为规范的活动"。[②]

　　《行政复议条例》的颁布实施并未平息关于行政复议法律属性的争议。
此后几年间，虽然行政复议案件数量有所上升，但并未出现条例出台时预
测的"与行政诉讼相比，行政复议案件的数量要大得多，向法院提起行政
诉讼的案件，100%都有可能先向行政机关申请复议，其中70%左右是必
须先向行政机关申请复议的"的局面。相反，由于将行政复议混同于行政
执法，行政复议在实践中逐渐开始遇冷，案件数量一度少于行政诉讼案件
数量，差距开始拉开。学界开始提出通过法律升级来摆脱现实困境，修改
行政复议条例或者制订行政复议法的呼声渐起。其中关于界定行政复议法
律属性这一老问题再次成为学界争议焦点。虽然问题核心仍然围绕着行政
复议的行政性或者司法性，但研究已渐趋深入，并具体落到行政复议机构
的法律地位上。有意见认为，既然行政复议是上级机关对下级机关的监督，
当然应该按照行政管理的一般要求，复议机构只是行政机关的组成部分，
并无任何特殊之处。也有意见认为，行政复议的司法性的一面对行政复议
的基本要求就是公正，因此行政复议机构必须具有相对独立性，与普通行
政机关不同。复议人员的地位、职称、职权等，也有别于一般公务员。[③]

　　1999年行政复议法的出台采取了"去司法化"的思路。国务院法制办
公室时任领导在第九届全国人大常委会第五次会议上做《关于〈中华人民共
和国行政复议法（草案）〉的说明》中再次强调：行政复议是行政机关内部

---

　　① 赵德关：《新时期行政复议制度的定位与展望》，载《行政法学研究》2016年第
5期。

　　② 国务院法制局编：《行政复议条例释义》，中国法制出版社1991年版，第1页。

　　③ 刘莘：《1993年行政法学综述》，载《行政法学研究》1994年第2期。

自我纠正错误的一种监督制度。为体现行政复议作为行政机关内部监督的特点，不宜，也不必挪用司法机关办案的程序，使行政复议"司法化"。而具体到行政复议法的条文中，无论是书面审查等程序设计，还是"答复""审查"等用语选择，都充分体现出"非司法化"的特点。

实践用数据对行政化这一方向的选择提出了质疑。行政复议法公布实施后，全国行政复议案件数量有所上升，到 2001 年突破 8 万件大关，此后几年间每年一直维持在七八万件。但与行政诉讼相比还是少了很多，与信访案件数量相比则更少。理论部门和实务部门都承认，行政复议的优越性并没有因《行政复议法》而体现出来。这就为学界进一步探讨行政复议的行政化和司法化提供了条件。开始有学者就《行政复议法》的实施效果，对行政复议的法律属性提出质疑。有学者提出，"经常有人说行政复议活动是一种准司法行为（活动），它的目的是追求公正而不是效率，因此要遵循与一般行政活动不同的原则和程序"。有学者据此就行政复议"司法化"开展了集中研究，提出："我国行政复议制度的非司法化特征，正好与当代各国争议解决机制的发展方向背道而驰。同时，行政复议制度的缺陷直接影响到行政复议与行政诉讼的良性互动，使两者之间的关系出现扭曲，造成司法权的错位，并导致整个争议解决系统的失灵和非规范的争议解决方式的膨胀。因此，改革行政复议制度，必须从司法化这个根本着手，充分体现行政复议制度的独立性和公正性。"[1]

随着研究的不断深入，行政复议的行政化与司法化是否绝对二元对立、非此即彼，必须二选其一，成为讨论的重点。对行政复议属于行政司法性的认识逐渐形成共识。有实务部门的同志提出，如果将"反司法化"极端地理解为要反对一切与司法类似的制度，就不可避免地使行政复议法植入一些严重的先天缺陷，应当围绕打造准司法性质的行政审查机制对行政复议制度进行重构，具体包括：确保审查独立、推进审查中立、发挥行政优

---

[1]　周汉华：《中国行政复议制度的司法化改革方向》，载周汉华主编：《行政复议司法化：理论、实践与改革》，北京大学出版社 2005 年版，第 7 页。

势、程序简约等。①

进入 21 世纪，随着经济社会快速发展和改革的不断深入，我国社会逐渐进入重要的社会转型期，经济体制深刻变革，社会结构深刻变动，利益格局深刻调整，思想观念深刻变化，导致社会矛盾逐渐呈现多发、多样的态势。与此同时，我国法治政府建设的大幕渐次拉开。2004 年 3 月，国务院出台《全面推进依法行政实施纲要》，对加强和改进行政复议工作提出明确要求。2006 年 9 月，中央办公厅、国务院办公厅出台了《关于预防和化解行政争议健全行政争议解决机制的意见》，要求加强行政复议工作，努力将行政争议化解在基层、化解在初发阶段、化解在行政系统内部。

为落实党中央、国务院的一系列要求，2007 年颁布施行的《行政复议法实施条例》作出了适时回应。条例在条文设计上更多借鉴了司法程序公正元素，加强了对行政相对人的程序性权利的保护，引入了听证审理等公开程序。同时，自 2008 年起，国务院原法制办公室借鉴韩国、我国台湾地区等国家和地区的经验做法，按照"准司法化"的思路，开始在全国部分省区市部署开展行政复议委员会试点工作，"探索建立政府主导、社会专家学者参与的行政复议工作机制"，"通过体制、机制创新性探索，努力提高行政复议的权威性和公正性"。② 改革的核心内容是在体制上将分散在地方政府部门（实行垂直领导的部门和国家安全机关除外）的行政复议职责集中到地方政府统一行使，由地方政府统一管辖本辖区内的行政复议案件。这样做，可以在不增设机构、不突破地方编制总量的前提下优化政府职权配置，解决地方政府行政复议能力薄弱的问题。同时，在机制上引入专家学者参与案件的审理和裁决，辅之以公开透明的案件审理程序，进一步提升行政复议的中立性、权威性和公正性，以更有效发挥行政复议制度功能。这一模式迅速在全国范围内推开。先后有 7 个省级政府、17 个省的 72 个地

---

① 方军：《论中国行政复议的观念更新和制度重构》，载周汉华主编：《中国行政复议制度的司法化改革方向》，北京大学出版社 2005 年版，第 26—31 页。
② 国务院法制办公室《关于在部分省、直辖市开展行政复议委员会试点工作的通知》（国法〔2008〕71 号）。

市级政府和 240 个县级政府开展了相关试点探索，取得了较好的效果。

2015 年，新修订的《行政诉讼法》确立的共同被告制度，实质上将行政复议行为拉回行政性的定位。根据该规定，行政复议机关改变原具体行政行为的，以行政复议机关为单独被告；维持原行政行为的，以行政复议机关和原行为机关做共同被告。这一制度安排与域外国家和地区的统一性原则、原处分主义等惯常做法均不相同，并无明确的理论依据，而是立法者希冀倒逼复议机关公正审案的纯粹"中药方"。

综观关于行政复议法律属性的争议，可概括为三种学说[①]：一是行政说，认为行政复议是一种具体行政行为，行政复议活动受行政权支配并体现行政权的特点，是行政机关的活动，复议机关与被申请人之间的关系是一种行政隶属关系，与申请人之间也是管理者与被管理相对人的行政关系，这种情况与其他具体行政行为没有什么本质的区别。二是司法说，认为行政复议的目的是解决行政纠纷，行政复议的过程就是解决行政纠纷的过程，行政复议与典型的行政处理行为或一般的具体行政行为并不相同，复议行为与一般的具体行政行为相比较，在行为性质、行为发动者、行政机关法律地位等方面都存在较大的差异。不仅如此，行政复议活动或程序在形式上也有明显的司法活动的特点，如时效、管辖、不告不理制度等。这些内容与形式特点都表明行政复议实质上是一种司法行为。三是行政司法说，认为行政复议兼具行政和司法的双重性质与特点。在复议机关这个主体性质上、在复议裁决结果的法律效力上、在复议机关与被申请人关系上等，都表明其行政的性质，但同时，行政复议兼具甚至更具司法的属性与特征。比如，具体行政行为的发动者是行政机关，而复议程序的发动者则是申请人，没有申请人的申请行为，就不会有行政复议行为与行政复议程序的产生；此外，行政行为是执行行为，是将法律规则适用于具体人和事的活动，而行政复议则是对执法行为的审查与监督，目的是解决行政执法过程中产生的行政纠纷，行政复议机关显然是以裁判者或行政司法者的地位与

---

① 杨小君:《我国行政复议制度研究》，法律出版社 2002 年版，第 1—3 页。

身份出现的，而不是以执法者的地位出现的，行政复议是一种三方法律关系，不同于具体行政行为中的两方法律关系，等等。所以说，行政复议既有行政性质也有司法行为与程序的性质、特征，行政复议不同于纯粹行政，也不同于司法诉讼那样的纯粹司法制度，它是具有双重色彩的行为和程序。从行政复议制度发展实践看，对行政复议法律属性的把握，也一直在随着行政复议理论研究的深入，不断因应形势和任务的变化而作出调整。

科学界定行政复议的法律属性，应当考虑行政复议制度的起源特别是时代背景。综观世界，无论是大陆法系国家，还是普通法系国家，几乎所有市场经济国家都有行政复议制度。从产生背景看，多数是作为对司法审查机制的补充，有学者将其概括为五个方面，包括特定时期对司法的不信任、弥补法院合理性审查或者事实审查方面的不足、减轻法院的工作负担以及加强行政的自我控制等，更重要的是因应经济社会快速发展背景下传统司法审查机制对大量出现的专业性较强的行政争议的乏力，实质是为避免行政管理关系长期处于不稳定状态而导致社会失序，而在司法体制外，赋予行政机关以准司法权，以快速解决行政纠纷。[①] 早期的行政复议制度均比较强调其行政性的特质，注重发挥其便捷、高效、低成本替代性争端解决机制的作用。比如英国的行政裁判所制度，早先隶属于行政系统，是行政过程的一个阶段，与行政机关不分离，也不独立[②]，人事任免和财政均把持在行政机关手里，具有很强的行政属性。法国的行政法院则直接设在行政系统，国家行政法院院长由政府总理担任，日常工作由国家行政法院副院长主持。

行政复议是居中对矛盾纠纷进行裁断的活动，这就决定了单纯强调行政复议的行政性存在明显缺陷，突出表现为公正性不足的问题。主要表现在两个方面，一是裁决机构的独立性问题。"审查活动的独立性，是行政复议对行政行为产生有效制约效果的基本条件，如果行政复议审查机构完全混

---

① 沈岿、何于彬：《行政复议的性质与功能》，载中国政法大学应松年教授主持的《"行政复议法修改"课题研究报告》。

② Cf.Robert Carnwath, Tibunal justice-a new start (2009) Public Law 49.

同于一般的行政执法机关，或者附属于被审查机关的指挥机关，审查就必然流于形式，制约也必然归于乌有。"① 二是裁决程序的正当性问题。某种意义上讲，程序的繁简与效率成反比，与公正成正比。强调行政性，意味着程序设计的相应简化，必然对裁决的公正性带来一定的影响。前述两个方面都会对行政复议的公正性和公信力带来较大的影响。

由此，世界各国在行政复议制度发展的道路上，尽管不断在调试并发展，亦作出不同的抉择，但可以被归纳为两个方向：一个方向是逐渐将行政复议进行司法化改造，或者干脆弱化行政复议的作用，更多依赖司法审查。如英国 2007 年《裁判所、法院和执行法》(*the Tribunal, court and Enforcement Act* 2007) 对行政裁判所制度所做的改造实质上是走了一条司法化的道路，将行政裁判所与行政机关彻底分离，变为司法体系的一部分。法国的行政法院虽然仍属于行政系统，但其组织形式和运行机制已经完全司法化，并成为司法体系的有机组成部分和特色。而德国的理论界和实务界基本形成了 "如果以替代性的纠纷解决程序来取代法院诉讼程序的话，则与司法保障请求权相冲突，将特定争议的解决置于国家司法之外并授权——非法官或非法学学者作出最终决定，这种做法与现行宪法的规定不相一致" ② 的共识，行政诉讼具有压倒性优势，行政复议实质上仅作为诉讼程序外小范围的补充程序，没有独立地位，甚至缺乏存在价值。

值得一提的是，在行政复议司法化后，往往又在行政系统内部出现了类似行政复议的相关制度。这在一定程度上反映出行政复议司法化仍存在一些弊端，以及在行政系统内部设置相对便捷高效的行政复议制度的必然性。如英国虽然通过改革抽走了行政机关解决行政纠纷的正式功能，但仍保留

---

① 方军：《中国行政复议的观念更新和制度重构》，载《环球法律评论》2004 年春季号。

② *Lembcke, Die Influenz von Justizgewährungsanspruch, Rechtsprechungsmonopol des Staates und rechtlichem Gehör auf auBergerichtliche Streitbeilegungsverfahren*, NVwZ 2008, 43. 转引自刘飞：《德国公法权利救济制度》，北京大学出版社 2009 年版，第 30 页。

了非正式的内部审查（internal review）。[①] 法国在行政法院制度外，仍保留着行政系统内部的善意救济制度，并且非常重视发挥其作用，认为"有必要重新赋予行政复议生机与活力。行政复议应当成为行政诉讼的过滤网，以防止大量行政申诉涌向法院"。[②]

另一个方向是对行政复议制度进行改造，努力解决影响公正性的缺陷，以更好地发挥行政复议的功能。如美国、韩国、日本以及我国台湾地区，在总结行政复议行政性和司法性各自优劣势的基础上，逐渐按照行政司法的定位和逻辑，分别建立起兼具行政效率性特色和司法公正性元素的行政复议制度，包括美国的行政法法官制度、韩国的行政审判制度、日本的行政不服审查制度和我国台湾地区的行政诉愿制度。在保证行政复议的中立性方面，美国采取的是将行政复议人员的管理和保障与所在行政机关脱钩的方式，其行政法法官的任命由联邦人事管理局负责，考核、处分和免职由功绩制保护委员会负责，以减少行政机关对行政复议人员独立办案的影响和干预。[③] 韩国和我国台湾地区则另辟蹊径，通过吸收专家、学者、律师等外部人员组成行政审判（诉愿）委员会的方式，确保行政复议人员能够独立、公正、客观地审理案件。[④] 在保障程序正当性方面，美国、韩国、日本等国及我国台湾地区等都引入听证等言辞辩论程序，建立了相对简便但公开、透明的审理机制，保证了审理活动的公正性。从效果看，这些改造无疑都是成功的。相对便捷、高效又能体现公平、公正的行政复议逐渐成为解决行政争议的主渠道，保障了行政机关在纠纷化解中的主导地位，使行政机关能够充分利用行政管理经验，及时解决行政争议，减轻纠正行政偏差引起的社会震荡。美国联邦社会保障署伤残补助裁决和复审办公室每年审理 50 多万个案件，最后诉至法院的仅 1 万个左右；韩国每年审理行

---

① 余凌云：《论行政复议法的修改》，载《清华法学》2013 年第 7 期。

② *Circ. Premier min., 9 févr. 1995, relative au traitement des réclamations adressées à l'Administration, Journal Officiel 15 Février 1995.*

③ 王静：《美国行政法法官制度研究》，国家行政学院出版社 2009 年版。

④ 青锋、方军、张越编著：《韩国行政复议制度》，中国法制出版社 2005 年版；张文郁：《我国台湾地区诉愿制度之过去、现在与未来》，载《行政法学研究》2015 年第 3 期。

政复议案件 10 万余件，是行政诉讼案件的 5—6 倍。

行政复议的发展实践证明，对行政复议的法律属性认定不宜简单二元对立或片面强调，过分强调追求发挥行政复议高效、便捷、灵活的行政性优势，则有可能削弱其作为裁决机制的公正性和公信力，而"过度强调行政复议的'司法性'或'司法化'，反而会损害行政复议'方便快捷、程序灵活'的特殊优势，也反而妨碍实现社会公平正义的目标"。[1] 比较科学的，是将行政复议认定为行政司法行为，这一性质界定，既能够准确反映行政复议的行为特征，也可以满足新时代对矛盾纠纷解决机制效率与公平兼顾的时代需求。

从行为特征看，行政复议主体是行政机关，行政复议在形式上构成行政机关行使职权的活动。但从活动内容上看，行政复议机关裁决行政争议是履职的具体表现。作为居中裁决者，行政复议机关在解决行政争议过程中实际上是扮演了法院的角色，具有明显的准司法特质：一是被动性，这与行政管理和一般执法监督迥异，行政复议是基于行政相对人的申请而启动，不告不理是基本原则。二是中立性，行政复议是三方行为，行政复议机关在行政复议活动中处于中立地位，居中对行政机关和行政相对人间的争议进行裁决。三是事后性，与一般意义上的行政执法监督不同，行政复议并非是行政执法的过程性监督机制，而是属于事后监督与救济。

可见，行政司法行为的定性，充分展现出行政复议的二元面向，行政面向彰显出行政复议机关权力来源的属性，司法面向体现了复议程序启动的原点（对老百姓权益的救济）以及行政复议权的基本内容（化解行政争议）。行政复议的优势源自行政复议机关所特有的行政监督权，故充分利用行政复议这种行政性的优势，能够增强复议监督的实效性，以更好地整合各类资源，切实解决申请人真正关切的利益诉求，便捷、高效、低成本地实现行政争议的彻底化解。特别是在当前新时代的背景之下，对行政复议

---

① 杨海坤、朱恒顺：《行政复议的理念调整与制度完善——事关我国行政复议法及相关法律的重要修改》，载《法学评论》2014 年第 4 期。

行政司法属性的认识，对于充分把握行政复议在全面推进依法治国、加快法治政府建设、构建多元纠纷化解机制以及创新社会治理能力方面的重要地位，意义重大。

正视行政复议行政司法的法律属性，相应地，就需要对现行复议制度进行审视并改造，突出表现在以下三个方面：一是如何实现行政系统内最大限度的中立性，可以考虑对行政复议体制和机制进行改造，确保复议机关最大限度的超然地位，以保证其能够较为中立地进行裁判活动；二是对行政复议程序进行适度优化，但不能完全司法化，实现效率和公正的最大程度融合；三是处理好行政复议与行政诉讼制度的关系，如何确保这两种解纷机制得以优势互补、互融互洽，这是打造中国特色化解行政争议法治体系的最优方案。

第二节　行政复议的多元功能及其定位

对行政复议功能定位的认知和判断，直接影响行政复议的立法目的，进而影响具体的程序设计。在功能定位上，域外国家普遍侧重行政复议作为替代性争端解决机制，快捷有效化解行政争议的功能，一般不特别强调其对行政执法活动的监督等功能。在我国，随着行政复议理论研究的深入和行政复议实践的不断深化，行政复议的功能定位也经历了由单一功能到复合功能的认知变化过程。[1]

目前学界和实务界普遍认为行政复议与行政诉讼的功能总体相似，兼具化解争议、监督权力和救济权利三项内容，"经过 10 余年的理论研究和实践探索，应该说，现在的认识已经逐渐趋于一致。行政复议的功能应该是多元的，它既是一种监督制度，又是一种救济制度，还是一种解决行政争议的制度"。[2] 但是，在三项功能的关系以及侧重点上，仍有很多的争议。

---

[1] 甘藏春、柳泽华：《行政复议主导功能辨析》，载《行政法学研究》2017 年第 5 期。
[2] 应松年：《把行政复议制度建设成为我国解决行政争议的主渠道》，载《法学论坛》2011 年第 5 期。

主要观点可以概括为阶梯论、并重论和主导论三种。

持阶梯论观点的学者认为：行政复议应当以解决行政争议作为初级目的，力争将争议解决在行政权内部；以监督行政为中级目的，起到保障行政权不被滥用的第一道屏障作用；同时以救济权利为其终极目的。[①] 持并重论观点的学者认为：权利救济、内部监督、解决行政争议这三种功能之间不存在谁先谁后的问题，在地位上是平等的，这三种功能有着相通的内涵，因此行政复议制度是监督和救济的集合，在制度设计上应当注重不同功能的并重。持主导论观点的学者则认为，一个制度的多种功能之间的地位关系就如同制度追求的多种价值之间的关系一样，是存在先后顺序的。对于行政复议制度来说，权利救济、内部监督、解决行政纠纷这种三种功能在地位上是存在主次之分的，三者之中有一种功能应当作为行政复议的主导功能[②]。

目前来看，主导论的观点已基本为学界和实务界普遍接受，成为共识。但是，在哪种功能应当成为行政复议制度的主导功能问题上，仍存在较大分歧。有学者提出，主张化解争议应是行政复议的核心功能。"事实上，如果行政争议得不到有效解决，那么行政复议的'监督''保权'等立法目的也都是没有法律价值的。"[③] 有学者认为，解决争议固然是行政复议的重要功能，但"片面追求平息争议、化解矛盾、维护稳定，就容易使行政复议法律规范成为政策工具，过于功利化地追求案结事了，相对忽视了合法性与公民权利保护的问题，损害行政复议制度的公信力"。[④] 也有学者认为，行政复议必须以权利救济作为主导功能，否则会由于行政相对人对于行政复议缺乏信任，导致"行政复议层级监督的职能无法启动，行政争议的解

---

① 孔繁华：《从性质透视我国行政复议立法目的定位——兼与行政诉讼之比较》，载《社会科学辑刊》2017 年第 4 期。

② 甘藏春、柳泽华：《行政复议主导功能辨析》，载《行政法学研究》2017 年第 5 期。

③ 章剑生：《行政复议立法目的之重述——基于行政复议立法史所做的考察》，载《法学论坛》2011 年第 5 期。

④ 沈岿、何于彬：《行政复议的性质与功能》，参见应松年教授领衔的行政复议法修改小组研究报告。

决更无从谈起"。① "立法目的的核心必须具有价值评价的功能，有着最基本的价值核心。行政复议法虽然也有着'监督行政''解决行政争议'的立法目的，但其无法上升到价值的层面，它们最多也只能作为制度实施所追求的目标，而不能当作价值的评价标准。"②

立法机关在行政复议的功能定位上实际上也一直在不断的发展变化。1990 年《行政复议条例》是作为《行政诉讼法》的配套制度出台的，但是在立法目的，亦即对核心功能定位的表述上，并未完全抄袭行政诉讼法，而是由"保护公民、法人和其他组织的合法权益，维护和监督行政机关依法行使职权"调整为"维护和监督行政机关依法行使职权，防止和纠正违法或者不当的具体行政行为，保护公民、法人和其他组织的合法权益。"1999 年《行政复议法》将立法目的调整为"防止和纠正违法的或者不当的具体行政行为，保护公民、法人和其他组织的合法权益，保障和监督行政机关依法行使职权"。其中也未提到化解行政争议，只是将救济权利放到了监督权力之前。但这一调整并不意味着救济权利功能的实质性次序调整。立法说明中仍然强调"行政复议是行政机关内部自我纠正错误的一种监督制度"。而对化解行政争议的忽视，主要原因应是彼时正处于改革开放初期，社会矛盾还没有充分暴露，社会主要问题是有法不依、执法不严，立法的主要目的更多的是加强对行政执法的监督。

随着我国改革发展进入关键时期，在社会开放、多元、动态和信息化条件下，各种社会矛盾纠纷数量大幅增加，化解难度日益加大，呈现出一些新的特点：一是主体多元、面广量大，几乎涉及各类社会主体，涉及社会管理的各个方面，其中以"干群矛盾"和"官民矛盾"为主要表现形式的行政争议，是对社会稳定影响最大、预防和化解难度也最大的主要矛盾形态。二是成因复杂，既有经济转轨、社会转型、观念转变带来的社会分配不公、机会不均等造成社会成员心理失衡等刚性因素，也有政府职能转变

① 甘藏春、柳泽华:《行政复议主导功能辨析》,载《行政法学研究》2017 年第 5 期。
② 周佑勇:《我国行政复议立法目的条款之检视与重塑》,载《行政法学研究》2019年第 6 期。

不到位、执法行为不规范，侵害群众合法权益的现实问题，还有人民群众法律素养参差不齐，在维权意识提高过程中对权利边界理解不准确甚至滥用权利的情况。三是处理难度大，矛盾纠纷本身就交织着各种因素，难以调处，加之新兴媒体的快速传播和发酵，处理不慎极易在短时间内造成重大影响。四是解决方式过分依赖行政手段，行政复议、行政诉讼等法定渠道公信力不足，导致许多当事人倾向于通过非法治形式表达诉求，大量矛盾纠纷特别是行政争议游离于法定渠道之外，"信访不信法""信上不信下"等现象突出。既影响了矛盾纠纷的及时有效解决，也不利于引导人民群众依法表达利益诉求，进而形成全社会遵法、守法的法治氛围。

面对新的形势任务，2007 年出台的《行政复议法实施条例》立法目的作了重要调整。"为了回应、落实这个'意见'的精神，不以自己属于下位法的地位为限，另行拟定了行政复议的立法目的"，[①] 增加了"进一步发挥行政复议制度在解决行政争议、建设法治政府、构建社会主义和谐社会中的作用"。"解决行政争议"首次被纳入行政复议的立法目的，并被置于首位。国务院原法制办公室在《行政复议法实施条例》释义中提到，"化解矛盾的功能与作用，从民主政治的角度来看，这是新形势下行政复议的首要功能"，"充分体现了党和政府更加重视通过行政复议这一法定渠道解决社会突出矛盾的决策和部署"[②]。

从以上发展脉络可以看出，行政复议的主导功能并不是一成不变的，而是在不断与时俱进，因应实践发展，回应时代诉求的基础上确定的。总体来看，快速低成本地解决行政争议是绝大多数国家行政复议制度产生和发展的根本动力，是行政复议不可或缺的基础功能。同时，行政复议机关在解决行政争议的过程中，通过判明是非、依法裁断，实现了对权力的监督和权利的救济。

---

　　① 章剑生：《行政复议立法目的之重述——基于行政复议立法史所作的考察》，载《法学论坛》2011 年第 5 期。

　　② 曹康泰主编：《〈中华人民共和国行政复议法实施条例〉释义》，中国法制出版社2007 年版。

当前，我国改革进入深水区，发展进入关键时期，国际国内不稳定不确定因素叠加，及时有效化解争议的需求进一步凸显，用法治来破解改革发展中诸多问题的步伐进一步加快。这一背景下，对行政复议主导功能的认识，应当放在新时代法治政府建设对行政复议的新定位、新要求中去把握。基于此，与行政诉讼更侧重于救济不同，新时代的行政复议，应当在强化其解决行政争议的基础功能同时，突出其监督的主导功能，并努力实现：

1. 将行政复议打造成为全面依法治国的重要抓手

党的十九大提出要"坚持依法治国、依法执政、依法行政共同推进，坚持法治国家、法治政府、法治社会一体建设"。法治政府建设是全面依法治国的关键环节，对于法治国家、法治社会建设具有重要的示范带动作用。强化行政复议的监督功能，对于推进依法行政、加快建设法治政府，意义重大。可以通过加强监督纠错，倒逼行政机关依法行政；可以通过对办案中共性问题的梳理，掌握政府立法和重大决策的科学性和实际执行情况，推动完善制度建设；还可以通过对办案结果的大数据分析，发现行政执法的薄弱领域、地域、层级、环节以及突出问题，找准依法行政的"堵点""痛点"和"难点"，通过加强督察检查，推动行政执法水平的提升。

2. 充分发挥行政复议的自身优势

相较司法审查，行政复议的优势系来源于行政监督权本身的全面性和有效性。基于此，理想状态下的行政复议应当满足：一是监督范围更广，理论上可以覆盖绝大多数行政行为，包括内部行政行为和抽象行政行为；二是审查程度更深，既可以审查合法性问题，也能够审查合理性问题，实现对行政行为更全面、深入、有效的监督[①]；三是监督效率更高，具有快捷、高效、低成本的优势；四是监督有效性更强。行政复议决定的行政面向使其一经作出即具有公定力、确定力、拘束力和执行力等法律效果，复议机关与被申请人的隶属关系也更有利于复议决定的执行。

---

① 参见［韩］金东熙:《行政法 1》(第 9 版)，赵峰译，中国人民大学出版社 2008 年版；［日］盐野宏:《行政救济法》，杨建顺译，北京大学出版社 2008 年版。

3. 行政复议制度的中国方案不断发展与完善

作为政府工作的内容，行政复议工作的开展状况必然与行政机关负责人的重视程度密不可分。行政复议的权力来源就是行政领导权和监督权。强化行政复议监督的主导功能，可以发挥行政复议作为党委政府主导的自我规范政府共同行为的优势，确保政令畅通；可以发挥行政监督更直接更有效的特点，规范快捷地解决行政争议，增强群众的获得感、幸福感、安全感。同时，行政复议也可以进一步发挥监督优势，加大监督力度，包括加强与监委、人事部门的协作配合，加大对办案过程中发现的违法违纪行为的追责力度，不断提升行政复议制度的公信力。

第三节　行政复议质效评价体系之重构

所谓行政复议的质效，既强调行政复议的工作质量，即行政复议化解行政争议的水平，同时又注重行政复议的实施效果，即行政复议对于监督行政机关依法行政、倒逼法治政府建设的能动性问题。建立科学的质效评价体系对于正向促进行政复议功能的发挥，进实现复议制度的良性发展，意义重大；反之，不尊重复议自身规律的错误评价体系不仅会阻碍复议的发展，而且可能导致事倍功半甚至"误入歧途"而停滞不前。长期以来，学界和实务界在判断行政复议的质效，特别是行政复议是否失灵的问题上，"主要有两个指标：一个是复议案件的受理数量，另一个是复议的纠错率"，[1] 还有一个与纠错率相关的反向指标就是维持率。很多学者甚至包括立法者一直用"维持率过高"来描述行政复议，行政复议所谓"维持会"的说法即由此而来。有学者进而根据这些指标得出"行政复议制度运行失灵、制度空置、作用有限"的结论。[2]

---

[1]　王青斌：《论我国行政复议委员会制度之完善》，载《行政法学研究》2013 年第 2 期。

[2]　王薇：《完善行政复议制度的若干思考——基于〈行政复议法〉修改的视角》，载《湖北社会科学》2017 年第 6 期。

　　用上述指标特别是纠错率来衡量行政复议质效，在特定的历史时期具有一定的科学性和合理性。对于违法或者不当的行政行为，能否严格依法纠错，确实能反映出行政复议工作水平和监督作用的发挥。但是，随着法治政府建设的不断推进，各级行政机关依法行政的意识和能力逐年提升，执法行为逐步规范，行政复议的纠错率肯定会逐渐下降。单纯用纠错率来判断行政复议的质效就显现出一定的局限性。

　　以图 1 为例，2013 年以来，甘肃省行政复议年均纠错率为 19.13%，最高达 31.76%，而同期上海市行政复议年均纠错率为 3.18%，最低仅为 2%。单纯从此项指标判断，甘肃省的行政复议质效远高于上海市。

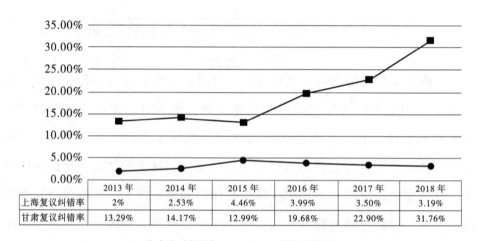

	2013 年	2014 年	2015 年	2016 年	2017 年	2018 年
上海复议纠错率	2%	2.53%	4.46%	3.99%	3.50%	3.19%
甘肃复议纠错率	13.29%	14.17%	12.99%	19.68%	22.90%	31.76%

━●━ 上海复议纠错率　　━■━ 甘肃复议纠错率

图 1　上海、甘肃行政复议纠错率趋势（2013—2018 年）

　　实际情况显然并非如此，数据显示，同期甘肃省的行政诉讼平均败诉率为 17.14%，上海市的行政诉讼平均败诉率为 5.6%。两项数据比对，可以得出的结论是，上海市的依法行政水平相对较高，其行政行为无论是通过行政复议还是行政诉讼审查，均保持了较低的被纠正率。简单用行政复议案件数量来衡量行政复议质效，就更加不科学。从多年行政复议实践看，行政复议案件的数量与当地的经济发展水平、群众的法治意识以及文化传统等均有一定关联性。如西藏自治区每年的行政复议案件均在 50 件左右，同期的行政诉讼案件则更少。

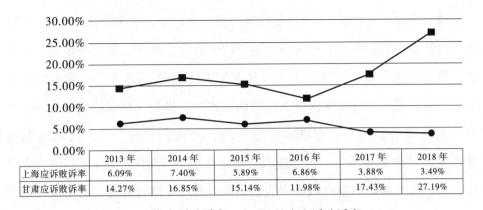

	2013 年	2014 年	2015 年	2016 年	2017 年	2018 年
上海应诉败诉率	6.09%	7.40%	5.89%	6.86%	3.88%	3.49%
甘肃应诉败诉率	14.27%	16.85%	15.14%	11.98%	17.43%	27.19%

—●— 上海应诉败诉率　　—■— 甘肃应诉败诉率

图 2　上海、甘肃行政应诉败诉率趋势（2013—2018 年）

基于此，笔者认为，如果认可行政复议属于行政司法行为，其功能定位是在化解行政争议的同时，更多实现对依法行政的监督，那么就有必要按此重构更科学的行政复议质效评价指标体系。总体来看，行政复议的质效评价体系应着重考虑以下两个维度：从化解行政争议的维度看，一是能否将行政争议更多地吸纳到行政复议渠道中来，也就是行政复议案件数量与未经复议直接到法院起诉案件数量的对比；二是能否将行政争议有效化解在行政复议程序中，也就是经复议后"案结事了"不再去法院起诉的比率。从监督依法行政的维度看，一是看纠错率（包括调解和解率）与未经复议到法院起诉案件的纠错率的对比，这个指标是相对的，主要反映的是常态条件下行政复议和行政诉讼对类似行政行为的评价纠错水平；二是看经复议后又到法院起诉的败诉率。可见，科学的行政复议质效评价体系，应当是从不同维度以不同标准作为观测点的综合考量。体系化强调评价标准的多元属性以及不同标准之间的互洽互补性。任何单一维度特别是单一观测点之下的评价都是失之偏颇的。必须说明的是，由于多年来行政复议系统的数据公开工作和宣传工作严重滞后，学界和社会公众无法准确得知相关数据，[①] 这也是导致对行政复议工作质效评价存在一定偏差的原因之一。

---

① 虽然全国行政复议、应诉案件的数据每年会在司法部（国务院原法制办公室）网站上公开，但数据不全，也缺少系统梳理，无法为数据分析提供必要支撑。

据统计，^①自 1999 年行政复议法公布实施以来，截至 2019 年底，全国各级行政复议机关办理行政复议案件 247.8 万件，其中，作出撤销决定、变更、确认违法、责令行政机关履行法定职责等决定 29.7 万件，直接纠错率为 14.4%。同时，行政复议机关主持调解或行政机关自行纠错后双方达成和解的 17.7 万件，占审结案件总数的 9.5%。经过行政复议后，约 70% 的案件实现了"案结事了"，不再进入行政诉讼程序。2015 年以来，经行政复议后又到法院起诉的案件败诉率为 9.31%。因此，结合前述行政复议的质效评价体系，总体上，行政复议在化解行政争议、监督行政机关依法行政和维护群众合法权益方面发挥了积极作用，也为行政诉讼起到较稳定的过滤作用。但仍然存在两个突出问题：一是行政复议吸纳的案件数量较少。尽管近年来，行政复议案件在逐年快速增长，2018 年达到 25.7 万件，略高于同期一审行政诉讼案件，但二者总数也仅有 50 万件，与涉及行政争议的信访案件数量相比相差甚远。二是未经行政复议直接到法院起诉的案件比例仍较高，约占 70%。此外，经过行政复议的案件，又有约 30% 进入行政诉讼程序，亦说明行政复议的质效还有进一步提升的空间。

第四节　确保主渠道目标实现的最优路径

主渠道目标的实现，必须首先坚持问题导向，强化问题意识，对症下药。结合行政复议法实施 20 余年来的情况看，行政复议实践中暴露出的突出问题，主要表现在四个方面：一是行政复议体制机制不适应工作的需求。同级政府与上级主管部门均行使复议管辖权的模式，带来群众救济不便、工作力量分散、"同案不同判"和矛盾上移的问题。以书面审查为主的办案机制效率不高，不利于案件事实的调查了解。二是行政复议公信力有待提升。群众不知晓、不信任的现象突出；行政复议工作规范化程度相对较低，一些行政复议机关不愿纠错、不敢纠错，影响行政复议制度功能的发挥。三是行

---

① 相关数据来自司法部全国行政复议应诉统计信息平台。

政复议与行政诉讼同质化严重。便捷、高效、零门槛、零成本的比较优势未得到充分发挥。共同被告制度占用了大量行政复议资源，也损害了行政复议制度的权威。四是行政复议能力建设与工作任务不匹配。全国行政复议人员紧缺，平均每个行政复议机关尚不足1人。同时，由于缺乏必要的激励保障与职业培养机制，专业行政复议人员"招不来、留不住现象"比较突出。

针对上述问题，修订完善行政复议制度，关键是准确把握、深刻落实习近平总书记在中央全面依法治国委员会第三次会议上提出的"发挥行政复议公正高效、便民为民的制度优势和解决行政争议的主渠道作用"的要求。首要任务就是敞开入口，应当在现有基础上进一步扩大行政复议范围，让行政复议能够充分介入各类型行政争议，涵盖行政管理的各个领域。同时可以考虑进一步强化行政机关对行政行为的初次判断权，适度拓宽复议前置，将案情较简单、行政专业性较强或者通过复议效果更好的行政争议纳入行政复议前置范围，以更充分发挥行政复议的优势。此外，还应当考虑加强对"红头文件"的审查力度，完善对行政规范性文件的审查规则，确保行政复议对行政行为审查的全覆盖、无死角，应管尽管。

在拓宽入口的同时，必须通过具体的制度设计，确保行政复议可以将吸纳进来的行政争议实质性化解。首要是在提升行政复议的公正性上下功夫。要通过制度设计，保证行政复议机构的相对中立和行政复议程序的公开透明，保障行政复议办案人员能够依法独立、客观、公正地对争议行政行为作出裁断和处理。同时，行政复议的裁决逻辑必须进一步向实质性化解争议转变。长期以来，一些地方对依法解决矛盾纠纷存在认识误区，认为法定渠道解决纠纷成本高、周期长，还经常程序空转不解决实际问题。有的地方甚至把矛盾纠纷进入法定渠道作为否定性考核评价指标。从长远看这一认识和做法显然是短视的。与其他纠纷解决渠道不同，法定渠道具有规范、稳定、可预期的特点，可以在解决纠纷的同时，强化规则意识、形成秩序。依法解决矛盾纠纷显性成本虽然略高，但其中既包含解决纠纷的成本，也包含秩序塑型的成本。同时，法定纠纷解决机制也必须关注实质性化解争议，体现维稳的功能。具体而言，就是在行政复议审理和决定方式上坚持维权与维稳的辩证统一，关注群众在法律诉求背后的实际利益诉求，运用行政机关统筹调度资源的优势，解决群众的合理诉求，避免程序空转，实现"定分止争、案结事了"。

此外，还要推动实现行政复议与行政诉讼的合理分工与良性的衔接配合。"行政冲在争议解决第一线、司法坚守争议解决最后一道防线"应该成为发展目标。① 即大量行政争议进入行政复议并得到实质性化解，仅有少量复杂性、难度较高的行政争议需要继续进入行政诉讼阶段，行政复议应当充分发挥行政争议进入行政诉讼的"过滤器"作用，并突出表现在两个方面，一个是数量上的过滤，另一个则是案件难易程度上的过滤。②

在具体的修订内容上，关键是落实习近平总书记提出的"公正高效、便民为民"要求，实现与行政诉讼的差异化发展，打造符合国情、符合实际、符合时代要求的中国特色行政复议制度。

关于公正。可以考虑从五个方面重点着力：一是强化政府集中管辖。落实行政复议体制改革方案，原则上一级政府只设置一个行政复议机构，统一管辖以本级政府部门和下级政府为被申请人的行政复议案件。二是研究设置行政复议咨询委员会，审议疑难复杂、法律适用争议较大或者专业技术性较强的案件，并通过机制设计避免委员会审议流于形式。三是强化正当程序。把听取意见为行政复议办案的基本要求，必要时还应当进行听证。四是以公开促公正。可以规定不涉及国家秘密、商业秘密或者个人隐私的行政复议决定一律向社会公开。五是强化监督和法律责任，特别是要体现行政管理的特色优势，把约谈、责令限期整改和通报批评等措施作为监督的重要方式。同时，要加大监察机关对行政复议活动的监督，如规定向监察机关移送违法违纪线索等。此外，考虑到行政复议办案的专业性，应当对行政复议人员的专业化、职业化问题进行研究。

---

① 章志远：《行政复议与行政诉讼衔接关系新论——基于解决行政争议视角的观察》，载《法律适用》2017 年第 23 期。
② 曹鎏：《作为化解行政争议主渠道的行政复议：功能反思及路径优化》，载《中国法学》2020 年第 2 期。

关于高效。高效是行政复议的生命力所在。一方面，处于争议状态的行政管理关系需要尽快修复，避免公共利益受损。另一方面，按照法社会学的分析，争议解决机制在争议产生过程中介入越早、效率越高，解决成本越低，效果越好。复议要发展，必须在公平和效率之间找到平衡，在保持最低限度程序公正的同时发挥出高效的优势。具体可以考虑两个方面。一是在时限上，建议不要采取行政诉讼法普遍延长的做法，除了申请复议期限可以适度拉长以更好地保护群众权益外，其余的受理、答复、审理等实现均不应延长，以确保行政复议能够快速解决行政争议。二是建议在审理方式上繁简分流，对适用简易程序审理的，允许行政复议机关书面审理，但是审理期限要进一步缩短，做到简案快办、繁案精办。

关于便民。便民是行政复议成为主渠道的重要环节。群众申请行政复议像淘宝购物一样方便，行政复议就更容易成为主渠道。为了体现便民，可以从两个方面予以考虑：一是方便群众申请。在保留口头申请、邮寄申请方式的同时，可以考虑允许群众用网上提交等更加灵活的方式申请行政复议。二是方便群众参与。可以考虑在立法中对行政复议信息化作出要求，建立统一的行政复议案件受理平台，是群众足不出户就可以申请行政复议、查阅办案进度、参与案件听证、收取法律文书等。

关于为民。为民是"以人民为中心"发展理念的根本要求，也是行政复议取信于民、为群众所信赖的关键所在。落实为民要求，关键是回应群众诉求。在提升行政复议办案公正性，切实维护群众合法权益的同时，可以从两个方面考虑：一是将调解作为行政复议的基本原则和基础程序。在不违反法律强制性规定和侵害公共利益、他人合法权益的情况下，在复议决定作出前均可以按照合法、自愿的原则进行调解，引导双方当事人达成合意。二是重新构建以变更和责令履行等实质性改变决定为主体的行政复议决定体系，规定对事实清楚、证据确凿但不适当或者适用依据错误，以及事实不清、证据不足，但经行政复议审理已经查明事实、证据确凿的，应当决定变更原行政行为。还要对确认违法、确认无效等情形作出具体规定，并责令被申请人同时采取补救措施和承担赔偿责任。

第十一章　行政诉讼法律制度

第一节　行政诉讼概览

一、行政诉讼的内涵分析

概括而言，行政诉讼是法院通过诉讼程序解决行政争议（纠纷）的法律制度。行政诉讼是法治国家的重要标志之一，但由于各国特定政治、经济和文化的历史传统及发展不同，行政诉讼在各国的产生发展路径及表现形式不尽一致，例如，大陆法系的法国和德国都在普通法院之外设立了专门的行政法院进行行政诉讼，但二者的组织体系和运行机制又有不同，[①]　而在英美等国家，对应"行政诉讼"制度的均是一元制普通法院的"司法审查"，但美国的"司法审查"又比英国的"司法审查"范围更广。[②]　尽管各国的行政诉讼制度各有千秋，但都殊途同归，通过裁判行政争议实现监督行政和权利救济的法治使命。

我国行政诉讼制度的建立与近代以来曲折的现代化进程始终相伴，是我国社会全面转型过程的一部分，是国家治理体系变革的一个环节。[③] 1989年《行政诉讼法》的颁布意味着行政诉讼制度在我国的全面确立。2014年11月1日第十二届全国人民代表大会常务委员会第十一次会议作出《关于

[①]　法国的行政法院在法律上是行政机关的一部分，但在人事和业务上仍保持很强的独立性；德国的行政法院设于普通法院之外，同时在名义上完全独立于行政系统。

[②]　美国的司法审查制度除了一般行政诉讼意义上的合法性审查，还包括合宪性审查即"违宪审查"，审查对象除了行政机关还包括国会。

[③]　清末法制改革中曾酝酿建立行政诉讼；民国时期两度建立起简陋的行政诉讼制度。新中国成立后，经过长期的法治缺失，行政诉讼制度在改革开放和重建法制的过程中应运而生。何海波：《行政诉讼法》，法律出版社 2011 年版，第 7—14 页。

修改〈中华人民共和国行政诉讼法〉的决定》，自 2015 年 5 月 1 日起施行。这是我国行政诉讼法实施近三十年来的第一次修改，意味着我国行政诉讼制度迈上历史新台阶。

结合我国《行政诉讼法》第 1 条、第 2 条等规定，可以总结出行政诉讼的基本内涵：行政诉讼是指公民、法人或其他组织认为行政行为侵犯其合法权益，依法向人民法院提起诉讼，由人民法院主持审理行政争议并作出裁判的诉讼制度。[①] 我国行政诉讼具有以下特征：

第一，行政诉讼是解决行政争议的活动。作为一种法院居中裁判的司法解纷制度，行政诉讼所解决的对象是行政争议，这是行政诉讼与民事诉讼的根本区别。行政争议不同于民事诉讼解决的民事争议，具有行政性，主要体现在：（1）主体方面，行政争议双方当事人中必有一方是行政主体（包括行政机关和法律、法规、规章授权的组织），且双方主体地位是不平等的。理论上讲，行政争议既包括行政机关之间、行政机关与公务员之间的内部争议，也包括行政机关与外部行政相对人（公民、法人或其他组织）之间的外部争议，既有实施特定的具体行政行为引起的争议，也有因制定具有普遍约束力的规范性文件引发的争议等，但是，并非所有行政争议都已经或适宜纳入行政诉讼的范围。从世界范围看，虽然各国行政诉讼或司法审查的受案范围宽窄不一，但都对纳入行政诉讼的行政争议有一些事项的排除，这就是行政诉讼的受案范围问题。目前，我国行政诉讼解决的行政争议范围仍限于外部行政争议，即行政主体与公民、法人或者其他组织之间的行政争议。这种外部行政争议双方地位是不平等的，行政机关等行政主体一方基于公共利益的需要处于管理或优势地位，[②] 公民、法人或其他组织等行政相对人则处于被管理或服从的地位。民事争议则是平等民事主

---

① 应松年主编：《行政法与行政诉讼法》（第 2 版），高等教育出版社 2018 年版，第 315 页。

② 即使在行政主体与公民、法人或其他组织协商订立的行政协议中，行政主体一方也享有行政优益权，即基于公共利益需要单方面变更或解除协议，当然，由此给对方合法权权益造成的损失应予合理补偿。

体的自然人、法人和非法人组织之间的争议。（2）内容方面，行政争议属于公法上的争议，具有公权力要素，涉及行政法上的权利义务内容，而民事争议则属于私法上的争议，涉及民法上的民事权利义务内容。（3）原因方面，行政争议是公民法人或其他组织对行政行为不服引起的，发生在行政管理过程中，而民事争议则发生在"市民社会"的民事活动过程中。

第二，行政诉讼是法院运用司法审判权解决行政争议的活动。这是行政诉讼与行政复议的根本区别。尽管现代社会存在多元解纷机制，但解决行政争议的法律途径主要有行政复议和行政诉讼两种。行政复议是由属于行政系统内部的行政复议机关解决行政争议的行政途径，行政诉讼则是行政系统之外的法院通过审判解决行政争议的司法途径，行政复议具有行政性、内部性，行政诉讼则具有司法性、外部性，但二者可以互相衔接，原则上司法最终裁判。

第三，行政诉讼的原告、被告具有恒定性。除了特殊的行政公益诉讼外，[①] 我国的行政诉讼属于典型的"民告官"，行政诉讼原告只能是"民"即不服行政行为或认为行政行为侵犯其合法权益的公民、法人或其他组织，对此，《行政诉讼法》第25条第1款规定："行政行为的相对人以及其他与行政行为有利害关系的公民、法人或者其他组织，有权提起诉讼。"行政诉讼被告只能是"官"即作出行政行为的行政主体一方，对此，《行政诉讼法》第26条对具体规定了被告情形。换句话说，行使行政权力或作出行政行为的行政主体没有行政诉讼的起诉权和反诉权，这是行政诉讼的目的及功能所决定的。

二、行政诉讼的目的

行政诉讼目的是国家基于对行政诉讼固有属性的认识预先设计的关于行政诉讼结果的理想模式，是设计和构建行政诉讼制度的基点。[②] 行政诉

---

① 一般来说，行政诉讼包括私益诉讼和公益诉讼，行政公益诉讼是一种特殊的行政诉讼，本章所述行政诉讼是指普通私益诉讼，行政公益诉讼内容详见本书第十三章。
② 杨伟东:《行政诉讼目的探究》，载《国家行政学院学报》2004年第3期。

的目的不仅关系到对行政诉讼制度的定位，更关系到行政诉讼制度的具体安排、运转和实际成效。[①]

需要说明的是，行政诉讼目的与行政诉讼的作用或功能不同。二者区别主要是：第一，行政诉讼目的是国家设置行政诉讼制度的前提，带有预先性，是国家对行政诉讼所导致的预期结果；而行政诉讼的作用是行政诉讼实际运作结果的表现。第二，行政诉讼目的的确定虽然带有对行政诉讼固有属性的考虑，但其确定本质仍是国家意志的反映，是国家对行政诉讼价值选择的结果，带有一定的主观性和价值取向性；而行政诉讼作用属客观后果，并不以任何人的意志为转移，具有客观性和中立性。第三，行政诉讼目的主要对国家而言，而行政诉讼作用的对象则具有多元性，包括行政机关、公民等对象。[②]

（一）行政诉讼目的的变迁与争论

我国行政诉讼的目的主要体现在《行政诉讼法》第 1 条关于立法目的或立法宗旨的规定中。当然行政诉讼目的与行政诉讼法的立法目的并不完全相同，行政诉讼法的目的是指"行政诉讼法立法者确定的，制定和实施行政诉讼法所要达到的目标和所要实现的任务"。[③] 行政诉讼法的立法目的要在根本上服从和反映行政诉讼的目的，但行政诉讼法的立法目的并非都是行政诉讼的目的，如"保障行政人民法院正确、及时审理行政案件"是行政诉讼法的立法目的，而非行政诉讼的目的。

从新旧《行政诉讼法》第 1 条的规定内容看，我国行政诉讼的目的是发生了重大变迁的，主要是将"维护"行政机关依法行使行政职权这一目的删掉，只强调"监督"行政机关依法行使行政职权，同时增加了"解决行政争议"这一目的。这种立法上的修改或变迁反映了长期以来对行政诉讼目的的探究和争论。

---

① 马怀德：《保护公民、法人和其他组织的权益应成为行政诉讼的根本目的》，载《行政法学研究》2012 年第 2 期。

② 杨伟东：《行政诉讼目的探究》，载《国家行政学院学报》2004 年第 3 期。

③ 于安、江必新、郑淑娜：《行政诉讼法学》，法律出版社 1997 年版，第 32 页。

早在 1989 年《行政诉讼法》出台之前，对行政诉讼目的就有"一元论""二元论""多元论"的不同类型的认识，每一类又有不同的角度或观点，其中较有代表性的主张是"救济权利""监督行政""维护行政"与"纠纷解决"等观点。[①] 在《行政诉讼法》制定过程中，分歧主要集中在是否将"维护行政"作为行政诉讼的目的，[②] 最后立法者综合采纳了不同意见，在保护公民、法人和其他组织的合法权益的目的之外，将"维护和监督行政机关依法行政行政机关依法行使行政职权"写进了立法目的，甚至把"维护"放在了"监督"前列。这一规定反而使原本众说纷纭的行政诉讼目的引发了更多的争议，尤其是对其中第 1 条中"维护行政机关依法行使行政职权"规定的激烈批评。有观点认为"其完全背离了行政诉讼的本质"。[③] 可以说，这一目的载入行政诉讼法，既有主观认识的误区，也是彼时现实使然。在行政诉讼中，如果被诉行政行为经过法院审查后，合法地作出"维持"判决，这只是诉讼结果的客观反映，并不能改变行政诉讼的宗旨，不能把行为或制度的目的与行为或制度产生的附随效果混为一谈。当然，不可否认，这一认识与其时行政权强大和行政强制执行制度不健全等有关。[④]

伴随着我国行政诉讼制度的发展和对行政诉讼本质认识的深入，不能也不宜将维护行政权力作为行政诉讼目的，逐渐成为各界共识，2014 年修改的《行政诉讼法》删除了这一内容，并在保护公民权益与监督行政基础上增加了一个"解决行政争议"目的。

---

① 关于行政诉讼目的的各种观点的归纳总结详见林莉红：《我国行政诉讼法学研究现状及其发展趋势》，载《法学评论》1998 年第 3 期；胡肖华：《行政诉讼目的论》，载《中国法学》2001 年第 6 期；马怀德：《行政诉讼原理》，法律出版社 2003 年版，第 67—68 页等。

② 立法过程中对行政诉讼目的不同意见和争论参见姜明安：《行政诉讼法》（第 2 版），法律出版社 2007 年版，第 51—52 页；胡康生：《〈行政诉讼法〉立法过程中的主要问题》，载《行政诉讼法专题讲座》，人民法院出版社 1989 年版，第 35—36 页。

③ 杨解君、温晋锋：《行政救济法》，南京大学出版社 1997 年版，第 180 页。

④ 马怀德：《保护公民、法人和其他组织的权益应成为行政诉讼的根本目的》，载《行政法学研究》2012 年第 2 期。

（二）行政诉讼多元目的的选择与层次

根据《行政诉讼法》第 1 条规定，我国行政诉讼的目的有三个：（1）解决行政争议。随着我国经济社会的快速发展，社会利益格局日益多元化和复杂化，人民群众的权利意识不断提高，行政争议日益增多。虽然行政争议的解决机制是多元化的，包括行政复议、行政诉讼、信访等多种途径，但是，法治的重要标志是"司法最终裁判"，通过运用中立的司法审判权以法治方式解决行政争议，强化行政诉讼在化解行政争议方面的作用，是设立行政诉讼制度的客观要求。（2）保护公民、法人和其他组织的合法权益。行政诉讼的显著特点是"民告官"，该制度产生的现实需要和价值首先在于为处于弱势的普通民众提供一条对抗强大行政公权力的司法"盾牌"，由中立的司法机关解决公民与行政机关之间的行政纷争，给予公民以权利保护。（3）监督行政机关依法行使职权。由于行政诉讼解决的行政争议是因行政主体行使行政权力的行政行为引起的，行政诉讼的建立必然带有将行政权力置于司法监督之下的目的，这也正是行政诉讼不同于民事诉讼的内在原因即行政诉讼涉及行政权与司法权两种公权力的分工制约。而行政职权的特殊性，决定了行政机关的行政职权无须通过行政诉讼加以维护。在行政管理中，行政机关享有实现自己意志的全部特权，行政机关依靠自身的力量即可以强制行政相对人接受行政管理，不必、也无须借助行政诉讼来实现其所代表的国家意志。因此，维护行政机关依法行使职权也就无从谈起。[①]

尽管立法者将"解决行政争议""保护公民、法人和其他组织的合法权益""监督行政机关依法行使职权"作为行政诉讼三大目的，但是，三者的关系或层次仍对行政诉讼具体制度的设计安排具有重要意义。世界各国的立法实践也证明，还没有追求单一目的的行政诉讼法，行政诉讼的立法目的都是多元的。行政诉讼立法目的的多元性与层次性密切相关。在多元立

---

① 张树义：《冲突与选择——行政诉讼的理论与实践》（第一章中"行政诉讼目的"部分），时事出版社 1992 年版。

法目的之间，应恰当地协调各目的之间的关系，立法者在追求多元目的时应有所侧重，不能"一视同仁"，立法目的直接指导具体制度的设置，如果在多元目的之间没有轻重之别，会导致具体制度内在的紧张关系，整部法律缺乏协调统一。①

就行政诉讼产生及其存在的意义和价值而言，行政诉讼的首要目的和根本目的正是要保护公民、法人和其他组织的权益，解决行政争议和监督行政机关只能服从和服务于这一首要目的和根本目的，而不能凌驾于保护公民、法人和其他组织权益之上。②

三、行政诉讼基本原则

（一）行政诉讼基本原则的界定

一般认为，行政诉讼的基本原则是指反映行政诉讼基本特点和一般规律，贯穿于行政诉讼整个过程或主要过程，对行政诉讼活动起着指导和支配作用的基本准则。③

关于行政诉讼基本原则的特征或属性，学界有不同的概括总结，主要有：（1）法定性、普遍性、概括性和指导性；④（2）法定性、强制性和涵纳性；⑤（3）内容的根本性、效力的始终性、地位的特殊性。⑥ 其中，最主要的质疑或争议在于基本原则的"法定性"或"强制性"，越来越多学者认为，把基本原则引入法律之中，转化为法律原则无可非议，但这并不意味

---

① 孔繁华：《从性质看我国行政诉讼立法目的之定位》，载《河北法学》2007年第6期。
② 马怀德：《保护公民、法人和其他组织的权益应成为行政诉讼的根本目的》，载《行政法学研究》2012年第2期。
③ 罗豪才、应松年主编：《行政诉讼法》，中国政法大学出版社1990年版，第22页；姜明安主编：《行政法与行政诉讼法》，北京大学出版社、高等教育出版社2018年版，第406页。
④ 罗豪才、应松年主编：《行政诉讼法》，中国政法大学出版社1990年版，第22—23页。
⑤ 江必新、梁凤云：《行政诉讼核心原则论要——以行政诉讼的核心原则为视界》，载《公法研究》（第五辑），浙江大学出版社2007年版，第108—134页。
⑥ 孔繁华：《行政诉讼基本原则新辨》，载《政治与法律》2011年第4期。

着只有法律规定的基本原则才能构成某一部门法的基本原则，因此，法定性并非基本原则的固有属性或基本特征。① 也有学者认为，行政诉讼的基本原则源于行政诉讼法的规定和学者根据案例和法律进行的理论概括。②

（二）行政诉讼基本原则的具体内容及反思

一般认为，行政诉讼基本原则的具体内容包括两类：一类是共有原则，即行政诉讼与民事诉讼、刑事诉讼三大诉讼普遍遵循的一般原则，包括人民法院独立行使审判权原则、以事实为根据法律为准绳原则、当事人诉讼地位平等原则、使用本民族语言文字进行诉讼原则、辩论原则、两审终审原则和人民检察院对诉讼活动进行监督原则；另一类是特有原则，即行政诉讼不同于其他诉讼的特殊原则。这里主要就行政诉讼的特有原则展开讨论。

通常认为，行政诉讼的特有原则是合法性审查原则，这主要体现在《行政诉讼法》第6条："人民法院审理行政案件，对行政行为是否合法进行审查。"③ 对其理解主要包括两个方面：第一，人民法院审查的客体或对象是行政行为，且主要限于具体行政行为。第二，人民法院审查行政行为限于行政行为的合法性，一般不审查行政行为的合理性。④ 需要注意的是，这里的审查对象并非全部的审理对象，法院所要审理的，既包括诉的适法性如诉权、侵权可能性、起诉期限等，又包括诉的理由具备性如被告适格、被诉行政行为违法性、权利侵害与撤销请求权等，与众多需要审理的事项相比，行政行为的合法性只是其中的一个环节，尽管它确实属于最为核心

① 应松年主编：《当代中国行政法》（下卷）（杨卫东撰写第三十六章行政诉讼），中国方正出版社2005年版，第1761页；孔繁华：《行政诉讼基本原则新辨》，载《政治与法律》2011年第4期。
② 姜明安主编：《行政法与行政诉讼法》（第七版），北京大学出版社、高等教育出版社2018年版，第406页。
③ 该规定在修改前为："人民法院审理行政案件，对具体行政行为是否合法进行审查。"主要是删除了"具体"两字。
④ 姜明安主编：《行政法与行政诉讼法》（第七版），北京大学出版社、高等教育出版社2018年版，第408页。

的环节。[1] 合法性审查原则不仅为人民法院对行政行为的司法审查权提供了明确的法律依据，而且为具体的行政审判指引了一个正确的方向，尤其在我国行政诉讼制度初创时期发挥了很大作用。

对合法性审查原则的争论和反思主要集中于对"合法性"的理解及其地位存废上。对"合法性"内容和标准的理解实际涉及"合法性审查"与"合理性审查"的关系，该问题肇始于行政行为的学理分类，其中按照受法律拘束程度不同把行政行为分为羁束行政行为和自由裁量行政行为，[2] 一般而言，羁束行政行为只涉及合法性问题，而自由裁量行政行为不仅有合法性问题还涉及合理性问题。对二者的关系主要有三种观点：合理性审查应列入合法性审查的范围、合法性审查与合理性审查并列、合法性审查是基本原则而合理性审查发挥补充作用。[3] 至于合法性审查原则的存废问题，有观点认为，随着行政诉讼制度的不断丰富和发展，合法性审查已经存在非常明显的历史局限性，[4] 该原则并不能贯穿于行政诉讼受理、审理和裁判的全过程，不能上升到行政诉讼基本原则的地位，应由司法最终解决原则、司法审查有限原则和职权主义原则予以替代。[5] 但是，合法性审查原则在本质上与行政诉讼司法权与行政权分工制约的制度基础和特殊性相吻合，合法性审查原则作为我国行政诉讼制度的基本原则应当得到坚持，应该废弃的并非合法性审查原则本身，而是长期以来对"合法性"的狭隘理解和认识误区。"合法性"的内涵与标准应该与时俱进，扩展实质意义上的合法性审查，构建形式合法性审查和实质合法性有机统一的合法性审查范式。[6] 行政诉讼法的修法过程也显示，立法者接受了"实质合法"的概念，增加

---

① 李广宇：《新行政诉讼法逐条解释》，法律出版社 2015 年版，第 55 页。

② 应松年主编：《当代中国行政法》（上卷），中国方正出版社 2005 年版，第 524 页。

③ 黄学贤、李凌云：《行政诉讼合法性审查原则的理论研究与实践发展》，载《学习与探索》2020 年第 5 期。

④ 李广宇：《新行政诉讼法逐条解释》，法律出版社 2015 年版，第 53 页。

⑤ 孔繁华：《行政诉讼基本原则新辨》，载《政治与法律》2011 年第 4 期。

⑥ 程琥：《行政诉讼合法性审查原则新探》，载《法律适用》2019 年第 19 期；应松年主编：《当代中国行政法》（下卷）（杨卫东撰写第三十六章行政诉讼），中国方正出版社 2005 年版，第 1766 页。

了行政行为"明显不当"这一审查标准，明显不当也是违法。[1] 当然，在坚持合法性审查原则的同时，也有观点主张增加或补充其他原则，诸如司法有限变更原则、司法最终裁决原则、有限度职权主义原则、行政诉权保障原则等。[2]

第二节　行政诉讼受理的主要制度

我国现行行政诉讼制度的具体内容主要表现在《行政诉讼法》及其相关司法解释中，包括行政诉讼受案范围、管辖、诉讼参加人、证据、起诉与受理、审理与判决、执行、涉外行政诉讼等，鉴于篇幅所限，本章仅就主要内容予以分析。

一、行政诉讼的受案范围

（一）行政诉讼受案范围的内涵及其意义

行政诉讼受案范围是指人民法院受理行政案件、解决行政争议的范围。[3] 在我国三大诉讼中，受案范围是行政诉讼特有的法律制度，其根源主要在于行政诉讼涉及司法权与行政权的关系。行政诉讼中司法权与行政权的关系体现在横向和纵向两个维度，横向关系是哪些行政行为可以纳入司法审查或审判的范围，即行政诉讼的受案范围问题；纵向关系则是进入诉讼程序的行政行为将受到何种程度的司法监督和审查，即行政诉讼审查强度或标准问题。就理想状态的行政诉讼受案范围来说，所有行政争议或权利救济均应"司法最终裁判"，法院应提供无漏洞的司法保障，但是，司法机关没有能力对所有行政行为都进行审查，全面的审查既不可能也不必

---

① 何海波：《论行政行为"明显不当"》，载《法学研究》2016 年第 3 期。

② 应松年主编：《行政法与行政诉讼法》（第二版），高等教育出版社 2018 年版，第 328—329 页；姜明安主编：《行政法与行政诉讼法》（第七版），北京大学出版社、高等教育出版社 2018 年版，第 408 页；应松年主编：《当代中国行政法》（下卷）（杨卫东撰写第三十六章行政诉讼），中国方正出版社 2005 年版，第 1766—1770 页。

③ 李广宇：《新行政诉讼法逐条解释》，法律出版社 2015 年版，第 85 页。

要。因此，从历史的角度看，虽然世界各国行政诉讼或司法审查受案范围是不断扩大的趋势，但都有不同程度的限制，即并非所有的行政行为或行政争议都纳入行政诉讼的受案范围。

行政诉讼受案范围具有重要的法律意义，具体体现在三个方面：对法院而言，意味着法院审查行政行为或行政争议的可得性，即行政审判权或司法审查权的范围；对行政主体而言，意味着哪些行政权或行政行为会受到司法审查监督，即行政终局决定权的范围；对公民、法人或其他组织即行政相对人而言，则意味着行政诉权或权利救济的范围。因此，行政诉讼作为社会纠纷解决机制的重要环节和最后一道屏障，是一个国家法治水平和治理能力的重要标志。

（二）我国行政诉讼的受案范围及其拓展

我国现行行政诉讼的受案范围是以列举与概括相结合、肯定与否定相结合的方式予以规定的，其中《行政诉讼法》第2条概括了行政诉讼受案范围的总体框架和边界，①《行政诉讼法》第12条对行政诉讼受案范围作了正面肯定，②《行政诉讼法》第13条及《最高人民法院关于适用〈中华人民共和

---

① 《行政诉讼法》第2条规定："公民、法人或者其他组织认为行政机关和行政机关工作人员的行政行为侵犯其合法权益，有权依照本法向人民法院提起诉讼。前款所称行政行为，包括法律、法规、规章授权的组织作出的行政行为。"

② 《行政诉讼法》第12条：人民法院受理公民、法人或者其他组织提起的下列诉讼：（一）对行政拘留、暂扣或者吊销许可证和执照、责令停产停业、没收违法所得、没收非法财物、罚款、警告等行政处罚不服的；（二）对限制人身自由或者对财产的查封、扣押、冻结等行政强制措施和行政强制执行不服的；（三）申请行政许可，行政机关拒绝或者在法定期限内不予答复，或者对行政机关作出的有关行政许可的其他决定不服的；（四）对行政机关作出的关于确认土地、矿藏、水流、森林、山岭、草原、荒地、滩涂、海域等自然资源的所有权或者使用权的决定不服的；（五）对征收、征用决定及其补偿决定不服的；（六）申请行政机关履行保护人身权、财产权等合法权益的法定职责，行政机关拒绝履行或者不予答复的；（七）认为行政机关侵犯其经营自主权或者农村土地承包经营权、农村土地经营权的；（八）认为行政机关滥用行政权力排除或者限制竞争的；（九）认为行政机关违法集资、摊派费用或者违法要求履行其他义务的；（十）认为行政机关没有依法支付抚恤金、最低生活保障待遇或者社会保险待遇的；（十一）认为行政机关不依法履行、未按照约定履行或者违法变更、解除政府特许经营协议、土地房屋征收补偿协议等协议的；（十二）认为行政机关侵犯其他人身权、财产权等合法权益的。除前款规定外，人民法院受理法律、法规规定可以提起诉讼的其他行政案件。

国行政诉讼法〉的解释》（法释〔2018〕1 号）（以下简称《行诉解释》）第 1
条第 2 款对行政诉讼受案范围作了排除性规定。[①] 修改后的行政诉讼法扩大
了行政诉讼的受案范围，具体体现在：（1）用"行政行为"取代了原法中的
"具体行政行为"，扫除了因具体行政行为的定义给行政诉讼受案范围带来
的理论樊篱和现实障碍。[②] "行政行为"的内涵更丰富、外延更广，行政行
为不单指行政机关的行为，还包括法律、法规、规章授权的组织进行公共
行政管理或行使行政职权的行为。从理论实务结合的角度分析，可诉的行
政行为既包括法律行为，也包括实际影响相对人合法权益的事实行为；既
包括行政机关行使职权的行为，也包括受上述职权支配的其他行为；既包
括行政机关针对特定对象和事项而为的行为，也包括对象和事项中只有一
项特定的行为；既包括行政机关作出的外部行为，也包括虽非外部行为但
直接产生外部效力的行为。既包括行政机关作出的单方行为，也包括双方

[①] 《行政诉讼法》第 13 条："人民法院不受理公民、法人或者其他组织对下列事项
提起的诉讼：（一）国防、外交等国家行为；（二）行政法规、规章或者行政机关制定、发
布的具有普遍约束力的决定、命令；（三）行政机关对行政机关工作人员的奖惩、任免等
决定；（四）法律规定由行政机关最终裁决的行政行为。"

《最高人民法院关于适用〈中华人民共和国行政诉讼法〉的解释》第 1 条第 2 款："下
列行为不属于人民法院行政诉讼的受案范围：（一）公安、国家安全等机关依照刑事诉讼
法的明确授权实施的行为；（二）调解行为以及法律规定的仲裁行为；（三）行政指导行
为；（四）驳回当事人对行政行为提起申诉的重复处理行为；（五）行政机关作出的不产
生外部法律效力的行为；（六）行政机关为作出行政行为而实施的准备、论证、研究、层
报、咨询等过程性行为；（七）行政机关根据人民法院的生效裁判、协助执行通知书作出
的执行行为，但行政机关扩大执行范围或者采取违法方式实施的除外；（八）上级行政机
关基于内部层级监督关系对下级行政机关作出的听取报告、执法检查、督促履责等行为；
（九）行政机关针对信访事项作出的登记、受理、交办、转送、复查、复核意见等行为；
（十）对公民、法人或者其他组织权利义务不产生实际影响的行为。"

[②] 1989 年颁布的《行政诉讼法》第 2 条规定："公民、法人或者其他组织认为行政
机关和行政机关工作人员的具体行政行为侵犯其合法权益，有权依照本法向人民法院提
起诉讼。"当时立法本意是相对于"抽象行政行为"而言，从而限定可诉范围。1991 年，
最高人民法院《关于贯彻执行〈中华人民共和国行政诉讼法〉若干问题的意见（试行）》
将"具体行政行为"定义为"国家行政机关和行政机关工作人员、法律法规授权的组织、
行政机关委托的组织或者个人在行政管理活动中行使行政职权，针对特定的公民、法人
或者其他组织，就特定的具体事项，作出的有关该公民、法人或者其他组织权利义务的
单方行为。"由于该定义不科学、不准确，客观上加剧了行政诉讼"立案难"。

行为和多方行为。既包括行政机关作出的涉及相对人人身权、财产权的行为，也包括涉及其他合法权益的行为。（2）新法的第 12 条列举的受理案件由八项扩大至十二项，增加了行政强制执行、农村土地两权、排除限制竞争、低保社保、征收、征用决定及其补偿决定等，尤其是把长期争论的行政协议纳入行政诉讼受案范围。[①] 更重要的是，第 12 项"人身权、财产权等合法权益"概括性表述弥补了列举的遗漏不足，为我国行政诉讼受案范围的扩大留下了开放性空间，当然，该项规定仍然受到《行政诉讼法》第 13 条排除性规定的限制。

尽管修法后行政诉讼受案范围有所扩大，但该问题仍有讨论的必要和提升的空间。如有学者认为，现行行政诉讼法对行政诉讼受案范围的规定是采取列举式的"正面清单 + 负面清单"方式。这大大限缩了行政诉讼的范围。在全面推进依法治国的条件下，行政诉讼法对受案范围的规定完全可以采取"概括式 + 负面清单"的方式。即除了负面清单列举的行政行为，所有其他行政行为（包括具体行政行为和抽象行政行为），法律都应允许与之有利害关系的行政相对人提起行政诉讼。[②] 在现代，除少数由法律明确规定不受法院司法审查的行政行为外，绝大多数行政行为均应纳入司法监督的范围，行政行为原则上具有可诉性的假定，成为行政诉讼受案范围的发展趋势。从现实和长远来看，消除我国行政诉讼受案范围相关问题的根本出路，是理顺司法与行政的关系，尤其是消除两权内在属性之外的不正常关系冲突。[③]

[①] 根据《行政协议司法解释》第 1 条，所谓行政协议是指行政机关为了实现行政管理或者公共服务目标，与公民、法人或者其他组织协商订立的具有行政法上权利义务内容的协议。

[②] 姜明安：《我国行政诉讼制度尚有完善空间》，载《法制日报》2019 年 4 月 19 日。

[③] 应松年主编：《当代中国行政法》（下卷）（杨卫东撰写第三十六章行政诉讼），中国方正出版社 2005 年版，第 1778 页。

二、行政诉讼的管辖

行政诉讼管辖即人民法院之间受理第一审行政案件的职权分工。[1]《行政诉讼法》第 14 条至第 17 条规定了级别管辖[2]、第 18 条至第 20 条规定了地域管辖,[3] 这两者均属于法定管辖,《行政诉讼法》第 22 条规定的移送管辖、第 23 条规定的指定管辖和第 24 条规定的移转管辖（或管辖权移转）则属于裁定管辖。另外,《行政协议司法解释》第 7 条针对行政协议案件的特殊性对其约定管辖作了补充规定。[4]

为了解决行政案件审理难问题,减少地方政府对行政审判的干预,在总结现行做法的基础上,根据党的十八届三中全会关于探索建立与行政区划适当分离的司法管辖制度的精神,新法在行政诉讼管辖方面有了比较大进步,表现在提高审级和跨区域集中管辖,增加规定:（1）对县级以上地方人民政府所作的具体行政行为提起诉讼的案件,由中级人民法院管辖。（2）经最高人民法院批准,高级人民法院可以根据审判工作的实际情况,确定若干人民法院跨行政区域管辖行政案件。此外,经复议的案件,赋予相对人更多

---

① 姜明安主编:《行政法与行政诉讼法》（第七版）,北京大学出版社、高等教育出版社 2018 年版,第 434 页。

② 《行政诉讼法》第 14 条:"基层人民法院管辖第一审行政案件。第 15 条:"中级人民法院管辖下列第一审行政案件:（一）对国务院部门或者县级以上地方人民政府所作的行政行为提起诉讼的案件;（二）海关处理的案件;（三）本辖区内重大、复杂的案件;（四）其他法律规定由中级人民法院管辖的案件。"第 16 条:"高级人民法院管辖本辖区内重大、复杂的第一审行政案件。"第 17 条:"最高人民法院管辖全国范围内重大、复杂的第一审行政案件。"

③ 《行政诉讼法》第 18 条:"行政案件由最初作出行政行为的行政机关所在地人民法院管辖。经复议的案件,也可以由复议机关所在地人民法院管辖。经最高人民法院批准,高级人民法院可以根据审判工作的实际情况,确定若干人民法院跨行政区域管辖行政案件。"第 19 条:"对限制人身自由的行政强制措施不服提起的诉讼,由被告所在地或者原告所在地人民法院管辖。"第 20 条:"因不动产提起的行政诉讼,由不动产所在地人民法院管辖。"

④ 《行政协议司法解释》第 7 条:"当事人书面协议约定选择被告所在地、原告所在地、协议履行地、协议订立地、标的物所在地等与争议有实际联系地点的人民法院管辖的,人民法院从其约定,但违反级别管辖和专属管辖的除外。"

的地域管辖选择权，即经过复议的案件，无论复议机关是维持还是改变原行政行为，均可以在原机关所在地法院和复议机关所在地法院选择地域管辖，不过，在以原机关和复议机关为共同被告时，应以原机关确定级别管辖。① 同时，新法删除了上级人民法院"也可以把自己管辖的第一审行政案件移交下级人民法院审判"的规定。

但是，这种有限调整难以完全解决行政干预的问题，还导致各同级法院之间职能与资源配置的不合理，未来的发展方向应该是普遍建立"跨行政区域法院"。② 而且，从实践看，跨行政区划法院"跨得不够"，国家宏观的司法改革政策与改革步调仍然不够协调，相应的改革配套措施尚待完善。而从长远来看，设立行政法院应成为我国行政诉讼审判体制和司法改革的突破口。③

三、行政诉讼的当事人

（一）行政诉讼的原告

行政诉讼的原告是指认为行政主体及其工作人员的行政行为侵犯其合法权益而向人民法院提起诉讼的个人或者组织。但为了防止滥诉，充分有效利用司法资源，有效保护当事人的利益，并防止司法权对行政权的不当侵越，只有具备一定法律条件的主体才可以作为行政诉讼的原告向法院请求司法救济，该法律条件即原告资格问题。④ 世界各国对行政诉讼或司法审查中原告资格的确定标准和范围不一而足，但从总体上说，不断放宽对原告资格的限制是共同规律和发展趋势。

---

① 《最高人民法院关于适用〈中华人民共和国行政诉讼法〉的解释》第 134 条第 3 款："复议机关作共同被告的案件，以作出原行政行为的行政机关确定案件的级别管辖。"
② 姜明安：《我国行政诉讼制度尚有完善空间》，载《法制日报》2019 年 4 月 19 日。
③ 马怀德：《司法改革与行政诉讼制度的完善》，中国政法大学出版社 2004 年版，第 40—50 页。
④ 马怀德：《行政诉讼原理》，法律出版社 2003 年版，第 404 页。

我国原行政诉讼法关于原告资格的规定是"主观标准"且比较原则，[①] 实践中，有的将行政诉讼原告仅理解为具体行政行为的相对人，排除了其他利害关系人，加剧了行政诉讼"立案难"的状况。2014 年修改后的《行政诉讼法》第 25 条第 1 款明确了行政诉讼原告资格的"客观标准"——利害关系。这里既没有采用 2000 年司法解释中的"法律上利害关系"，也没有用民事诉讼法中的"直接利害关系"标准，主要原因是，这两种表述都不适于解决当前行政诉讼中存在的立案难问题，采用"利害关系"标准，有助于司法实践根据实际需要将应当纳入受案范围的行政争议纳入受案范围。这里的"利害关系"，也并非漫无边际，需要在实践中根据具体情况作出判断。[②]

通常情况下，一个行政行为给行政行为的相对人造成的权利侵害可能性显而易见，因而，可以把行政相对人称为"直接相对人"或"明显的当事人"，其原告资格或诉权容易认定。但是，可能受到行政行为侵害的绝不仅仅限于直接相对人，那么，如何判断直接相对人之外的主体的"利害关系"即原告资格呢？有观点认为，只要公民、法人或其他组织属于"第三人效力处分"中行政处分相对人以外之涉及本身权益者，即属具有利害关系。[③] 实际上，行政诉讼原告资格或"利害关系"的判断很大程度上是法院解释法律的结果，从司法实务裁判看，最初我国法院一般将利害关系等同于"直接联系"或"实际影响"，也就是有可能受到行政行为的不利影响，至 2017 年刘广明案，[④] 保护规范理论被采用进而成为衡定我国原告资格的重要基准。它使"原告权益是否受法律保护，不再依赖于该项权益是否属于诉讼法以及司法解释明确列举的权益保护类型，而是转向对被诉行为所涉及的行政实体法规范的解释"。申言之，它使行政诉权的判定回归至行政实体法，回归至实体法上主观公权利的有无。由此，行政诉权以个体在实体法

---

① 也有学者认为原行政诉讼法实际上并未规定原告资格。马怀德:《司法改革与行政诉讼制度的完善》，中国政法大学出版社 2004 年版，第 190 页。

② 全国人大常委会法工委行政法室编著:《中华人民共和国行政诉讼法解读》，中国法制出版社 2014 年版，第 73 页。

③ 李广宇:《新行政诉讼法逐条解释》，法律出版社 2015 年版，第 212 页。

④ 最高人民法院（2016）最高法行申 2560 号行政裁定。

上的主观公权利为准据，其范围和界限也由实体法上的主观公权利来框定，成为理解原告资格的全新视角。[1] 但对此理论的引入学界尚有争论，有学者认为"保护规范理论"应当"慎用"或者对其质疑，[2] 但也有学者认为"在我国现行法下，并不存在排斥保护规范理论的决定性理由。"[3]

《行诉解释》第12条列举了常见的"与行政行为利害关系"的几种情形，同时，第13条、第15条至第18条分别规定了债权人、合伙企业、个体户、股份制企业内部机构、联营企业各方、非国有企业、非营利法人的出资人或设立人、业主委员会或业主等特殊的原告情形。另外，《行政协议司法解释》第5条则对"与行政协议有利害关系"的原告资格作了特别规定。

（二）行政诉讼的被告

我国行政诉讼的被告是其实施的行政行为被原告指控侵犯合法权益而由人民法院通知应诉的行政机关或者法律、法规、规章授权的组织。我国行政诉讼是"民告官"的制度，被告恒定为"官"，尽管从逻辑上行政争议也有可能因"民"一方即行政相对人引起，有些国家也有"官告民"的行政诉讼，但是，在我国，将"官告民"纳入行政诉讼，必要性不足，而且与我国行政诉讼以监督行政、救济公民合法权益的立法宗旨或制度设计相悖。[4] 因此，在行政诉讼中被告亦没有反诉权。[5]

我国行政诉讼被告的确定基本遵循了"谁行为谁为被告"原则，《行政

① 赵宏：《主观公权利、行政诉权与保护规范理论》，载《行政法学研究》2020年第2期。

② 杨建顺：《适用"保护规范理论"应当慎重》，载《检察日报》2019年4月24日；成协中：《保护规范理论适用批判论》，载《中外法学》2020年第1期。

③ 王天华：《有理由排斥保护规范理论吗？》，载《行政法学研究》2020年第2期。

④ 参见全国人大常委会法工委行政法室编著：《中华人民共和国行政诉讼法解读》，中国法制出版社2014年版，第7页。

⑤ 《行政协议司法解释》第6条：人民法院受理行政协议案件后，被告就该协议的订立、履行、变更、终止等提起反诉的，人民法院不予准许。

诉讼法》第 26 条规定了具体情形，①《行诉解释》第 19 条至第 25 条结合实践对被告的一些特殊情形作了规定，包括内设机构、开发区管委会、村委会或者居委会、高校等事业单位以及律师协会等行业协会、房屋征收部门的被告资格等。

在被告的确定方面，与原法相比，新法变化最大的是复议机关共同被告制度，即"经复议的案件，复议机关决定维持原行政行为的，作出原行政行为的行政机关和复议机关是共同被告。"这一制度的初衷是，督促复议机关发挥监督与纠错功能，改变其"维持会"之现状，把行政复议建设成为解决行政争议的主渠道。《行诉解释》第 133 条至第 136 条已对复议机关作共同被告的程序标的、级别管辖、一并裁判等具体内容作了细化，但有学者认为，司法解释的一些条文有"为行政复议机关减压松绑"之嫌，② 而且，由复议机关共同承担举证责任有违"先取证后裁决"行政程序法之原则。③ 而讨论或争议最多的还是复议机关作共同被告制度本身，有实证考察分析，复议机关作共同被告制度在效果上是积极的，促进了行政复议纠纷解决功能的发挥，但对现行复议制度的改变较小。④ 还有不少质疑观点认为，无论从成本收益分析角度而言，还是从理性分析而言，都不应让行政复议机关作为行政诉讼共同被告，⑤ "双被告"制度的提出使复议机关定位"自相矛盾"、程

---

① 《行政诉讼法》第 26 条：公民、法人或者其他组织直接向人民法院提起诉讼的，作出行政行为的行政机关是被告。经复议的案件，复议机关决定维持原行政行为的，作出原行政行为的行政机关和复议机关是共同被告；复议机关改变原行政行为的，复议机关是被告。复议机关在法定期限内未作出复议决定，公民、法人或者其他组织起诉原行政行为的，作出原行政行为的行政机关是被告；起诉复议机关不作为的，复议机关是被告。两个以上行政机关作出同一行政行为的，共同作出行政行为的行政机关是共同被告。

行政机关委托的组织所作的行政行为，委托的行政机关是被告。行政机关被撤销或者职权变更的，继续行使其职权的行政机关是被告。

② 莫于川：《〈行政诉讼法〉修改及其遗留争议难题》，载《行政法学研究》2017 年第 2 期。

③ 张旭勇：《复议机关作共同被告的逻辑转换与制度重构》，载《浙江学刊》2019 年第 5 期；梁君瑜：《复议机关作行政诉讼共同被告——现状反思与前景分析》，载《行政法学研究》2017 年第 5 期。

④ 俞祺：《复议机关作共同被告制度实效考》，载《中国法学》2018 年第 6 期。

⑤ 王青斌：《反思行政复议机关作共同被告制度》，载《政治与法律》2019 年第 7 期。

序上空转严重，这种依靠外部的行政诉讼制度希冀激活行政复议的想法，初衷是美好的，虽然制度运行初期产生了应激反应，但很快又进入疲软期，产生制度陷阱，副作用已经凸显。[①] 总之，复议机关作共同被告问题有待结合实践和《行政复议法》的修改进一步探讨。

四、行政诉讼的起诉与受理

（一）立案登记制

为了破解实践中行政诉讼"立案难"的突出问题，完善对当事人诉权的保护，新《行政诉讼法》第 51 条规定了"立案登记制"，《行诉解释》第 53 条和第 54 条又予以补充细化，据此，"立案登记制"的主要内容是：人民法院接到起诉状，对符合法定起诉条件的，应当登记立案。当场不能判定的，应当接收起诉状，出具注明收到日期的书面凭证，并在 7 日内决定是否立案；不符合起诉条件的，作出不予立案的裁定；7 日内仍不能作出判断的，应当先予立案。如起诉状内容欠缺或有其他错误的，应给予指导和释明，并一次性告知当事人需要补正的内容。不得未经指导和释明即以起诉不符合条件为由不接收起诉状。

为了切实保护当事人诉权、督促人民法院依法立案，《行政诉讼法》第 51 条第 5 款规定了当事人投诉和法院的相关责任，第 52 条规定了不立案的救济途径即"飞跃起诉"或"越级起诉"。但是，从实践看，这些规定的落实情况并不乐观，有些法院"不接收诉状、不予立案、不出裁定"的现象仍然存在，"飞跃起诉"往往如石沉大海，对此，外部的检察法律监督是非常必要的。[②]

---

① 曹鎏：《作为化解行政争议主渠道的行政复议：功能反思及路径优化》，载《中国法学》2020 年第 2 期。

② 《人民检察院行政诉讼监督规则（试行）》第 28 条："人民检察院发现人民法院审判活动有下列情形之一的，应当向同级人民法院提出检察建议：……（三）当事人依照《中华人民共和国行政诉讼法》第五十二条规定向上一级人民法院起诉，上一级人民法院未按该规定处理的。"

（二）受理（起诉）条件与形式审查

立案登记制并非完全排除审查，前提是"符合本法规定的起诉条件"，具体来说，法院审查起诉的条件即受理条件包括以下三个方面：（1）《行政诉讼法》第49条① 规定的一般起诉条件；（2）时间条件即起诉期限，经复议的案件和直接起诉的案件的起诉期限分别为15日和6个月，《行诉解释》针对行政机关未告知起诉期限、行政相对人不知道行政行为内容以及起诉不履行法定职责等情形对起诉期限的起算点作出了具体规定，② 不过，被告认为原告超过起诉期限的应当对此承担举证责任；③（3）程序条件即行政诉讼和行政复议的衔接。行政复议和行政诉讼是解决行政争议的两条法律途径，二者的衔接以自由选择为原则、复议前置或复议终局为例外。对于法律法规规定复议前置的案件，应当先向申请复议，对复议决定不服再向人民法院提起诉讼，但是，复议机关不受理复议申请或者在法定期限内不作出复议决定，公民、法人或者其他组织不服，依法起诉的，人民法院应当依法立案；对于自由选择的情形，也只能择其一而不能同时进行。

需要强调的是，法院审查起诉虽是必要的，但应是有限的、形式方面的审查。④ 例如，原告提供被告的名称等信息足以使被告与其他行政机关相区别的，即可以认定为"有明确的被告"，至于被告适格或正确与否则是实质

---

① 《行政诉讼法》第49条：提起诉讼应当符合下列条件：（一）原告是符合本法第25条规定的公民、法人或者其他组织；（二）有明确的被告；（三）有具体的诉讼请求和事实根据；（四）属于人民法院受案范围和受诉人民法院管辖。

② 《行诉解释》第64条：行政机关作出行政行为时，未告知公民、法人或者其他组织起诉期限的，起诉期限从公民、法人或者其他组织知道或者应当知道起诉期限之日起计算，但从知道或者应当知道行政行为内容之日起最长不得超过一年。复议决定未告知公民、法人或者其他组织起诉期限的，适用前款规定。第65条：公民、法人或者其他组织不知道行政机关作出的行政行为内容的，其起诉期限从知道或者应当知道该行政行为内容之日起计算，但最长不得超过行政诉讼法第46条第2款规定的起诉期限。第66条：公民、法人或者其他组织依照行政诉讼法第47条第1款的规定，对行政机关不履行法定职责提起诉讼的，应当在行政机关履行法定职责期限届满之日起6个月内提出。

③ 《最高人民法院关于行政诉讼证据若干问题的规定》第4条第3款："被告认为原告起诉超过法定期限的，由被告承担举证责任。"

④ 李广宇：《新行政诉讼法逐条解释》，法律出版社2015年版，第408页。

合法性审查的内容；对起诉的"事实根据"，原告只要能证明被告确有可能实施了被诉行政行为、确有可能对其合法权益造成损害，尽到初步的证明责任即可，至于该事实是否充分属实进而其诉讼理由是否成立或请求能否得到支持则是立案后实体审理的问题，对此司法解释和实务裁判均有体现。[①]

第三节　行政诉讼审理的主要制度

一、行政诉讼的举证责任

举证责任是当事人根据法律预先规定对特定事实提供证据证明的责任，如不能证明，将承担不利的诉讼后果或败诉的风险。[②] 被告对行政行为负有举证责任是行政诉讼举证责任分配的基本原则，也是行政诉讼不同于其他两大诉讼的特殊证据制度。另外，《行政协议司法解释》根据当事人的不同诉求，结合行政机关在行政协议中的地位，区别情况规定了举证责任：被告对于具有法定职权、履行法定程序、履行相应法定职责以及订立、履行、变更、解除行政协议等行为的合法性承担举证责任；原告主张撤销、解除行政协议的，对撤销、解除行政协议的事由承担举证责任；对行政协

---

① 如《行诉解释》第 63 条："行政机关作出行政行为时，没有制作或者没有送达法律文书，公民、法人或者其他组织只要能证明行政行为存在，并在法定期限内起诉的，人民法院应当依法立案。"再如对于强制拆除诉讼案件中，被拆迁人只要能够证实行政机关确有可能组织实施了被诉拆除行为，且确有可能对其合法权益造成损害，其有权对强拆行为提起行政诉讼。人民法院对此应当进行程序审查并决定是否受理。至于房屋究竟为谁所拆，拆除过程是否合法，拆除行为是否造成损害，属于原告的诉讼理由是否成立的实体问题，对于该问题应当在案件受理后，通过相应的诉讼程序并依据行政诉讼法第 34 条所确定的证明责任分配原则予以审查。参见（2018）最高法行申 9209 号、（2018）最高法行再 59 号等。

② 在我国三大诉讼立法中，虽然民事诉讼法和刑事诉讼法有举证责任的内容，只有行政诉讼法使用了"举证责任"一词，但其并未作出明确的概念界定，学界对"举证责任"的理解也众说纷纭。马怀德：《行政诉讼原理》，法律出版社 2003 年版，第 259—261 页；应松年主编：《当地中国行政法》（下卷）（杨卫东撰写第三十六章行政诉讼），中国方正出版社 2004 年版，第 1793—1795 页。

议是否履行发生争议的，由负有履行义务的当事人承担举证责任。可见行政协议诉讼中的举证责任分配有一定特殊性，在被告负有举证责任基础上可以参照民事诉讼中合同纠纷的举证责任分配。

（一）被告对作出的行政行为负有举证责任

首先，行政诉讼中被告负主要的举证责任。由于行政诉讼的审查重心是被诉行政行为的合法性，因此，法律规定由被告对作出的行政行为负有举证责任意味着行政诉讼中主要的举证责任是由被告承担的。普遍认为这是"先取证后裁决"或依法行政原则的必然要求，符合行政行为特点或行政执法程序的一般规律，同时有利于平衡原被告双方在举证能力上的差异。而且，原告可以提供证明行政行为违法的证据。原告提供的证据不成立的，不免除被告的举证责任。

其次，被告举证内容和范围是作出该行政行为的证据和所依据的规范性文件。这些证据原则上应该是在行政程序中收集的即"当初"的证据，而非"事后"收集的，被告及其诉讼代理人在作出行政行为后或诉讼过程中，不得自行向原告、第三人和证人收集证据，"事后"收集的证据也不能作为认定被诉具体行政行为合法的依据。

最后，被告举证期限是在收到起诉状副本之日起 15 日内，被告不提供或者无正当理由逾期提供证据，视为没有相应证据。但是，被诉行政行为涉及第三人合法权益，第三人提供证据的除外。被告延期提供或补充证据仅限于法律规定的例外情形。

（二）原告提供证据的责任

我国《行政诉讼法》及相关司法解释对原告提供证据的责任作了规定，但并未使用"举证责任"一词，尽管人们习惯于称其为"原告的举证责任"，但从相关规定的内容可以看出，原告的"举证责任"并不同于法律施加于被告身上的严格意义的"举证责任"，主要体现在：第一，原告的每一项"举证责任"都有例外或转移，如对起诉条件的证明，应该仅是形式审查或尽到初步证明责任即可，而且，被告认为原告超过起诉期限的应当对此承担举证责任。在起诉被告不履行法定职责的案件中，原告应当提供其向被告提出申请的证据，但被告应当依职权主动履行法定职责或者原告因正当理由不能提供证据的除外：在行政赔偿、补偿的案件中，原告应当对行政行为造成的损害提供证据，但因被告的原因导致原告无法举证的，由被告承担举证责任。第二，原告提供证据的责任可由法院调取证据替代或弥补，行政诉讼中只有原告或第三人可以申请法院调取证据，被告则无权申请，且法院不得为证明行政行为的合法性调取被告作出行政行为时未收集的证据。[①] 另外，对原告的举证期限要求也不如对被告那样"苛刻"，原告原则上应当在开庭审理前或者人民法院指定的交换证据之日提供证据。

二、行政诉讼审理程序中的几个特殊问题

《行政诉讼法》第七章在一般规定基础上规定了行政诉讼第一审普通程序、简易程序、第二审程序和审判监督程序，主要涉及基本诉讼程序和不同于民事诉讼的特殊制度，其他内容相对简略或未作规定，参照适用民事诉讼法相关规定。下面仅就行政诉讼审理程序的部分特殊制度或1989年、2014年新法修改的重点内容予以说明。

（一）行政机关负责人出庭应诉

行政机关负责人出庭应诉是《行政诉讼法》修改的一大亮点，也是基于我国行政诉讼审判和法治建设实践确立的一项新制度，与一直以来原告对"告官不见官"的强烈不满有重要关系，其重要意义体现在：1.有利于有效化解行政争议；2.有利于提高行政机关负责人的法治意识，推进行政机关依法行政；3.有利于增强人民群众对法治的信心，提高全社会的法治观念。[②]

《行政诉讼法》第3条第3款规定行政机关负责人出庭应诉的基本制度框架：被诉行政机关负责人应当出庭应诉。不能出庭的，应当委托行政机关相应的工作人员出庭。2020年7月1日施行的《最高人民法院关于行政机关负责人出庭应诉若干问题的规定》（法释〔2020〕3号）作了具体规定，

---

① 《行政诉讼法》第40条、第41条。
② 全国人大常委会法工委行政法室编著：《中华人民共和国行政诉讼法解读》，中国法制出版社2014年版，第14—15页。

主要明确了以下几个方面的内容：（一）行政机关负责人出庭应诉的定义和范围，确保负责人出庭应诉制度的正确适用；（二）明确人民法院通知行政机关负责人出庭应诉的案件类型，保障重大案件行政机关负责人应当出庭应诉；（三）合理减轻行政机关负责人出庭应诉负担，节约有限的行政资源；（四）细化行政机关负责人出庭应诉相关程序，保障负责人出庭应诉工作有序开展；（五）明确行政机关负责人不能出庭的正当理由，规范负责人不能出庭的情形；（六）规定行政机关负责人出庭效果保障措施，确保行政机关负责人出庭又出声；（七）规定行政机关负责人未履行出庭应诉义务的处理措施，切实保障负责人出庭应诉制度得到有效落实。

（二）原告撤诉与被告改变行政行为

《行政诉讼法》第62条规定："人民法院对行政案件宣告判决或者裁定前，原告申请撤诉的，或者被告改变其所作的行政行为，原告同意并申请撤诉的，是否准许，由人民法院裁定。"行政诉讼中原告撤诉包括两种情形：一种情形是被诉具体行政行为没有任何变化，原告申请撤诉；另一种情形是被告改变被诉具体行政行为，原告同意并申请撤诉。根据《最高人民法院关于行政诉讼撤诉若干问题的规定》（法释〔2008〕2号）规定，人民法院经审查认为被诉具体行政行为违法或者不当，可以在宣告判决或者裁定前，建议被告改变其所作的具体行政行为。被告改变被诉具体行政行为，原告申请撤诉，符合下列条件的，人民法院应当裁定准许：1.申请撤诉是当事人真实意思表示；2.被告改变被诉具体行政行为，不违反法律、法规的禁止性规定，不超越或者放弃职权，不损害公共利益和他人合法权益；3.被告已经改变或者决定改变被诉具体行政行为，并书面告知人民法院；4.第三人无异议。被告改变被诉具体行政行为，原告申请撤诉，人民法院可以裁定准许撤诉；申请撤诉不符合法定条件，或者被告改变被诉具体行政行为后当事人不撤诉的，人民法院应当及时作出裁判。另外，根据《行诉解释》第81条，原告或者第三人对改变后的行政行为不服提起诉讼的，人民法院应当就改变后的行政行为进行审理。被告改变原违法行政行为，原告仍要求确认原行政行为违法的，人民法院应当依法作出确认判决。

原告起诉被告不作为，在诉讼中被告作出行政行为，原告不撤诉的，人民法院应当就不作为依法作出确认判决。

（三）简易程序

简易程序是 2014 年新法增加的程序。1989 年《行政诉讼法》没有像民诉法、刑诉法一样规定简易程序，即只规定了一审普通程序。之所以这样规定，当时立法者主要是考虑到行政诉讼被告地位特殊、内容特殊、审判尚无完整的经验，对具体行政行为的合法性审查有相对的难度与复杂性，既涉及到诸多法律法规的正确适用，又涉及许多技术性、专业性问题等，采用合议制和普通程序符合立法当时的情况的。[①] 但是随着法治建设的深入和行政审判实践的发展，这一制度设计日益彰显滞后与脱离实际，于是修改后的行政诉讼法在第一审普通程序之外增加了简易程序。具体来说，简易程序适用于事实清楚、权利义务关系明确、争议不大的一审案件，具体包括被诉行政行为是依法当场作出的、案件涉及款额二千元以下的、政府信息公开案件以及当事人各方同意适用简易程序的案件。简易程序的特点在于由审判员一人独任审理，并应当在立案之日起 45 日内审结。

（四）行政诉讼调解

1989 年《行政诉讼法》规定：人民法院审理行政案件，不适用调解（行政赔偿诉讼除外）。其理由主要是行政诉讼不存在调解的基础，认为调解得以成立或成功的前提是当事人能够自由处分其权利，而行政诉讼中被告行政主体是代表国家行使行政管理权的，其职权是以法定程序赋予的，同时也是行政主体自身的法定职责，不可放弃，没有处分权，因此它们不能像民事诉讼中的当事人一样自由地处分自己的权益，故行政诉讼调解的基础不存在。但随着我们对行政权力性质认识的深入，这一理论已经难以自圆其说。从解决争议的诉讼目的看，正是由于存在行政裁量行为，所以法律禁止调解几乎是不可能的，而且实践中几乎所有的行政案件都不同程

_____

① 参见王汉斌 1989 年 3 月 28 日在第七届全国人民代表大会第二次会议上所作的关于《中华人民共和国行政诉讼法（草案）》的说明。

度地存在调解或和解。从域外经验看，英美法系国家和大陆法系国家在司法审查或行政诉讼中，都不同程度地允许当事人和解或者法院进行调解。况且，即使禁止调解，仍然不能避免在诉讼之后行政机关随意改变行政行为。所以，行政诉讼中建立调解制度不仅是必要的，而且在理论上也说得通。① 修改后的《行政诉讼法》第 60 条保留了原来规定的"不适用调解"原则，但是增加了几种例外情形，包括：行政赔偿、补偿以及行政机关行使法律、法规规定的自由裁量权的案件。同时，补充规定：调解应当遵循自愿、合法原则，不得损害国家利益、社会公共利益和他人合法权益。

（五）二审的审理范围

与民事诉讼相比，行政诉讼二审审理程序的特殊性主要体现在第 87 条规定的全面审查，即人民法院审理上诉案件，应当对原审人民法院的判决、裁定和被诉行政行为进行全面审查。与此相应，第 89 条第 3 款规定：人民法院审理上诉案件，需要改变原审判决的，应当同时对被诉行政行为作出判决。一般认为，全面审查意味着不仅审查一审裁判的合法性，还要审查被诉行政行为的合法性；不仅审查证据是否充分，还要审查适用法律法规是否正确、是否违反法定程序等。这种全面审查源于行政诉讼在立法目的、制度架构方面有别于民事诉讼，其重点围绕行政行为合法性审查，二审法院不限于公民的请求范围和事项进行全面审查，并不违背法院不告不理原则。② 但有学者认为，随着行政协议纠纷纳入受案范围、诉讼类型多样化，"行政行为合法性"难以成为各类案件永恒不变和唯一的争议焦点，过分强调"全面审查"势必造成初审和上诉审角色重叠、司法资源紧张，因此，对于全面审查的理解和适用应当分类处理：对于法律适用问题，二审完全可以全面审查；对于事实问题，一般以一审认定事实为基础，除非上诉人对一审认定提出质疑，但对二审提出的"新证据"应严格限定；一般情况下应在上诉理由范围

---

① 马怀德：《司法改革与行政诉讼制度的完善》，中国政法大学出版社 2004 年版，第 326 页。

② 全国人大常委会法工委行政法室编著：《中华人民共和国行政诉讼法解读》，中国法制出版社 2014 年版，第 231 页。

内进行审查，只有在涉及国家利益和社会公共利益时才可超出上诉理由的限制；二审固然不能回避被诉行政行为的审查，但也不必面面俱到，对于各方没有争议的可以忽略审查或者不作为重点审查。[①]

三、行政诉讼的法律适用

司法审判的实质是法律适用，即法官把法律规范适用于具体案件。与刑事、民事诉讼中的法律适用相比，行政诉讼中的法律适用属于第二次适用法律。行政诉讼中的法律适用，是对行政机关在行政程序中作出行政行为时已经作过的法律适用的再适用，也可称为审查适用。这也意味着，法院的法律适用具有优先于行政机关法律适用的效果和作用，行政诉讼法律适用具有最终的法律效力。[②]

根据《行政诉讼法》第 63 条[③]及相关司法解释的规定，行政诉讼法律适用的基本标准体现在以下几方面。

（一）"依据"法律、法规和"参照"规章

人民法院审理行政案件，以法律和行政法规、地方性法规为依据，"依据适用"的基本含义是：合法性判别，合法必适用。把"依据"简单理解为"不能拒绝适用"是片面孤立的，《立法法》对法律规范体系及其效力位阶作了明确规定，故人民法院对"依据"也要进行"合法性判别"，对于违反上位法的行政法规、地方性法规，可以不予适用，而合法必适用，[④]即在判别合法的基础上才无权拒绝适用。还有学者认为，解释权与对规范的审查权是两个不同的概念，就目前我国体制而言，法院并无对法律法规的审查权，但

---

① 李广宇：《新行政诉讼法逐条解释》，法律出版社 2015 年版，第 730—731 页。

② 应松年：《行政诉讼法学》，中国政法大学出版社 2002 年版，第 222—223 页。

③《行政诉讼法》第 63 条：人民法院审理行政案件，以法律和行政法规、地方性法规为依据。地方性法规适用于本行政区域内发生的行政案件。人民法院审理民族自治地方的行政案件，并以该民族自治地方的自治条例和单行条例为依据。人民法院审理行政案件，参照规章。

④ 应松年主编：《行政法与行政诉讼法》（第 2 版），高等教育出版社 2018 年版，第 413 页。

赋予法院在个案中的解释权，允许法院直接援引法定的使用规则对其所适用的包括依据在内的法律规范进行判断、选择，这是司法所内涵的权力，法院在适用作为依据的法律规范是实质上（应）享有"选择适用权"。[①]

对规章的"参照适用"基本含义是：合法性审查，合法可适用。[②] 这说明人民法院对规章是有条件适用，即人民法院有权对其进行审查，对合法有效的规章可以适用。[③] 人民法院参照规章的前提是审查规章，通过审查确定规章的合法性从而决定参照与否和是否适用，人民法院通过审查，认定规章不合法的，可以拒绝适用，但不能宣布相应规章无效和予以撤销。[④] 之所以赋予规章在人民法院审理行政案件时的参照作用，是行政诉讼的监督行政作用和规章在我国法律规范体系中的特殊地位以及目前规章制定中存在的违法等问题所决定的。[⑤]

（二）行政规范性文件的适用与一并审查

行政规范性文件亦称其他规范性文件，是指规章以下的具有普遍约束力的行政决定、命令等，《国务院办公厅关于加强行政规范性文件制定和监督管理工作的通知》（国办发〔2018〕37号）对此作了明确界定："行政规范性文件是除国务院的行政法规、决定、命令以及部门规章和地方政府规章外，由行政机关或者经法律、法规授权的具有管理公共事务职能的组织依照法定权限、程序制定并公开发布，涉及公民、法人和其他组织权利义务，具有普遍约束力，在一定期限内反复适用的公文。"一般认为，行政规范性文件不属《立法法》所调整的"法"的范畴，但其可以作为行政管理或执法的依据，且所有行政机关均有权制定规章以下的其他行政规范性文件。

---

① 应松年：《当代中国行政法》（第36章，杨伟东撰写），中国方正出版社2004年版，第1807页。

② 应松年主编：《行政法与行政诉讼法》（第2版），高等教育出版社2018年版，第413页。

③ 《行诉解释》第100条第2款：人民法院审理行政案件，可以在裁判文书中引用合法有效的规章及其他规范性文件。

④ 姜明安：《行政法与行政诉讼法》（第7版），北京大学出版社、高等教育出版社2018年版，第513页。

⑤ 马怀德：《行政诉讼原理》，法律出版社2003年版，第399—400页。

可见，从实际的行政管理和司法实践角度考察，其他行政规范性文件又起到十分重要的作用。

修改后的《行政诉讼法》第 53 条规定："公民、法人或者其他组织认为行政行为所依据的国务院部门和地方人民政府及其部门制定的规范性文件不合法，在对行政行为提起诉讼时，可以一并请求对该规范性文件进行审查。前款规定的规范性文件不含规章。"《行诉解释》第 145 条至第 151 条进一步对行政规范性文件一并审查作了细化规定。其中，结合实践明确了对规范性文件审查的内容和标准，即人民法院对规范性文件进行一并审查时，可以从规范性文件制定机关是否超越权限或者违反法定程序、作出行政行为所依据的条款以及相关条款等方面进行。有下列情形之一的，属于"规范性文件不合法"：1. 超越制定机关的法定职权或者超越法律、法规、规章的授权范围的；2. 与法律、法规、规章等上位法的规定相抵触的；3. 没有法律、法规、规章依据，违法增加公民、法人和其他组织义务或者减损公民、法人和其他组织合法权益的；4. 未履行法定批准程序、公开发布程序，严重违反制定程序的；5. 其他违反法律、法规以及规章规定的情形。对于审查后的处理主要有两方面：一是个案适用上，人民法院经审查认为行政行为所依据的规范性文件合法的，应当作为认定行政行为合法的依据；经审查认为规范性文件不合法的，不作为人民法院认定行政行为合法的依据，并在裁判理由中予以阐明。二是司法建议和报送备案，即规范性文件不合法的，人民法院应当向规范性文件制定机关提出修改或者废止该规范性文件的司法建议（裁判生效之日起 3 个月内），并可以抄送制定机关的同级人民政府、上一级行政机关、监察机关以及规范性文件的备案机关，同时应当在裁判生效后报送上一级人民法院进行备案。这使得规范审查在"对所有的人产生效力"。[①]

其实，对被诉行政行为依据的行政规范性文件进行合法性审查是行政审

---

① ［德］弗里德赫尔穆·胡芬：《行政诉讼法》，莫光华译，法律出版社 2003 年版，第 341 页。

判的"规定动作",法院在对被诉行政行为的合法性进行审查就包括对其适用法律（广义）是否正确进行审查，如果被诉行为依据的是行政规范性文件，必然对该行政规范性文件进行审查，无论原告是否提请一并审查。但是，这一规定还是有其意义的，一方面，纳入当事人的诉讼请求的附带内容，使得行政诉权更加丰满；另一方面，督促法院对被诉行政行为依据的规范性文件积极审查，且通过修改或废止的司法建议产生单纯个案判决所不及的普遍效力。这才是规范性文件一并审查的真正"新意"。

可见，人民法院在行政诉讼法律适用中，对其他规范性文件也享有和规章同样的审查权，而且拥有比对待规章更大的取舍权力，在其他规范性文件发生冲突时，人民法院不必送有关机关裁决，[①]可直接决定对该规范性文件的适用与否。

（三）行政协议案件的法律适用

行政协议具有双重属性，既有其作为行政管理方式"行政性"，也有其作为公私合意的"契约性"或"协议性"，这也决定了行政协议案件与一般行政案件在法律适用上的不同。具体来说，行政协议案件的法律适用主要涉及两个问题：一是实体法上行政法律规范与民事法律规范的适用；二是新法的溯及力问题。

对于第一个问题，《行政协议司法解释》第 27 条第 2 款规定：人民法院审理行政协议案件，可以参照适用民事法律规范关于民事合同的相关规定。但是，具体如何适用民法规范呢？首先，行政协议的"行政性"决定了其依然需要遵循行政法的基本理念和规定，强调行政协议订立的法定性和公益性，仍需在行政法和行政诉讼法的基本框架内对行政协议进行合法性审查，因此，应优先适用行政法律规范，民法规范为补充，即大多数情况下，只有在行政法律规范没有相关明确规定的情形下，才可以参照适用民事法

---

① 新法对行政诉讼法律适用中的冲突规则并未规定，按照《立法法》规定，人民法院认为地方人民政府制定、发布的规章与国务院部、委制定、发布的规章不一致的，以及国务院部、委制定、发布的规章之间不一致的，由最高人民法院送请国务院作出解释或者裁决。

律规范，而且，民事法律规范在行政协议案件中主要适用于行政协议的效力、履行及违约责任的认定和承担等方面，当然，有的情况需要同时适用行政法律规范和民事法律规范，两种法律体系之间并不排斥。①

第二个问题涉及新法施行前即 2015 年 5 月 1 日的行政协议案件是按民事诉讼还是行政诉讼？根据《行政协议司法解释》第 28 条，2015 年 5 月 1 日后订立的行政协议发生纠纷的，适用行政诉讼法及本规定；2015 年 5 月 1 日前订立的行政协议发生纠纷的，适用当时的法律、行政法规及司法解释。但是，对形成于 2015 年 5 月 1 日之前的行政协议产生的纠纷，当时的法律、行政法规、司法解释或者我国缔结或参加的国际条约没有规定其他争议解决途径（包括仲裁或者民事诉讼）的，作为协议一方的公民、法人或者其他组织提起行政诉讼，人民法院是否可以依法受理呢？按照"实体从旧，程序从新"原则，② 应当可以受理，纳入行政诉讼的受案范围适用新行政诉讼法。③

第四节　行政诉讼的判决与执行

一、行政诉讼的判决

我国行政诉讼的裁判与刑事诉讼和民事诉讼一样，分为判决、裁定、决定三种，鉴于篇幅所限，这里仅讨论行政诉讼一审的判决类型及其适用条件。行政诉讼判决，简称行政判决，是指人民法院审理行政案件终结

---

① 梁凤云：《行政协议案件适用合同法的问题》，载中国法律评论微信公众号 2017 年 1 月 20 日；仝蕾：《在行政协议案件审理中如何适用民事法律规范》，载行政执法与行政审判微信公众号 2019 年 12 月 13 日。

② 《最高人民法院关于印发〈关于审理行政案件适用法律规范问题的座谈会纪要〉的通知》（法〔2004〕96 号）对有关新旧法律适用以及溯及既往问题明确规定："实体问题适用旧法规定，程序问题适用新法规定。"

③ （2018）最高法行再 1 号"成都亿嘉利公司、乐山亿嘉利公司诉沙湾区政府解除投资协议并赔偿经济损失案"。

时，根据事实和法律，就行政案件实体问题作出的处理决定。[①]"对行政诉讼判决的系统改造"是 2014 年行政诉讼法的一项最为丰富和最有特色的重要革新，修改前的《行政诉讼法》强调了法院要对行政行为合法性进行审查，为此，无论原告何种诉求，法院必须认定行政行为的合法性状况，本次修法，立法机关强化了行政诉讼解决行政争议的职能，客观上完成了"诉讼"本质的回归，完善了法院化解纠纷的手段体系，回应了人民群众对"案结事了""官了民也了"的期待。[②] 在行政诉讼判决具体设计上，体现出以下几方面的创新：（1）回归依诉择判、诉判合一的基本诉讼原则；（2）从"无漏洞且有效的权利保护"出发对判决方式进行类型化改造；（3）合理界定司法权与行政权的疆界，增强行政判决"解决问题"的能力。[③]

《行政诉讼法》第 69 条至第 79 条都是关于行政诉讼一审判决的内容，下面分别予以说明。

（一）驳回原告诉讼请求判决

驳回原告诉讼请求判决是新法增加的判决形式，取代了原法中的维持判决，不仅避免了维持判决的僵硬，而且有更广阔、灵活的适用空间，更符合诉判一致原则。根据《行政诉讼法》第 69 条规定，驳回原告的诉讼请求适用于两类情形：一是行政行为合法的，即证据确凿，适用法律、法规正确，符合法定程序的；二是原告申请被告履行法定职责或者给付义务理由不成立的。作出驳回原告诉讼请求，法院仍要坚持对被诉行政行为合法性审查和由被告负举证责任，不能将审查对象转为原告的诉讼请求和提出的证据，更不能以原告诉讼请求和提出的证据不成立就直接判决驳回原告的诉讼请求，这也决定了法院应当优先适用撤销判决、确认违法或无效

---

① 应松年：《行政诉讼法学》，中国政法大学出版社 2002 年版，第 202 页。

② 梁凤云：《不断迈向类型化的行政诉讼判决》，载《中国法律评论》2014 年第 4 期。

③ 李广宇：《新行政诉讼法逐条解释》，法律出版社 2015 年版，第 546—556 页。

等判决。^①

（二）撤销或撤销并重作判决

撤销判决是行政诉讼最典型、最重要的判决形式，其适用对象是违法的行政行为。根据《行政诉讼法》第 70 条规定，有下列六种情形之一的，人民法院判决撤销或者部分撤销，并可以判决被告重新作出行政行为：主要证据不足，适用法律、法规错误，违反法定程序，超越职权，滥用职权，明显不当。撤销判决的适用条件，实际上是判断行政行为违法的法定条件。

新《行政诉讼法》在旧法第 54 条基础上增加了"明显不当"情形，这是一项重要且具开创性的修改。新《行政诉讼法》在"总则"中没有采纳明确合理性审查原则的意见，但是，在具体制度中，对于明显不当的行政行为在广义的"合法性审查的框架下作了规定，"明显不当"即违法，既回应了我国行政执法的现状，又丰富和提升了行政行为合法性的实质内涵。但对"明显不当"不能做过宽理解，界定为被诉行政行为结果的畸轻畸重为宜，^② 它只适用于行政实体处理的裁量，在目前观念下，主要是行政处理方式的裁量，今后也可能扩展至法律适用条件的裁量。"明显不当"是从客观结果角度提出的，"滥用职权"则是从主观角度提出的，限于行政机关违背法律目的、恶意行使权力的情形。^③

违法的行政行为被撤销后行政相对人的权利义务恢复到被诉行政行为作出之前状态。如果需要行政机关重新查明事实、纠正法律适用错误或补充法定程序，重新对行政相对人的权利义务作出处置，则判决撤销的同时责令被告重新作出行政行为，包括责令复议机关重新作出复议决定，被告不得以同一的事实和理由作出与原行政行为基本相同的行政行为（因违反法

---

① 全国人大常委会法工委行政法室编著：《中华人民共和国行政诉讼法解读》，中国法制出版社 2014 年版，第 192 页。
② 全国人大常委会法工委行政法室编著：《中华人民共和国行政诉讼法解读》，中国法制出版社 2014 年版，第 197 页。
③ 何海波：《论行政行为"明显不当"》，载《法学研究》2016 年第 3 期。

定程序为被撤销的除外）。

另外，需要指出的是，撤销判决与确认违法或无效判决、变更判决是一般与例外的关系，并非行政行为违法只能判决撤销。如果行政行为违法，同时还符合确认违法、确认无效或者给付、限期履行、变更等判决形式之一适用条件的，应当优先适用其他判决方式作出判决。

（三）履行法定职责判决

《行政诉讼法》第72条规定：人民法院经过审理，查明被告不履行法定职责的，判决被告在一定期限内履行。判决限期履行法定职责的适用条件是，被告存在逾期不履行法定职责的行为。所谓"逾期"是指，超过行政机关应当向相对人履行相关法定职责的最后期限，该期限一般来自法律、法规的规定，法律、法规没有对行政机关履行法定职责的期限作出明确规定的情况下，行政机关应当在接到申请之日起两个月内履行法定职责。[①] "不履行法定职责"包括拒绝履行和无正当理由逾期不予答复，是对法定职责的消极懈怠行使，不履行的是法定职责，即保护人身权、财产权等合法权益的法定职责，原则上约定职责、后续义务等不属于本判决适用情形，应当作为行政协议争议解决。[②]

法院在判决被告履行法定职责时，应当明确一定期限，具体期限根据具体情况确定，至于判决履行的内容，《行诉解释》第91条遵循司法权和行政权的合理分工进一步细化为两种情况：一是无裁量余地时，判决被告在一定期限内依法履行原告请求的法定职责；二是有裁量余地或裁判时机尚未成熟时，即尚需被告调查或者裁量的，应当判决被告针对原告的请求重新作出处理。

（四）给付判决

《行政诉讼法》第73条规定：人民法院经过审理，查明被告依法负有给付义务的，判决被告履行给付义务。《行诉解释》第92条进一步细化：原

---

① 《行政诉讼法》第47条。
② 全国人大常委会法工委行政法室编著：《中华人民共和国行政诉讼法解读》，中国法制出版社2014年版，第200—201页。

告申请被告依法履行支付抚恤金、最低生活保障待遇或者社会保险待遇等给付义务的理由成立，被告依法负有给付义务而拒绝或者拖延履行义务的，人民法院可以根据《行政诉讼法》第73条的规定，判决被告在一定期限内履行相应的给付义务。

在大陆法系诉讼理论中，给付诉讼或给付类判决是一个广义的概念，划分为科以义务诉讼、一般给付诉讼，在这种语境下，该条规定的给付判决与第72条规定的履行判决同属给付类判决的子类型，对二者的具体关系又有不同观点。从现行行政诉讼法的立法目的及规范内容可以看出给付判决适用空间的"三重限制"：限于法律规范规定的给付义务、限于给付行政范畴内的给付义务、限于以金钱或财产为内容的给付义务。[①] 因此，给付判决要比给付诉讼窄很多，是专门针对行政给付行为设置的相应判决，它与履行判决在机理上相似，但二者适用的范围不同。[②]

（五）确认违法判决

确认违法判决是修改后《行政诉讼法》新增加的判决类型。与其他判决相比，确认判决具有如下特征：宣示性、对世性、中间性、预防性、补充性。[③]

根据《行政诉讼法》第74条规定，存在以下三类确认违法判决：1.情况判决，即判决确认违法但不撤销保留效力。行政行为违法依法应当撤销，但撤销会给国家利益、社会公共利益造成重大损害的，不撤销确认违法保留效力。情况判决较为典型地显示出撤销判决与确认行为违法判决之间的补充关系。情况判决意味着在确认被诉行政行为违法的同时驳回了原告撤销的诉讼请求，对此，有争议认为情况判决有可能使法治原则空洞化。[④] 司法实践中，应严格把握情况判决适用的法定条件尤其是"重大损害"，对

[①] 黄锴：《行政诉讼给付判决的构造与功能》，载《法学研究》2020年第1期。
[②] 全国人大常委会法工委行政法室编著：《中华人民共和国行政诉讼法解读》，中国法制出版社2014年版，第202—2031页。
[③] 李广宇：《新行政诉讼法逐条解释》，法律出版社2015年版，第631—533页。
[④] 王天华：《行政诉讼的构造：日本行政诉讼法研究》，法律出版社2010年版，第180页。

原告的私人利益和公共利益进行利益衡量。2. 行政行为程序轻微违法的确认违法判决。适用于行政行为程序轻微违法但对原告权利不产生实际影响的情形。根据《行诉解释》第 96 条，有下列情形之一，且对原告依法享有的听证、陈述、申辩等重要程序性权利不产生实质损害的，属于"程序轻微违法"：（1）处理期限轻微违法；（2）通知、送达等程序轻微违法；（3）其他程序轻微违法的情形。程序轻微违法属于程序瑕疵，虽对原告权利不产生实际影响，但依据依法行政原则仍然要予以否定性判决，确认违法。然而，这一判决仅是"司法宣示意义上的确认"，[①] 在我国行政程序法不健全的背景下，往往在实践中无法落实这一要求，甚至法院发展出了可忽略不计的瑕疵类型。[②] 3. 不可撤销行为的确认违法判决。适用于下列三种情形：（1）行政行为违法，但不具有可撤销内容的；（2）被告改变原违法行政行为，原告仍要求确认原行政行为违法的；（3）被告不履行或者拖延履行法定职责，判决履行没有意义的。

上述不同情形的确认违法判决法律效果也不同，其中情况判决和程序轻微违法的确认判决确认违法但不撤销，行政行为效力得以保留，被确认违法的行政行为确定的双方权利义务，仍应当继续履行，一方不履行，另一方可以申请人民法院强制执行，或者依法自行强制执行；后一类判决确认违法但否定被诉行政行为法律效力，依据该行政行为给双方当事人确定的权利义务，不再继续履行，根据该行政行为衍生出来的其他行政行为，失去合法性的基础，亦应撤销或确认违法。[③]

（六）确认无效判决

2014 年修正的《行政诉讼法》正式设立了确认无效判决类型，根据《行政诉讼法》第 75 条规定，确认无效判决的适用条件为"重大且明显违法"。《行诉解释》第 99 条对"重大且明显违法"的情形进行了列举：1. 行

---

① 曾哲、赵钟根：《行政确认诉讼的理论基础及其完善》，载《甘肃政法学院学报》2014 年第 2 期。
② 梁君瑜：《行政程序瑕疵的三分法与司法审查》，载《法学家》2017 年第3期。
③ 郭修江：《行政诉讼判决方式的类型化》，载《中国审判》2018 年第 7 期。

政行为实施主体不具有行政主体资格。2.减损权利或者增加义务的行政行为没有法律规范依据。3.行政行为的内容客观上不可能实施。4.其他重大且明显违法的情形。

确认无效判决基于大陆法系的无效行政行为理论，即行政行为分为违法（可撤销）和无效行政行为，二者的最大区别在于违法程度不同。因属于"重大且明显违法"，无效行政行为自始当然无效，从作出之时起就没有公定力、确定力、拘束力，法院的确认只是对该事实予以宣告而已，而且是绝对无效，该行政行为所包含的意思表示完全不被法律承认。

逻辑上或理论上讲，无效行政行为不受起诉期限限制，不会对当事人的现实权利造成无法救济的法律后果。但是，"在具体案件中，关于行政行为是否明显且严重违法，完全可能发生争议"，[①] 所以，如果当事人"躺在权利之上睡觉"或"过于自信"，拖延行使确认无效之诉，是有"风险"的，明智之举还是在法定起诉期限内提起违法撤销之诉。因此，《行诉解释》第90条第2款规定了撤销判决与确认无效判决的转换：公民、法人或者其他组织起诉请求确认行政行为无效，人民法院审查认为行政行为不属于无效情形，经释明，原告请求撤销行政行为的，应当继续审理并依法作出相应判决；原告请求撤销行政行为但超过法定起诉期限的，裁定驳回起诉；原告拒绝变更诉讼请求的，判决驳回其诉讼请求。另外，由于行政行为无效属于实体法规则，按照实体从旧原则，该无效规定不具有溯及力，只有行政诉讼法修法颁布施行后发生的行政行为，才适用无效的规定。因此，行政相对人提起确认无效诉讼只能针对2015年5月1日之后作出的行政行为提出。《行诉解释》第162条的规定，公民、法人或者其他组织对2015年5月1日之前作出的行政行为提出诉讼，请求确认行政行为无效的，人民法院不予立案。

由于确认违法或无效判决仅具有"宣示性"意义，为了补强其权利救

---

① ［德］哈特穆特·毛雷尔：《行政法学总论》，高家伟译，法律出版社2000年版，第251页。

济功能,《行政诉讼法》第 76 条规定:"人民法院判决确认违法或者无效的,可以同时判决责令被告采取补救措施;给原告造成损失的,依法判决被告承担赔偿责任。"

(七)变更判决

根据《行政诉讼法》第 77 条第 1 款规定,变更判决适用以下 3 种情形:1. 行政处罚明显不当。修改后的《行政诉讼法》用"明显不当"替代"显失公正",但实质内容并无改变。2. 行政赔偿、行政补偿案件。3. 其他行政行为涉及对款额的确定、认定确有错误的。同时,基于"不利变更禁止原则",该条第 2 款规定,人民法院判决变更,不得加重原告的义务或者减损原告的权益。但利害关系人同为原告,且诉讼请求相反的除外。

变更判决是撤销并责令重作判决的例外。相对于撤销并责令重作,变更判决具有效率上的优势,避免了当事人因为行政机关不重作或者乱重作而遭受"二次伤害"。但变更判决由法院来直接改变行政行为的内容也具有破坏司法权与行政权之间的权力分工的危险。因此,变更判决的适用必须谨慎。从国外的情况来看,变更判决被限制在"行政机关没有裁量和判断余地或者裁量权收缩为零"的情形。从我国实践看,变更判决功效的全面发挥可以通过加强裁量基准的建设与利用诉讼调解来提高当事人对变更的接受度这两项措施加以完善。[①]

(八)行政协议案件判决

行政协议具有行政性和协议性双重属性,人民法院设立行政协议案件涉及合法性和合约性两方面审查,行政协议案件作为一种新类型的案件,适用于一般单方行政行为的行政诉讼判决与行政协议案件不相适应。2014 年的《行政诉讼法》第 78 条规定了行政协议判决履行及补偿判决,但远远不能适应实际需要,为此,《行政协议司法解释》结合行政协议的双重属性以及行政协议争议的特点对行政协议判决类型及其适用条件作了具体完善和回应,针对不同诉讼请求和争议内容规定了不同的判决形式。

---

① 王锴:《行政诉讼中变更判决的适用条件》,载《政治与法律》2018 年第 9 期。

判决		适用情形或条件
确认判决	确认协议无效	存在《行政诉讼法》第75条规定的重大且明显违法情形
		原《合同法》第52条等民事法律规范规定的合同无效情形
	确认协议有效	无效的原因在一审法庭辩论终结前消除的
	确认协议未生效	法律、行政法规规定应当经过其他机关批准等程序后生效的行政协议，在一审法庭辩论终结前未获得批准的
驳回原告诉讼请求		单方变更、解除行政协议合法，原告请求撤销
		原告请求判令被告承担违约责任，法院审理认为行政协议无效的，经释明后拒绝变更诉讼请求
补偿损失		单方变更、解除行政协议合法
		被告或者其他行政机关因国家利益、社会公共利益的需要依法行使行政职权，导致原告履行不能、履行费用明显增加或者遭受损失
撤销判决	撤销单方变更、解除行为并重作	单方变更、解除行政协议存在《行政诉讼法》第70条规定情形（违法）
	撤销协议	行政协议存在法律规定的胁迫、欺诈、重大误解、显失公平等可撤销情形
继续履行协议（明确内容）		单方变更、解除行政协议存在《行政诉讼法》第70条规定情形（违法）
		被告未依法履行、未按照约定履行行政协议
解除协议		符合约定或者法定解除情形且不损害国家利益、社会公共利益和他人合法权益，原告请求解除协议
责令采取补救措施并赔偿损失		单方变更、解除行政协议存在《行政诉讼法》第70条规定情形（违法）
		被告未依法履行、未按照约定履行行政协议
		因被告的原因导致行政协议被确认无效或者被撤销
		行政协议约定被告负有履行批准程序等义务而被告未履行
承担违约责任		被告明确表示或者以自己的行为表明不履行行政协议

二、行政案件的执行

与民事案件的执行不同，行政案件的执行涉及行政诉讼的执行和行政行为的执行两方面问题，《行政诉讼法》第八章"执行"部分分别对此作了规定。其中，行政行为的强制执行涉及行政机关申请人民法院强制执行的，因其未进入诉讼程序而被称为"非诉行政行为的执行"或"非诉行政执行"。

行政诉讼的执行，是指行政案件当事人逾期拒不履行人民法院生效的行政裁判法律文书，人民法院或有关行政机关运用国家强制力量，依法采取强制措施促使当事人履行义务，从而使生效法律文书的内容得以实现的活动。它是行政诉讼的最后一个环节，它对于实现行政诉讼法的任务，保护当事人的合法权益，具有重要意义。

行政诉讼执行的具体制度主要包括以下内容：（1）行政诉讼执行依据是已生效的行政裁判法律文书，包括行政判决书、行政裁定书、行政赔偿判决书和行政赔偿调解书。这里的"调解书"是修改后新增的裁判文书种类。（2）行政诉讼执行申请人可以是原告、被告（行政机关）或第三人。新法针对原告败诉且不自动履行生效裁判的情形将"第三人"加入了申请强制执行主体，主要是基于许多行政行为具有复效性的现实考虑。（3）行政诉讼执行机关。管辖法院一般是第一审人民法院，情况特殊或法定专属管辖除外。按照《行政诉讼法》第95条规定，当公民、法人或者其他组织拒绝履行生效裁判时，行政诉讼执行主体或机关包括人民法院或行政机关两种。这里的行政机关是指依法具有强制执行权的行政机关。（4）强制执行措施。行政诉讼"执行难"的症结主要在被告行政机关拒不履行法院生效裁判，对此新法在原法内容基础上增加了强制执行措施，包括：对行政机关负责人按日处50元至100元的罚款；将行政机关拒绝履行的情况予以公告；可以对该行政机关直接负责的主管人员和其他直接责任人员予以拘留等。

非诉行政执行是指公民、法人或者其他组织对行政行为在法定期间不提起诉讼又不履行的，行政机关申请人民法院强制执行。非诉行政执行首先涉及行政强制执行权的分配，我国行政强制执行的基本制度是：以申请人民法院强制执行为原则，以行政机关强制执行为例外。[①] 根据《行政强制法》规定，行政强制执行由法律设定，法律没有规定行政机关强制执行的，作出行政决定的行政机关应当申请人民法院强制执行。因此，当公民、法人或者其他组织对行政行为在法定期间不提起诉讼又不履行的，没有行政强制执行权的行政机关可以自期限届满之日起3个月内申请人民法院强制执行。行政机关申请强制执行的具体条件、程序及法院的审查等具体内容在《行政强制法》第五章有详细规定，这里不再赘述。

---

① 应松年：《论行政强制执行》，载《中国法学》1998年第3期。

第十二章　新时代行政检察监督的发展

行政检察监督是检察机关作为法律监督机关所具备的法定职权，也是中国特色社会主义检察制度的重要一环。在法治政府建设向纵深推进的过程中，仅靠行政系统内部的政策驱动可能面临动力不足、形式主义等问题，司法权对行政权的外部监督与制约作用应得到充分发挥。因此，检察机关应承担起重要职责，代表国家以司法对行政权进行监督，督促行政机关依法行政，从而维护社会公共利益。长期以来，在我国的检察工作实践中一直有着"重刑轻民行"的观念，刑事检察在各项检察职能中一枝独秀，检察机关也往往将主要精力集中于职务犯罪和刑事诉讼的相关案件，导致行政检察监督未能充分发挥应有的功能。2014年以来，我国的检察制度发生了重大变革，随着对司法责任制和国家监察体制改革的推行，检察机关原有的法律监督体系也被相应调整，形成了"刑事检察、民事检察、行政检察、公益诉讼检察"的四大检察新格局。行政检察虽然在四大检察中仍属短板，但其在监督行政机关依法行政、推动法治政府建设中的重要地位已经逐渐被认识，行政检察监督的范围被不断拓展，监督的方式也日趋多元，新时代的行政检察监督制度正在不断发展和完善之中。

第一节　行政检察监督的制度基础

一、行政检察监督的概念与特征

（一）新时代行政检察监督的概念界定

《宪法》第134条规定："中华人民共和国人民检察院是国家的法律监督机关。"从而明确了检察机关享有的法律监督权。作为专门的法律监督机关，检察机关由权力机关产生并对其负责，肩负着维护国家法律的统一正确实施、保障社会公平正义实现的重要职责。但是，我国检察制度并非内生于中国传统文化，其一方面是西方法治文化冲击的产物，另一方面很大程度受苏联"一般监督"理念影响，最终形成我国"法律监督机关"之定位。① 对于检察监督的内涵与职权范围，理论界长期以来一直存在不同的观点。有学者基于"一般监督"理念，从广义角度定义法律监督，认为公诉是法律监督的一种形式，我国检察机关法律监督的内容就是检察权行使的内容，全部检察权均可以统一于法律监督权。② 亦有学者从功能论角度描述法律监督，认为其是检察机关通过法定职权的行使来发挥其对公安机关和人民法院的法律监督功能，而不是指这些法定的职权本身在属性上就是法律监督权。③ 另有学者主张从狭义角度出发，将法律监督界定为我国人民检察院行使独立于公诉和侦查职能之外的，以保障宪法法律统一正确实施为价值追求、以国家立法之外的国家职权及其活动为监督内容的特定检察活动。④

在实践领域，我国检察机关的法律监督职权范围近年来处于不断的拓展之中。1979 年颁布的《人民检察院组织法》中仅规定了检察机关的刑事诉讼监督职责，未涉及对民事诉讼以及行政诉讼的监督职权。自 2012 年以来，随着《刑事诉讼法》《民事诉讼法》《行政诉讼法》的陆续修改，检察机关在民事、行政领域的法律监督职责也在立法上得到了确认，从而形成了刑事诉讼法律监督、民事诉讼法律监督、行政诉讼法律监督三大诉讼监督并行的新格局。2018 年修改后的《人民检察院组织法》在此基础上进一步明确了检察机关法律监督职能的具体范围：第 20 条第 5 项规定了人民检察院对诉讼活动实行法律监督；第 20 条第 6 项对检察机关的执行监督权作出规定，即人民检察院对刑事、民事、行政判决、裁定等生效法律文书的

---

① 秦前红：《全面深化改革背景下检察机关的宪法定位》，载《中国法律评论》2017 年第 5 期。
② 龙宗智：《检查制度教程》，中国检察出版社 2006 年版，第 94 页。
③ 万毅：《法律监督的内涵》，载《人民检察》2008 年第 11 期。
④ 秦前红：《两种"法律监督"的概念分野与行政检察监督之归位》，载《东方法学》2018 年第 1 期。

执行工作实行法律监督；第 20 条第 7 项规定人民检察院对监狱、看守所的执法活动实行法律监督；第 20 条第 4 项规定人民检察院依照法律规定提起公益诉讼。[①] 2019 年 3 月，第十三届全国人大二次会议决议提出了关于"更好发挥人民检察院刑事、民事、行政、公益诉讼各项检察职能"的新要求，从而明确了刑事、民事、行政、公益诉讼四大检察监督格局。这其中，行政检察监督是检察法律监督的重要一环，检察机关能否有效监督行政权的行使并推动法治政府建设的进程，是衡量检察机关法律监督职能是否履行的一项重要标准。

然而，长期以来，理论界对于行政检察监督的研究缺乏系统性，对于其概念与内涵的认识也存在分歧。作为我国社会主义检察制度的重要组成部分，行政检察监督本身是一个复杂的制度和理论体系，它既关涉检察权与行政权的分界，也关系到行政权与社会权的关系。[②] 特别是在监察体制改革之后，关于行政检察监督概念和范围的讨论更是日趋激烈。持扩张说者认为，行政检察既面向行政审判，也面向行政执法，包括行政诉讼监督、行政公益诉讼、行政执法检察、行政强制措施检察。[③] 持限缩说者则指出，检察监督是我国检察院监督各方主体实施公共行政活动是否严格遵守宪法法律的特定检察活动，不等同于监督行政主体实施的全部活动，主要包括行政执法检察、行政司法监督、行政抽象命令抗告程序、反腐败执法监督，而行政公益诉讼的本质是公诉职能的扩张，应属于诉讼监督的范畴。[④]

对行政检察监督概念的界定并非一个单纯的理论问题，其应当与当前检察监督的制度体系相适应。在 2014 年中国共产党第十八届中央委员会第四次全体会议通过的《中共中央关于全面推进依法治国若干重大问题的决定》中提出了"完善对涉及公民人身、财产权益的行政强制措施实行司

① 孙谦：《新时代检察机关法律监督的理念、原则与职能》，载《人民检察》2018 年第 21 期。
② 张步洪：《行政检察基本体系初论》，载《国家检察官学院学报》2011 年第 2 期。
③ 马怀德：《行政法前沿问题研究》，中国政法大学出版社 2018 年版，第 506 页。
④ 秦前红：《两种"法律监督"的概念分野与行政检察监督之归位》，载《东方法学》2018 年第 1 期。

法监督制度""检察机关在履行职责中发现行政机关违法行使职权或者不行使职权的行为，应该督促其纠正"等改革任务，尽管《人民检察院组织法》中对相关监督尚未作出明确规定，但是，重新认识行政检察监督在国家治理体系中的定位并充分发挥检察权对行政权的监督与制约作用已是大势所趋。2019 年 1 月 3 日，最高检"十大检察厅"在国务院新闻发布会上向中外媒体亮相，检察机关"四大检察"法律监督新格局和"十大业务"板块正式确立，其中第七检察厅专门负责行政检察工作，其职责主要包括行政审判监督、审判人员违法行为监督以及行政执行活动监督。2019 年 3 月 15日，刑事、民事、行政、公益诉讼"四大检察"首次明确写进全国人大决议，随后，2019 年修订的《检察官法》第一次在法律上明确"四大检察"职能。这一系列的改革体现出了最高检对行政检察监督工作的新认识、新部署。从改革趋势上来看，新时代行政检察监督概念的内涵和外延显然已经突破了限缩说所界定的范围。同时，由于行政公益诉讼已经成为独立于行政检察监督之外的一类检察职能，扩张说的界定范围也与当前的检察监督实践也有所出入。

因此，从回应新时代检察工作实践需求的角度出发，行政检察监督应当定义为检察机关行使宪法与法律所赋予的法律监督权，发现检察机关在行政诉讼、行政非诉执行和行政执法中违法行使权力、滥用职权以及怠于行使职权的行为并督促其改正，从而促进依法行政的制度与活动。

（二）行政检察监督的特征

新时代的行政检察监督实际上是对现有司法权与行政权之间关系的一种重构，其与党内监督、人大监督、监察监督、审判监督、政协民主监督、行政内部监督、舆论监督等共同构成了我国行政权运作的监督系统。与其他监督制度相比，行政检察监督呈现出如下特点。

1. 监督主体的特定性

行政检察监督的主体是特定的，仅有检察机关可以成为行政检察监督的主体。行政检察监督权内含于检察机关的法律监督权能之中，是宪法赋予检察机关的专属性权力。主体的特定性和特殊性决定了检察监督范围和方式的特定性，同时也是行政检察监督与其他各类监督模式最显著的区别。事实上，对于是否应当将检察机关定位为专门的法律监督机关，理论界一直存在争议，制度实践也一度反复。持否定理由者认为，检察机关的职能较为集中地体现于职务犯罪侦查、审查逮捕、提起公诉以及诉讼监督等方面，在监督行政尤其是直接监督国家行政主体活动的合法性方面并未发挥重要作用。[①]但修订后的《人民检察院组织法》在第2条中明确规定了人民检察院要"通过行使检察权，追诉犯罪，维护国家安全和社会秩序，维护个人和组织的合法权益，维护国家利益和社会公共利益，保障法律正确实施，维护社会公平正义，维护国家法制统一、尊严和权威，保障中国特色社会主义建设的顺利进行"，从而进一步肯定了检察机关的基本任务和法律监督的价值所在。

2017年11月，党的十二届全国人大常委会第三十次会议通过了《全国人民代表大会常务委员会关于在全国各地推开国家监察体制改革试点工作的决定》，国家监察体制改革试点工作开始推进，职务犯罪侦查权被划转监察委员会。作为国家监察机关，监察委员会行使着监督、调查、处置等职权，在监督行政机关依法履职等方面，监察监督与行政检察监督有着一定的交叉。但是，由于两种监督权的实施主体不同，它们的监督范围和监督路径都有着明显的差异：监察监督是对"人"的监督，并不强调对公权力组织的监督，而是通过对公职人员的监督，达到对公权力组织监督的效果，其监督的目的是保证公职人员的廉洁和勤勉；而行政检察监督则是对"机关"的监督，检察机关监督的主要是审判机关、执行机关以及行政机关的违法行为和错误决定，从而促进依法行政，维护国家法制统一和法律的正确实施。[②]

2. 监督客体的双重性

行政检察监督承担着双重监督任务，要做到"一手托两家"，既要监督

---

① 张步洪：《行政检察基本体系初论》，载《国家检察官学院学报》2011年第2期。
② 马怀德：《国家监察体制改革的重要意义和主要任务》，载《国家行政学院学报》2016年第6期；朱孝清：《国家监察体制改革后检察制度的巩固与发展》，载《法学研究》2018年第4期。

行政权的合法行使，促进依法行政，也要监督行政审判权的行使，保证人民法院公正司法。检察机关对法院审判权的监督主要通过行政诉讼监督来实现。由于行政权的强势，长期以来，我国行政审判的公正性一直备受质疑。行政诉讼检察监督以行政审判权的行使为监督对象，也反映了司法权内部的检察权与审判权之间的相互制约关系，目的在于保障审判权的公正性，补强行政审判的公信力，防范审判权的滥用。检察机关对行政权的监督包括直接监督和间接监督两种途径，其中行政诉讼监督就是一种最为主要的间接监督途径，检察机关通过对相对人不服行政行为而提起的行政诉讼活动的监督，从而间接实现规范行政机关行政行为的目的。而直接监督则是指检察机关直接对行政机关实施的执法行为进行监督。宪法和法律目前并未就检察机关的直接监督作出明确规定，因此，曾经有观点否定这种直接监督权的存在，并将行政检察监督限定为检察机关对行政诉讼开展的专门监督活动。但是，党的十八届四中全会所作的《中共中央关于全面推进依法治国若干重大问题的决定》明确指出了"检察机关在履行职责中发现行政机关违法行使职权或者不行使职权的行为应该督促其纠正"，从政策层面肯定了检察机关拥有直接监督行政违法行为的权力。而最高人民检察院此后在《关于深化检察改革的意见（2013—2017年工作规划）》中明确提出，要建立检察机关在履行职务犯罪侦查等职责中发现行政机关违法行使职权或不行使职权行为的督促纠正制度。尽管目前对于行政违法行为检察监督的制度构建尚不成熟，但检察机关所拥有的对行政行为的直接监督权已经得到明确。

从监督客体上来看，行政检察监督与行政公益诉讼存在明显区别，行政公益诉讼尽管也具有监督之目的与功能，但是其监督对象仅限于行政主体的不作为、乱作为，其主要针对特定领域社会公共利益和国家利益的保护，法院的司法裁判不属于其监督对象，检察机关作为公益诉讼起诉人，不能影响和干预法院审判权的行使，而必须尊重和执行法院的判决。

3. 监督内容的有限性

行政检察监督是一种有限监督，不论是其对行政权的监督还是对审判权的监督，都有着严格的边界和限制，这种有限性主要体现在以下两个方面：第一，行政检察监督权的范围应当是有限的，在整个国家监督体系中，检察机关的法律监督仅仅是一个方面，其需要由法律专门授权，在法律规定的范围内，运用法律规定的手段对法定的对象进行监督；第二，行政检察监督的效力是有效的，其主要是程序意义上的监督而非终局意义的监督，不具有实体性的行政处分权或司法裁决权，例如在行政诉讼监督中，检察机关对诉讼中的违法行为提出监督和纠正意见，只是启动相应的法律程序或作出程序性的决定，提出意见建议，甚至通过抗诉来发挥监督作用，不具有终局或实体处理的效力。①

监督的有限性是检察监督与人大监督的重要区别。全国人大及其常委会所行使的是最高监督权，监督宪法和所有法律的实施，我国的行政机关由人大产生，对人大负责，一切行政活动均应当受到人大的监督，这种监督是宏观和中观的，既包括法律监督，也包括工作监督。而检察监督建立在人民代表大会制度的框架内，是一种更加微观、更加具体的监督模式。

二、行政检察监督的建立与发展

（一）以苏联检察制度为蓝本的初创时期

在新中国成立初期，法律曾把检察机关的行政法律监督列为首位检察权。1949 年 9 月 27 日通过的《中华人民共和国中央人民政府组织法》中将国家权力划分为立法权、行政权、军事权、审判权和检察权，并在第 28 条中规定，最高人民检察署的基本职权在于对政府机关、公务人员和全国国民之严格遵守法律，负最高的检察责任。这种设置具有独立宪法地位的检察机关的做法最初来源于列宁的法律监督思想和苏联的实践。1924 年《苏维埃社会主义共和国联盟宪法（根本法）》将国家权力从原先的立法和管理两大类划分为立法、行政、审判三大类型，而 1936 年颁布的《苏维埃社

---

① 孙谦：《新时代检察机关法律监督的理念、原则与职能》，载《人民检察》2018年第 21 期；韩大元主编：《中国检察制度宪法基础研究》，中国检察出版社 2007 年版，第 85 页。

会主义共和国联盟宪法（根本法）》中规定，苏联最高苏维埃垄断了包括立法权在内的一切最高国家权力，苏联最高苏维埃之下的苏联部长会议是其执行机关，苏联最高法院独立行使最高审判权，苏联总检察长对所有的部和这些部所属的机关以及每一个公职人员和苏联公民是否严格遵守法律行使最高检察权，从而将检察权提升为一种与立法、行政、审判相并列的权力。[①]

1949 年颁布的《中央人民政府最高人民检察署试行组织条例》作为新中国关于检察制度的第一个单行法规，从立法上对行政检察予以明确，规定检察机关代表国家和公益参与民事和行政公益诉讼。1951 年，《中央人民政府最高人民检察署暂行组织条例》和《各级地方人民检察署组织通则》颁布，新中国的人民检察组织体系得以初步确定。《中央人民政府最高人民检察署暂行组织条例》除了规定了检察机关的最高检察责任之外，还在第 3 条中明确规定："最高人民检察署受中央人民政府委员会之直辖，直接行使并领导下级检察署行使下列职权：……（六）代表国家公益参与有关全国社会和劳动人民利益之重要民事案件及行政诉讼。"

但是，在行政权不断扩张的情况下，检察权、特别是行政检察监督权的范围却有所限缩。1954 年，新中国第一部《人民检察院组织法》颁布，该法第 3 条采取了列举检察权行使对象的立法例——对于"国务院所属各部门、地方各级国家机关、国家机关工作人员和公民是否遵守法律，行使检察权"；第 4 条列举了地方各级人民检察院得行使的具体职权，但转而采取了"实行监督"而非"实行检察"的措辞，但其中并没有关于检察院属于何种机关，或具有何种性质、地位的一般化的条文表述。[②] 同时，对公民违法行为（尚未构成犯罪）的检察监督与检察机关参与行政案件的内容被删除，仅保留了检察机关"一般监督"和代表国家公益参与有关国家和人

---

①　陈明辉：《论我国国家机构的权力分工：概念、方式及结构》，载《法商研究》2020 年第 2 期。

②　黄明涛：《法律监督机关——宪法上人民检察院性质条款的规范意义》，载《清华法学》2020 年第 4 期。

民利益的重要民事案件的权力。[①]

（二）恢复与重建时期

1968 年，检察机关被撤销。此后，其所行使的检察职能由公安机关代为行使。直至 1978 年，宪法才重新恢复了检察机关的设置。1979 年，第五届全国人大常委会第二次会议通过《人民检察院组织法》，该法在第 1 条中规定了检察院的性质是法律监督机关，从而第一次自立法上明确了检察院所享有的法律监督权，并将法律监督的内涵充实为法纪监督、侦查监督和监所监督。在这部组织法中，法律监督机关的概念结构发生了重大变化：从理念维度上讲，蕴含着法制具有统一性和检察权不是行政权这两点，并奠定了法律监督机关是维护国家法制统一的机关这一基调，也奠定了法律监督机关要实行法律监督这一方向。[②] 但是，对于检察院应当如何行使该项权力，组织法并未作出明确规定，从而导致检察机关行使行政检察监督权的空间很小。实践中，检察机关对行政权的监督主要通过刑事诉讼中对侦查机关的监督和在办理职务犯罪案件中对涉嫌职务犯罪主体的监督来实现。

1987 年，最高人民检察院成立民事行政检察厅，专门办理民事行政诉讼监督案件。1989 年，《行政诉讼法》正式颁布，其中第 10 条规定："人民检察院有权对行政诉讼实行法律监督。"同时，依该法规定，人民检察院对人民法院已经发生法律效力的判决、裁定，发现有违反法律规定的，有权依照审判监督程序提出抗诉。行政诉讼检察监督权由此在立法中得以明确。

在《行政诉讼法》实施后，全国发生的首例行政抗诉案件为夏小松诉富阳县公安局治安行政处罚案。1990 年 8 月，富阳红光、强烈两村在修复被山洪冲毁的堤岸时，为抢夺一块石头发生争执并斗殴。此后，富阳县公安局以"煽动闹事"为由对红光村村委会主任夏小松治安拘留 12 天。夏小松对该处罚不服并提起行政诉讼，一审判决维持处罚决定。在二审中，杭州市中院认为，夏小松意气用事，客观上助长了村民的对立情绪，但其没有编造

---

① 王桂五主编：《中华人民共和国检察制度研究》，中国检察出版社 2008 年版，第 290 页。

② 田夫：《检察院性质新解》，载《法制与社会发展》2018 年第 6 期。

谣言煽动群众闹事的故意，因此改判撤销处罚决定。二审判决作出后，公安部于 1991 年 5 月 20 日批复省公安厅，认为"《治安管理处罚条例》第 19 条第 5 项规定的'造谣惑众，煽动闹事'是两种扰乱公共秩序的行为"。随即，浙江省人民检察院提出抗诉。省高级法院再审认为，夏小松的行为属于违反治安管理行为，应当受到处罚，故再审改判维持了公安机关的处罚决定。

但是，检察机关恢复重建后，民事行政检察业务并非其主要业务，即使是在民事行政检察部门内部而言，业务重点也在于民事诉讼检察监督而非行政诉讼检察监督。行政检察一直以来未受到充分重视，在各项检察业务处于弱势地位，属于"短板中的短板"。因此，行政诉讼检察监督在实践中的开展并不理想，相关抗诉案例为数不多。在此期间，学界往往将行政检察监督和行政诉讼检察监督这两个概念等同，把行政检察监督等同于行政诉讼监督活动，从而大大限制了行政检察监督功能的发挥。[①]

（三）全面发展的新时代

2014 年 10 月，中国共产党第十八届中央委员会第四次全体会议通过的《中共中央关于全面推进依法治国若干重大问题的决定》（以下简称《决定》）中提出了要"完善对涉及公民人身、财产权益的行政强制措施实行司法监督制度"，"检察机关在履行职责中发现行政机关违法行使职权或者不行使职权的行为，应该督促其纠正"等任务，从而明确了行政检察监督的范围不仅仅限于行政诉讼检察监督，开启了行政检察监督制度改革的新时代。

2014 年《行政诉讼法》修改，在第 93 条中对行政抗诉的条件和程序予以细化，扩大了抗诉的范围，并增加了再审检察建议和其他检察建议的相关内容，进一步完善行政诉讼检察监督制度。2015 年 1 月，最高人民检察院为贯彻决定的精神，出台了《关于贯彻落实〈中共中央关于全面推进依法治国若干重大问题的决定〉的意见》，进一步强调了要建立对履行职责

[①]　刘艺：《中国特色行政检察监督制度的嬗变与重构》，载《人民检察》2018 年第 2 期。

中发现的违法行政行为的监督纠正制度，从建立督促起诉制度、完善检察建议工作机制等入手，逐步完善监督的方式、手段和程序，对检察机关在履行职责中发现行政机关违法行使职权或不行使职权的行为，及时提出建议并督促其纠正。2016 年 5 月，最高人民检察院发布《人民检察院行政诉讼监督规则（试行）》，对行政诉讼检察监督的原则、范围、对象方式、手段和程序予以明确规范。2016 年 7 月召开的第十四次全国检察工作会议强调，要以深化司法体制改革为契机，以维护社会公平正义和司法公正为目标，完善检察监督体系，提高检察监督能力，并首次提出了"检察监督体系"的概念。检察机关的法律监督体系是检察机关依法履行法律监督职能的制度体系，包括检察机关法律监督各领域的法律规范、体制机制和工作制度。[1] 2016 年 11 月，国家监察体制改革开始推行，检察机关的职务犯罪侦查职能转隶，这一职能调整进一步改变了检察机关对行政权的监督方式，也对行政检察监督提出了新的要求。

2018 年，最高检开始将检察职能系统地划分为刑事、民事、行政和公益诉讼四大检察，并强调行政检察要与刑事检察、民事检察、公益诉讼检察全面协调充分发展。2018 年 10 月，十三届全国人大常委会第六次会议审议通过了修订后的《人民检察院组织法》，这是自 1979 年该法颁布以来作出的第一次重大修改。修订后的人民检察院组织法再一次明确人民检察院是国家法律监督机关的性质和宪法定位，完善了检察机关法律监督职能配置，规定了法律监督职责权限、办案组织设置及运行方式等。[2] 但是，《人民检察院组织法》在修改中并未对检察机关督促纠正行政违法行为的职责作出规定，因此，目前在对行政违法行为的检察监督领域，主要的法律依据仍是《治安

---

① 樊崇义：《检察机关如何深化法律监督职能？》，载《中国法律评论》2017 年第 5 期。

② 孙谦：《新时代检察机关法律监督的理念、原则与职能》，载《人民检察》2018 年第 21 期。

管理处罚法》^① 等单行法律。在地方层面，2018 年以来，海南、贵州、青海、天津、新疆、广西、河北、吉林等多个省、自治区、直辖市人大常委会相继审议通过了关于加强检察机关法律监督工作的决定、决议。部分省市还专门就行政检察监督作出了规定，如吉林省人大常委会通过了《关于加强民事行政检察工作的决议》，宁波市出台了《宁波市行政执法监督工作机制建设试点工作实施方案》等。2019 年初，最高人民检察院在内设机构改革后单独设立第七检察厅专司行政检察职能，其职责主要包括行政审判监督、审判人员违法行为监督以及行政执行活动监督。目前，多数地区的检察机关均成立了专门负责行政检察工作的内设机构或者办案组。

我国的检察监督制度虽然脱胎于苏联，但在这些年的发展过程中结合中国国情进行了深入的改造和完善，因而已经具备了浓厚的中国特色。特别是在行政检察监督领域，伴随着各项改革措施的推进和落实，已经进入了一个发展的新时代；一是监督范围不断拓展，行政检察监督不再局限于人民检察院依法对行政诉讼行为所实施的监督，还包括对行政违法行为的检察监督；二是监督方式发生转变，从间接监督转为直接监督与间接监督相结合；三是监督理念持续更新，更加注重对公民权利的保障和争议的实质性化解，"顺应新时代人民群众的新需求，以问题为导向，积极探索在办理生效裁判的监督案件中化解行政争议"；^② 四是监督手段不断丰富，从最初的以抗诉为主发展为抗诉、检察建议、检察调查等各种方式多元并存，刚柔结合。

---

① 《治安管理处罚法》第 114 条规定："公安机关及其人民警察办理治安案件，应当自觉接受社会和公民的监督。公安机关及其人民警察办理治安案件，不严格执法或者有违法违纪行为的，任何单位和个人都有权向公安机关或者人民检察院、行政监察机关检举、控告；收到检举、控告的机关，应当依据职责及时处理。"

② 张雪樵：《坚持司法为民 做实行政检察》，载《检察日报》2019 年 10 月 9 日。

第二节　新时代行政检察监督的功能定位

一、权力制约原则下行政检察监督的必要性

（一）检察权监督行政权的必要性

检察权作为一种独立于行政的国家权力而存在，首先是国家权力分工的结果，可以说，新中国检察制度的理论基础首先是分权学说。[①] 我国并不存在三权分立意义上的司法权对行政权的强力制约，也不存在违宪审查意义上的司法权对立法权的合宪性审查。目前，我国实行的是一元多立的权力架构，即在一元权力——人民代表大会下，分出立法权、行政权、监察权、审判权、检察权、军事权，其中立法权留给人民代表大会自己直接行使，而将行政权、监察权、审判权、检察权、军事权分别授予行政机关、监察委员会、审判机关、检察机关、军事机关行使，这些机关都由人民代表大会产生，向人民代表大会负责。[②] 在整个权力格局中，司法机关与行政机关虽然共同对立法机关负责并报告工作，但司法权仍处于相对弱势的地位。司法机关的这种在国家权力配置中的弱势地位制约和限制了司法权应有作用的发挥。例如，过去检察机关在反腐问题上大部分处理的是纪委交办的案件，在提起公诉问题上有时候也属于公安机关移送案件的流水线操作。而当前司法改革着力推进的地市级以下人民法院和人民检察院的人、财、物，由省级人民法院和人民检察院统管，也是一种强化司法权独立于行政权、以发挥司法权真正作用的重要举措。但是，即使实行了法院、检察院人、财、物省级统管，也仅仅是司法权摆脱行政权干预的措施，并非司法权主动制约行政权的措施。因此，行政检察监督的完善与发展实际上是对司法权的一种补强。

现代检察制度起源于西方，在大多数国家司法体制当中，"检察"都被

[①] 张步洪：《行政检察基本体系初论》，载《国家检察官学院学报》2011 年第 2 期。

[②] 朱孝清：《中国检察制度的几个问题》，载《中国法学》2007 年第 2 期。

理解为一种以刑事公诉为主要职能的活动，只在中国、苏联等少数国家，检察机关被赋予履行法律监督、维护法制统一的宪法使命。[①] 因此，我国的行政检察监督难以借鉴域外经验，而是需要以本国检察制度和实践为基础。例如在美国，从立法、行政与司法三权分立的角度看，检察机关是行政机关，检察权属于行政权，在权属上表现出行政权通常所有的特征，因而不具有监督行政权的功能，且其自身会受到立法与地方部门制约。[②] 而中国的检察机关之所以成为一个法律监督机关，除了因继受自苏联检察制度以外，还因为行政权天然就具有扩张性，长期以来在我国国家治理中处于强势地位，行政检察监督是实现我国行政权公正行使、推动法治政府建设的重要保障。法治的核心是依法行政，本质是对政府行政权力的规范、限制和约束。在法治政府建设向纵深推进的过程中，仅靠行政系统内部的政策驱动可能面临动力不足、形式主义等问题，司法权对行政权的外部监督与制约作用应得到充分发挥。检察机关作为法定的法律监督机关，在监督职能的履行中具有专业性、中立性等制度优势，既能够通过对行政诉讼的监督间接保障行政机关依法行政，亦能够对于在履职过程中所发现的行政违法行为通过检查建议等方式予以纠正，使过去审判权制约行政权的格局发展为审判权、检察权共同制约行政权，从而会改变以往行政权"一枝独大"的格局，优化权力配置，实现国家治理体系与治理能力的现代化。

（二）检察权监督行政审判权的必要性

行政诉讼是行政相对人针对违法行政行为进行维权从而保护自身合法权益的主要途径，也是司法权监督行政权的主要手段。我国的行政诉讼制度已正式实施三十余年，但在监督行政权依法行使和化解行政纠纷方面仍未能充分发挥其应有的作用，法院在审理行政诉讼案件中的公正性和独立性也常常受到质疑。因为行政诉讼的被告是与法院、检察机关同为国家机关的行政机关，其不仅因与案件有利害关系而有可能干预的意愿，而且因执

[①] 张步洪：《行政检察制度论》，中国检察出版社2013年版，第2页。

[②] 张鸿巍：《美国检察制度研究》，法律出版社2019年版，第47页。

掌公权力而有较行政诉讼原告以及民事诉讼原告、被告更强的干预能力。[①]因此，在通过行政审判权监督行政权行使的同时，如何监督和制约法院行政审判权的行使也成为了我国行政法治发展中的一个重点和难点。

在司法系统内部存在审判权和监督权等不同的权能，这些权力之间的相互联系与冲突，是司法权配置和行使中无法回避的问题。因此，优化司法职权配置是近年来司法体制改革的重要任务之一。从 1997 年党的十五大报告提出"推进司法改革，从制度上保证司法机关依法独立公正地行使审判权和检察权"，到十六大报告中提出"按照公正司法和严格执法的要求，完善司法机关的机构设置、职权划分和管理制度，进一步健全权责明确、相互配合、相互制约、高效运行的司法体制"，从十七大报告明确提出"优化司法职权配置"，到十八大报告提出"确保审判机关、检察机关依法独立公正行使审判权、检察权"，以及十八届三中全会、四中全会决议中提出"优化司法职权配置"的具体举措，20 年来的司法改革，都涉及司法职权的优化配置问题。[②] 检察机关由权力机关产生，对其负责并成为专门法律监督机关，并非一般的公诉或侦查机关，法律监督始终是检察权的本质属性和核心职能，其与法院的审判权之间是平行关系，并独立地对审判权进行监督。

因此，行政检察监督是实现行政审判公正性、防范审判权滥用的重要保障。检察机关应当通过支持行政相对人提起行政诉讼，或者对法院所作的不予受理、驳回起诉裁定依法提出抗诉来保障相对人诉权的行使，为受到行政违法行为或行政违法不作为侵害的相对人提供进一步的救济，最大限度地在法律框架内解决争议，从而保障社会公正的实现。

二、谦抑性原则下行政检察监督的有限性

行政检察监督的核心是对行政权和司法权关系的正确处理，在实现司

---

① 姜明安：《行政检察监督在新时代依法治国伟大工程中的地位与作用》，载《人民检察》2019 年第 19—20 期。

② 张智辉：《论司法职权内部配置的优化》，载《法学家》2019 年第 4 期。

法权对行政权的有效监督和制约的同时，亦要保证行政权的独立性。行政机关在现代社会发展中的专业性不断增强，专业知识、专业技术以及专业判断能力也在不断提升，在社会管理和具体事实问题的认定上，行政机关比司法机关有更强的专业优势，应当避免司法权对行政权的过度干预与越俎代庖。检察机关对行政权的监督作为一种国家权能，必须受制于检察机关在国家权力体系中的功能与定位，这也是检察权与其他国家权能划分的基本准则。① 即便如法、德这样行政法和检察制度极为发达的大陆法系国家，历史上也曾围绕检察权性质产生争议，并由此带来检察权究竟是行政权、司法权还是行政权与司法权兼具，抑或法律监督权的权力性质界定差异。比如有观点认为，检察机关拥有职务犯罪侦查的权力，又决定是否起诉，还拥有刑事判决的抗诉权以监督法院，三种权力集于一身违背了分权、制衡的原则，性质更接近于行政权。② 但是，我国从检察制度建立之初就将检察权与行政权相区分，二者互相独立，正如列宁在酝酿检察制度问题时指明检察机关的任务："应当注意，检察机关和任何行政机关不同，它丝毫没有行政权，对任何行政问题都没有表决权。检察长有权利和有义务做的只有一件事：注意使整个共和国对法制有真正一致的理解。"③ 因此，行政检察监督权在行使中应当秉持谦抑性原则，在对行政权进行监督和审查时保持必要的克制，将监督重点集中在法律问题、程序问题上，不过分关注事实问题和实体问题。

在谦抑性原则之下的行政检察监督是一种有限监督。

首先，行政检察监督是一种合法性监督。检察机关是从法律适用角度对其他国家机关行为的监督，监督限于对法律遵守和执行情况，解决的是监督对象行为合法性的问题，是一种较为单纯的法律监督权。④ 因此，检察

---

① 张步洪：《行政检察制度论》，中国检察出版社 2013 年版，第 69 页。
② 朱立红、陈冬妮：《检察监督的历史转捩：从行政诉讼监督到行政检察监督——以对行政违法行为的类型化监督为路径》，载《上海法学研究》2019 年第 14 卷。
③ 《列宁全集》（第 43 卷），人民出版社 1987 年版，第 195 页。
④ 刘泉、章秦：《浅析新时代检察权运行机制的发展与完善——以发挥诉讼权能和监督权能为视角》，载《上海法学研究》2019 年第 8 卷。

机关在监督中应当充分尊重行政机关的专业性和技术性，不对行政机关行使自由裁量权的行为进行干预，不审查行政行为合理性的问题。同时，就对行政违法行为的监督而言，根据法律规定，检察机关的监督限定在执法、司法机关在诉讼中发生的违法情形，而对社会生活中的一般违法，不是由检察机关监督，是由行政执法机关包括一些社会组织来进行。①

其次，行政检察监督是一种程序性监督。行政检察监督是一种程序意义上的监督，检察机关所行使的是一种请求权，而非实体性的行政处分权或司法裁决权。检察机关在行使监督权的过程中，一旦发现诉讼中的违法行为或是行政违法行为，只能通过启动相应的法律程序来提出意见建议，或是通过抗诉来发挥监督作用，而无直接处分的实体权力。也就是说，检察监督权不具有终局性，对于行政行为是否违法的最终判断权和决定权仍然掌握在有关权力机关和司法机关。

最后，行政检察监督是一种平等主体之间的监督，而非"上对下"的监督。在我国，监督有多个角度，体现多种功能，如体现管理职能的上级对下级的监督；体现制衡功能的平等主体间的监督；体现民主权利实现功能的公民、下级及社会组织对国家机关、国家公职人员和上级的监督等。②行政检察监督作为其中的一种监督方式，体现的是互相制衡的平等主体之间的监督。在法的整个运行过程中，执法、司法和法律监督均为不可缺少的环节，行政机关、法院和检察机关在其中各司其职，互相配合，互为衔接。所以，行政法律监督不是自上而下的组织监督，而是一种平行机关之间的提醒和纠错机制。检察机关与行政机关、法院等部门是平等的关系，其并非"法官之上的法官"。在行政检察监督法律关系中，监督与被监督只是一种制度设计，监督者与并监督者的地位没有高下之分。

---

① 孙谦:《新时代检察机关法律监督的理念、原则与职能》，载《人民检察》2018年第 21 期。
② 朱孝清:《中国检察制度的几个问题》，载《中国法学》2007 年第 2 期。

第三节 新时代行政检察监督的制度体系

一、行政检察监督的范围

目前，我国检察机关实施行政检察监督的法律依据主要为《人民检察院组织法》和《行政诉讼法》。《人民检察院组织法》第 20 条规定了人民检察院有权对诉讼活动、判决、裁定等生效法律文书的执行以及对监狱、看守所的执法活动实行法律监督。而《行政诉讼法》在第 11 条中明确规定了人民检察院有权对行政诉讼实行法律监督，并在第 93 条中就抗诉、检察建议等具体的行政诉讼检察监督方式作出了规定。在上述法律规定之外，2014年 10 月，党的十八届四中全会《中共中央关于全面推进依法治国若干重大问题的决定》明确提出了"行政违法行为检察监督"和"行政强制措施司法监督"等行政检察监督改革措施，从而在政策方向使检察监督挣脱原有诉讼法的限制，即从行政诉讼监督转向行政检察监督。这种监督已经不限于诉讼中通过对审判活动的监督而达到对行政主体行使职权活动的监督，而是转变为直接对拥有行政职权的各类主体在公共行政过程中所发生的行政活动的监督。[①] 因此，我国目前的行政检察监督范围主要有以下两项：一是对行政诉讼活动的监督；二是对行政违法行为的监督。

（一）行政诉讼检察监督

行政诉讼检察监督是行政检察监督的核心，是一种对行政权的间接监督。检察机关对行政诉讼的监督不是一般意义上的诉讼监督，监督目的也不局限于诉讼秩序的保障，而是包括行政法秩序的实现，因此，检察机关监督的对象既包括法院的行政审判行为，也包括被告的诉讼行为，还包括原告和其他诉讼参与人的诉讼行为。[②] 当然，其中最核心的是法院的审判行为和被告的诉讼行为。因此，行政诉讼检察监督应当承担起维护诉讼结

---

① 朱立红、陈冬妮：《检察监督的历史转捩：从行政诉讼监督到行政检察监督——以对行政违法行为的类型化监督为路径》，载《上海法学研究》2019 年第 14 卷。
② 张步洪：《行政检察制度论》，中国检察出版社 2013 年版，第 115 页。

构平衡的使命，是对行政审判活动、行政诉讼被告履行义务、行政裁判合法性的全面监督，而不是单纯针对行政审判活动的监督。^① 这种监督贯穿行政诉讼活动全过程，包括对行政诉讼起诉、受理的监督、对生效行政裁判和调解书的监督、对行政审判人员违法行为的监督和对行政执行活动的监督（含非诉执行监督）四个方面。

1. 对行政诉讼起诉、受理的监督

相对人起诉的环节是行政诉讼的起点。我国的行政诉讼制度自实施以来就一直面临着"立案难"的突出问题。因此，为了确保行政诉讼功能的实现，保障相对人的诉权，检察机关应当从起诉受理环节就开始对法院实施监督。根据《行政诉讼法》第91条和第93条规定，公民、法人或者其他组织向人民法院提起诉讼，人民法院作出确有错误的不予立案或者驳回起诉的终局裁定，人民检察院可以向人民法院提出抗诉或者检察建议，以纠正此种错误裁定，保护公民、法人和其他组织的行政诉权。^②

2. 对生效行政裁判和调解书的监督

对生效行政裁判和调解书的监督是目前行诉讼政检察监督中最为常见的监督类型。《行政诉讼法》第93条规定，最高人民检察院对各级法院已经发生法律效力的判决、裁定，上级检察院对下级法院已经发生法律效力的判决、裁定，如发现有主要证据不足、证据未经质证或者系伪造；适用法律、法规确有错误；遗漏诉讼请求等情形，或者发现调解书损害国家利益、社会公共利益的，应当提出抗诉。地方各级检察院对同级法院已经发生法律效力的判决、裁定、调解书，发现有上述情形的，可以向同级法院提出检察建议，并报上级检察院备案；也可以提请上级检察院向同级法院提出抗诉。此外，检察机关还可对行政审判的诉讼程序进行监督，对法院违反法律规定的诉讼程序作出的可能影响公正的终局裁判，检察机关同样可以向法院提出抗诉或者检察建议，以启动再审，纠正裁判中存在的错误。

---

① 张步洪：《行政检察基本体系初论》，载《国家检察官学院学报》2011年第2期。
② 姜明安：《行政诉讼检察监督的范围》，载《检察日报》2019年9月9日。

2016 年 5 月，最高人民检察院发布了《人民检察院行政诉讼监督规则（试行）》，对行政诉讼检察监督的范围、对象、方式、手段和程序予以明确。规则中指出，人民法院对生效判决、裁定、调解书驳回再审申请或者逾期未对再审申请作出裁定的，以及行政诉讼当事人认为再审判决、裁定确有错误的，当事人可以向人民检察院申请监督。

因为"重刑轻民行"的传统，我国行政诉讼检察监督一直比较薄弱。近年来，随着《行政诉讼法》的修改和《人民检察院行政诉讼监督规则（试行）》，全国检察机关在对生效行政裁判和调解书的监督中开始了更加积极的探索，并取得了一定成效，特别是在征地拆迁、社会保障等领域，对相对人合法权益的维护和公共利益的保障起到了明显的作用。例如，在最高人民检察院 2016 年发布的检察机关行政诉讼监督典型案例"王某、朱某与某县政府确认行政行为违法抗诉案"中，辽宁省人民检察院认为县政府在实施公共水利建设用地征用行政行为时，对王某、朱某合法承包林地果园未依法定程序进行征用而是强行推毁，违反了行政法律规定，系行政行为违法，朝阳市中级人民法院在再审判决中以治理堤防工程具有事实和法律依据的理由，从而认定县政府造成王某、朱某承包地地上物损失的具体行政行为合法，属认定事实及适用法律错误，因此向辽宁省高级人民法院提出抗诉。辽宁省高级人民法院随后启动再审程序并撤销了朝阳市中级人民法院的再审判决，维持原一审、二审判决，确认了县政府将王某、朱某承包地内的林木推毁的行政行为违法，使王某、朱某因行政权滥用而受损的合法权益受到了法律的保障。

3.对行政审判人员违法行为的监督

审判人员违法审判责任属于司法责任制的范畴，既包括与审判业务不直接相关、违反一般性职业伦理的职业规范责任，也包括审判业务工作责任。对审判人员在行政诉讼程序中的违法行为进行监督也是行政诉讼检察监督的一项重要内容。2011 年 3 月 11 日最高人民法院、最高人民检察院制定了《关于对民事审判活动与行政诉讼实行法律监督的若干意见（试行）》，该意见首次明确了对于审判活动中违反法律规定的情形检察机关可以提出检察建议。修改后的《行政诉讼法》第 93 条第 3 款规定，各级人民检察院对审判监督程序以外的其他审判程序中审判人员的违法行为，有权向同级人民法院提出检察建议。另外，根据《行政诉讼法》第 91 条第 8 项和第 93 条第 1 款、第 2 款的规定，检察机关发现行政审判人员在案件审理时有贪污受贿、徇私舞弊、枉法裁判的情形，应对相应终局裁判提出抗诉，启动法院再审。① 《监察法》中也对检察机关对行政审判人员违法行为的监督责任作出了规定，在第 34 条中指出，检察机关对在监督中发现行政审判人员涉嫌贪污贿赂、失职渎职等职务违法或者职务犯罪的问题线索，应移送监察机关，由监察机关依法调查处置。同时，《人民检察院行政诉讼监督规则（试行）》在第 28 条中规定人民检察院发现审判人员存在接受当事人及其委托代理人请客送礼或者违反规定会见当事人及其委托代理人或是实施或者指使、支持、授意他人实施妨害行政诉讼行为等情形时，应当向同级人民法院提出检察建议。

近年来，我国各级检察机关不断强化对审判人员违法行为监督的力度，从裁判结果监督向诉讼过程监督延伸，从实体违法监督向程序违法监督拓展，并在实践中取得了明显的效果。以 2018 年为例，全国各级检察机关针对行政审判程序中的违法行为，共制发检察建议 1000 余件，被采纳 900 余件，采纳率为 90% 以上。

4. 对行政执行活动的监督

执行是审判的延续，是行政诉讼的重要一环，因此，对行政执行活动的监督也是行政诉讼检察监督的重要组成部分。《人民检察院组织法》在第 20 条中明确规定了检察机关有权对判决、裁定等生效法律文书的执行工作实行法律监督，这其中当然也包括了对行政诉讼判决、裁定的执行进行监督的权力。尽管目前《行政诉讼法》及司法解释尚未就行政判决、裁定等生效法律文书执行的检察监督作出明确规定，但《人民检察院行政诉讼监督规则（试行）》中设专章对检察机关监督行政执行活动的情形作出了规

---

① 姜明安：《行政诉讼检察监督的范围》，载《检察日报》2019 年 9 月 9 日。

定，明确了人民检察院在发现人民法院执行裁定、决定等有下列情形之一的，有权向同级人民法院提出检察建议：（一）提级管辖、指定管辖或者对管辖异议的裁定违反法律规定的；（二）裁定受理、不予受理、中止执行、终结执行、恢复执行、执行回转等违反法律规定的；（三）变更、追加执行主体错误的；（四）裁定采取财产调查、控制、处置等措施违反法律规定的；（五）审查执行异议、复议以及案外人异议作出的裁定违反法律规定的；（六）决定罚款、拘留、暂缓执行等事项违反法律规定的；（七）执行裁定、决定等违反法定程序的；（八）对行政机关申请强制执行的行政行为作出准予执行或者不准予执行的裁定违反法律规定的；（九）执行裁定、决定等有其他违法情形的。同时，《人民检察院行政诉讼监督规则（试行）》还规定了检察机关对于人民法院在执行活动中违反规定采取调查、查封、扣押、冻结、评估、拍卖、变卖、保管、发还财产等执行实施措施的情形以及人民法院不履行或者怠于履行执行职责的情形也拥有提出检察建议的权力。

检察机关对行政执行活动的监督还包括对行政非诉执行的监督。行政非诉执行是指人民法院依据行政诉讼法和行政强制法的规定，应行政机关的申请，并对相应申请的合法性进行审查和作出执行裁定后，对在法定期限内不自动履行行政决定，且不申请行政复议和提起行政诉讼的公民、法人或者其他组织采取强制执行措施，强制执行行政决定的行为。作为行政强制执行的重要组成部分，我国的行政非诉执行长期存在立案难、执行难、选择性执行、执结率低等问题。因此，对行政非诉执行进行有效监督对于保障相对人合法权益、促进行政机关依法行政至关重要。行政非诉执行是对诉讼裁判执行监督的延伸，其范围主要是人民法院对行政非诉执行申请的受理、审查、裁决和实施行为，监督重点有两个方面：一是人民法院对行政非诉执行申请是否依照行政诉讼法及其他相关行政法律法规进行立案审查；二是人民法院对行政非诉法律文书的执行中是否存在违法情形。[①]《人民检察院行政诉讼监督规则（试行）》第2条、第5条、第29条在《行

---

① 张雪樵：《坚持司法为民 做实行政检察》，载《检察日报》2019年10月9日。

政诉讼法》的基础之上明确了检察机关对行政非诉执行活动开展法律监督的职权和监督方式。2016年12月，最高法、最高检联合下发了《关于民事执行活动法律监督若干问题的规定》，其中第21条明确规定人民检察院对人民法院行政执行活动实施法律监督，《行政诉讼法》及有关司法解释没有规定的参照本规定执行。

近年来，为回应社会公众对"执行难""执行乱"问题的关切，维护人民群众合法权益，最高检对非诉执行监督给予了充分重视，自2018年3月开始在全国部署开展民事和行政非诉执行监督专项活动，并围绕减税降费、自然资源、社会保障、环境保护、食品药品安全等重点领域，结合各地特点适时开展"小专项"监督活动。根据《2019年最高人民检察院工作报告》中的数据，2019年全国各级检察机关通过行政非诉执行专项监督，督促行政机关依法申请强制执行，监督法院依法审查办理，提出检察建议6528件，已采纳5117件。

为了推动基层行政非诉执行监督工作的开展，最高检发布了一系列行政非诉执行监督的典型案例来对相关工作进行指引和指导。在最高检2016年发布的典型案例"广西壮族自治区某矿业公司违法占地非诉执行监督案"中，广西壮族自治区甲县某矿业公司未经甲县国土资源行政主管部门批准，非法占用土地违法建厂，甲县国土资源局依法作出行政处罚决定，要求某矿业公司拆除在非法占用土地上新建建筑物和构筑物并退还非法占用的土地，对非法占用的土地处以每平方米10元的罚款共计108294.4元。由于某矿业公司拒不执行处罚决定，甲县国土资源局向甲县人民法院申请强制执行，要求某矿业公司拆除在非法占用土地上新建建筑物和构筑物并退还非法占用的土地。甲县人民法院作出行政裁定，准予执行。2016年10月14日，因甲县国土资源局与某矿业公司达成执行和解书，甲县人民法院裁定终结本次执行程序。其后，甲县人民法院一直没有执行。2018年3月19日，甲县国土资源局向甲县人民检察院提出申请，请求监督甲县人民法院执行上述行政裁定。甲县人民检察院经审查认为，甲县人民法院没有对双方当事人达成的执行和解书进行合法性审查，即裁定终结本次执行程序，确有错误；甲县国土资源局没有严格按照行政处罚决定全部内容向甲县人民法院申请强制执行，确有错误。因此，甲县人民检察院先后向法院和国土资源局发出检察建议：建议法院对违法行为依法予以纠正，拆除某矿业公司在非法占用的土地上新建的建筑物和其他设施；建议甲县国土资源局向甲县人民法院申请强制执行对非法占用土地的罚款共计 108294.4 元。甲县人民法院收到检察建议后，多次做某矿业公司法定代表人的思想工作。2018 年 9 月，某矿业公司自动拆除了其在非法占用的土地上新建的建筑物和其他设施。甲县国土资源局收到检察建议后，及时向甲县人民法院提出申请，强制执行对非法占用的土地处以每平方米 10 元的罚款共计 108294.4 元。此案一方面使公共利益得以实现，维护了法律的权威性，另一方面也督促和警示各级法院在执行过程中应履行对执行和解书的审查义务。

（二）行政违法行为检察监督

检察机关对于在履行职责中发现的行政执法机关违法行使职权或者不行使职权行为进行监督的权力，是检察改革、国家监察体制改革之后，检察机关正在积极探索并着力强化的行政检察监督职权的重要内容之一。对于此项监督职权，尽管在《人民检察院组织法》中并未作出明确规定，但是该法第 20 条第 8 款将"法律规定的其他职权"作为检察机关享有职权的兜底条款，从而为行政违法行为检察监督权的行使在法律上预留了空间。党的十八届四中全会所作的《中共中央关于全面推进依法治国若干重大问题的决定》中提出："完善对涉及公民人身、财产权益的行政强制措施实行司法监督制度"，"检察机关在履行职责中发现行政机关违法行使职权或者不行使职权的行为应该督促其纠正"，从而使检察机关对行政违法行为的直接监督权得到进一步的明确。在此基础之上，最高人民检察院在《关于深化检察改革的意见（2013—2017 年工作规划）》中进一步指出，要建立检察机关在履行职务犯罪侦查等职责中发现行政机关违法行使职权或不行使职权行为的督促纠正制度。

在行政检察监督由一元化向多元化的转变过程中，行政违法行为检察监督制度的发展和完善是重中之重。与行政诉讼检察监督不同，行政违法行为检察监督是检察机关针对行政权所进行的直接监督，其目的就是要求检察机关对在执法办案中发现的行政机关及其工作人员的违法行为及时督促其纠正。因此，行政违法行为检察监督的对象是行政主体在实施行政管理的过程中运用行政权所作出的行政行为。由于抽象行政行为的普遍约束性、反复适用性和准立法性，其中可能包含大量的专业设定和较全面的行为考虑，就检察机关、特别是基层检察院现阶段的力量来看，难以对抽象行政行为实现有效监督，所以，从监督的现实可能性和现有监督能力出发，目前行政违法行为检察监督的对象应限定为具体行政行为。[①] 同时，由于具体行政行为类型的多样化和复杂性，从当前检察机关的实际监督能力出发，在监督对象上应当有所选择，将保障民生问题作为检察监督的出发点，将限制或剥夺公民合法权利的行政行为列为检察机关重点监督领域。具体而言，监督对象可包括：（1）涉及限制或剥夺公民人身和财产权利的侵益性行政行为，其中重点对行政强制措施进行监督，由于行政强制措施通常是行政处罚的前置手段、暂时性手段，容易造成不易恢复、无法弥补的损害后果，因此，对行政机关采取的及时性、主动性行政强制措施进行检察监督是必要的；（2）为行政相对人设定权益或免除义务的授益行政行为，其中重点应对行政许可行为进行监督，由于行政机关在实施行政许可时具有主动性和调整范围的广泛性，自由裁量权较大，若不加以有效的监督和制约，将极易被滥用而侵犯公民的合法权利，造成严重后果；（3）在"两法衔接"的过程中行政机关有案不移、以罚代刑的行为，我国实行的是行政执法与刑事司法并行的双轨执法体制，政府管理的治安、工商、税务、食品药品卫生、产品质量检验、知识产权等领域的违法行为，由行政执法机关查处，涉嫌犯罪的，移送公安司法机关追究刑事责任，由于地方和部门保护主义、庸懒执法、变通执法、人情干扰、行政处罚与刑事处罚的证据标准有差异等原因，部分地区的行政执法中有法不依、执法不严、违法不究、有案不

---

① 肖中扬：《论新时代行政检察》，载《法学评论》2019 年第 1 期。

移、有案难移、以罚代刑的现象非常突出，有必要通过检察监督予以规范和控制；（4）对公民权益造成损害的行政不作为，其中重点应对负有履行保护人身权、财产权的法定职责的行政机关拒绝履行或不予答复的行为进行监督，因此类不作为往往会直接导致公民的人身伤害和财产损失。① 至于行政合同、行政指导等非权力性行政行为，目前尚无须纳入行政检察监督的范围。

对行政违法行为的检察监督制度目前尚未有明确的法律依据，仅有部分规范性文件中零星存在相关规定。如国务院 2001 年颁布的《行政执法机关移送涉嫌犯罪案件的规定》第 14 条规定："行政执法机关移送涉嫌犯罪案件，应当接受人民检察院和监察机关依法实施的监督。任何单位和个人对行政执法机关违反本规定，应当向公安机关移送涉嫌犯罪案件而不移送的，有权向人民检察院、监察机关或者上级行政执法机关举报。"这一规定是为了杜绝行政执法机关对于原本应当移送公安机关的刑事案件以罚代刑、徇私舞弊而不移送的行为，其本质是行政不作为、乱作为的行政违法行为，在《环境保护行政执法与刑事司法衔接工作办法》《食品药品行政执法与刑事司法衔接工作办法》等规范性文件中也有类似规定。② 由于立法尚不健全，行政违法行为检察监督的各项运行机制仍在探索和建立之中。实践中，各地检察机关根据《关于深入推进民事行政检察工作科学发展的意见》《人民检察院检察建议工作规定》等规定，以环境污染、土地资源管理、食品药品监管、医疗卫生等关系民生且问题多发、易发的领域为重点，开展行政检察促进社会管理创新工作，积极探索对行政违法行为进行监督。③

---

① 杜睿哲、赵潇：《行政执法检察监督：理念、路径与规范》，载《国家行政学院学报》2014 年第 2 期；刘艺：《中国特色行政检察监督制度的嬗变与重构》，载《人民检察》2018 年第 2 期；朱孝清：《国家监察体制改革后检察制度的巩固与发展》，载《法学研究》2018 年第 4 期；谢玉美、刘为勇：《行政违法行为检察监督程序论》，载《行政法学研究》2017 年第 1 期。

② 孙秀丽、胡伟东：《新〈人民检察院组织法〉实施背景下行政违法行为检察监督制度的现实困境与完善路径》，载《上海法学研究》2019 年第 7 卷。

③ 最高人民检察院民事行政检察厅：《行政检察工作的现状与发展》，载《国家检察官学院学报》2015 年第 5 期。

二、行政检察监督的方式

行政检察监督目标的实现需要借助具体的方式和途径。作为宪法所确定的法律监督机关，法律赋予了检察机关部分特定的监督手段，来保障其行政检察监督职能的落实。根据《行政诉讼法》的规定，检察机关实施行政诉讼法律监督的方式主要有两种：一是按照审判监督程序提出抗诉，二是提出检察建议。从性质上讲，这两种监督方式主要是事后监督，部分检察建议也可能发生于事中。而在行政违法行为检察监督领域，由于法律规定尚不完善，因此具体的监督方式仍在探索当中，目前检察机关在实践中主要采用抗诉、检察建议、支持起诉等方式来达到督促行政机关依法行政的目的。从行政检察监督的价值定位和目标取向上来看，检察机关在监督过程中应当综合运用多种手段，实现行政检察监督方式的多元化，同时，这种监督应当贯穿整个行政活动的始终，既包括事后监督，也包括事前和事中监督。

（一）行政抗诉

行政抗诉是指检察机关对人民法院已经发生法律效力的判决、裁定，发现违反法律、法规规定的，通过提出抗诉直接启动人民法院再审程序的制度。抗诉是《行政诉讼法》明确规定的检察机关实施行政诉讼检察监督的方式。在行政诉讼案件中，一旦法院未能作出正确裁判，行政违法行为将无法得到纠正，利害关系人的合法权益亦不能得到及时的救济，而行政抗诉是行政相对人已穷尽诉讼程序且无其他救济途径的情况下，法律为其设置的最后一道屏障。要充分体现行政检察的法律监督职能，就必须始终坚持以抗诉为中心不放松，这是强化法律监督职能的内在要求。[①]

根据《行政诉讼法》的规定，最高人民检察院对各级人民法院已经发生法律效力的判决、裁定，上级人民检察院对下级人民法院已经发生法律效

---

① 成协中：《从行政过程的视角重塑行政执法检察监督》，载《人民检察》2013年第9期。

力的判决、裁定，发现有《行政诉讼法》第 91 条规定情形之一，或者发现调解书损害国家利益、社会公共利益的，应当提出抗诉。地方各级人民检察院对同级人民法院已经发生法律效力的判决、裁定，发现有《行政诉讼法》第 91 条规定情形之一，或者发现调解书损害国家利益、社会公共利益的，可以向同级人民法院提出检察建议，并报上级人民检察院备案，也可以提请上级人民检察院向同级人民法院提出抗诉。人民检察院提出抗诉的案件，接受抗诉的人民法院应当自收到抗诉书之日起 30 日内作出再审的裁定，如果有新的证据，足以推翻原判决、裁定的或者原判决、裁定认定事实的主要证据不足、未经质证或者系伪造的，人民法院可以指令下一级人民法院再审，但经该下一级人民法院再审过的除外。同时，《行政诉讼法》在 2014 年修改之后，还明确了当事人申请行政抗诉的权利。《最高人民法院关于适用〈中华人民共和国行政诉讼法〉的解释》第 117 条第 1 款进一步明确了当事人申请行政抗诉的条件："有下列情形之一的，当事人可以向人民检察院申请抗诉或者检察建议：（一）人民法院驳回再审申请的；（二）人民法院逾期未对再审申请作出裁定的；（三）再审判决、裁定有明显错误的。"

根据《行政诉讼法》以及《人民检察院行政诉讼监督规则（试行）》的相关规定，检察机关在发现已经发生法律效力的行政裁判存在以下问题时，应当提出抗诉：（1）不予立案或者驳回起诉确有错误的；（2）有新的证据，能够证明原判决、裁定认定基本事实或者裁判结果错误的；（3）原判决、裁定认定事实认定的事实没有证据支持，或者认定的事实所依据的证据虚假、缺乏证明力，或者认定的事实所依据的证据不合法的；（4）原判决、裁定适用法律、法规确有错误的，具体包括适用法律、法规与案件性质明显不符的，适用的法律、法规已经失效或者尚未施行的，违反法律适用规则的，违反法律溯及力规定的，适用法律、法规明显违背立法本意的以及应当适用的法律、法规未适用的等情形；（5）违反法律规定的诉讼程序，可能影响公正审判的，具体包括审判组织的组成不合法的，依法应当回避的审判人员没有回避的，未经合法传唤缺席判决的，无诉讼行为能力人未经法定代理人代为诉讼的，遗漏应当参加诉讼的当事人的，违反法律规定，剥夺当事人辩论权、上诉权等重大诉讼权利的以及原判决、裁定遗漏诉讼请求的等情形;(6)据以作出原判决、裁定的法律文书被撤销或者变更的;(7)审判人员在审理该案件时有贪污受贿、徇私舞弊、枉法裁判行为的。

抗诉是检察机关在行政诉讼检察监督中最为基础的一种监督方式。根据《最高人民检察院工作报告》中的数据,2018 年检察机关对认为确有错误的行政判决、裁定提出抗诉 117 件,2019 年检察机关共对认为确有错误的行政判决、裁定提出抗诉 156 件,同比上升 33.3%。从行政抗诉案件的数量上来看,其在监督行政诉讼中的功能尚未得到充分发挥。未来行政抗诉制度的完善应当将充分化解行政争议作为行政抗诉的基本目标取向。在当前的实践中,部分经检察机关抗诉的申诉案件即使在法院再审中得到改判,仍可能无法解决当事人的实质性争议,当事人胜诉只是新一轮"马拉松"诉讼程序的开始,诉讼监督不解决实际问题,监督效果不仅大打折扣,反而增加当事人讼累,激化社会矛盾。[1] 因此,应当处理好抗诉与调处和解的衔接关系,充分考虑案件当事人的利益和诉求。对裁判确有错误的,要配合人民法院和有关部门尽可能先采取协调方式处理,帮助政府改进工作作风、完善管理方式,推动问题依法及时解决,促进社会建设,推进社会管理创新。[2]

(二)检察建议

检察建议是检察院为促进法律的正确实施、督促行政机关依法行政,在履行法律监督职能过程中,结合执法办案情况,向有关单位发出纠正、改正违法行为或移送案件的建议,包括再审检察建议、纠正违法检察建议、公益诉讼检察建议、社会治理检察建议等。[3] 在长期的实践中,检察机关为了更好地履行法律监督职能,实现检察办案法律效果与社会效果的有

---

[1] 张雪樵:《坚持司法为民 做实行政检察》,载《检察日报》2019 年 10 月 9 日,第 3 版。

[2] 成协中:《从行政过程的视角重塑行政执法检察监督》,载《人民检察》2013 年第 9 期。

[3] 杜睿哲、赵潇:《行政执法检察监督:理念、路径与规范》,载《国家行政学院学报》2014 年第 2 期。

机统一，根据宪法和法律关于检察权的规定，创设了检察建议这一监督形式。[①] 检察建议是目前检察机关在行政诉讼检察监督、行政违法行为检察监督以及行政公益诉讼等领域中均广泛使用的一种监督方式。检察建议是一种柔性监督方式，其本身并不具有强制力。相较于抗诉，检察建议的适用范围更为广泛，检察机关既可以向审判机关提出检察建议，也可以向行政机关提出检察建议。

1. 向法院提起的检察建议

在行政诉讼检察监督中，检察机关可以通过再审检察建议来对法院的行政审判行为进行监督。根据《行政诉讼法》的规定，地方各级人民检察院发现同级人民法院已经发生法律效力的判决、裁定存在《行政诉讼法》第91条规定情形之一，发现调解书损害国家利益、社会公共利益的，或者发现审判监督程序以外的其他审判程序中审判人员的违法行为的，均可以向同级人民法院提出检察建议。同时，检察机关还可以针对行政非诉执行中的违法行为向法院提起检察建议。由于检察建议所具有的灵活性和变通性等特点，当前实践中的大量行政非诉执行检察监督案例均通过检察建议的方式得以解决。例如，在最高检发布的典型案例"北京市某村委会等六起违法占地非诉执行监督案"中，北京市原国土资源局针对北京市甲区 A 镇某村村委会、某动力科技公司、某文化传播公司、某生物工程技术公司、某农业发展公司非法占地进行建设的行为，上述单位分别作出共计 6 份"拆除违法建设、恢复土地原状"的行政处罚决定，但上述单位既未履行处罚决定，又没有申请复议和提起行政诉讼，北京市原国土资源局遂按照法定程序将上述 6 起行政处罚决定向北京市甲区人民法院申请强制执行。甲区人民检察院依职权启动了对上述 6 起非诉执行案件的监督程序。经审查，根据最高人民法院有关规定，终结本次执行程序的适用范围，是执行标的以财产为内容，且无财产可供执行或有财产但不足以全部清偿的，上述 6 起案件均不应适用终结本次执行程序。同时，北京市为深入推进京津冀协

---

① 张步洪：《行政检察制度论》，中国检察出版社 2013 年版，第 142 页。

同发展、着力疏解非首都功能、优化提升首都功能，正在开展"疏解整治促提升"专项行动，拆除违法建设是"疏解整治促提升"的重要任务之一，本案系典型的非法占地行为引发的违法建设活动，依法应予严格查处。对此，甲区人民检察院于 2018 年 1 月 2 日向甲区人民法院送达检察建议书，建议法院进一步严格规范终结本次执行程序，及时恢复案件执行程序，促使案件早日执行完毕。2018 年 3 月 21 日，甲区人民检察院收到甲区人民法院针对 6 份检察建议的回复，甲区人民法院表示该案的执行问题不是简单的法律问题，此类案件利益关系错综复杂，当事人对立情绪极端严重，盲目强制执行必然引发不稳定事件，需要在尊重历史、正视现实的前提下，统筹协调各方力量协力解决。针对法院在回复中提到的执行风险和现实难题，甲区人民检察院结合上述 6 起非诉执行监督案件的办理撰写了调研报告，并从多角度提出解决问题的对策建议，报告市、区两级政府并得到关注。北京市人民政府督查室向市规划国土委下发督查通知单，要求该委认真落实，从而使该 6 起案件的执行工作得以继续推进。

2. 向行政机关提起的检察建议

目前，立法层面尚未就检察机关向行政机关提起检察建议的权力作出明确规定。2018 年 12 月，最高检发布《人民检察院检察建议工作规定》，对检察建议的适用情形、检察建议的提出程序、检察建议的内容要求等内容作出了较为全面的规定。《人民检察院检察建议工作规定》中规定了纠正违法检察建议和社会治理检察建议等检察建议类型，从而为检察机关以检察建议的方式对行政违法行为进行检察监督提供了制度依据和基础。根据《人民检察院检察建议工作规定》，目前检察建议监督方式可以适用于以下两类违法行政行为类型：一是人民检察院办理行政诉讼监督案件或者执行监督案件，发现行政机关有违反法律规定、可能影响人民法院公正审理和执行的行为；二是相关单位或者部门不依法及时履行职责，致使个人或者组织合法权益受到损害或者存在损害危险，需要及时整改消除的。在实践当中，检察建议的应用并不应当局限于这两类违法行政行为，事实上，只要是检察机关在履行职责中发现行政机关违法行使职权或者不作为的情况，均可以以检察机关的名义向该行政机关发出书面的检察建议书，在建议书中载明案件或者问题的来源、依法认定的案件事实或者经调查核实的事实及其证据、存在的违法情形或者应当消除的隐患、建议的具体内容及所依据的法律、法规和有关文件等的规定、被建议单位提出异议的期限以及被建议单位书面回复落实情况的期限等内容，通过检察建议来督促行政机关依法履行职责，从而增强行政机关履职纠错的主动性积极性，促进依法行政。目前，在各地的检察监督实践中，已经有了相当多的以检察建议纠正行政机关违法行为的案例。例如，安徽省人民检察院 2016 年发布的行政检察监督典型案例"明光市某街道办事处不依法履行职责案"中，某街道办事处在对辖区内低保户审核工作中，不按规定程序、条件进行严格审核，对常年在外、无法取得联系的 3 名享受低保待遇人员，在未核实其家庭收入和生活状况是否符合继续享受低保待遇的情况，予以审核通过，使其继续享受低保待遇。检察机关在开展调研中，根据群众反映发现该案件线索，经调查属实，于是向某街道办事处提出检察建议，建议其严格依法履行低保审核职责，对不符合享受低保条件的不予审核确认，已经审核的予以撤销。某街道办事处接到检察建议后，立即整改，对低保对象进行了逐一复查，共清理出 28 名不符合低保条件的人员，全部予以清退。

（三）支持起诉

支持起诉原则是民事诉讼法的基本原则之一，《民事诉讼法》中规定，机关、团体、企业事业单位对损害国家、集体或者个人民事权益的行为，可以支持受损害的单位或者个人向人民法院起诉。目前，在民事诉讼领域，检察机关已经以法律监督者的身份进行了支持起诉的部分尝试。我国的《行政诉讼法》中并未确立支持起诉原则，但在行政管理中，行政相对人屈服于行政主体的压力，不敢诉、不能诉的情况并不鲜见，行政诉讼撤诉率多年来也一直居高不下。相较于民事诉讼，检察机关在行政诉讼中还承担着防范行政权滥用的责任，其监督的主动性应当更强。将支持起诉作为检察机关行使检察监督权的一种方式，能防止行政主体给公民、法人或者其他组织施加压力，保障当事人平等地享有参与行政诉讼的机会，有利于平衡行政诉讼双方的地位，维护司法公正，督促行政主体工作人员提高法治意识，依法行政。[①] 因此，对于符合起诉条件的行政相对人向法院提起诉讼，但法院拒绝接收起诉材料、或者在收到起诉材料后不出具收据、不予答复的情形，检察机关应以支持起诉的方式进行监督，通过对力量薄弱的原告方的支持来达到监督行政机关依法行政的目标。[②]

（四）检察调查

检察机关在履行行政检察监督职责时，需要就每个监督事项作出事实判断与法律判断，其中事实判断是法律判断的基础。[③] 检察机关只有通过检察调查确保事实判断的准确性，才能启动、推动进一步的法律程序。因此，检察调查是保障行政检察监督制度目标实现的基本手段。2018年修订的《人民检察院组织法》第21条规定："人民检察院行使本法第二十条规定的法律监督职权，可以进行调查核实，并依法提出抗诉、纠正意见、检察建议。"该条以法律的形式明确我国检察机关在履行职责时可行使调查权。在行政检察监督中，检察调查权是指检察机关为保障法律监督权正确行使，依法收集司法机关、行政执法机关违法行使职权或者不行使职权行为的线索，通过调阅有关文书或者卷宗材料、询问有关人员、对必要的勘验检查鉴定等进行核实查证，并作出是否提出抗诉或者检察建议结论的权力。[④] 但是，目前的立法中并未对检察调查权的具体形式方式作出具体规定，从而在一定程度上影响了检察机关调查取证的实际效果。因此，应当通过立法对检察调查权的内涵和强制力予以进一步明确，赋予检察机关在监督过程中向行政机关及其工作人员调查核实情况的权力以及调阅行政机关的执法卷宗、档案等与被监督行政行为有关的材料和物证的权力。

① 顾顺生：《行政强制措施检察监督的范围、方式及程序》，载《人民检察》2019年第19期。
② 杜睿哲、赵潇：《行政执法检察监督：理念、路径与规范》，载《国家行政学院学报》2014年第2期。
③ 张步洪：《行政检察制度论》，中国检察出版社2013年版，第134页。
④ 黄曙、胡涛：《检察调查核实权视角下行政执法信息获取机制探析》，载《人民检察》2020年第3期。

第十三章 行政公益诉讼制度

中国式行政公益诉讼是落实全面依法治国战略、深化依法治国实践的重大举措。[①] 但这一制度甫一创生便饱受争议，观念惯性和制度空白是众多误解的主要原因。毕竟由检察机关提起民事公益诉讼在西方虽偶有实践，却绝无检察机关作为唯一有权主体提起行政公益诉讼的系统性制度架构。[②] 在西方法治语境中，政府代表公共利益属通说。但由于信奉个人至上的自由主义理念，即便授予公民以公益诉权，在西方政治与经济的框架下公益保护的范围也较为逼仄，公民诉讼、私人检察长诉讼、告发人诉讼等机制的适用范围也较为狭窄。在我国，保障和维护公共利益不仅是公法的责任，更是社会主义法治体系的应有之义。然而，"公共利益"在我国公法中的含义却仍需勘定。1982 年宪法除"公共利益"表述之外，还有"社会秩序""国家安全""国家的、社会的、集体的利益"以及"祖国的安全、荣誉和利益的行为"等相关表述。[③] 2004 年修宪增加了"公共利益"的表述，但未对其进行明确阐述。[④]《民事诉讼法》第 55 条规定的"公益诉讼"中的"公益"虽然指向社会公共利益，但并不排除这类公益与个人利益、集体利益、国家利益的关联性。然而民事诉讼中并未建构公益保护的特别程序，客观上使得民法保护的集体利益、国家利益与个人利益具有同质性，而且都是以个人利益为基础。这种趋势在私法领域几乎不可逆，正如深受

---

① 马怀德：《新时代行政公益诉讼制度的发展与实践》，载《人民论坛》2019 年第 5 期。

② 刘艺：《我国检察公益诉讼制度的新发展与新挑战——基于 2017—2019 年数据的理论反思》，载中国政法大学法治政府研究院主编：《中国法治政府发展报告（2019）》，社会科学文献出版社 2020 年版。

③ 韩大元：《宪法文本中"公共利益"的规范分析》，载《法学论坛》2005 年第 1 期。

④《宪法修正案》第 20 条。

自由主义思潮影响的美国学者也称"将权利承载者看成是绝对自治的个体，还相对忽视了人格所具有的社会维度"。[①] 在公法领域，我国"公共利益"与美国公民诉讼、德国利他性团体诉讼指向的"公共利益"内涵不同，代表国家提起公益诉讼的主体有所不同也属自然。但是，我国行政诉讼的价值定位一直存在"抑客扬主"的倾向，[②] 而在行政诉讼的外在功能又表现为"抑主扬客"，适格诉讼主体并不愿主动提起公益诉讼或者被他人"搭便车"。维护共同体利益的公益诉讼很难自然生长出来。赋予检察机关代表公共利益提起行政公益诉讼的权力，能够将大量侵害国家和社会公共利益的行为及时纳入监督视野，使损害国家和社会公共利益的行为得到有效纠正，也是对我国现行的行政诉讼制度的重要补充。[③]

第一节　行政公益诉讼制度的发展与建构

2015 年 7 月 1 日，全国人大常委会授权部分检察机关进行提起公益诉讼的试点改革。这并非行政公益诉讼制度探索的起点，而是一个新的发展阶段。行政公益诉讼制度的发展可以从更为广义的检察公益诉讼制度发展脉络中探寻。[④] 早在 20 世纪 90 年代，检察公益诉讼就已经有了相应的司法实践。从某种程度上来说，在我国公共利益保护机制匮乏的情况下，检察机关担负起了"公益守护人"的角色。这一司法实践探索历程大致可分为三个阶段。

---

① ［美］玛丽·安·格伦顿：《权利话语——穷途末路的政治言辞》，周威译，北京大学出版社 2006 年版，第 143 页。

② "客"指客观诉讼，"主"指主观诉讼。

③ 马怀德：《新时代行政公益诉讼制度的发展与实践》，载《人民论坛》2019 年第 5 期。

④ 所谓检察公益诉讼，是为了区别其他主体提起的公益诉讼，专门用以指称检察机关提起的公益诉讼制度。我国检察公益诉讼分为行政公益诉讼与民事公益诉讼制度，还有刑事附带民事公益诉讼。若未特别说明，本章"行政公益诉讼"专指检察机关提起行政公益诉讼，即检察行政公益诉讼。刘艺：《检察公益诉讼的司法实践与理论探索》，载《国家检察官学院学报》2017 年第 2 期。

一、第一阶段：以原告身份代表国家提起民事诉讼

20 世纪 80 年代末期，我国经济面临制度性的发展困境。1993 年中国共产党第十四届中央委员会第三次全体会议通过《中共中央关于建立社会主义市场经济体制若干问题的决定》，提出经济体制改革总体方针是"转换国有企业经营机制，建立现代企业制度"，俗称"抓大放小"，即大中型国有企业推行现代企业制度，明晰产权；一般小型国有企业，有的可以实行承包经营、租赁经营，有的可以改组为股份合作制，也可以出售给集体或个人。出售企业和股权的收入，由国家转投于急需发展的产业。[①] 在这一改革方针的指引下，大批中小型企业退出国有体制，转变为非国有经济。短短几年的时间里，非国有经济在我国经济中的产出比重、就业比重和纳税比重快速增长。与此同时，企业改制中也出现了大量国有资产被廉价变卖导致国家利益受损的问题。河南方城县独树镇工商所就将价值 6 万余元的门面房以 2 万元的价格卖给私人，检察院接到举报后从职务犯罪侦查的角度进行调查，发现贱卖行为不构成犯罪，但是如何防止行政机关低价变卖国家资产是摆在检察院面前的难题。由此，检察机关进行制度创新，以原告身份提起民事诉讼，要求法院认定转让的民事行为无效。法院经过审查作出了认定合同无效的判决。[②] 检察机关这一尝试产生了良好的社会效果，获得各方支持。据统计，从 1997 年到 2004 年，南阳市提起这类案件有 79 起，涉及国有资产流失案件 56 起、环境污染案件 12 起、垄断案件 9 起。[③] 之后，河南省将方城县检察院的经验进行推广，在全省共提起了 500

---

① 参见《中共中央关于建立社会主义市场经济体制若干问题的决定》第二部分第六项第三段。

② 参见河南省方城县人民法院《民事判决书》(1997) 方民初字第 192 号。转引自杨立新：《新中国民事行政检察发展前瞻》，载《河南省政法干部管理学院学报》1999 年第 2 期。

③ 郭恒忠、吴晓锋：《陷入立法不足的尴尬境地公益诉讼将何去何从》，载《法制日报》2005 年 9 月 28 日。

多起类似案件，有效防止了两亿七千余万元的国有资产流失。① 当时，该类诉讼并不称为民事公益诉讼，而是检察院直接以原告身份提起的民事诉讼，目的是监督行政机关依法行使职权，防止国有资产流失。②

二、第二阶段：民事诉讼原告身份被终止，探索督促起诉制度

"方城经验"逐渐在全国检察系统推广，但 2004 年最高人民法院在《关于恩施市人民检察院诉求张苏文返还国有财产一案的复函》中却叫停了检察院以原告身份提起民事诉讼的尝试。张苏文案的案情是：湖北省恩施市检察院接到举报，恩施市一家国有石油公司经理张苏文租赁了该公司的加油站，侵占了 100 多万元的国有资产。检察院在多次督促该石油公司提起诉讼主张权利未果的情况下，于 2001 年 11 月 26 日以原告身份起诉张苏文。湖南省高级人民法院针对检察机关是否有原告资格的问题请示最高人民法院，最高人民法院在张苏文案复函中指出"检察院以保护国有资产和公共利益为由，以原告身份代表国家提起民事诉讼，没有法律依据，此案不应受理，如已受理，裁定驳回起诉。"③ 最高人民检察院随后出台《关于严格依法履行法律监督职责推进检察改革若干问题的通知》，明确规定"检察机关不得对民事行政纠纷案件提起诉讼。近年来一些地方检察机关试行了提起民事行政诉讼，鉴于这一做法没有法律依据，尚需进一步研究、探索，今后，未经最高人民检察院批准，不得再行试点"。④

然而，国有资产流失、公共利益受损的现实问题依然严峻，检察院在履行职责中仍然不断发现线索。为了解决实际问题，检察机关转而通过刑事附带民事诉讼的方式保护国家利益和社会公共利益。如河南省 2008 年以来提起起诉方式办理的案件共 113 件，有 104 件是刑事附带民事诉讼案件。

---

① 李涛：《浅析河南省检察机关提起公益诉讼的范围和程序》，载《检察实践》2005年第 6 期。

② 刘艺：《检察公益诉讼的司法实践与理论探索》，载《国家检察官学院学报》2017年第 2 期。

③ 最高人民法院〔2004〕民立他字第 53 号（2004 年 6 月 17 日生效执行）。

④ 最高检发〔2004〕14 号。

此外，检察机关探索建立督促起诉制度。所谓民事督促起诉是指针对正在流失或即将流失的国有资产，监管部门不行使或怠于行使自己的监管职责，检察机关以监督者的身份，督促有关监管部门履行其职责，依法提起民事诉讼，保护国家和社会公共利益的一种机制。[①] 从当前的视角反观之，学界对民事督促起诉制度在监督行为的属性、监督对象的认定、监督客体的性质以及监督方式的认知上均存有误解。因为民事督促起诉的对象是对国家利益和社会公共利益负有保护职责的行政机关或者国有单位（包括国有公司、国有企业事业单位和公共团体）。这些主体签订的合同多为公法合同，比如国有资产产权出让合同、国有土地出让合同、土地征收补偿协议、公共工程建设施工合同等。即使在民事合同中，这些公法主体也应受行政法规范的调整。所谓的"民事"督促起诉制度是在宪法监督缺位，没有确立公法规范与原则具有统领地位的时代，简单地将法律监督行为归为民事法律行为，最终却将国家利益和社会公共利益的司法保护机制引向了错误方向。[②]

三、新阶段：探索建立检察机关提起公益诉讼制度

伴随我国经济的迅速发展，国家利益和社会公共利益易受侵害的状况并没有得到根本改观，反而愈演愈烈。随着法治国家建设和司法改革的不断深化，实务部门对于检察权的法律监督属性、监督对象、监督客体以及监督手段有了更为明确、深刻的认知。因此，在司法实践经验积累的基础上，重新反思与构建我国的检察公益保护机制尤为必要。

据不完全统计，在 2005 年至 2009 年人民检察院向人民法院提起了 3 起行政（公益）诉讼案件。[③] 其中 1 起是要求环境保护机关履行监管职责

---

① 傅国云：《论民事督促起诉——对国家利益、公共利益监管权的监督》，载《浙江大学学报（人文社会科学版）》2008 年第 1 期。

② 也有学者指出督促起诉是民事公诉制度缺失的权宜之策，将来确立了公益诉讼制度，督促起诉将无须存在。张步洪：《构建民事督促起诉制度的基本问题》，载《人民检察》2010 年第 14 期。

③ 参见最高人民检察院法律政策研究室 2013 年对公益诉讼的调研报告。

的案件（该案在法院受理后中止诉讼），另外两起是检察机关针对房产登记中行政违法行为提起的行政诉讼（案件经法院判决，检察机关胜诉）。针对保护生态环境乏力的困境，最高人民法院着手推动环境资源专门审判机关建设。[①] 2007 年 11 月 10 日，贵州省清镇市人民法院设立了专门管辖环境案件的环保法庭。试点一年时间，清镇市[②] 人民法院环保法庭受理各类环保案件 90 件，审结 85 件；其中刑事 65 件，民事 8 件，行政 1 件，行政非诉案件 6 件、执行案件 10 件。[③] 其间，贵阳市人民检察院首次以原告身份对熊金志、雷章、陈廷雨在水资源保护区内违章修建建筑物提起环境民事公益诉讼。[④] 据中华环保联合会统计，我国 2000 年至 2013 年环境诉讼案件总计 60 起，其中近三分之一是由检察机关和行政机关作为原告提起的诉讼。[⑤] 2014 年党的十八届四中全会决定公布之后，贵州检察机关先后提起了 3 件行政公益诉讼案件，分别是金沙县人民检察院诉金沙县环保局案、[⑥]贵州省黔西县人民检察院诉黔西县林业局案、[⑦] 清镇市检察院诉清镇市城市管理局案。[⑧] 在党的十八届四中全会决议出台的背景下，首例检察环境行

---

① 2007 年 9 月，时任最高人民法院副院长万鄂湘到贵阳视察，目睹了红枫湖湖水受污染的状况，听取了红枫湖地域管辖的相关汇报，当即明确指出，在贵阳成立生态法庭，以司法力量治理水污染问题是可行的。黄晓云：《清镇：污染"逼"出来的环保法庭》，载《中国审判》2013 年第 6 期。

② 清镇市是贵阳市下辖县级市。

③ 刘超：《反思环保庭的制度逻辑》，载《法学评论》2010 年第 1 期。

④ 该案以调解结案。周以明、钱筑民：《贵州检察机关首次提起环境公益诉讼》，载最高人民检察院官网，http://www.spp.gov.cn/site2006/2008-12-03/0005521330.html，最后访问时间：2017 年 1 月 12 日。

⑤ 杨伟伟、谢菊：《新环保法视角下环保 NGO 公益诉讼分析》，载《城市观察》2015 年第 2 期。

⑥ 参见（2014）仁环保行初字第 1 号行政裁定书。

⑦ 参见（2015）仁环保行初字第 1 号行政判决书。

⑧ 参见（2015）清环保行初字第 4 号行政判决书。

政公益诉讼案（金沙案）虽以撤诉告终，^①但受理和裁定检察机关提起的公益诉讼案件充分展现了检察机关和审判机关在保护公益方面的积极性。

2014 年 10 月 23 日，中国共产党第十八届中央委员会第四次全体会议通过的《中共中央关于全面推进依法治国若干重大问题的决定》中提出"探索建立检察机关提起公益诉讼制度"。2015 年 7 月 1 日，第十二届全国人大常委会第十五次会议授权最高人民检察院在 13 个省、自治区、直辖市的部分市级与基层检察院开展为期两年的公益诉讼试点工作。^②2015 年 7 月 2 日，最高人民检察院公布《检察机关提起公益诉讼改革试点方案》^③（以下简称《试点方案》）。自此，检察机关作为"国家力量"登上了公益诉讼的舞台。

在经历了两年检察公益诉讼试点的探索实践后，2017 年 6 月 27 日第十二届全国人民代表大会常务委员会第二十八次会议通过《关于修改〈中华人民共和国民事诉讼法〉和〈中华人民共和国行政诉讼法〉的决定》，最终在两大诉讼法中确立了检察公益诉讼制度。2018 年 3 月 2 日最高人民法院、最高人民检察院出台《关于检察公益诉讼案件适用法律若干问题的解释》（以下简称《两高解释》），为检察公益诉讼提供办案指引。2020 年《民

---

① 参见（2014）仁环保行初字第 1 号行政裁定书。四川省泸州市佳乐建筑安装工程有限公司欠缴噪声排污费 12 万余元近一年，经多次催缴仍拒绝缴纳。金沙县检察院经初查后认为，环保局应当及时履行追收相关费用和对佳乐公司进行行政处罚的法定职责，遂督促环保局及时履行职责。此后，县环保局于 10 月 13 日将 12 万余元的排污费催收到位，但认为拖欠排污费是因客观原因所致，不必再对该公司进行行政处罚。经沟通无果后，金沙县检察院 2014 年 10 月 21 日以金沙县环保局为被告、佳乐公司为第三人，向贵州省仁怀市人民法院提起诉讼，请求仁怀市人民法院判令被告依法履行对第三人进行行政处罚的职责。金沙县环保局在收到法院应诉通知书等法律文书当日，即组织人员对佳乐公司逾期拒不缴纳排污费的情况进行了再次研究。环保局依据《中华人民共和国环境噪音污染防治法》第 16 条、第 51 条，《中华人民共和国行政处罚法》第 33 条的规定，向佳乐公司作出了行政处罚决定书，并将该情况及时反馈金沙县检察院，因通过行政公益诉讼督促行政机关纠正不作为的目的已经达到，金沙县检察院于 2014 年 11 月 3 日向仁怀市人民法院申请撤诉。法院裁定予以准许。

② 《全国人民代表大会常务委员会关于授权最高人民检察院在部分地区开展公益诉讼试点工作的决定》（人大常会字〔2015〕18 号）。

③ 最高检发民字〔2015〕2 号。

法典》通过后，"两高"对该解释进行了部分修订。2021 年 7 月 1 日最高人民检察院颁布《人民检察院公益诉讼办案规则》，全面规范检察公益诉讼的办案体系。

我国检察公益诉讼通常指针对侵害国家利益或者社会公共利益的行为，当法律上没有直接利害关系的主体，或者有直接利害关系的主体但其不愿提起诉讼时，由法律授予没有直接利害关系的特定主体，如检察机关，提起的非自利性诉讼。[①] 根据目前检察公益诉讼制度安排，检察机关可以提起民事公益诉讼，也可以提起行政公益诉讼。本书重点介绍我国的行政公益诉讼制度。

第二节　行政公益诉讼的基本特征

一、作为行政法律监督机制的行政公益诉讼

检察机关提起行政公益诉讼与检察机关作为法律监督机关的宪法定位密切相关。从我国宪法史的角度来看，检察机关的法律监督职能之内涵与外延一直处在变动之中。1949 年《中国人民政治协商会议共同纲领》和《中华人民共和国中央人民政府组织法》规定，最高人民检察署的职权是对政府机关、公务人员和全国国民之严格遵守法律，负最高的检察责任。1949 年 12 月 20 日批准试行的《中央人民政府最高人民检察署试行组织条例》和 1951 年 9 月 4 日公布的《中央人民政府最高人民检察署暂行组织条例》规定检察机关负有代表国家公益参与有关全国社会和劳动人民利益之重要民事案件及行政诉讼的职责。1949 年 10 月至 1954 年 9 月期间，最高检察署实行的是与检察委员会会议相结合的检察长负责制。[②] 在十四名检委会成员中，有四名资深的党外人士。他们在保证各项法律、法令和政策决

---

① 刘艺：《检察公益诉讼的司法实践与理论探索》，载《国家检察官学院学报》2017 年第 2 期。

② 何勤华：《检察制度史》，中国检察出版社 2009 年版，第 406 页。

议的贯彻落实方面发挥了重要作用。[①] 考虑到新中国成立之初废除了国民党执政时期颁布的全部法律，并没有多少生效的法律可以遵循。因此，检察署的工作重心放在了对公安机关是否严格遵守法律的监督方面。但因新中国成立初期政治形势异常复杂，检察机关对公安机关的监督客观上对国家安全和治安管理工作产生了阻碍，政治效果不佳。[②] 1954年《宪法》和《人民检察院组织法》调整了检察机关属性，检察机关从此成为人民代表大会制度之下"一府两院"中的一院。检察机关的职能仍然包括最高检察监督和代表国家公益参与有关全社会和人民利益的重要民事案件，删除了对公民违法行为（尚未构成犯罪）的检察监督与检察机关参与行政案件的内容。[③] 1958年张鼎丞检察长在第四次全国检察工作会议的总结中对于"检察机关是否参与民事诉讼"的问题，提出"检察机关参与民事诉讼没有必要，因为私与私之间的纠纷，由群众调解和法院判决来处理，无须检察机关参与；公与公之间的纠纷，主要由党政领导机关根据有关政策和实际情况处理，更不是通过诉讼手段所能解决的"。[④] 1958年之后，检察机关介入民事诉讼、行政诉讼就终止了。[⑤] 1960年11月，最高人民检察院与最高人民法院、公安部开始实行合署办公，检察职能名存实亡。[⑥] 1968年检察院被撤销，1975年《宪法》规定由公安机关代行检察职能。1978年《宪法》虽然恢复了检察机关的设置，但检察权的范围主要限定在刑事公诉领域。实际上，受1957年"反右"斗争、"文革"等运动影响，由人民检察院组织法确立的"最高检察监督"和"一般监督"被打上特殊标签，[⑦] 成为检察

① 闵钐、薛伟宏：《共和国检察历史片断》，中国检察出版社2009年版，第4—18页。
② 《在政法战线上还有严重的斗争》，载《人民日报》1957年10月9日。转引自闵钐、薛伟宏：《共和国检察历史片断》，中国检察出版社2009年版，第126—130页。
③ 王桂五：《中华人民共和国检察制度研究》，中国检察出版社2008年版，第290页；孙谦：《人民检察制度的历史变迁》，中国检察出版社2011年版，第228页。
④ 闵钐、薛伟宏：《共和国检察历史片断》，中国检察出版社2009年版，第169页。
⑤ 王桂五：《中华人民共和国检察制度研究》，中国检察出版社2008年版，第258页。
⑥ 何勤华：《检察制度史》，中国检察出版社2009年版，第415页。
⑦ 《驳刘惠之的"最高监督论"》，载《人民日报》1958年1月7日。转引自闵钐、薛伟宏：《共和国检察历史片断》，中国检察出版社2009年版，第130—135页。

机关行使法律监督权的主要桎梏。1979 年《人民检察院组织法》第 5 条再次将检察机关的职责限定在刑事领域。[①] 之后《民事诉讼法》和《行政诉讼法》虽然都规定了检察机关有权对民事、行政诉讼活动进行监督的职责，但《人民检察院组织法》第 5 条一直未作相应修改。2019 年 1 月 1 日生效的新修订的《人民检察院组织法》第 20 条规定，人民检察院有权行使刑事侦查权、批捕权、公诉权、公益诉权、诉讼监督权、裁决执行的监督权等法律规定的职权。[②]

根据我国现行《宪法》第 134 条的规定，中华人民共和国人民检察院是国家的法律监督机关，依法行使法律监督权。无论从法律监督的字面含义还是从实际的法律规定来看，法律监督机关并不是纯粹的刑事法律监督机关，其职能也应当包括民事和行政法律监督。检察机关提起行政公益诉讼正是其履行法律监督职能的一种方式。也就是说，政府是行政管理领域国家利益和社会公共利益的代表；检察机关作为国家在司法领域的公共利益代表之一，可以在司法程序中提起公益诉讼，督促行政机关依法行政，维护客观法律秩序，以实现保护公益的目的。因此，由检察机关代表公益提起行政公益诉讼，是对 1954 年宪法确立的法律监督机关职责的回归。从某种程度上讲，行政公益诉讼具有宪法监督之意，由检察机关依法监督行政执法机关是否正确实施法律，是对立法机关监督法律实施职能的延伸。从试点工作的授权和全面实施来看，这项司法制度不仅获得全国人大常委会的授权，遵循了依法治国的方针和原则，而且也充分尊重与运用了检察机关作为法律监督机关的定位和相关职能，是在符合宪法规定的情况下探索两益的司法保护机制。

[①] 1979 年全国人大常委会法制委员会主任彭真在第五届全国人大二次会议上作关于《中华人民共和国人民检察院组织法（草案）》说明时指出，"检察机关对于国家机关和国家工作人员的监督，只限于违反刑法，需要追究刑事责任的案件。至于一般违反党纪、政纪并不触犯刑法的案件，概由党的纪律检察部门和政府机关去处理。"王桂五：《中华人民共和国检察制度研究》，中国检察出版社 2008 年版，第 335 页。

[②] 2019 年 1 月 1 日生效的新《人民检察院组织法》第 20 条第 4 款，增加了检察机关"依照法律规定提起公益诉讼"的规定。

二、作为客观诉讼机制的行政公益诉讼

通说认为，客观诉讼理论由法国学者莱昂·狄骥创立，后经德国、日本学者借鉴，成为大陆法系行政诉讼法学的重要构件。[①] 狄骥认为客观诉讼首要标准是诉讼标的，即违背的是客观法律和法律地位，而非当事人主观权利；原告资格不局限于直接利害关系人，有间接、道德的关系也可成为原告；[②] 诉讼功能旨在于保证行政行为合法性，而非针对当事人个人权利；判决效力具有对世性。[③] 我国行政公益诉讼表现出来的客观诉讼特征表现在以下几个方面。

（一）行政公益诉讼以违法造成实际损害为起诉条件并以实质合法性为审查标准

首先，检察机关提起行政公益诉讼必然是行政行为已经实际侵害了公益，而非只是存在公益受侵害的危险。因此，检察机关提起诉讼时，应当提供行政行为违法或者不作为造成公共利益受到具体侵害的证据。在生态环境保护类行政公益诉讼案件中，检察机关须提供专业机构或环保专家组给出的鉴定意见，以证明环境污染造成的损害等情况。[④] 提起资源保护类行政公益诉讼案件也是如此，如在林木资源保护案件中，须提交受侵害林木资源属国有林地或公益林及受损害林地面积的证据材料。在国有土地出让和国有资产保护领域，则须提交行政机关应收缴而未收缴国有土地出让金，或者违法发放而未收回财政补贴等公共利益受到直接侵害的证据。另外，检察机关提起行政公益诉讼之前必须经过诉前程序。基于此，检察机关提起行政公益诉讼时还需要提交已经履行诉前程序，但行政机关仍拒不履职

---

① 于安：《行政诉讼的公益诉讼和客观诉讼问题》，载《法学》2001 年第 5 期。

② ［法］狄骥：《公法的变迁·法律与国家》，郑戈、冷静译，辽海出版社、春风文艺出版社 1999 年版，第 151 页。

③ 王名扬：《法国行政法》，中国政法大学出版社 1988 年版，第 570 页。

④ 例如，针对绥德县环保局未对绥德县火车站在饮用水水源保护区内擅自设置排污口的行为履行职责，绥德县检察院提交了专业环境检测机构出具的检测报告。参见榆林市绥德县人民检察院诉绥德县环境保护局行政公益诉讼案（绥检民行公诉〔2016〕1 号）。

或者拒不纠正违法行为的证据。

其次，检察机关认定的行政机关违法情形通常有两种，即"违法行使职权"与"不履行法定职责"。在司法实践中，"不履行法定职责"又可具体划分为两类。一是法律明确规定了行政机关的作为义务，但行政机关"不依法行使职权"，包括行政机关不作为或者不正确履行法定职责[①]、行政机关拒绝作为或者不完全履行作为义务[②]、行政机关未依法继续履行职责[③]等几类情形。二是法律对行政机关职责规定不清晰或立法上没有明确规定该职责应由行政机关承担，但检察机关认为行政机关若积极作为可以挽回国家利益和社会公共利益的损失或者促成行政任务完成，而行政机关不作为的情形。由此来看，行政公益诉讼追究的"不履行法定职责"的范围也比传统行政法学说中认定的范围更大。[④] 例如，在个案中，国土部门坚持认为，土地执法是一项综合事务，法律只授权国土部门作出行政处罚决定，没有授予其强制执行的权力，而且根据《国土资源行政处罚办法》第35条的规定，国土资源部门没有强制执行的权力，作出处罚决定后应当移交给同级财政部门处理，或者拟订处置方案报本级人民政府批准后实施，因此，国土部门不执行行政处罚不属于违法。[⑤] 检察机关则认为，根据《国土资源行政处罚办法》第35条、第45条和《国土资源违法行为查处工作规程》的规定，国土资源部门还可以采取其他制止措施，而国土部门既不与财政等部门协商执法问题，

[①] 安宁区检察院诉安宁区市容环境卫生管理局行政公益诉讼案（安检行公诉〔2016〕01号）。

[②] 西安市未央区检察院诉西安市国土局行政公益诉讼案（未检行公诉〔2016〕1号）。

[③] 辉南县人民检察院诉辉南县林业局行政公益诉讼案（辉检行公诉〔2016〕1号）。

[④] 传统行政法学说认为，怠于履行职责是指公务组织及其工作人员依其职责，对公民、法人或其他组织有特定的作为义务，但在有能力、有条件履行的情况下，不履行、拖延履行或者不完全履行作为义务的情形。沈岿：《论怠于履行职责致害的国家赔偿》，载《中外法学》2011年第1期。

[⑤] 《关于汉阳区检察院土地执法检察建议书整改工作的请求》（阳土资源规〔2016〕28号）。

也未在法定期限内申请法院强制执行，就可以认定为不履行法定职责。[①] 由此可见，检察机关认定"是否履职"的依据并不局限于法律规定，还要求行政机关依据法律原则和精神从实现行政任务角度积极履行职责、纠正其怠于执法行为。这是一种结果导向的转变：出于切实保护公益的需要，行政公益诉讼扩展了"合法"的含义。法院对行政公益案件的审查也不局限于形式合法性，还依据过错原则进行实质合法性审查。比如，行政机关若以无法律明确规定为由不履行职责，但该不作为行为在结果上却明显有失公正或者造成了具体的重大损害，法院也可以建立包含实质违法性、可归责性和损害因果关系要素在内的实质合法性审查原则。[②]

最后，在经过诉前程序之后是否需要提起公益诉讼的问题上，检察机关需要判断行政机关在收到检察建议后，是否依法履职以及作出的行为是否合乎法律的要求。此时，检察机关仍然坚持实质合法性为主、形式合法性为辅的判断标准。如果行政行为已达到实质合法标准，就不再起诉；不能达到实质合法标准，则需要提起诉讼。从具体案例中可知，行政机关不仅要履行程序上的职责，检察机关还会考量行政机关纠正违法行为或者履行职责的期限、勤勉程度、是否穷尽所有法定手段，以及履职的实际效果等。

综上，行政公益诉讼案件实际上将"形式合法性"审查标准拓展到了"维护客观法秩序"的层面。考虑到司法成本的高昂和既判力的有限使得通过司法维护客观法秩序的方式存在先天的局限，人民法院或者检察院在办理公益诉讼案件之外，若定期将行政公益诉讼中发现的立法空白或者漏洞向立法机关汇报，以推动相关法律的修改，可以进一步促进客观法律秩序的完善。

（二）行政公益诉讼受案范围从行政行为扩展到行政活动

要完成立法课以的行政任务，行政机关通常需要采取包括行政行为、准

---

① 参见江岸区人民检察院诉武汉市国土与资源局行政公益诉讼案（岸检行公诉〔2016〕2号）。

② 参见福建清流县人民检察院诉清流县环保局行政公益诉讼案（清检行公益〔2015〕1号）。

行政行为或者事实行为在内的多种行政活动才能实现。如果行政活动违法，检察机关的起诉可能会指向多个行政机关，也可能会指向一个行政机关的多个行政行为。但是，我国《行政诉讼法》的判决类型是针对单个行政行为而设计的。比如，《行政诉讼法》第72条规定的履行职责判决和第74条规定的确认判决都只能单独使用。据此，在国有财产保护案件中，如果既涉及国有土地使用权出让合同执行问题，也涉及国土部门在颁发相关证件时的违法问题，就不能在一个诉中既提起履行追缴国有土地出让金义务的诉求，又提起撤销违法颁发证件的诉求，只能一事一诉。但试点期间，确认违法和责令履行职责的两个诉讼请求通常是一并提出的，绝大多数案件都将确认违法作为提起责令履行职责的充分条件，检察机关通常是针对行政不作为提起确认违法之诉，而为了达到法律实施的目的，又一并提出责令行政机关履行法定职责的诉讼请求。当然，两种判决能否同时适用也存在一定争议。在具体个案的处理中，法检两家的立场不同也存在分歧。主观诉讼的救济功能仅停留在诉求的实现层面，而客观诉讼则不仅要纠正正在发生的违法行为，还要通过确认判决定性以前发生的违法行为，避免同类违法行为再次发生，从而维护法律的权威。

（三）行政公益诉讼中检察机关主要提起确认之诉与责令履职之诉

从法国的情况来看，客观诉讼以撤销诉讼为主。而从两年的公益诉讼试点情况看，检察机关主要提起责令履职之诉，确认之诉次之，提起撤销之诉的比例反而最小。确认之诉是纯粹的程序法上的制度，是效力最弱的权利保护形式，既不能依其进行强制执行，也不能依其改变法律关系。其仅要求法官对法律关系的存在或不存在进行确认，并以此排除当事人间法律状况的不确定性。确认之诉的客体通常是法律关系、事实、法律问题等，并为这些客体提供保护，让其免受干扰或者承认这些法律关系、法律问题、事实。提起确认之诉带有明显的客观诉讼特征。需要注意的是，确认之诉指向的法律关系一般是现在的法律关系，对于过去或者将来的法律关系一般不能进行确认之诉，除非从过去的法律关系可以导出对现在当事人之间的法律关系有间接影响，或者附期限以及附条件的将来的法律关系。

从客观诉讼角度出发，确认判决、撤销判决、责令履行职责判决之间的关系需要重新进行设计。因为根据我国《行政诉讼法》第74条的规定，确认判决主要是撤销判决的补充形式。当被诉行政行为违法但不宜撤销，原行政行为继续有效；或者被诉行政行为违法，但不能适用撤销判决或履行法定职责的判决时，就会作出确认该行政行为违法的判决。[①] 而行政公益诉讼争议的主要不是权利保护问题，而是法律关系、法律问题及事实。因此，确认判决应该有独立的价值。另外，为了提升撤销判决维护客观法秩序的功效，建议在行政公益诉讼法中明确"人民法院在作出撤销判决时，可以判决被告重新作出行政行为或者责令被告采取补救措施"，以弥补《行政诉讼法》第70条仅规定被告重作行政行为的不足。

三、作为国家治理机制的行政公益诉讼

国家治理现代化是中国亟须解决的问题，但中国国家治理现代化的目标和条件与西方国家的治理具有较大的差异。我国的国家治理体系和治理能力现代化建设是我国提出的"第五个现代化"任务，是我国内生型的现代化发展模式。2014年2月17日，习近平总书记在省部级主要领导干部学习贯彻党的十八届三中全会精神全面深化改革专题研讨班上的讲话中也明确指出，"我们思想上必须十分明确，推进国家治理体系和治理能力现代化，绝不是西方化、资本主义化"。[②] 当然，我国的国家治理理念也并非只局限于"治国理政"的政治层面，还涉及一系列体制机制、法律法规的协调问题。[③] 我国国家治理体系现代化通常具有在党的领导下，以国家为主导

---

① 马怀德：《行政诉讼法学》（第二版），中国人民大学出版社2015年版，第164—165页。
② 中共中央文献研究室编：《习近平关于协调推进"四个全面"战略布局论述摘编》，中央文献出版社2015年版，第83页。
③ 习近平：《切实把思想统一到党的十八届三中全会精神上来》，载《人民日报》2014年1月1日。

且注重制度建设的特征。① 作为国家治理体系现代化建设的重要组成部分，行政公益诉讼不仅表现出执政党作用、以国家为主导、改革与建构并重、富含社会主义公益特色的特征，还具有半开放式的民主性、多方协商的科学性等特征。② 但是，治理与统治、管制等研究视角最大的不同在于治理建构于多主体、多中心的网状治理结构中。在网状结构中将追求不同的目标、遵循不同价值观的参与主体通过结构、③ 过程④、机制⑤ 和策略⑥ 联系起来。在网状结构里，不同的行动者形成共同治理驱动力的基础是认识到治理网格中各个主体是相互依赖而非此消彼长的关系。利益各异的行动者只有充分意识到交换或集中资源进行治理的必要性，才会采取共同的行动。要实现国家治理效果，检察机关应该恪守检察权的功能定位。

（一）检察权对立法权的承接与延伸

行政公益诉讼本质上并非只是公共利益救济机制，更是法律秩序的修复与整合机制。检察机关作为法律监督机关，应为维护客观法律秩序而提起诉讼，法律监督职责可视为是立法监督在司法领域的延伸。⑦ 行政公益诉讼作为客观诉讼，很容易发现立法不足的问题，这必然会与立法机关的法律实施监督功能联系起来。现代行政复杂多变，如何保证法制统一是全世界面临的共同难题。传统理论将行政机关视为立法机关的传送带，实际上司法机关也是立法机关的传送带。特别是当大量规范空间由行政机关去自

---

① 杨雨林：《西方治理话语的政治哲学基础与中国国家治理话语体系构建》，载《岭南学刊》2018 年第 5 期。

② 刘艺：《国家治理体系下的检察公益诉讼》，载《中国法学》2020 年第 2 期。

③ 治理的结构是指正式和非正式主体机构的系统架构。See David Levi-Faur, From "Big Government" to "Big Governance"?, in David Levi-Faured., Oxford Handbook of Governance, Oxford University Press, 2012, p.8.

④ 治理的过程是指在长期不停息的政策制定过程中各主体的相互作用方式与对结果的引导功能。

⑤ 治理的机制是指作出决定、服从、控制或者指导的制度性程序。

⑥ 治理的策略是指各主体为了塑造选择偏好，在管理和控制体制、机制的设计方面所做的努力。

⑦ 刘艺：《构建行政公益诉讼的客观诉讼机制》，载《法学研究》2018 年第 3 期。

主塑造，即大量具体的操作性规定通常由行政机关通过制定行政法规、规章或者其他规范性文件予以填补。而这个自主塑造的规范空间过于宽广，易带有部门偏好。通过客观、公正的司法程序发现立法与执法之间的鸿沟是制度优化的必然选择。然后由立法机关对相关立法进行调整，确保公共政策和谐顺畅地实施，修复与粘合统一的法治秩序。我国宪法将检察机关的法律监督职责视为立法监督在司法领域的延伸。作为客观诉讼的行政公益诉讼必然会与立法机关的法律实施监督功能联系起来。行政公益诉讼正式确立之后，20个省级人大常委会听取了公益诉讼专项报告，河北、内蒙古、云南等省级人大常委会作出关于公益诉讼的专项决定。部分省级人大常委会还建立定期听取检察机关公益诉讼汇报的制度。除了专项汇报之外，办理公益诉讼案件还可以发挥维护法律统一实施的功效。

（二）检察权对行政权的补充与协调

法治思维和法治逻辑是国家治理的重要工具，不应对按照法治思维和法治逻辑运行的机制进行负面评价甚至政治问责。行政公益诉讼不应变相成为一种问责机制（除非行政机关工作人员有明显的主观故意），甚至不应只强调其法律监督属性，还应强调其是特定领域内检察权与行政权的合作治理机制。以环境治理为例，相较于公益诉讼检察部门，刑事检察部门打击环境犯罪被认为是最有力度、数量最多，但其打击的范围和力度相较于环境行政处罚而言，却都很小。以2018年为例，刑事检察领域共批准逮捕涉嫌破坏环境资源保护罪9470件（共15095人），起诉26287件；[1] 而这一年全国环保系统作出的环境行政处罚决定书18.6万份，罚没款数额总计152.8亿元。污染环境刑事判决案件数量只是环境行政处罚案件数量的14%。[2] 当然，行政权与检察权在职权性质、信息获取、行动手段、能力以及灵活

———————————

① 《国新办举行中国生态环境检察工作新闻发布会（直播实录）》，载最高人民检察院官网，http://www.spp.gov.cn/spp/tt/201902/t20190214_408034.shtml，最后访问时间：2019年5月25日。

② 高敬：《给环境执法自由裁量权戴上"紧箍"营造公平竞争市场环境》，载新华网，http://www.xinhuanet.com/energy/2019-05/31/c_1124565394.htm，最后访问时间：2019年6月1日。

程度等方面存在先天性的不同。即便如此，二者仍可在信息共享、行动协调和问题共商等方面发挥合作治理效能。

作为一个拥有960多万平方千米国土面积的人口大国，我国只有7万左右的环境执法人员，力量十分薄弱。短期内这种环境监管任务繁重与行政执法力量不足所对应的"强立法"（strong law）与"弱执法"（weak agencies）之间的矛盾是无法改变的。检察机关通过行政公益诉讼监督行政机关执法活动，如果只是对因行政执法力量不足而出现的行政不作为进行监督，并不能化解"强立法"与"弱执法"之间的矛盾。如何借助行政公益诉讼制度延展"强法"在司法领域的法律实施功能才是行政公益诉讼制度应有的功能定位。行政公益诉讼诉前程序的设计初衷正体现了这一功能定位。诉前程序的设置不仅强调了行政执法优先原则，也避免了直接依靠司法程序来实施法律的各种困境。相较于诉讼程序，行政公益诉讼诉前程序是一种多主体参与的公开沟通机制，不受行政管制的形式限制。这很容易将行政管制没有发现或不愿意呈现的问题显现出来。这些问题往往又涉及立法空白、立法漏洞或者执法潜规则等深层次问题。各方若通过行政公益诉讼就相关问题达成一致意见，既维护了法制的统一性，也无须再借助行政执法力量。这种相互嵌套、注重协商的合作机制以公益诉讼诉权为后盾，其影响力自不需多言。当然，仍有部分行政不作为或违法行为的纠正需要借助司法方式去解决，而这部分进入司法程序的行政不作为或者行政违法行为应该不仅仅存在法律适用层面的问题，还存在法律制度层面的问题。行政公益诉讼也并不是昙花一现的现象，它体现了国家治理理论中多方合作治理的精神。行政机关若能理解治理的合作效益也不应对此制度产生抵触心理，反而应积极适应并借助检察力量充分发挥合作治理的效能。从这一定位出发，行政公益诉讼应该重点针对行政行为适法提出异议，让法院对行政行为进行实质合法性审查，才能发挥司法协调、统一行政执法领域与司法领域关于法律适用标准的功效。除此之外，能发挥治理功效的诉讼类型还包括刑事附带民事公益诉讼 ① 和行政公益诉讼、民事公益诉讼一并审理机制。

（三）检察权与审判权的分立与配合

我国宪法规定人民检察院和人民法院由国家权力机关产生并对其负责。人民检察院是国家法律监督机关，人民法院是国家审判机关，两者依法独立行使检察权、审判权。在以审判为中心的诉讼结构中，法官掌握诉讼进程，为寻求公正而作出裁判。但行政诉讼司法实践证明，法院或法官容易受到行政权的干预和影响。"立案难""判决难""执行难"是行政诉讼长期存在的问题。当检察机关介入诉讼结构中必将增强法院监督行政机关的权能。正如习近平总书记就《中共中央关于全面推进依法治国若干重大问题的决定》起草情况向党的十八届四中全会作出的说明中指出，由检察机关提起公益诉讼，有利于优化司法职权配置、完善行政诉讼制度，也有利于推进法治政府建设。首先，与普通行政诉讼原、被告在诉讼能力方面存在巨大悬殊不同，检察机关作为起诉人一定程度上平衡了起诉人、被告、法官之间的力量，构建了更均衡的诉讼结构，使国家利益、社会公共利益得到更有力的保护。其次，检察院和法院都是司法机关，是司法治理的重要力量。法院与检察院作为法律实施机关在对法律理解、人员素质与组织属性等方面存在诸多共性。因此，在公益诉讼的网状结构中，检察机关与审判机关在适用法律方面的认识面更易形成合力（synergy effects），共同推动行政领域与司法领域法律适用的协同性。更重要的是，行政公益诉讼是一种客观诉讼，检察院提起公益诉讼并不是为了维护自身的合法权益，而是为了维护客观法秩序。因此，法院作为裁判者应对公益诉讼起诉人的诉讼请求给予充分的尊重，只要符合起诉条件都应受理，应将法院的立案裁量空间缩减为零。

---

① 根据最高人民检察院《全国检察机关公益诉讼办案工作 2018 年 12 月情况通报》，2018 年 1—12 月，全国检察机关提起刑事附带民事公益诉讼 2476 件，占比 76.70%；提起行政公益诉讼案件 587 件，占比 18.18%；提起民事公益诉讼案件 165 件，占比 5.11%。数据表明检察公益诉讼运行趋势发生了明显转捩：刑事附带民事公益诉讼逐步发展成检察公益诉讼的办案重心，可见公益诉讼工作从传统刑事检察工作中获得了更多支撑，但相关衔接机制还在探索中。

再次，审判机关对行政公益诉讼进行实质性合法审查时，应积极督促检察机关充分履行保护国家利益和社会公共利益的职责。根据《两高解释》的规定，人民法院若认为检察院提起的诉讼请求达不到实质性合法标准或不足以保护国家利益和社会公共利益，则应向检察机关释明变更或者增加相应的诉讼请求。只有人民法院坚守职权主义原则，积极行使审判职权，才能客观公正化解行政执法与司法适用之间的分歧。最后，通过司法程序来实现公益保护目的，可使公益保护的行为规则更清晰、公益保护的目的与手段更匹配以及更利于对各种公益代表主体的控制与监督。所以，行政公益诉讼虽需付出诉讼活动固有的成本，却也有稳定性、客观性与清晰性等优势，并能为国家治理网络提供了稳固的"法治锚定"。① 当然，司法机关的适法判断并不能等同于立法原意，无论是司法判决还是司法（检察）建议都需汇总后，再次向立法机关反馈意见。而针对办案中发现影响广泛的立法冲突或者空白等问题，最高人民法院、最高人民检察院可向全国人民代表大会常务委员会提出合法性审查申请。②

（四）检察权与公民权的衔接与合作

《两高解释》第21条第2款将行政公益诉讼诉前程序回复期延长为两个月，正是为了与《行政诉讼法》第47条相衔接，构建以普通原告诉权为主，行政公益诉权为辅的衔接机制。《行政诉讼法》规定检察院提起公益诉讼的线索限定在"履行职责过程中发现"，但检察机关的履行职责过程也包括控告检察的履职过程。特别是"两法"修改之后，12309检察服务热线公开征集公民、社会组织向检察机关举报的公益损害和行政违法行为线索，实则将社会治理力量吸纳进了公益诉讼治理体系中。

从原则上说，公益保护是所有国家机关和公民的共同职责，而公民没有成为推动公益保护制度的主导力量是我国法制传统和既定政治体制等多种

---

① 相比而言，西方基于社会中心主义，更强调网状治理结构的中间性权力的参与和民主锚定的问题。See Jacob Torfing, fiovernance Networks, in David Levi-Faured., Oxford Handbook of Governance, Oxford University Press, 2012, p.108.

② 《立法法》第99条。

因素影响的结果。① 检察、审判和行政机关都是在党的领导下为人民服务的国家机关，都以公益为行动目标而绝无一己私利。任何一个国家机关都应积极推动公益保护制度，也都可以成为公益司法保护制度之网的中心和关键纽结。但各国家机关由于性质、地位和工作程序的不同，在公益保护领域发挥作用的方式也不同。检察机关成为这项制度构建的主导力量，是党和国家的决策，也是从功能实现角度最恰当的安排。审判机关的公正性部分来自其中立性和适度的消极性。公益司法保护的启动者需要昼警夕惕的敏感、动如脱兔的果决。审判机关明显不适合作为启动的主体。行政机关事务繁多，且很多公益损害违法行为都与其违法行为或不作为有直接或间接的关系，让其高效率地主动提起纠错程序，也不具备现实的可行性。检察机关提起公益诉讼并不是基于利益逻辑或权力逻辑，而是因为其本身没有特殊的利益，在利益方面是"空"的，由其作为公益诉讼治理网络的中心，在法理上是"通"的。而检察机关的权力并没有决定性，仅是一种启动权、建议权，这样更会促使检察机关秉公启动，汇通各种公益保护手段和力量。就法理而论，公理才能讲通。

第三节　行政公益诉讼制度的主要内容

一、行政公益诉讼的线索来源

无论是试点时期的《人民检察院提起公益诉讼试点工作实施办法》（以下简称《高检院实施办法》），还是试点结束后修订的新版《行政诉讼法》和《两高解释》，均将行政公益诉讼的案件来源限定于"履行职责中"。但就如何理解"履行职责中"，法律和司法解释均未予以释明，致使实践中仍存有较大争议："履行职责中"发现的案件线索，是仅指检察机关在行使

---

① 刘艺：《美国私人检察诉讼演变及其对我国的启示》，载《行政法学研究》2017年第5期。

《人民检察院组织法》和《刑事诉讼法》中明确规定的公诉、批捕、诉讼监督等职责过程中所发现的案件线索，还是也包括检察机关之外的人大、政协、党委、政府等机关移送的案件线索，以及公民、法人、其他组织举报、控告、申诉中发现的线索？

在公益诉讼试点时期，行政公益诉讼的案件线索多数来源于检察机关内部反贪污贿赂、反渎职侵权等部门移交。但随着 2018 年国家监察体制改革全面推开，检察机关的反贪污贿赂、反渎职侵权以及职务犯罪预防职能机构转隶至国家监察机关，检察机关内部移交线索的数量已大幅减少。即使在监察体制改革之前，由于检察机关其他部门并不负责行政公益诉讼的具体工作，对相关事项缺乏明确与清晰的了解，检察机关内部各部门间横向移送案件线索的机制就存在不顺畅的问题，在一定程度上导致了重要案件线索的遗漏。① 因此，从实践情况来看，若将"履行职责中"狭义地理解为检察机关在行使《人民检察院组织法》和《刑事诉讼法》中明确规定的公诉、批捕、诉讼监督、执行监督等职责过程中所发现案件线索，必将使检察机关提起行政公益诉讼工作受到掣肘，影响维护国家和社会公共利益的效果。从立法解释来看，均将线索来源限定于"履行职责中"，是为了防止检察机关过度积极运用公益诉讼手段对行政机关履职活动造成干涉，但并未限制检察机关通过外部获取公益诉讼的线索。

2021 年 7 月 1 日起施行的《人民检察院公益诉讼办案规则》（以下简称《办案规则》）第 24 条明确将公益诉讼案件线索的来源规定为：（1）自然人、法人和非法人组织向人民检察院控告、举报的；（2）人民检察院在办案中发现的；（3）行政执法信息共享平台上发现的；（3）国家机关、社会团体和人大代表、政协委员等转交的；（4）国家机关、社会团体和人大代表、政协委员等转交的；（5）新闻媒体、社会舆论等反映的；（6）其他在履行职责中发现的。该规定采取了对"履行职责中"最广义的理解。这样的解释能够让

---

① 孔祥稳、王珏、余积明：《检察机关提起行政公益诉讼试点工作调研报告》，载《行政法学研究》2017 年第 5 期。

检察机关更好履行法律监督职能，① 化解检察机关无法直接获得行政公益诉讼线索的困境，也克服检察机关因"无米下锅"而衍生的畏难情绪。因此，多数学者认为，目前法律所规定的"履行职责中"应做广义理解，既包括各级人民检察机关的公诉、控申等部门在办理相关案件时移交的线索，还应包括检察机关行政检察部门通过群众举报、新闻媒体报道等途径发现的线索，② 以及人大、政协、党委、政府等机关移送的案件线索。③ 2021 年 6 月 15 日中共中央印发《中共中央关于加强新时代检察机关法律监督工作的意见》（以下简称《中央意见》），明确要求"建立公益诉讼检察与行政执法信息共享机制"，实践中各地积极建立行政公益诉讼举报平台，完善国家监察机关、行政执法机关与检察机关信息共享等机制，扩大行政公益诉讼的线索来源渠道。在检察机关作为唯一有权提起行政公益诉讼主体的情况下，通过畅通线索来源渠道，调动社会各界力量为检察机关提供线索，能够弥补行政公益诉讼原告主体单一的不足，使检察机关更为有效地维护国家和社会公共利益。④

二、行政公益诉讼的立案

检察机关获得的行政公益诉讼线索，多来自刑事检察部门。刑事公诉中所涉的受损国家财产与集体财产与公益诉讼检察中保护的国家利益和社会公共利益有交叉与联接的部分。为了避免违反一罪（事）不再罚原则，许多案件若已经追究了刑事责任，通常不会再追究行政责任。只有未构成犯罪、不予起诉、起诉后免予处罚或者行政处罚与刑罚的目的不同可以进行

---

① 秦前红：《检察机关参与行政公益诉讼理论与实践的若干问题探讨》，载《政治与法律》2016 年第 11 期。

② 马怀德：《新时代行政公益诉讼制度的发展与实践》，载《人民论坛·学术前沿》2019 年第 5 期。

③ 秦前红：《检察机关参与行政公益诉讼理论与实践的若干问题探讨》，载《政治与法律》2016 年第 11 期。

④ 马怀德：《新时代行政公益诉讼制度的发展与实践》，载《人民论坛·学术前沿》2019 年第 5 期。

"双罚"① 时，才会移送回给行政机关。而行政机关怠于履行监管职责时，公益诉讼检察部门才能立案。② 因为两大诉讼法对检察公益诉讼的定位不同，检察机关通常应先办理行政公益诉讼案件。所以，在立案环节，相应行政案件既存在行政机关违法或行政不作为情形，又存在公民法人或者其他组织违法侵害公共利益的行为，检察机关会首先选择进行行政公益诉讼案件的立案。而且办理行政公益诉讼与民事公益诉讼程序有诸多不同。通常进入行政公益诉讼诉前程序阶段，行政机关会积极整改；而民事公益诉讼案件的诉前公告程序主要是与其他适格主体进行诉权衔接，并不会直接与侵权行为人发生联系，也不会督促侵权行为人恢复损害或者纠正违法。因此，即便检察机关将线索进行民事公益诉讼案件和行政公益诉讼案件的立案，大部分情况是行政机关在诉前程序中积极履职，纠正了违法行为或者制止了行政相对人的侵权行为。这时，检察机关只能对公民、法人或者其他组织违法侵害公共利益的行为提起民事公益诉讼。如果经过诉前程序，相应案件既存在公民法人或其他组织违法侵害公共利益的行为，又存在行政主管机关违法行政或行政不作为，且行政相对人的违法行为如果不尽快制止、纠正，将会给公共利益造成重大损害情形时，检察机关才会选择一并提起行政公益诉讼和民事公益诉讼。也可能出现，在诉前程序中督促行政机关履行对行政相对人的监管职责之后，行政监管效果不佳时，可以在提起行政公益诉讼时一并提起民事公益诉讼，实现对侵权行为人的制裁效果。

《办案规则》第25条规定，人民检察院对公益诉讼案件线索实行统一登记备案管理制度。重大案件线索应当向上一级人民检察院备案；明确规定人民检察院其他部门发现公益诉讼案件线索的，应当将有关材料及时移送给公益诉讼检察部门。公益诉讼检察部门在办理公益诉讼案件过程中，发现涉嫌犯罪或者职务违法、违纪线索的，应当依照规定移送本院相关检

① 刘艺:《社会治理类检察建议的特征分析与体系完善》，载《中国法律评论》2021年第5期。
② 当然，也有办理刑事案件时，公益诉讼检察部门提前介入而同步立案的情形。

察业务部门或者其他有管辖权的主管机关。人民检察院应当对公益诉讼案件线索的真实性、可查性进行评估，可能存在违法行为的，应当立案调查。检察机关对案件线索进行评估后提出立案或者不立案意见的，应当制作《立案审批表》，经过初步调查的附《初步调查报告》，报请检察长决定后制作《立案决定书》或者《不立案决定书》。

三、行政公益诉讼的诉前程序

诉前程序是行政公益诉讼相较于普通行政诉讼而言的特殊程序，也是检察机关提起诉讼的前置必经程序和重要环节。这一制度设计类似于美国公民诉讼条款（citizen suit provisions）中设置的限制公民直接诉讼的情形。[1]然而，即便像美国这样将诉讼视为重要执法机制的国家，也将诉前督促行政机关履职视为提高法律实施效率的成功经验。[2]七年检察行政公益诉讼实践更是证明诉前程序在整个行政公益诉讼制度中发挥着重要作用，体现出重要价值。

首先，极大节约了行政公益诉讼成本，提高了行政公益诉讼效率。依据《行政诉讼法》和《两高解释》，只有经过诉前程序，行政机关拒不纠正违法行为或者不履行法定职责，国家和社会公共利益仍处于受侵害状态的，检察机关才可以提起行政公益诉讼。检察机关在掌握行政机关违法履职或不履职导致公共利益受到损害的案件线索后，通过走访调查、询问当事人、与行政机关协商等方式即可掌握相关事实和证据并据此作出检察建议。[3]一旦案件进入诉讼阶段，保护国家和社会公共利益的成本将大幅增加。实践中，证明国家和社会公共利益受到的侵害及其程度是检察机关起诉后承担举证责任最主要的内容。检察机关为证明这一事实而进行的调查

---

[1] 刘艺：《美国私人检察诉讼演变及其对我国的启示》，载《行政法学研究》2017年第5期。

[2] See James M. Hecker, The Citizen's Role in Environmental Enforcement: Private Attorney General, Private Citizen, or Both? 8 Natural Resources & Environment 31–62 (1994).

[3] 王玎：《行政公益诉讼证据制度建构——以法经济学为分析视角》，载《青海社会科学》2018年第3期。

取证，在行政公益诉讼成本中所占的比例最大。检察机关在试点实践中通过询问、鉴定、评估、审计、航拍、咨询等方式调查取证，消耗了大量公共财政，导致检察机关提起行政公益诉讼负担着高昂成本。此外，将诉讼作为解决纠纷的手段，成本还主要包括双方当事人投入的时间、费用、精力，以及法院在人力、物力、财力等司法资源上的投入。[①] 因此，在案件进入行政诉讼审判之前，通过检察建议督促行政机关依法履职，及时纠正侵害国家和社会公共利益的不法行为，极大节约了司法资源，提高了检察监督效力。

其次，诉前程序为检察机关行使法律监督权提供了弹性空间，有利于平衡好检察监督权与行政权的关系。行政公益诉讼制度的核心初衷是维护国家和社会公共利益。检察机关在维护国家和社会公共利益的同时，还需要把握好法律监督的深度，处理好与行政权的关系。一方面，检察机关在公益诉讼工作中，应当考虑到行政执法的特点和执法可行性，通过诉前程序即可实现检察机关与行政机关的良性沟通，在维护公共利益和行政机关正常开展执法活动中找到平衡点，以免过度干涉行政管理秩序。另一方面，检察机关在诉前程序通过发出检察建议督促行政机关依法履职，如果行政机关及时纠正违法行为，诉讼目的其实已经实现，能够避免双方"对簿公堂"的尴尬。[②]

行政公益诉讼试点以来，从行政公益诉讼诉前程序的实践来看，检察建议的规范化不足，长期成为掣肘诉前程序发挥应有作用的一个主要因素。《两高解释》第 21 条将规范重点放在诉前检察建议的一般期限和紧急状态

---

① 王玎：《行政公益诉讼证据制度建构——以法经济学为分析视角》，载《青海社会科学》2018 年第 3 期。
② 肖妮娜：《环境行政公益诉讼的逻辑、功能与限度》，载《社会科学家》2019 年第 9 期。

下的回复期限问题上。^① 该司法解释将《试点方案》中规定的"一个月"
诉前程序期限延长至"两个月"，主要考虑到行政公益诉讼要求行政机关
实质性履职，应给行政机关留有较为充足的履职时间。根据《行政诉讼法》
第47条的规定，公民、法人或者其他组织申请行政机关履行保护其人身权、
财产权等合法权益的法定职责，行政机关在接到申请之日起两个月内不履
行的，以上主体可以提起行政诉讼。若行政公益诉讼调整诉前程序期限为
两个月，则可以避免利害关系人愿意提起诉讼而检察机关已经提前提起诉
讼的情形发生。^② 所以，该司法解释条文将行政强制措施检察监督与行政
公益诉讼制度结合创立了行政公益诉讼的诉前紧急程序，即"出现国家利
益或者社会公共利益损害继续扩大等紧急情形的，行政机关应在15日内书
面回复检察建议"。该诉前紧急程序适用的情形并没有限定在行政强制措
施范围，而是"出现国家利益或者社会公共利益损害继续扩大等紧急情形"
时都可适用。这意味着如发现行政行为，包括行政强制措施，对不特定多
数人的权益或者对国家利益造成侵害，且侵害正在继续扩大或有继续扩大
的危险，检察机关可以要求行政机关在15日内对其行为进行说明。这一规
定实际上将行政公益诉讼的诉前程序，转化成对正在进行的侵害不特定多
数人权益的行政行为展开检察监督的机制。^③

　　2018年12月，最高人民检察院通过了《人民检察院检察建议工作规
定》，对检察建议的主要类型、适用范围、调查办理和督促落实程序等内容
予以规定，在很大程度上解决了诉前检察建议依据不足、社会治理类检察

---

① 《两高解释》第21条规定："人民检察院在履行职责中发现生态环境和资源保护、
食品药品安全、国有财产保护、国有土地使用权出让等领域负有监督管理职责的行政机
关违法行使职权或者不作为，致使国家利益或者社会公共利益受到侵害的，应当向行政
机关提出检察建议，督促其依法履行职责。行政机关应当在收到检察建议书之日起两个
月内依法履行职责，并书面回复人民检察院。出现国家利益或者社会公共利益损害继续
扩大等紧急情形的，行政机关应当在十五日内书面回复。行政机关不依法履行职责的，
人民检察院依法向人民法院提起诉讼。"

② 刘艺:《构建行政公益诉讼的客观诉讼机制》，载《法学研究》2018年第3期。

③ 刘艺:《行政检察与法治政府的耦合发展》，载《国家检察官学院学报》2020年
第3期。

建议无法可依的问题。

2021 年 7 月 1 日颁布的《办案规则》进一步规范了行政公益诉讼诉前的检察建议制发流程。检察长决定向行政机关制发检察建议之后，检察机关应当在 3 日内将《检察建议书》送达行政机关，并在送达之日起 5 日内向上一级人民检察院备案。行政机关拒绝签收的，应当在送达回证上记录，把《检察建议书》留在其住所地，并可以采用拍照、录像等方式记录送达过程。人民检察院可以采取宣告方式向行政机关送达《检察建议书》，必要时，可以邀请人大代表、政协委员、人民监督员等参加。人民检察院制发《检察建议书》之后，应当对行政机关履行职责的情况和国家利益或者社会公共利益受到侵害的情况跟进调查，收集相关证据材料。经过跟进调查，检察官区分不同情况，可终结案件、提起行政公益诉讼或者移送其他人民检察院处理。

检察机关制发的《检察建议书》应当包括以下内容：（1）行政机关的名称；（2）案件来源；（3）国家利益或者社会公共利益受到侵害的事实；（4）认定行政机关不依法履行职责的事实和理由；（5）提出检察建议的法律依据；（6）建议的具体内容；（7）行政机关整改期限；（8）其他需要说明的事项。而且《检察建议书》的建议内容应当与可能提起的行政公益诉讼请求相衔接。①

若行政机关在法律、司法解释规定的整改期限内已依法作出行政决定或者制订整改方案，但因突发事件等客观原因不能全部整改到位，且没有怠于履行监督管理职责情形的，人民检察院可以中止审查。中止审查的，应当经检察长批准，制作《中止审查决定书》，并报送上一级人民检察院备案。中止审查的原因消除后，应当恢复审查并制作《恢复审查决定书》。②
若行政机关经检察建议督促仍然没有依法履行职责，或者经跟进调查，认定行政机关未依法履行职责，③ 人民检察院应当依法提起行政公益诉讼，不

---

① 《办案规则》第 76 条。
② 《办案规则》第 78 条。
③ 《办案规则》第 82 条。

得任意放弃公益诉权。[①]

四、行政公益诉讼的起诉条件

人民检察院认定行政机关逾期不回复检察建议，但没有实质性执行的；或者虽然按期回复检察建议，但未采取整改措施或者仅采取部分整改措施的；或者已经制定整改措施，但没有实质性执行的以及整改违反法律法规规定的；因客观障碍导致整改方案难以按期执行，但客观障碍消除后未及时恢复整改的；以及违法行为人已经被追究刑事责任或者案件已经移送刑事司法机关处理，但行政机关仍应当继续依法履行职责的，并且国家利益或者社会公共利益处于受侵害状态的，都应当依法提起行政公益诉讼。

检察机关以公益起诉人的身份提起行政公益诉讼，起诉条件明显比《行政诉讼法》第49条规定的普通原告起诉条件更加严格。检察机关派员出庭参加公益诉讼，履行《两高解释》第9条[②]规定的特定诉讼活动职责。检察机关在公益诉讼中需要提交不同于普通原告的诉讼材料，包括：（1）行政公益诉讼起诉书，并按照被告人数提交副本；（2）被告违法行使职权或者不作为，致使国家利益或者社会公共利益受到侵害的证明材料；（3）检察机关已经履行诉前程序，行政机关仍不依法履行职责或者纠正违法行为的证明材料。[③]无须提交组织机构代码证、法定代表人身份证明和指派检察人员参加诉讼活动的授权文书等。普通原告起诉并不要求起诉达到疏明的程度，也不要求原告宣誓自己的起诉是正当的，也无须为此提供担保，而检察机关提交起诉材料时，需要对相关证据的真实性负责。[④]人民法院向检察机关发送的是出庭通知书而不是传票。但在公益诉讼程序中，检察机关和其他诉讼参加人的诉讼权利和诉讼义务是平等的，在法庭上必须讲证据、讲

[①] 刘艺：《检察公益诉讼的诉权迷思与理论重构》，载《当代法学》2020年第1期。

[②] 《两高解释》第24条规定，出庭检察人员履行以下职责：（一）宣读公益诉讼起诉书；（二）对人民检察院调查收集的证据予以出示和说明，对相关证据进行质证；（三）参加法庭调查，进行辩论并发表意见；（四）依法从事其他诉讼活动。

[③] 《两高解释》第22条。

[④] 刘艺：《构建行政公益诉讼的客观诉讼机制》，载《法学研究》2018年第3期。

事实、讲法律，必须尊重审判机关的审判权。[①]

检察机关针对行政机关的不同违法情形，可向人民法院提出确认行政行为违法或者无效、撤销或者部分撤销违法行政行为、依法履行法定职责、变更行政行为等诉讼请求。但检察机关要求行政机关依法履行法定职责的诉讼请求中不应载明行政相对人承担具体义务或者减损具体权益的事项。

五、行政公益诉讼的受案范围

试点时期的《高检院实施办法》将检察机关提起行政公益诉讼的受案领域范围限定于生态环境和资源保护、国有资产保护、国有土地使用权出让等领域。2017年修改后的《行政诉讼法》规定，检察机关提起行政公益诉讼的范围主要涉及生态环境和资源保护、国有财产保护、国有土地使用权出让和食品药品安全四个重点领域。第一，生态环境和资源保护是重点办案领域。在生态环境和资源保护领域，国家和社会公共利益最容易受到侵害。赋予检察机关在该领域提起行政公益诉讼的权力，可以及时保护受损的生态环境和资源，建设生态文明，从而维护国家和社会公共利益。第二，在试点期间，食品药品安全仅限于民事公益诉讼领域，不属于行政公益诉讼的范围。但食品药品安全领域也存在较多行政机关违法履职导致国家和社会公共利益受到损害的情形。实践中，一些地方政府对食品药品安全领域的违法生产和销售行为监管不严，执法不作为、慢作为问题突出。2017年新《行政诉讼法》增加了食品药品安全领域作为行政公益诉讼的受案范围；从而可以有效监督行政机关依法履行职责，保障百姓的身体健康和生命安全。第三，将国有资产保护领域改为国有财产保护领域。保护国有财产是维护国家利益的重要内容。较之"资产"而言，"财产"的范围更加广泛。这一措辞上的变化实际上拓展了检察机关提起行政公益诉讼的范围，加强了对国有财产的保护力度。第四，国有土地使用权出让与国有财产密切相关。《行政诉讼法》之所以将国有土地使用权出让与国有财产保护分开

---

① 《办案规则》第83条、第84条。

列举，是因为实践中在国有土地使用权出让领域，国家利益受到侵害的问题极为突出。例如，在国有土地使用权出让招拍挂程序中，低价出让国有土地使用权，导致国有财产受到损害的现象普遍存在。为重点保护国有土地使用权出让领域中的国家与社会公共利益，法律将国有土地使用权出让单列为检察机关提起行政公益诉讼的重点领域。

理论界与实务界对《行政诉讼法》第25条第4款规定受案范围是"等"内还是"等"外存在巨大分歧。如果作"等"内解释，意味着检察机关提起行政公益诉讼的范围仅限于生态环境和资源保护、食品药品安全、国有财产保护、国有土地使用权出让这四个领域。反之，如果作"等"外解释，检察机关提起行政公益诉讼的范围可以不限于这四个领域。党的十九届四中全会决定指出要"拓展公益诉讼案件范围"。2021年《中央意见》明确要求"积极稳妥拓展公益诉讼案件范围，探索办理安全生产、公共卫生、妇女及残疾人权益保护、个人信息保护、文物和文化遗产保护等领域公益损害案件"。这为检察机关进行公益诉讼"等"外探索提供了方针指引和政策依据。因此，在不修改《行政诉讼法》的前提下，将"等"作"等"外解释，既符合党的政策要求，也符合法理逻辑，能够适应现实需要。值得注意的是，目前专门立法或单行法律也在不断扩大检察机关提起行政公益诉讼的范围，使得更多的国家和社会公共利益类型受到行政公益诉讼制度的保护。

除了行政监管领域之外，行政公益诉讼受案范围还限定了行政行为的类型。根据《行政诉讼法》第25条第4款的规定，行政行为的类型应该是行政机关作出行政行为或者不作为，并不包括事实行为、准行政行为等。虽然实践中检察机关办理了许多针对事实行为的案件，比如从保护生态环境角度督促有关部门清扫垃圾（事实行为）、从维护公共安全角度督促有关部门维护井盖等公共设施（事实行为）等案件。检察机关的理由是这些事项都有政府的专项资金支持，虽属事实行为，但怠于履职都可以监督。2014年《行政诉讼法》修改时也将部分事实行为纳入受案范围。但是，2017年《行政诉讼法》修改时还是将行政公益诉讼监督的行政行为类型限制在违法行使职权与不作为两类行政行为范围之中。检察机关的公益诉权必须有法律明确授权，不能任意扩大。而且事实行为的履行有关善治，而并非严格意义的依法行政问题。因此，在无法律明确授权的情况，不建议检察机关将有限的人力物力投入对事实行为的监督领域。

行政行为的执行并不必然符合受案范围的行为类型要求。现行法律规定国有土地出让金追缴通过民事诉讼方式执行，而不是交由行政非诉执行机制去实现。试点期间，检察机关对于流失的国有土地出让金采取了非诉执行与民事诉讼追缴并行的方法。近期检察机关不以行政公益诉讼而以民事诉讼或者民事公益诉讼的方式办理国有土地出让金追缴案件的趋势越来越明显。而其他行政非诉执行案件是否属于受案范围，理论界与实务界存在较大的分歧。《办案规则》第68条将行政非诉执行行为全部纳入行政公益诉讼受案范围。而学者认为原则上，行政公益诉讼可诉性的判断标准与检察权介入行政活动的边界都应遵循法律保留原则。一般行政行为的执行行为应由非诉执行机制衔接，但行政公益诉讼制度与非诉执行机制衔接问题，还涉及检察机关内部公益诉讼检察部门与行政检察部门的职能划分。若作出行政决定的行政机关有强制执行权，则应将行政决定未完全执行的案件纳入行政公益诉讼范围；而当作出行政决定的行政机关没有强制执行权，只能申请人民法院非诉执行时，则可以将该案移交给检察机关的行政检察部门去办理。[①] 因为无论是行政机关违法处分执行标的，还是由人民法院将行政强制执行案件交由有强制执行权的行政机关执行而行政机关不依法履职的情形，都需要一并审查人民法院的非诉执行裁决，不是仅审查行政机关执行行为。综上，《办案规则》第68条第1项，行政机关作出的行政决定，行政机关有强制执行权而怠于强制执行，或者没有强制执行权而怠于申请人民法院强制执行的这些执行行为，属于行政公益诉讼的受案范围。但是《办案规则》第68条第2项、第3项的非诉执行行为，则更适用由行

[①] 刘艺:《行政检察与法治政府的耦合发展》，载《国家检察官学院学报》2020年第3期。

政检察部门进行监督。

六、行政公益诉讼的管辖

《行政诉讼法》第 14 条规定，基层人民法院管辖第一审行政案件。理论界虽然反复提议行政诉讼应实行提级管辖，但行政诉讼法的管辖原则没有修改，行政公益诉讼案件只能由基层人民法院一审管辖。自 2008 年始，人民法院不断推进交叉管辖、类案集中管辖改革、与行政区划分离的相对集中管辖、专门法院管辖等改革举措。2015 年的检察公益诉讼改革未能与铁路检察院改革进行全面通盘规划。最高人民法院推行专门法院集中管辖改革的阶段性问题也带来了附带诉讼管辖原则协同的困难。大多环境资源法庭仍然采用的是民事案件、部分行政案件准"二合一"归口审理模式，未实现"二合一""三合一"模式的地区，人民检察院提起行政公益诉讼与民事公益诉讼案件，就会出现人民法院统一受理受阻的问题。以上这些先后进行、分头推进的司法改革，致使行政公益诉讼的管辖图景异常复杂，出现行政机关、人民检察院、人民法院管辖区域"两分离""三分离"以及"更加复杂分离"等情况。[①] 而且在公益诉讼中，若采取行政公益诉讼与民事公益诉讼案件一并审理机制，更会引发行政公益诉讼由基层管辖，民事公益诉讼由中级人民法院管辖这样的不同级别管辖原则无法统一，也就无法一并审理的内在冲突。

最高人民检察院在公益诉讼试点期间曾出台《关于深入开展公益诉讼试点工作有关问题的意见》，规定各试点省级人民检察院可以与省高级人民法院进行沟通，协调管辖问题。但是，省级法院、检察院会签的文件未能就公益诉讼的管辖规则达成一致意见，毕竟公益诉讼管辖涉及刑事、民事、行政三大类的管辖原则与具体规则的协调问题。在具体案件办理中，普遍存在法检无法协调管辖权的制度阻碍。综上，人民法院推行的跨区划管辖

---

① 刘艺：《行政公益诉讼管辖机制的实践探索与理论反思》，载《国家检察官学院学报》2021 年第 4 期。

改革与专门审判改革本身有不协调的问题，比如行政案件集中审判与环境资源案件集中审判的内在矛盾。加上与检察机关的跨区划管辖与公益诉讼改革也有许多需要调和的矛盾，这使得行政公益诉讼程序与民事公益诉讼程序的协同困难重重。法检在管辖改革上的不同步只是局部性问题，还有许多整体性程序协同问题需要顶层统筹。

2021 年《办案规则》注意到公益诉讼管辖中存在的问题，花了较多篇幅规范管辖问题，比如将行政公益诉讼管辖分为检察机关的立案管辖与诉讼管辖两种类别。《办案规则》重点规范检察机关的立案管辖问题，而诉讼管辖还是遵循《行政诉讼法》的规定。需要提起诉讼时，立案管辖服从于诉讼管辖原则。即人民检察院立案管辖与人民法院诉讼管辖级别、地域不对应的，具有管辖权的人民检察院可以先立案，需要提起诉讼时，将案件移送给有诉讼管辖权的人民法院对应的同级人民检察院提起诉讼。①

《办案规则》规定，人民检察院办理行政公益诉讼案件，由行政机关对应的同级人民检察院进行立案管辖。但被告为一级人民政府，可由上一级人民检察院进行立案管辖。公益损害范围涉及两个以上行政区划的公益诉讼案件，可由共同的上一级人民检察院管辖。人民检察院发现公益诉讼案件线索不属于本院管辖的，应当制作《移送案件线索通知书》，移送有管辖权的同级人民检察院，受移送的人民检察院应当受理。受移送的人民检察院认为不属于本院管辖的，应当报告上级人民检察院，不得自行退回原移送线索的人民检察院或者移送其他人民检察院。人民检察院发现公益诉讼案件线索属于上级人民检察院管辖的，应当制作《报请移送案件线索意见书》，报请移送上级人民检察院。

七、行政公益诉讼的受理

人民法院受理行政公益诉讼时，并不局限于审查《行政诉讼法》第49条规定的起诉条件。人民法院在受理案件时需要审查以下几个方面：（1）有

---

① 《办案规则》第13条、第15条、第16条。

适格的原告;(2)有明确的被告;(3)有具体的诉讼请求和事实依据,且诉讼标的未被其他生效裁判的效力所羁束;(4)属于人民法院受案范围和受诉人民法院管辖;(5)不属于重复起诉;(6)符合起诉期限;(7)符合行政复议前置规定;(8)符合由诉讼代理人、法定或者指定代理人、代表人为诉讼行为的特别规定;(9)提交起诉状并按照被告人数提出副本;(10)符合法律规定的其他起诉条件等。《两高解释》第22条、第23条对行政公益诉讼的起诉条件作了概括性规定。

人民法院的受理审查义务是指人民检察院依据《行政诉讼法》第25条第4款的规定提起行政公益诉讼,符合《行政诉讼法》第49条第2项、第3项、第4项及该解释规定的起诉条件的,人民法院应当登记立案。这与普通原告起诉时法院"可以"登记立案不同。人民法院受理行政公益诉讼案件的条件是:(1)有法律明确规定的公益诉讼起诉人;(2)有明确的被告;(3)有具体的诉讼请求;(4)有国家利益或者社会公共利益受损害的事实;(5)履行诉前程序的证据以及诉前程序的期限已过;(6)属于人民法院行政公益诉讼的受案范围和受诉人民法院管辖。只要符合这些条件,人民法院必须受理行政公益诉讼案件。

八、行政公益诉讼中检察机关的调查权限

2021年《办案规则》对人民检察院办理公益诉讼案件的调查权限和程序进行了明确的规定。比如要求人民检察院在调查前制作调查方案,确定调查思路、方法、步骤以及拟收集的证据清单等。授权人民检察院可以采取查阅、调取、复制有关执法、诉讼卷宗材料等;询问行政机关工作人员、违法行为人以及行政相对人、利害关系人、证人等;向有关单位和个人收集书证、物证、视听资料、电子数据等证据;咨询专业人员、相关部门或者行业协会等对专门问题的意见;委托鉴定、评估、审计、检验、检测、翻译;勘验物证、现场等其他必要的调查方式。但禁止人民检察院采取限制人身自由或者查封、扣押、冻结财产等强制性措施。

人民检察院开展调查和收集证据,应当由两名以上检察人员共同进

行。检察人员在询问前应当出示工作证，询问过程中应当制作《询问笔录》。被询问人确认无误后，签名或者盖章。被询问人拒绝签字盖章的，应当在笔录上注明。人民检察院可以依照规定组织听证，听取听证员、行政机关、违法行为人、行政相对人、受害人代表等相关各方意见，了解有关情况。听证形成的书面材料是人民检察院依法办理公益诉讼案件的重要参考。检察官可以组织司法警察、检察技术人员参加，必要时可以指派或者聘请其他具有专门知识的人参与。检察人员可以依照有关规定使用执法记录仪、自动检测仪等办案设备和无人机航拍、卫星遥感等技术手段，调查收集证据。

人民检察院对专门性问题认为确有必要鉴定、评估、审计、检验、检测、翻译的，可以委托具备资格的机构进行，委托时应当制作《委托鉴定（评估、审计、检验、检测、翻译）函》。根据案件实际情况，人民检察院可以商请相关单位协助进行。需要向有关单位或者个人调取物证、书证的，应当制作《调取证据通知书》和《调取证据清单》，持上述文书调取有关证据材料。人民检察院可就专门性问题书面或者口头咨询有关专业人员、相关部门或者行业协会的意见。口头咨询的，应制发笔录，由接受咨询的专业人员签名或者盖章。书面咨询的，应当由出具咨询意见的专业人员或者单位签名、盖章。确有必要的，人民检察院可以勘验物证或者现场。勘验应当在检察官的主持下，由两名以上检察人员进行，可以邀请见证人参加。必要时，可以指派或者聘请有专门知识的人进行。勘验情况和结果应当制作笔录，由参加勘验的人员、见证人签名或者盖章。检察技术人员可以依照相关规定在勘验过程中进行取样并进行快速检测。

行政机关及其工作人员拒绝或者妨碍人民检察院调查收集证据的，人民检察院可向同级人大常委会报告，向同级纪检监察机关通报，或者通过上级人民检察院向上级主管机关通报。

九、行政公益诉讼的举证责任

举证责任是证明主体为了使自己的诉讼主张得到法院裁判确认，所承担的提供和运用证据支持自己的主张以避免对于己方不利的诉讼后果的责任。[①]

《行政诉讼法》第 34 条规定,行政诉讼中被告承担举证责任。2018 年《两高解释》第 22 条明确规定,人民检察院提起行政公益诉讼应当提交被告违法行使职权或者不作为,致使国家利益或者社会公共利益受到侵害的证明材料,以及检察机关已经履行诉前程序,行政机关仍不依法履行职责或者纠正违法行为的证明材料。这意味着检察机关在行政公益诉讼的起诉环节,应就国家利益或者社会公共利益受到侵害和行政机关在诉前程序中仍不依法履行职责或者纠正违法行为提供相关证明材料。由此可见,在行政公益诉讼中,公益诉讼起诉人在起诉环节所承担的证明事项要明显重于一般行政诉讼中原告起诉时提供的初步证明事项。这样规定的理由主要在于,检察机关的调查取证能力要高于普通原告,启动诉讼的能力也高于普通原告。而且,作为国家和社会公共利益代表者,检察机关在起诉时应当就国家和社会公共利益受到的损失情况提供初步的证明材料。

《两高解释》列举式的规定是检察机关在提起行政公益诉讼时应当提供的材料,这并不等同于行政公益诉讼的证明责任。对于行政公益诉讼中的证明责任,《两高解释》并未明确予以规定。举证责任实际上是诉讼当事人举证可行性最优的配置。在一般行政诉讼中,《行政诉讼法》原则上实行举证责任倒置原则的理由在于,依法行政原则要求行政机关依据现行法律规范和相关事实、证据作出行政行为。这意味着行政机关在作出行政行为之前,已经存在相应的法律依据,并且掌握了与之相关的事实和证据。因此,由行政机关在行政诉讼中承担举证责任是最为可行的。行政公益诉讼中的举证责任配置,同样应建立在充分考量检察机关和行政机关举证可能性的基础之上,作出最为科学和优化的安排。基于这一举证责任的配置原则,检察机关应当主要对国家利益或者社会公共利益受到侵害的事实和诉前程

---

① 卞建林、谭世贵:《证据法学》(第三版),中国政法大学出版社 2014 年版,第 436 页。

序中的检察建议承担证明责任，行政机关应就其依法履行行政职责的法律依据和事实承担举证责任。

十、行政公益诉讼的审理

人民法院对行政公益诉讼的审理应坚持审判职权主义的相关规则。立案后，人民法院若发现检察机关的起诉不符合起诉条件，应当告知检察机关补充材料；在审理阶段，我国可以借鉴法国和德国客观诉讼的调查原则，采用纠问式调查方式，让法官依职权主动调查案件事实，主导行政公益诉讼的庭审活动，必要时法官可以不依赖于双方当事人进行"查证"。[①] 在公益诉讼中，人民法院为维护公共利益，应依职权主动调查证据，不受当事人主张的拘束。审判长应当引导当事人就行政行为或者行政活动的合法性进行辩论。审判长应向当事人发问或告知，要求其陈述事实、提供证据；其陈述事实或者提供证明不足时，应责令其阐明或者补充。根据行政公益诉讼必须进行实质合法性审查的原则，建议增加行政公益诉讼庭前会议的相关规定。2012 年修改的《刑事诉讼法》规定了庭前会议程序，但《行政诉讼法》尚未设置该项制度。《最高人民检察院办理行政公益诉讼案件指南（试行）》也规定了，行政公益诉讼案件可以召开庭前会议。根据实践情况来看，在行政公益诉讼的庭前会议中，检察机关与行政机关基本能做到诚实互信，双方可以充分表达参与诉讼的目的，并可以针对是否履职等核心问题交换意见，过滤不当诉求，明确审庭焦点问题，进而可以帮助提高正式庭审的效率。[②]

人民法院可以决定将行政公益诉讼与民事公益诉讼进行一并审理。行政公益诉讼与民事公益诉讼一并审理是指检察机关在履行职责过程中发现破坏生态环境和资源保护、食品药品安全领域侵害众多消费者合法权益等侵害社会公共利益的行为与行政机关违法行使职权或者不作为具有关联性，

① [德]弗里德赫尔穆·胡芬：《行政诉讼法》，莫光华译，刘飞校，法律出版社2003 年版，第 543 页。

② 刘艺：《构建行政公益诉讼的客观诉讼机制》，载《法学研究》2018 年第 3 期。

在符合行政公益诉讼起诉条件的情况下，一并将关联的民事公益诉讼进行合并审理、共同追究行政主体与民事主体的责任。在试点期间，检察机关办理了大量矿产资源和耕地资源破坏类行政公益诉讼附带民事公益诉讼案件。最高人民法院审判委员会于 2019 年 12 月 26 日发布第 136 号指导案例——吉林省白山市人民检察院诉白山市江源区卫生和计划生育局、白山市江源区中医院环境公益诉讼案。该案的基本案情是：白山市江源区中医院新建综合楼时，未建设符合环保要求的污水处理设施即投入使用。吉林省白山市人民检察院发现该线索后，进行了调查。调查发现白山市江源区中医院通过渗井、渗坑排放医疗污水。经对其排放的医疗污水及渗井周边土壤取样检验，化学需氧量、五日生化需氧量、悬浮物、总余氯等均超过国家标准。还发现白山市江源区卫生和计划生育局在白山市江源区中医院未提交环评合格报告的情况下，对其《医疗机构职业许可证》校验为合格，且对其违法排放医疗污水的行为未及时制止，存在违法行为。检察机关在履行了提起公益诉讼的前置程序后，诉至法院，请求：1. 确认被告白山市江源区卫生和计划生育局于 2015 年 5 月 18 日为第三人白山市江源区中医院校验《医疗机构执业许可证》的行为违法；2. 判令白山市江源区卫生和计划生育局履行法定监管职责，责令白山市江源区卫生和计划生育局限期对白山市江源区中医院的医疗污水净化处理设施进行整改；3. 判令白山市江源区中医院立即停止违法排放医疗污水。该案的裁判要点是人民法院在审理人民检察院提起的环境行政公益诉讼案件时，对人民检察院就同一污染环境行为提起的环境民事公益诉讼，可以参照行政诉讼法及其司法解释规定，采取分别立案、一并审理、分别判决的方式处理。

十一、行政公益诉讼的裁判

依据《行政诉讼法》和《两高解释》规定，行政公益诉讼可以适用确认违法或无效、撤销或部分撤销行政行为、履行法定职责、变更行政处罚或款额、驳回诉讼请求五种判决种类。人民法院应该认识行政公益诉讼的客观诉讼特性，重新确立行政诉讼中确认判决、撤销判决、履行判决之间的关系。在客观诉讼中，确认判决不单单是撤销判决的候补，也可以专门针对行政不作为违法的情形；应该允许法院针对行政机关从事行政活动或者实现行政任务过程中存在的违法情形，同时适用确认判决和责令履行职责判决。

从实践情况来看，在占据绝对比例的不作为类行政公益诉讼案件中，除了部分行政机关在诉讼过程中依法履职，法院作出确认违法判决，以及检察机关主动撤诉的案件以外，法院在其余多数不作为类案件中，均作出要求行政机关履行法定职责的判决。然而履行判决存在的最大问题在于法院对履行职责的要求过于笼统。这就导致既不利于行政机关切实履行生效判决义务，也不利于对生效判决执行的监督，最终影响行政公益诉讼对维护国家和社会公共利益的效果。

实践中，法院在履行法定职责判决中的表述常为"依法履行法定职责""依法履行监管职责""依法履行生态保护职责""依法履行垃圾管理职责"等。然而，行政机关如何履行法定职责，在什么期限内履行法定职责，履行法定职责到何种程度，履行法定职责应达到什么效果等，都没有体现在判决书中。这就可能导致行政机关履行生效判决不充分，同时为检察机关对行政机关履行判决的法律监督造成了一定困难。但从司法权与行政权分工的角度来看，"判决内容过于概括、抽象，可能影响监督行政机关依法履职的效果，无法从根本上维护国家利益和社会公共利益；判决内容过于明确、具体，则可能僭越行政职权，影响行政执法总体效能"。[①] 此外，部分行政公益诉讼案件可能确实无法明确行政机关履职的方式、期限、效果等内容。例如，在生态环境和资源保护类案件中，对受损生态环境的修复或许需要数十年甚至上百年时间，针对此类案件似乎难以将行政机关依法履行的法定职责具体化。

基于上述考量，为更加有效维护国家和社会公共利益，法院在作出履

---

① 马怀德：《新时代行政公益诉讼制度的发展与实践》，载《人民论坛·学术前沿》2019年第5期。

行法定职责判决时，应当尽量详尽地对行政机关履行监管职责的期限、方式、程度等作出明确要求。此外，对于行政机关履行法定职责周期较长，或者复杂性、专业性较强，难以在判决中明确履行法定职责具体内容的情形，判决内容可以不过于精细，但在判决生效后，检察机关应当对行政机关履职情况进行持续跟踪监督，充分发挥法律监督职能。在制度上，可以尝试"建立行政公益诉讼判决履行情况跟踪监督机制，要求行政机关定期向检察机关报送判决履行情况。检察机关可以对行政机关履行判决的情况进行审查，认为行政机关不履行判决或不当履行判决的，应当向其发出检察建议"。[1]

十二、行政公益诉讼的二审程序

根据《两高解释》的规定，上一级人民检察院也享有参与二审、撤回上诉的权利。在二审程序中，除了提起公益诉讼的人民检察院派员参加之外，上一级人民检察院也可以派员参加。[2] 由两级检察机关作为当事人共同参加二审，是最高人民法院坚持当事人恒定原则与最高人民检察院坚持同级监督原则无法调和时，双方达成的折中方案。但是，享有上诉权的检察机关仍然是提起公益诉讼的检察机关；上一级检察机关虽没有上诉权，但有撤回上诉的权利，即上级检察机关认为上诉不当时，可以向同级人民法院撤回上诉。这样规定意味着公益诉权并非只包括起诉权、上诉权，还包括撤回诉讼的权利，而且诉权主体并非只有提起公益诉讼的检察机关，上级检察机关对下级检察机关的监督职责与诉权的部分内容有重合。

十三、行政公益诉讼的执行

行政公益诉讼判决生效之后，被告不履行已生效判决、裁定的，由人民

---

① 孔祥稳、王珲、余积明：《检察机关提起行政公益诉讼试点工作调研报告》，载《行政法学研究》2017 年第 5 期。

② 《两高解释》第 11 条。

法院移送执行，而不由公益诉讼起诉人申请。① 根据《最高人民法院关于
人民法院执行工作若干问题的规定（试行）》第 19 条的规定，生效法律文
书的执行，一般应当由当事人依法提出申请。所谓"国家执行原则"是依
申请而启动，而《两高解释》将行政公益诉讼的执行机制设定为由人民法
院移送执行，表明公益诉权包含了判决必须获得执行的后果。②

第四节　行政公益诉讼的发展趋势与完善路径

一、我国行政公益诉讼的发展趋势

2017 年 7 月 1 日，我国行政公益诉讼制度正式确立。经过 5 年的实践，
行政公益诉讼的司法实践展现出一些新的发展趋势。

（一）行政公益诉讼受案范围不断拓展

党的十九届四中全会决议提出要"拓展公益诉讼案件范围"，《中央意
见》明确要求"积极稳妥拓展公益诉讼案件范围，探索办理安全生产、公
共卫生、妇女及残疾人权益保护、个人信息保护、文物和文化遗产保护等
领域公益损害案件"。因此，拓展公益诉讼受案范围是公益诉讼检察部门近
几年工作的重点。2017 年《行政诉讼法》修法规定的公益诉讼受案范围集
中在涉及国家利益和分散性公共利益的"四大"领域。近年来随着《英雄
烈士保护法》《未成年人保护法》《军人地位和权益保障法》《安全生产法》
《个人信息保护法》5 部法律先后修订或制定实施，英烈名誉荣誉保护、未
成年人保护、军人权益保护、安全生产、个人信息保护纳入检察公益诉讼
法定领域范围。2021 年，"4+5"九大检察公益诉讼法定领域共立案 12.4 万
件，法定领域以外的新领域共立案 4.5 万件。

---

① 《两高解释》第 12 条。
② 根据诉讼监督原则，若人民法院不移送执行，检察机关可以进行监督。当然，监
督的检察机关与提起诉讼的检察机关并不是同一机关。人民法院移送生效判决、裁定，
应由行政检察部门而非公益诉讼检察部门来进行监督。

在法定新增或者实践拓展的新领域中，最值得关注的是妇女、老年人、残疾人、未成年人等特定群体权益保护领域。2021年，妇女、老年人、残疾人权益保障领域检察公益诉讼共立案1036件，未成年人保护领域立案6633件，无障碍环境建设领域立案3272件。梳理相关案例后发现，检察机关在办理特定群体权益保障领域内的公益诉讼案件时很少提起行政公益诉讼，多是借助社会治理类检察建议来督促相关监管主体履职，即便提起民事公益诉讼也多属代位诉讼而非典型公益诉讼。这说明实践并未很好地把握特定群体权益保障类行政公益诉讼本质，理论上也有一些问题尚未澄清。特定群体权益本质是集合型个人权益，与《行政诉讼法》规定的公益类型并不相同。但特定群体权益行政公益诉讼的确表现行政公益诉讼已经从客观诉讼转向主观诉讼，但与现行行政公益诉讼机制仍有些不契合。通过研判相关领域的行政违法行为，发现对特定群体权益保护更宜采取行政违法行为检察手段。在刑事手段、行政违法行为检察监督手段、公益诉讼手段之间，检察机关可遵循"刑事优先原则"；行政检察部门、公益诉讼检察部门可研判特定群体受害类刑事案件，发现行政违法行为先进行行政违法行为检察监督；只有特定群体权益受到侵害并导致社会公共利益受损的案件，方可提起公益诉讼。①

（二）检察行政公益诉讼规范体系逐步完善

现行的《行政诉讼法》《民事诉讼法》《两高解释》《办案规则》以及最高人民法院、最高人民检察院发布的部分规范性文件共同构成了检察公益诉讼的规范体系。2021年7月1日起施行《办案规则》共六章112条，是目前对检察公益诉讼进行全方面、体系性规定的司法规范。

根据《办案规则》，行政公益诉讼的规范内容涵盖了管辖、回避、立案、调查、检察建议、提起诉讼、出席第一审法庭、上诉、诉讼监督等程序与机制。《办案规则》有许多独特的具体规定，如办理案件实施一体化工

---

① 刘艺：《妇女权益保障领域检察公益诉讼机制的理论基础与实现路径》，载《重庆大学学报（社会科学版）》2022年第2期。

作机制，线索统一登记备案，线索评估形成初步调查报告，与行政机关开展磋商，依法履职认定等。当然，《办案规则》作为最高人民检察院出台的规范性文件，目前主要对检察机关办案具有引导、规范作用，并不必然约束审判机关。

（三）行政公益诉讼的实践变化

2017年7月1日检察公益诉讼制度全面推开后，无论是人民检察的立案、起诉量，还是人民法院的受理、裁判数据都呈现出快速增长的态势。以检察机关立案为例，2018年全国检察机关公益诉讼案件立案突破10万件，达到11.3万件，2019年为12.7万件，2020年为15.1万件，2021年为16.9万件。在此基础上行政公益诉讼的办案特征有些变化。

就区域而言，不管是法院还是检察院，不同省份的办案数据分布不均。以2021年部分办案数据为例，行政公益诉讼立案数排名第一的山西省立案数量为1.04万件，而最后三名的省份立案数量均不满1000件；提起行政公益诉讼数量排名第一的贵州省提起诉讼0.01万件，而最后五名的省份均未提起案件。公益诉讼的立案数快速增长，但办案数在各领域分布严重不均。与诉前阶段的案件相比，提起诉讼的案件量极低。败诉率稳步增长，为降低败诉率，提起诉讼的案件会以终止诉讼或者撤回诉讼的方式结案。

就办案层级而言，无论哪种诉讼类别，无论哪个阶段的案件，基层检察院都是办案主力军。但从人员分布来看，基层人民检察院的公益诉讼检察力量通常是四级检察机关中最薄弱的一环；[1] 因此办理的重大、复杂案件总体上偏少，公益诉讼的治理功效有待提升。

就起诉类型而言，刑事附带民事公益诉讼取代行政公益诉讼成为检察公益诉讼的办案重心。虽然行政公益诉讼的立案数量明显多于民事公益诉讼，但行政公益诉讼的案件量与增长速度明显低于民事公益诉讼。

---

① 刘艺：《我国检察公益诉讼制度的发展态势与制度完善——基于2017—2019年数据的实证分析》，载《重庆大学学报（社会科学版）》2020年第4期。

二、我国行政公益诉讼制度的完善路径

（一）行政公益诉讼体系的内部融合

2019年1月17日张军检察长在全国检察长会议讲话中提出"四大检察"全面协调充分发展的任务。在此之前，"四大检察"齐头并进的格局已在规范和组织上做好准备。2018年12月始，检察机关推行内设机构改革，设置了独立的公益诉讼职能部门。"四大检察"分门别类并不意味着分道扬镳，它们之间应该是分工合作、分进合击的关系。由于刑事、民事和行政检察之间早已形成较为稳定的关系形态，新兴的公益诉讼检察试图与传统"三大检察"业务实现融合发展，自然成为检察改革的热点问题。厘清行政公益诉讼检察与其他三大业务间的关联模式，找准融合接口，推动融合发展机制的完善。

在"四大检察"中，公益诉讼检察和行政检察关联最为紧密，是相辅相成、同步发展的关系。在党的十八届四中全会之后行政检察可以对行政行为进行全过程的监督，包括诉前程序中发送检察建议、提起公益诉讼、启动审判监督程序、提出再审检察建议等。行政检察监督既可以在诉讼程序中进行，也可以在诉讼程序之外进行。"四大检察"基于机构、履职阶段与履职方式的区分将行政（诉讼）检察（监督）与公益诉讼检察分立，但这并不影响行政检察与行政公益诉讼基本上是种属关系的定位。而行政检察与公益诉讼检察两个部门的绝大部分业务内容归属于同一法律门类，且监督行政权行使的不同阶段。根据行政过程论的观念，两个部门的业务必然会有交叉，也需要衔接，因此需要尽快建立具体的协作机制，这样才能实现1+1＞2的监督效果。从部分与整体的角度来看，行政公益诉讼检察处于行政检察的中心位置，既可以将监督触角延展到行政执法活动中，也可以通过诉讼制度进行专门监督，还可以向行政检察部门移交诉讼监督案件。但从监督的实效性来看，行政检察是行政公益诉讼检察的保障机制，因为在诉讼监督案件中极易发现行政公益诉讼检察线索，且诉讼监督案件督促行政机关依法行政的效果也十分突出。无论从理论层面还是实践层面，特别

是在特定群体权益保护领域，这两个部门都应当加强联系，互为支撑，重构新时代行政检察的新格局。

行政公益诉讼检察与刑事检察是互相增益的关系，厘清二者的关联与衔接机制有助于两项检察职能的协同发展。刑事检察与行政检察（包括公益诉讼检察）的天然关联源于我国犯罪与违法的二元制裁体系。党的十八届四中全会决定建立检察机关提起公益诉讼制度，检察机关应该将其打击犯罪的触角朝前延伸，防止行政违法行为、不作为演变为犯罪行为。尽管法院才是确定被告人是否有罪的最终机关，但公安机关、检察机关针对自己立案或直接受理的案件均具有撤销案件的决定权。刑事检察部门应该联合行政检察部门（包括公益诉讼检察部门）共同监督这一领域。当然，违法与犯罪的构成要件不同，已经构成犯罪的行为通常不能通过行政公益诉讼的方式来办案，以免混淆刑事检察与行政公益诉讼检察两项职能的功效。与刑事案件衔接的典型的行政公益诉讼案件类型及所涉刑事罪名、办案程序等仍需深入研究与廓清。需要注意的是，实践证明行政公益诉讼检察与刑事检察的衔接时机并非只在刑事裁判之后，也可能出现在刑事诉讼程序启动之前或者进入刑事诉讼程序之后，既可能出现刑事责任与行政责任两选一的情形，也可能出现行政公益诉讼案件与刑事诉讼案件同步或者先后办理的情形。只有建构起刑事检察与公益诉讼检察的多层次衔接，才能将刑事个案的效果扩展到行政治理环节，使司法办案成为国家治理的重要环节。

在"四大检察"中，公益诉讼检察与民事检察是介入与协调的关系。公益诉讼检察部门可在国家利益和社会公共利益保护问题上介入传统的民事检察业务，对基层民事检察部门开展民事诉讼检察业务加强监督。检察机关介入民事诉讼检察的两项前提条件是当事人申请或者案件涉及"国家利益"与"社会公共利益"保护问题。而传统民事检察活动通常是因当事人或者当事人之外的公民、法人或者其他组织向检察机关申请监督而启动。

虽然民事检察部门应对私益与公益进行平等保护，然而受启动条件限制，公益保护问题并不是民事检察部门办案的出发点与重点。我国行政公益诉讼是客观诉讼，以维护客观法律秩序为目的。若民事检察中涉及私益保护与国家利益和社会公共利益保护或维护客观秩序的价值发生冲突时，仍应以维护客观法律秩序为首要目的。无论公法还是私法，出于国家利益和社会公共利益的考虑以强制性规范对私权施加合理的限制都是必需的，也体现了所有权人应当承担社会义务的法治理念。为了更好地保护国家利益和社会公共利益，民事检察部门、公益诉讼检察部门或者行政检察部门也可以共同办理民事检察案件，以免因过分强调私益保护而造成国家利益和社会公共利益保护损害的后果。

（二）行政公益诉讼体系的程序协同

行政公益诉讼的体系融合应包括两个方面，一方面是与另三大检察融合，另一方面则需与三大诉讼法公益保护的程序协同。与三大检察的融合更侧重于业务融合，而与三大诉讼的协同则是实现"四大检察"协同发展的机制基础。因为行政公益诉讼本质上还是一项司法制度，实现与行政诉讼制度、民事诉讼制度、刑事诉讼制度的体系性融合也十分紧迫。刑事附带民事公益诉讼这种新的诉讼类型的出现充分说明了这一点。据最高人民检察院《全国检察机关公益诉讼办案工作 2018 年 12 月情况通报》[1] 显示的数据表明检察公益诉讼运行趋势发生了明显转变：刑事附带民事公益诉讼逐步发展成检察公益诉讼的办案重心。可见公益诉讼工作从传统刑事检察工作中获得了更多支撑，但相关衔接机制还在探索中。刑事附带民事公益诉讼的协同发展以及刑事司法机关与行政执法机关之间案件如何移送的问题都涉及刑事检察与行政检察、民事检察的融合问题。[2] 但这些问题并非本书论述的行政公益诉讼制度的重点，在此不赘述。检察机关提起行政公益诉讼制度创设之初，国务院法制部门就提出，当出现国家和社会公共利益损害后果时，检察机关不去起诉直接侵害方，而起诉行政机关不符合成

---

[1] 《全国检察机关公益诉讼办案工作 2018 年 12 月情况通报》显示 2018 年 1—12 月，全国检察机关提起刑事附带民事公益诉讼 2476 件，占比 76.70%；提起行政公益诉讼案件 587 件，占比 18.18%；提起民事公益诉讼案件 165 件，占比 5.11%。

[2] 刘艺：《刑事附带民事公益诉讼的协同问题研究》，载《中国刑事法杂志》2019 年第 5 期。

本效益原则。2015 年 7 月 1 日至 2017 年 6 月 30 日两年试点期间，检察机关将司法公益保护制度在三大诉讼制度上实行了重新组合。即除了检察机关单独提起行政或者民事公益诉讼之外，还可提起行政公益诉讼附带民事公益诉讼和刑事附带民事公益诉讼。目前，行政公益诉讼诉前程序的治理功效十分显著，但完全不进入诉讼程序的行政公益诉讼制度还能否称为诉讼制度？因此，从长远发展的视角看，要提升行政公益诉讼的治理效能，就必须加强行政公益诉讼附带民事公益诉讼案件办理数量。2014 年《行政诉讼法》第 61 条第 1 款规定，在涉及行政许可、登记、征收、征用和行政机关对民事争议所作的裁决的行政诉讼中，当事人申请一并解决相关民事争议的，人民法院可以一并审理。该条相比 1989 年版的《行政诉讼法》的相关规定进一步扩大了一并解决的范围，更利于节约诉讼成本，优化审判资源，统一司法判决和增强判决权威性。而涉及国家利益和社会公共利益的监管领域多数都涉及该款中所罗列的行政许可、登记、征收、征用、裁决等行为，又大多涉及对民事权益或者民事法律关系的调整。具有明显主观诉讼特征的《行政诉讼法》倡导两类争议一并解决，具有客观诉讼特征的行政公益诉讼更应该推动两类争议一并化解、一并审理，增强公益司法保护机制的整体效益、提高司法治理能力。行政公益诉讼与民事公益诉讼一并审理机制若能进一步发展，还可以推动行政诉讼制度一并化解民事争议机制进一步完善，也利于优化司法职权配置、完善行政诉讼制度。

（三）行政公益诉讼与法治政府的耦合发展

行政公益诉讼作为国家治理体系中的重要环节，其与法治政府的耦合发展是实现自身耦合发展的一部分。并且，行政公益诉讼与法治政府形成了多层嵌套的复杂耦合机制，目前主要表现在共同目标的耦合、数据耦合、控制耦合、标记耦合四种类型。

法治政府建设是衡量法治国家是否建成的重要指标，更是行政改革的重头戏。法治政府建设的重心是治官而非治民。而治官的重点是规范行政决策与行政执法活动。无论是 2012 年开始的权力清单改革，还是 2019 年 9 月 1 日公布的《重大行政决策程序暂行条例》，抑或 2019 年 1 月国务院办公厅印发的行政执法三项改革文件，^① 都是通过约束权力来源和制定程序制度来规范行政权力。对行政活动的程序规范并非只限定在行政领域，司法程序也是规范行政活动的阶段。行政公益诉讼中的监督机制可以实现行政程序与司法程序的衔接，可以推动行政机关、相对人、审判机关在规范权力和程序适用问题上形成共识。

数据是 21 世纪重要的生产资料，也是国家治理的重要依据和手段。在国家治理体系和治理能力现代化的背景下，行政公益诉讼和法治政府间的数据耦合的地位和作用不断得到提升。^② 当前行政公益诉讼与法治政府的数据耦合情况尚难令人满意，具体表现为二者之间尚无专门的数据耦合平台，现有的数据耦合主要依赖于两法衔接平台，且亦缺乏有效的数据抽取机制。2015 年国务院发布《促进大数据发展行动纲要》，^③ 要求设置"数据发布""数据开放"等栏目，建立专门的数据开放平台，实现政府数据的整合共享和集约化管理，打破政府数据的"信息孤岛""数据烟囱"等瓶颈。检察机关与行政机关之间的数据耦合始于 2001 年 7 月国务院颁布《行政执法机关移送涉嫌犯罪案件的规定》。^④ 该部行政法规首次明确：为进一步加强整顿、规范市场经济秩序工作中行政执法与刑事司法的衔接，要建立健全行政执法与刑事司法衔接信息平台（以下简称"两法衔接平台"）。2006年 1 月，最高人民检察院会同有关部门发布了《关于在行政执法中及时移送涉嫌犯罪案件的意见》。2011 年 2 月，中共中央办公厅、国务院办公厅转发《国务院法制办等部门〈关于加强行政执法与刑事司法衔接工作的意见〉的通知》，进一步推动了行政执法机关与检察机关之间协作配合的功效。随后，国务院有关部委先后与检察机关签订了食药安全、环境保护等领域的行政执法与刑事司法衔接工作的意见。近年来，两法衔接平台已全

---

① 《关于全面推行行政执法公示制度执法全过程记录制度重大执法决定法制审核制度的指导意见》（国办发〔2018〕118 号）。

② 所谓数据耦合是指一个模块访问另一个模块时，彼此之间通过简单数据参数，而非控制参数、公共数据结构或外部变量来交换输入、输出信息。

③ 国发〔2015〕50 号。

④ 国务院令第 310 号。

面建成，并发挥了一定的监督作用。作为法治政府评估的内容，该平台的建设与运营情况还被纳入为法治政府示范创建的三级指标。检察机关内部只有侦查监督部门可使用"两法衔接平台"数据。即使经 2018 年检察机构改革，这项监督任务仍交由刑事检察部门行使，而未能明确公益诉讼检察部门可以借助该平台监督行政执法。传统的"两法衔接平台"只能按模块化要求输入相关数据，而已有的模块中并没有包括行政执法公正文明规范的数据，也不包括行政执法活动是否造成国家利益或者社会公共利益损害、行政处罚不执行等数据。若"两法衔接平台"上有这方面的数据，则可以帮助公益诉讼检察部门发现案件线索、开展相关业务。从法治政府建设进程来看，许多地方政府已经建立了较为完善的行政执法平台，[①] 但实现行政执法信息与检察信息之间互联互通的平台并不多。

同时，法治国家、法治政府、法治社会的一体化建设更强调法治实施的系统性特征。法治政府建设采取了更加整体的眼光，运用"扣其两端而竭之"的方法，即强调不同系统之间合作与协同，特别注重司法数据来帮助法治政府的实现。司法数据可以反映出各个主体对适用法律的信息，并转化为系统性信息，用于指引各个行动者当下的行动，并将众多行动与前行经验行动相贯通起来。但是，行政公益诉讼与法治政府毕竟是两个完全独立、功能分化的系统，其系统要素并不相同，因此系统内容不能互换。换言之，行政公益诉讼与法治政府建设解耦，才能保证两个系统处于一种良性的联系状态。比如公益诉讼检察部门是法律监督部门而非行政执法部门，其行使职责有独特的程序和方式。部分行政职能部门将公益诉讼检察部门视为自己的执法部门，出台任何一份文件，都要让检察机关提供相关的办案数据，或者都要求检察机关提供意见，或者生态环保督察时要求公益诉讼检察部门一起去执法等现象，这都反映了两个系统的过度关联，显然这并不利于各自优势的发挥。故建议有关部门树立科学观念，在两个系统功能的事务上适度解耦。

---

① 比如北京市人民政府行政执法信息平台、天津市滨海新区行政执法监督平台等。

相比公共耦合和数据耦合而言，控制耦合（control coupling）是一种更为强力的耦合方式。[①] 行政公益诉讼与法治政府的直接控制耦合可表现为检察机关在没有实际提起诉讼的情况下，通过检察建议等方式，直接督促行政机关作出相关作为或纠正不作为。行政公益诉讼与法治政府间的标记耦合表现为前者成为后者评价机制的重要参照。[②] 理论上，法治政府建设的成效也可以作为行政公益诉讼的评价参照。但行政公益诉讼是比法治政府更为具体的制度现象，其评价更依赖于检察机关内部的工作评价机制。法治政府建设作为更为宏观的系统工程，其成效依赖于复杂和体系性的评价机制。已确立标记耦合的性质与内涵仍需进一步明确。比如将行政公益诉讼中败诉的行政机关视为违反法治原则的典型，并进行负面评价是否适当？有些地方政府或者行政职能部门虽然百分百地回复了检察建议，但并未采取任何实质性的整改措施。显然，评估时只考核行政公益诉讼领域形式性的数字，并不能正确地引领法治政府建设。未来应该对这些标记耦合机制的性质与评估标准进行深入研讨，以推动法治政府与行政公益诉讼的协同发展。

[①] 控制耦合是指一个模块在界面上传递一个信号（如开关值、标志量等）控制另一个模块，接收信号的模块的动作根据信号值进行调整。

[②] 标记耦合是指模块间通过参数传递复杂的内部数据结构，此数据结构的变化将使相关的模块发生变化。

第十四章　国家监察制度的构建与运行

国家监察体制改革是以习近平同志为核心的党中央作出的事关全局的重大政治体制改革，是推动全面从严治党向纵深发展的战略举措，是夺取反腐败斗争压倒性胜利的必然要求。[①] 党的十八大以来，构建新型国家监察制度成为党和国家治国理政的重点。经过两年多的试点探索，2018 年初，第十三届全国人大代表大会第一次会议审议通过了宪法修正案，以专章形式规定了中央及地方各级监察委员会制度，具体包括：职责、性质、人员组成、领导体制及工作机制等重要内容。[②] 此外，此次会议还审议通过了《中国人民共和国监察法》，将国家监察体制改革的成果转化为宪法和法律条文。新型国家监察制度的建立，是健全完善党和国家监督体系，规范公权力行使，彻底解决腐败问题的关键环节。

第一节　国家监察法律制度的基本内容

一、监察体制改革的背景和目的

腐败是当前党和国家推进国家治理体系和治理能力现代化进程中需要重点应对的问题，也是人民群众深切痛恨的问题。党的十八大以来，党中央深刻认识到腐败问题的严峻性、复杂性，决定通过构建新型国家监察制度，强化党和国家监督体系效能，规范和约束公权力的行使。在监察体制改革之前，我国对公权力的监督主要有三种形式：一是党的纪律检查机关对党

[①] 袁曙宏：《深化国家监察体制改革的四重意义》，载《中国纪检监察》2018 年第 5 期。

[②] 虞崇胜：《"三者有机统一"的有益尝试——基于监察体制改革的过程性分析》，载《理论探讨》2018 年第 4 期。

员的监督；二是行政监察机关对国家行政机关及其公务员和国家行政机关任命的其他人员实施监察；三是检察机关的反贪部门通过对贪污贿赂案件等职务犯罪案件的侦查对国家工作人员及单位进行监督。但是，这三种监督方式存在以下突出缺陷：（1）监督范围过窄。国家监察体制改革之前，党内监督已经实现全覆盖，而依照《行政监察法》（已废止）的规定，行政监察对象主要是行政机关及其工作人员，还没有做到对所有行使公权力的公职人员监督全覆盖，如对于行使公权力但不具备公务员身份、党员身份的公职人员。（2）反腐败力量分散。此前，党的纪律检查机关依照党章党规对党员的违纪行为进行审查，行政监察机关依照《行政监察法》（已废止）对行政机关及其工作人员的违法违纪行为进行监察，检察机关依照《刑事诉讼法》对国家工作人员的职务犯罪行为进行查处，反腐败职能既分别行使，又交叉重叠，没有形成合力。并且，检察机关对职务犯罪案件既行使侦查权，又行使批捕、起诉等权力，缺乏有效监督机制。[①] 上述这些问题使得原有监察监督制度难以应对我国当前严峻的腐败形势，也制约了党和国家达成提升国家治理能力的目标，无法解决人民群众密切关注的腐败问题，为未来公共治理和国家长治久安埋下极大隐患。

从历史的角度看，我国的监察制度经历了一个较为漫长的发展过程，自新中国成立以来，我国先后设立了人民监察委员会、监察部等行政内部监察机构，并在1992年将党的纪律监察机关与行政监察部门合署办公，在一定程度上提高了监察效能。但是，由于体制原因，仍有很多腐败行为无法得到处理，难以惩处腐败分子，导致人民群众对党的执政认同感逐渐降低。政党是确保国家的政治和行政之间协调一致的关键，这种协调对国家的运作是不可或缺的。此外，为了使国家意志的执行符合国家意志的表达，使政治功能和行政功能协调一致，政府体制中的政治机构应当监督或控制行

---

① 李建国：《关于〈中华人民共和国监察法（草案）〉的说明》，载《人民日报》2018年3月14日。

政机关及其他公权机关。① 作为执政党的中国共产党，必须从当前反腐败治理模式的问题出发，努力提升党执政的政治合法性，确保国家意志得以真正贯彻，改革监察监督制度则是实现这些目标的重要突破口。具体而言，新型国家监察制度具备以下特征：一是将从根源上解决腐败问题作为监察制度创新设计的根本目的。原有监察制度存在明显缺陷，最显著的问题在于没有独立、统一的反腐败机构，而腐败问题的彻底解决只能依赖制度革新，国家监察体制创新是反腐必不可少的制度设计，一个健全完善的国家监察体制是有效开展反腐败的制度保证。② 二是突出监察机关的政治属性。宪法将监察委员会明确界定为国家的专职监察机关，是实现党和国家自我监督的政治机关。在党的领导下，党的纪律检查机关同各级监察委员会合署办公，实现了党内监督和国家监督、党的纪律检查与国家监察有机统一。监察委员会作为政治机关，政治属性是第一属性、根本属性，必须始终把讲政治放在第一位。监察委员会在党的领导下，代表党和国家对所有行使公权力的公职人员进行监督，既调查职务违法行为，又调查职务犯罪行为，可以说是依托纪检、拓展监察、衔接司法，但又绝不是司法机关。③ 此外，监察委员会不仅要对职务违法和职务犯罪进行查处，还负责开展廉政教育及相应的思想政治工作，从思想、行为等方面彻底遏制腐败问题的产生。三是优化监察权力资源配置，调整监察权力结构和关系。监察委员会成立后，监察权成为一种独立的权力类型。根据我国国家权力体系，各个权力类型之间既不是三权分立，又非四权分立，而是在权力机关领导下的国家权力分工配合。因此，监察委员会应向人大负责，接受人大及其常委会的监督。此外，按照《宪法》和《监察法》的规定，监察委员会与检察机关、公安机关及其他国家机关是分工协作的关系，在查处腐败案件时，其他机

---

① ［美］弗兰克·古德诺：《政治与行政——政府之研究》，丰竣功译，北京大学出版社 2012 年版，第 22 页、第 57 页。

② 庄德水：《国家监察体制改革的行动逻辑与实践方向》，载《中共中央党校学报》2017 年第 4 期。

③ 闫鸣：《监察委员会是政治机关》，载《中国纪检监察报》2018 年 3 月 8 日。

关应当配合监察委员会行使职权。

二、国家监察制度的基本架构

此次国家监察体制改革改变了我国原有国家机构序列，国家机构从原来的"一府两院"变成了"一府一委两院"，监察权成为除立法权、行政权、司法权之外的第四种宪法性权力。这相对于以往权力监督模式而言，是一种彻底的变革。《监察法》第 3 条规定，各级监察委员会是行使国家监察职能的专责机关。从制度设计角度看，主要有以下特征：一是监察机关是一种独立的国家机构类型。在改革之前，监察机关指的是行政机关内部的行政监察部门，它的职责是代表行政机关，对行政机关及其工作人员进行监督，内容包括执法监察、廉政监察、效能监察等，是行政机关的专门监督之一，本质上属于行政内部监督。^①这种制度安排使得监察范围仅局限于行政系统，并且行政监察部门难以独立于行政机关，监察对象范围过窄、难以达成规范和制约行政公权力的监察目的。纠正这种制度偏差是监察制度改革的中心任务，通过赋予监察机关独立的法律地位，将分散于行政机关、检察机关的监督权整合进新的监察机关，使得监察机关成为与行政机关、司法机关平行的一类国家机关，构成一个新的权力单元和系统。^②如此一来，监察机关的监督范围就不仅限于行政系统，而是涉及所有承担公权力行使职责的机关、组织。二是监察机关的主要职责是反腐败，是行使监察职责的专责机关。《监察法》第 1 条规定，为了深化国家监察体制改革，加强对所有行使公权力的公职人员的监督，实现国家监察全面覆盖，深入开展腐败工作，推进国家治理体系和治理能力现代化，根据宪法，制定本法。第 3 条规定，各级监察委员会是行使国家监察职能的专责机关，依照本法对所有行使公权力的公职人员进行监察，调查职务违法和职务犯罪，开展廉政建设和反腐败工作，维护宪法和法律的尊严。可见，《监察

---

① 应松年：《行政法与行政诉讼法学》，高等教育出版社 2017 年版，第 343 页。
② 秦前红：《我国监察机关的宪法定位以国家机关相互间的关系为中心》，载《中外法学》2018 年第 3 期。

法》对监察机关的职能定位主要是反腐败,这在该法第 11 条对监察机关具体职能的阐述中得到直观体现。第 11 条规定,监察委员会依照本法和有关法律规定履行监督、调查、处置职责:(一)对公职人员开展廉政教育,对其依法履职、秉公用权、廉洁从政从业以及道德操守情况进行监督检查;(二)对涉嫌贪污贿赂、滥用职权、玩忽职守、权力寻租、利益输送、徇私舞弊以及浪费国家资财等职务违法和职务犯罪进行检查;(三)对违法的公职人员依法作出政务处分决定;对履行职责不力、失职失责的领导人员进行问责;对涉嫌职务犯罪的,将调查结果移送人民检察院依法审查、提起公诉;向监察对象所在单位提出监察建议。根据上述规定,监察机关的工作重点是通过各种方式规范和制约公权力的行使,预防和彻底根除腐败等公权力滥用行为。这与先前行政监察同时关注执法、廉政和效能的制度定位存在很大区别。三是监察机关与党的纪律检查机关合署办公,是党和国家监督体系构建的中心。自新中国成立以来,我国先后设立了人民监察委员会、监察部及地方各级监察部门等监察机构,自 1992 年起,党的纪律检查部门与行政监察部门合署办公,共同履行纪检监察两项职能。这种模式在新型监察体制下得以延续,成为完善党和国家监督体系的中心。习近平总书记指出,深化国家监察体制改革,将试点工作在全国推开,组建国家、省、市、县监察委员会,同党的纪律检查机关合署办公。在《监察法》实施之际,中央、省、市、县级监察机关已全部建立,纪检监察合署办公实践也全面展开。[①] 由于我国实行党管干部原则,因此党内监督和国家监察具有高度的内在一致性,这也是一体推进纪检监察,完善党和国家监督体系的现实基础。[②] 在党的领导下,纪检监察实行"一套人马,两块牌子"的合署办公模式,将党内监督和国家监督,纪律监督和国家监察有机统一,以此为中心,协调人大监督、民主监督、行政监督、司法监督、审计监督、财会监督等多种监督形式,完善党和国家监督体系,全面提高权力监督效能。

---

① 吕永祥、王立峰:《"纪委"与"监察委"合署办公的现实问题与解决路径——以政治系统论为分析视角》,载《中南大学学报(社会科学版)》2018 年第 3 期。

② 马怀德:《监察法学》,人民出版社 2019 年版,第 129 页。

　　根据《宪法》《监察法》的规定，监察委员会是我国治理腐败的专责机关。一方面，监察委员会与各级政府、检察院、法院均属于国家机关序列，具有宪法性地位；另一方面，由于纪检监察合署办公，监察委员会较其他机构而言，又具有明显的政治属性。因此，监察委员会与其他国家机关既有相似之处又有很大区别。《宪法》第 123 条至第 127 条对监察委员会的组成、人员任免及工作原则进行了规定。监察委员会分为国家监察委员会和地方各级监察委员会，人员组成包括主任、副主任若干人、委员若干人。监察委员会主任每届任期同本级人民代表大会每届任期相同。国家监察委员会主任连续任职不超过两届。国家监察委员会是最高监察机关，国家监察委员会领导地方各级监察委员会的工作，上级监察委员会领导下级监察委员会的工作。国家监察委员会对全国人民代表大会和全国人民代表大会常务委员会负责。地方各级监察委员会对产生它的国家权力机关和上一级监察委员会负责。监察委员会依照法律规定独立行使监察权，不受行政机关、社会团体和个人的干涉。监察机关办理职务违法和职务犯罪案件，应当与审判机关、检察机关、执法部门互相配合，互相制约。《监察法》第二章第 7 条至第 10 条进一步规定，除国家监察委员会之外，在省、自治区、直辖市、自治州、县、自治县、市、市辖区设立监察委员会。国家监察委员会由全国人大代表大会产生，负责全国监察工作。国家和地方监察委员会由主任、副主任若干人、委员若干人组成，主任由全国或同级人民代表大会选举，副主任、委员由国家或地方监察委员会主任提请全国或地方人民代表大会常务委员会任免。国家监察委员会对全国人民代表大会及其常务委员会负责，并接受其监督。地方各级监察委员会对本级人民代表大会及其常务委员会和上一级监察委员会负责，并接受其监督。此外，各级监察委员会还可以向机关企事业单位、组织、团体等派驻或派出监察机构、监察专员。国家实行监察官制度，依法确定监察官的等级设置、任免、考评和晋升等制度。在具体架构上，纪检监察机关的内设职能部门一般包括办公室（厅）、组织部、宣传部、政策法规研究室（市级以上）、党风廉政监督室、信访室、案件监督管理室等。此外，还有不同数量的审查调查室、监督检查室、案件审理室以及纪检监察干部监督室等，这些职能部门按照《监察法》和党内法规的规定履行相关职责。

三、国家监察制度的运行机制

根据《宪法》规定，监察委员会的主要负责人员由人大及其常委会选举和任免，监察委员会应对同级人大及其常委会负责。此外，由于纪检监察合署办公，监察委员会实际上还需要接受党委的监督和领导。对于人大及其常委会而言，目前尚未有规定涉及人大及其常委会对监察委员会开展监督的规则，监察委员会应以何种方式对人大及其常委会负责尚处研究讨论之中。对于党委而言，《中国共产党纪律检查机关监督执纪工作规则》第5条规定，党委应当定期听取、审议同级纪律检查委员会和监察委员会的工作报告，加强对纪委监委工作的领导、管理和监督。可见，监察委员会与党委、人大及其常委会之间是领导与被领导的关系，监察工作要接受党委和人大及其常委会的监督。就与政府、检察院及法院三类机关的关系而言，《宪法》《监察法》将其明确为相互配合相互制约的关系。一方面监察委员会独立行使监察权，不受行政机关、社会团体和个人的干涉，另一方面监察委员会在履行职责过程中，应与法院、检察院、公安部门之间互相配合并制约。在制度基础上，监察效果是否能够真正实现还有赖于新型监察制度的实际运行情况。具体而言，监察制度运行机制主要包括以下重点内容：

一是监察官遴选机制。监察官作为监察权的直接行使者，直接关系到监察目标的实现。监察官任免是国家监察制度运行机制的重点内容之一。从古至今，我国国家政治制度中一直有权力监督机关的身影，自然不乏有关权力监督人员的任职要求，监察官的选任被设定严格的条件，如对品德、专业知识、任职经验等方面均有要求。世界其他国家情况类似。随着新型监察制度基本确立，目前我国从行政部门及检察院转隶至监察委员会的人员也已到岗。《监察法》第14条规定，国家实行监察官制度，依法确定监察官的等级设置、任免、考评和晋升等制度。为推进反腐败工作的规范化、法治化，对于如何设计监察官遴选规则，有学者和实务界工作者认为可以参考检察官、法官等特定职业的遴选要求，并且考虑到监察官工作在反腐败实践中的整体性，对监察官的评定范围不能太窄，同时还应顾及转隶人员身份的转变。[①] 但是，监察官和法官、监察官有诸多不同，《法官法》《检察官法》虽然为法官、检察官的职业化提供了制度保障，近些年开展的法官、检察官员额化司法改革将这种职业化更向前推进，但由于法院内部科层化的问题一直未得到解决，所以法官职业化建设一直难以有效推进，法官队伍人才流失严重，现有的制度安排难以有效保障法官队伍权威性和拘束力的建设。上述法官职业化过程中遇到的问题，检察官职业化同样面临。[②] 在充分借鉴《法官法》《检察官法》及考虑纪检监察工作特殊性的基础上，2021 年 8 月 20 日，第十三届全国人民代表大会常务委员会第三十次会议通过了《中华人民共和国监察官法》（以下简称《监察官法》）。《监察官法》共 9 章 68 条，共分为三大部分。第一部分为总则，主要涉及立法目的和依据、指导思想、监察官的范围以及对监察官的总体要求；第二部分为该法主体内容，主要涉及监察官的职责、义务和权利，监察官的条件和选用，监察官的任免，监察官的管理，监察官的考核和奖励，监察官的监督和惩戒，监察官的职业保障等；第三部分为附则部分，主要涉及法律衔接条款和施行日期等。具体而言，《监察官法》的出台对于加强对监察官的管理和监督，保障监察官依法履行职责，维护监察官的合法权益，推进行高素质专业化监察官队伍建设，推进监察工作规范化、法治化具有重大意义。

首先，《监察官法》及其配套能够从组织法层面解决监察官制度的法律规定问题。监察官作为与法官、检察官并列的专门行使国家监察权的群体，为了保障其工作的专业化程度及监察工作的实施效果，应当仿照后者，从组织法的角度制定专门法律规范，这对于提升监察官队伍整体的专业素质，强化其职业化转向具有非常重要的作用。《监察官法》在立法篇章和相

---

① 沙德康：《设置科学合理的监察官制度——监改会理调研报告》，载《廉政瞭望》2018 年第 8 期。

② 刘练军：《监察官立法三问：资格要件、制度设计与实施空间》，载《浙江社会科学》2019 年第 3 期。

应的结构上借鉴了《法官法》《检察官法》的立法技术，从总则、监察官的职责、义务和权利、监察官的条件和遴选、监察官的任免、监察官的管理、监察官的考核、奖励和惩戒、监察官的职业保障等方面进行了规定。但是，针对监察官任免制度的具体建构，有学者认为应当对监察官进行类似于司法员额化的队伍建设，对此需要谨慎采纳。因为，司法工作与监察工作的侧重点有所不同，前者更注重工作的精确度，即追求真理性；后者除依据证据进行断案之外，还应当考虑国家反腐局势的整体情况以及与党的纪律检查机关的合作。此外，与法院的"不告不理"不同，监察工作与公安机关处理治安事件及进行刑事侦查活动非常相似，即对于一切腐败案件，监察机关应当主动地了解与腐败案件相关的所有情况并且开展立案调查，争取将腐败问题消灭在萌芽。这些不同使得监察官的选任不能照搬法官遴选机制。

其次，设定了监察官的遴选条件和准入门槛。监察官在监察工作的开展过程中具有非常重要的作用，因此监察官的专业素质应当是监察官制度的核心问题。在设定遴选条件时，应当要求监察官具备较高的政治素质及道德品行，具备一定的监察工作经验，应当具备专业的法律知识并且不应有接受过刑事处罚的情况。[1]《监察法》第55条规定，监察机关应当建设忠诚、干净、担当的监察队伍；第56条规定，监察人员应当遵守法律规定，忠于职守、秉公执法，清正廉洁、保守秘密。应当具备良好的政治素质、熟悉监察业务，具备运用法律、法规、政策和调查取证等能力，自觉接受监督。《监察官法》第三章对于监察官的条件和选用进行了具体安排，通过正向条件列举加反向情形排除的方式确定了能够担任监察官的基本条件。此外，还对监察官的选用评价标准、选用方式等进行了详细规定。

最后，《监察官法》第八章第55条至第65条还就监察官履责提供了职业保障。对于监察官的任职保障、独立履责保障、人身安全保障、个人名

---

[1] 周磊：《中国监察官制度的构建及路径研究》，载《国家行政学院学报》2018年第4期。

誉保障进行了规定。此外，对监察官的薪酬、因工伤残待遇、养老退休及其他权利的保护进行了详细规定。由于监察官的工作具有一定的敏感性，通过立法的方式建立相应的人身保护机制、工作激励机制等履责保障机制对于监察职能的充分发挥至关重要。

二是纪检监察合署办公机制。作为国家监察体制改革的重要一环，纪检监察合署办公的制度设计和运行机制是当前改革的重要课题。就目前来看，纪检监察合署办公体制机制的构建主要有以下四个问题：首先，纪检监察合署办公是党和国家两个序列的权力监督体系协同治理腐败，这其中就涉及党委、纪委与监察委三者之间相互关系的厘定，这是进行纪检监察合署办公制度设计的首要前提，但目前我国尚未从顶层设计角度对三者之间的关系进行明确定位。其次，"监察全覆盖"是新型国家监察制度的最大亮点，但这并不意味着监察对象的范围无边界可言。现行《监察法》中有关监察对象范围的条款规定不甚清晰且未有系统、明确的认定标准，这直接影响合署办公下纪检监察监督范围的划定，继而影响到党中央全面反腐政治目标的实现。再次，纪检监察合署办公必然涉及党纪部门与监察机构、纪检监察内部工作部门之间的沟通协作以及党纪和国法的衔接等问题。但我国目前尚未从机制构建角度解决上述各类协作、衔接问题，使合署办公实践难见成效，有时甚至异化为"合并办公"。最后，纪检监察权作为一种公权力，目前没有建立对其行之有效的监督制约机制，存在权力被滥用的可能，影响全面治理腐败这一改革远景的实现。上述四个问题是当前纪检监察合署办公亟待解决的核心重大问题，是新时期合署办公模式取得成功的关键。

结合《中国共产党纪律检查机关监督执纪工作规则》（以下简称《规则》）和《监察法》的立法精神，在解决纪检监察合署办公体制机制构建的核心问题时，应当坚持如下原则：一是强化党的全面领导。习近平总书记在十九届中央纪委三次全会上强调，应当将党的政治建设摆在首位，加强纪检监察机关党的政治建设，坚决维护党中央权威和集中统一领导，保证党的路线方针政策和党中央重大决策部署贯彻落实。二是体现全面从严治党精神。强化党内监督是管党治党、厚植党执政根基的主要面向，扎紧制度笼子、严肃党内政治生活是反腐败斗争取得胜利的政治前提。三是明确监察权的独立地位。作为由《宪法》和《监察法》明确规定的国家监督权力，监察权应当具有高度独立性才能实现有效监督公权力的制度安排。四是权力监督落到实处。不论纪检监察权抑或其他公权力类型，都应当受到严密监督。只有满足上述原则，纪检监察合署办公体制机制构建才能真正体现党的领导与腐败治理效果的统一。

（一）前提：坚持党领导下纪委、监察委独立履责

深化国家监察体制改革，是以习近平同志为核心的党中央的重大决策，是事关全局的重大政治体制改革。坚持党的领导是反腐败工作成功的关键，应当把党的领导贯彻到反腐败工作和国家监察体制改革的全过程。

一是发挥党委的领导作用。以各级党委为主体，充分发挥党总揽全局、协调各方的作用，加强政治引领，强调政治监督的作用。在涉及党员违纪时，除党章、《规则》规定的应当向党委报告或请示批准的情况外，党委不对纪委的具体工作作出指导或干涉，并且在必要时，党委应配合纪委开展工作。

二是监察委不直接接受党委领导，应独立履责。按照《宪法》和《监察法》的规定，各级监察委是由国家权力机关产生的，与政府、法院和检察院平行的国家政治机关，专门履行国家反腐败职责。监察委与党委、纪委分属不同的机构序列，权力来源大不相同。在处理党委、纪委及监察委的关系时，应当坚持以下两个原则：首先，监察委的人事任免应经法律程序。根据"党管干部原则"，由各级党委管理和推荐重要干部是坚持党的领导的重要体现，是巩固党的执政地位、履行党的执政使命的重要保证。作为国家政治体制的重要组成部分，监察委应在干部人事任免方面接受党的领导，由党委管理和推荐监察委主任、副主任及委员等职位的人员。需注意的是，党委不能直接任命这些人员，而应依据《监察法》的规定，按照法定程序提交人大及其常委会进行任命。对于非领导职位或领导班子的工作人员，尤其是对于案件调查、审理等专业性、技术性极强的职位，监察委应具有一定的人事任免权。其次，监察委应独立开展工作。《规则》虽然

规定党委对纪委、监察委的工作进行领导、管理和监督等，但考虑到它作为最高级别的党内法规，其政治性、纲领性要远高于规制性特征，党委对纪委、监察委而言处于政治领导地位，主要从宏观层面引领纪委、监察委落实国家纪检监察工作的决策部署，实现党内监督和国家监察的有效统一。因此，党委的政治领导与监察委独立履责并不存在冲突。留置措施作为监察委案件调查的重要手段，是《监察法》赋予的法定职权，监察机关根据案件调查的具体情况并经特定程序审批，可对被调查人采取留置措施。因此，留置权完全归属监察机关享有，按规定监察机关不需要请示党委、纪委及其他任何机关、个人、组织批准、同意等。但考虑到目前正处改革期，纪检监察工作规则尚处变动之中，监察机关就重要事项向党委汇报有利于党准确把握改革动向、及时解决改革中的各种疑难问题。

（二）关键：在法治轨道上探索建立纪法衔接的有效机制

纪委、监察委合署办公极大地整合了党内反腐和国家反腐资源，有利于反腐败工作的高效开展。《规则》第11条规定，纪检监察机关应当建立监督检查、审查调查、案件监督管理、案件审理相互协调、相互制约的工作机制。由于纪委、监察委分属不同的权力序列，纪检监察合署办公必须注重对纪法衔接机制的探索，在坚持党的政治引领的同时，体现法治色彩，理顺执纪与执法之间的关系：

首先，培养政治思维和法治思维。针对转隶人员和原纪委人员的融合问题，应采取多种方式，同步培养两类人员的政治思维和法治思维，强调"纪在法前""纪法双修"。一方面，应培养纪检监察工作人员过硬的政治素质。要以习近平新时代中国特色社会主义思想为指导，深入贯彻党的十九大和十九届二中、三中全会精神，不忘初心、牢记使命，增强"四个意识"，坚定"四个自信"，坚决维护习近平总书记党中央的核心、全党的核心地位，坚决维护党中央权威和集中统一领导，坚持稳中求进工作总基调，忠实履行党章和宪法赋予的职责，树立以党的政治建设为统领，坚持纪严于法、纪在法前，执纪执法贯通、有效衔接司法的工作理念。[①] 另一方面，在涉及立案调查、证据收集等专业问题时，纪检监察工作人员应以法治思维开展工作，严格执行法律规定，不得突破法律界限。在执纪执法取证时，应按照法律规定的最高标准，确保证据链的完整性及证据的证明力。

其次，构建纪法衔接的工作机制。即使采取合署办公模式，纪委、监察委仍是两个不同的部门，仍然面临工作衔接等实际问题，建立统一的纪法衔接机制有助于纪检监察工作的有序开展。《规则》第11条对纪检监察机构内部工作部门的职责分工进行了规定，对于实际工作的配合协调等问题，应遵循如下安排：在涉及党员监察对象时，如果发现确有违反党纪和国法的线索，纪委、监察委应分别根据党章、《规则》和《监察法》规定，同时立案，分别进行执纪审查和执法调查。审查调查获取的证据，可同时作为执纪问责和监察处置的依据。如果涉嫌犯罪，应以监察委的名义移送检察机关提起公诉。考虑到目前以留置取代"双规"，在党员监察对象存在违法犯罪等行为时，为了确保证据收集的合法性，应先进行执法调查而后开展执纪审查。如此，执法调查收集的证据既可用于执纪问责，调查活动又不会面临合法性质疑。至于党员非监察对象、监察对象非党员违纪违法的情况，纪委、监察委依照各自权限、程序，分别开展执纪、执法监督调查活动。

此外，确立国家监察对象认定标准，厘清监察对象范围是纪检监察合署办公制度得以运行的基础，建立切实有效的监察权力制约机制是该制度得以长久发挥治理作用的根本保障。在新型国家监察体制下，纪检监察合署办公模式已在全国铺展开来，针对合署办公中出现的各种问题，我国应从体制机制建设入手，深入分析问题背后的制度建构问题，结合问题所造成的实践困境，寻找适当的解决对策。具体而言，应坚持党对纪检监察工作的整体领导，在此前提下，确保纪委、监察委的独立自主地位。明确监察对象的范围和判断标准，解决执纪和执法合力监督的基础性问题。注重培

---

① 《中国共产党第十九届中央纪律检查委员会第三次全体会议公报》，载《人民日报》2019年1月14日。

养纪检监察工作人员的政治思维和法治思维，构建统一协调的纪法衔接工作机制。推行向人大及其常委会报告、请示及备案制度，完善内部权力制约机制，同时注重发挥外部非强制性制约机制的重要监督作用。

最后，监察派驻机制。作为党和国家长期采用的"动态"权力监督方式，派驻机制在规范公权力行使方面起着非常重要的作用。纪检监察派驻制度是我国反腐败制度的重要创新，是反腐倡廉体系的重要构成。[①] 派驻组织与派出机关、驻在部门之间应当形成良好协调的工作机制，既要上下齐心，又要内外协调，及时沟通监察监督工作中的难点重点问题。[②] 除了这一大方向及《关于深化中央纪委国家监委派驻机构改革的意见》（以下简称《意见》）中搭建的未来派驻制度完善的基本方向之外，派驻制度改革还应有针对性地采取如下举措：[③] 一是应当培养派驻工作人员的法治思维。习近平总书记在当前反腐败工作应当非常强调法治思维，即应当用法治思维和法治方式反对腐败问题，纪检监察派驻监督形式应当体现当代国家治理法治化的要求，纪检监察派驻人员应当运用法治理念，以法治方式展开监督监察活动。二是应当对派驻组织的权限范围进行准确划定。孟德斯鸠曾言，权力如果不加以限制就会被滥用，这是权力的根本属性。纪检监察权作为公权力的一种，它的行使具备公权力的基本特征，并且由于其行使方式往往对人身权益造成非常大的影响，因而如果其被滥用，会造成不可估量的损害。为了防止这种情况发生，就应当对纪检监察权的权限范围进行严密规定，按照公权力行使的基本规则——"法无授权不可为"这一理念，如果法律没有授予纪检监察组织行使某项权力，那么纪检监察工作人员就不得在实践中行使该项权力，授权范围应当是纪检监察工作人员依法履行职责的基本前提和首要条件，也是当前依法治国基本国策的应有之义。根据《监察法》《党章》的规定，在合署

---

① 董娟：《中国纪检监察派驻制度的梳理与追溯——从派出、派驻到纪检监察派驻》，载《甘肃理论学刊》2018 年第 6 期。

② 张新华：《在实践中不断调整完善纪委派驻制度》，载《人民公安报》2016 年 5 月 30 日。

③ 尹奎杰、刘立刚：《中国共产党纪检监察派驻制度的发展过程与完善》，载《杭州市委党校学报》2018 年第 3 期。

办公的语境下，派出组织作为纪检监察机关的组成部分，应当对党员具有党风廉政方面的监督权、执纪审查权，对所有行使公权力的监察对象具有调查权、处置权等。此外，应当对派驻组织对驻在部门的权限进行明确规定，防止派驻组织超越权限范围甚至干涉驻在机构的内务。纪检监察派驻组织应当对派出机关负责，根据授权，依法进行监督，适当提出监察建议，依法行使调查、处置等权力。三是明确派出组织的监督对象范围。根据《监察法》的规定，监察委的监察对象是"个人"，但是相关法条并未对监察对象的范围进行非常明确的规定，实践中常常引发许多歧义。派出组织作为监察机关的组成部门，驻在机构同样面临对监察对象的确定问题，并且根据派驻的领域不同，可能面临的问题更加具体且复杂。对此，派出机关应当对派驻组织可以监督的范围及如何判定监督监察对象制定统一标准或者规则，防止派驻组织因为难以确定监督对象而无法正常开展工作，同时也避免派驻组织因为缺乏统一的监察对象认定标准遭受驻在部门的质疑。四是派出机关应当对派驻组织进行严密监督，建立相应的监督责任制。总之，在新时代，我国应当以国家监察体制改革为契机，在纪检监察合署办公的基础上，积极地探索派驻监督监察制度的多种完善对策，实现党的十八大以来主张的实现纪检监察全面派驻及职能深度融合的精神要求，促进党的纪律与国家法律规定的协调配合，对派驻监督模式的各个方面，如组织结构、制度模式、监督程序、监督规则等方面内容进行深入探讨，真正实现纪检监察派驻模式在反腐败斗争中良好的制度效能。

第二节　监察机关与检察机关的职能衔接

一、职务犯罪案件处理中的衔接

虽然按照《监察法》《刑事诉讼法》的规定，检察机关不再承担有关职务犯罪的侦查职责，但它依然对职务犯罪案件享有补充侦查和审查起诉的权力，以及对司法工作人员利用职权实施的特定犯罪享有侦查起诉权。考虑到监察委员会在对违法的公职人员进行调查后，如果认为涉嫌犯罪，仍须将案件移送检察院审查起诉，监察委员会和检察院在职务犯罪案件的处理过程中联系紧密，这就必然会涉及检察机关审查拘留、逮捕等采取措施工作及审查起诉、提起公诉工作与监察机关职务犯罪调查移送起诉的配合和衔接问题。虽然到目前为止，《监察法》已经实施约4年时间，但由于法律规定较为笼统，制度改革尚处于正在进行中，监察机关和检察机关在职务犯罪案件时的配合衔接工作尚处于磨合期，仍存在不少问题。这些问题涉及职务犯罪案件处理的各个环节，如立案、调查处置、移送起诉等。从本质上看，这些问题本质上监察权与检察权之间的衔接问题。在对具体环节的衔接进行探讨之前，需要明确两种权力针对职务犯罪行为处理的权限范围和行使方式：首先，监察权的行使依据主要是《监察法》，监察对象为该法第15条规定的6类人员，监察机关负责对涉嫌贪污贿赂、滥用职权、玩忽职守、权力寻租、利益输送、徇私舞弊及浪费国家资财等职务犯罪行为开展监察调查，在调查过程中，可采用谈话、讯问、询问、留置、搜查、调取、查封等调查措施。其次，检察机关处理职务犯罪案件的主要依据为《刑事诉讼法》，负责对司法工作人员职务犯罪的侦查及对监察机关调查的职务犯罪案件的补充侦查。在侦查过程中，可采用询问、讯问、勘验检查、搜查等侦查措施，同时还可采取取保候审、拘留、逮捕等强制措施。可见，在国家统一监察制度背景下，职务犯罪形成了以监察调查为指导、以检察侦查为补充的"新双规"构造。[1] 但这不意味着检察机关在处理职务犯罪案件时应屈从于监察机关的领导，二者是协调配合、互相制约的关系，这一方面是由于监察机关和检察机关在处理职务犯罪案件方面存在较为明确的分工，另一方面检察机关作为由宪法规定的法律监督机关，享有独立的法律监督权，在与监察机关配合的过程中，也对它职权行使是否符合法律规定享有监督职责。总之，两者在主体性质、监督客体、监督方式等方面

---

[1]　胡铭、钱文杰：《侦查与调查：职务犯罪追诉的模式演进及制度完善》，载《浙江大学学报（人文社会科学版）》2019年第5期。

存在不同，^① 各自在党和国家权力监督体系中扮演着重要角色。

具体而言，监察机关和检察机关在办理职务犯罪案件中，主要涉及以下衔接问题：一是立案层面的衔接。立案层面的衔接又可称为是管辖衔接。《刑事诉讼法》修改后保留了检察机关在诉讼活动中发现司法工作人员渎职侵权犯罪的侦查权，但是法律条文的用语为"可以"，而非"应当"，这就意味着这类案件监察机关也可以管辖。由于这类案件与诉讼活动直接相关，因此检察机关更易率先发现这类问题，那么在掌握相关线索之后，检察机关应自行侦查还是移送监察机关？^②《监察法》并未涉及。对此，最高人民检察院出台了《关于人民检察院立案侦查司法工作人员相关职务犯罪案件若干问题的规定》（以下简称《规定》），对案件线索的移送和互涉案件的处理进行了规定：如果检察院在对可自行侦查的案件进行立案侦查过程中发现犯罪嫌疑人同时涉嫌监察机关管辖的职务犯罪线索的，应及时与之沟通，由监察机关调查为主。如果认为全案移交更为合适的，检察院撤销立案，并将案件和相应职务犯罪线索一并移交监察机关。如果认为分别管辖更为合适的，则将相应职务犯罪线索移送监察机关，对依法由检察院管辖的犯罪案件继续侦查。该《规定》在一定程度上解决了检察机关对于监察机关管辖案件的线索移送要求，但未回答在面对共同管辖案件时，两机关应如何处理这一问题。从《规定》的精神来看，对于诉讼中司法人员的职务犯罪，如果已经由检察院立案侦查的，一般不再移送监察机关处理。因此，对于这类案件的立案管辖问题，可按照一般诉讼原则，采取"先立案，先管辖"原则进行处理。如果监察机关先行立案的，检察机关在配合的同时，也应当充分发挥法律监督职责对该过程进行监督。此外，《规则》还规定了检察机关提前介入监察机关调查职务犯罪案件的相关内容，这种机制虽然没有以法律的形式呈现，但从全面、高效打击腐败角度看，提前介入的衔接机制应做进一步探讨。二是

---

① 张昇、黄一宸：《论监察权和检察权的协调衔接》，载《铁道警察学院学报》2019年第3期。

② 李明春、师索：《监察权与检察权衔接的基本问题》，载《黑龙江省政法管理干部学院学报》2020年第2期。

留置逮捕措施的衔接。留置措施是为保证监察机关办理职务犯罪案件的一种限制人身自由的措施。实践中，留置措施通常会延续到调查终结，在交由检察机关审查起诉后，检察机关可对被调查对象采取刑事拘留，满足条件后进行逮捕并提起公诉。① 根据《刑事诉讼法》的规定，采取留置措施的案件，检察院在监察机关移交案件后，应先行采取拘留措施。检察机关没有选择其他强制措施的自由，也没有其他例外对策。② 对于是否逮捕，有赖于监察机关调查证据的有效性，这时就存在监察机关和检察机关在证据证明方面的衔接，即在检察机关在何种情况下应当采取逮捕措施，何种情况下可采取非强制措施，未来应有明确的适用规则。三是移送审查起诉衔接。《监察法》第45条第1款第4项规定，对涉嫌职务犯罪的，监察机关经调查认为犯罪事实清楚，证据确实、充分的，制作起诉意见书，连同案卷材料、证据一并移送人民检察院依法审查、提起公诉。此外，《刑事诉讼法》还规定，监察机关经审查，认为监察机关移交审查起诉的犯罪事实需要核实的，应当退回监察机关补充调查，必要时可以自行补充侦查。因此，监察机关应就移送审查起诉的标准和检察机关进行衔接，以及两机关还应建立补充侦查机制。检察机关可对监察机关是否移送案件进行监督，防止出现应当移送但没有移送的情况。同时，监察机关对于检察机关决定不予提起公诉的决定进行监督，通过对负责人员的监察判断是否存在职务违法犯罪行为。③ 检察机关通过补充侦查一方面可以对监察机关职务犯罪调查进行监督，另一方面代表了法律赋予了检察机关针对职务犯罪案件的一定侦查自由。对于补充侦查的情形、规则、标准等，检察机关和监察机关应做详细安排，避免出现衔接不能的情况。

---

① 李春明、师索：《监察权与检察权衔接的基本问题》，载《黑龙江省政法管理干部学院学报》2020年第2期。

② 唐保银、田春雷：《监察机关职务犯罪调查与检察机关诉讼衔接机制研究》，载《经济与社会发展》2020年第1期。

③ 伍洪杏、王来星：《关于监察委员会检察监督问题的审思》，载《贵州警察学院学报》2020年第2期。

二、检察官监督和惩处中的衔接

监察法将所有行使公权力的公职人员纳入监察对象范围，这其中就包括行使检察职权的检察官，即按照监察法律规定，监察机关可以对检察官的履责行为进行监督，对于其职务违法犯罪行为可进行调查、处置。同时，根据《检察官法》第49条规定，最高人民检察院和省、自治区、直辖市设立检察官惩戒委员会，负责从专业角度审查认定检察官是否存在本法第47条第4项、第5项规定的违反检察职责的行为，提出构成故意违反职责、存在重大过失、存在一般过失或者没有违反职责等审查意见。检察官惩戒委员会提出审查意见后，人民检察院依照有关规定作出是否予以惩戒的决定，并给予相应处理。可见，监察机关及检察机关内设的检察官惩戒委员会都对检察官的履责行为享有监督权。经过司法改革，我国检察官惩戒制度逐渐完善，针对检察官违反检察职责的行为，由检察机关内部纪检监察部门开展事实调查，情况属实的，由检察官惩戒委员会审议并提出意见，检察机关根据该意见作出是否给予惩戒的决定。[1] 根据监察制度设计，监察机关对检察官的监察并无特殊之处，针对职务违法可作出政务处分决定。但是，检察官相较其他公职人员，职业的高度专业性要求对其监督和惩戒应符合司法自律的要求。监察机关虽然可以对检察官进行监察并给予政务处分，但必须符合检察工作的规律要求，充分尊重检察职业。根据《关于深化检察改革的意见（2013—2017年工作规划）》《2018—2022年检察改革工作规划》，检察官职业化管理是我国法治进程的重要一环，建立检察官惩戒制度，明确惩戒条件和程序，是实现检察官职业化管理的重要环节，检察官惩戒委员会则是检察官惩戒制度的中心。[2] 2019年，《检察官法》进行修订，对检察官惩戒委员会制度进一步完善，对委员会的设立层级、职

[1] 秦前红、刘怡达：《制定〈政务处分法〉应处理好的七对关系》，载《法治现代化研究》2019年第1期。
[2] 李蓉、瞿目：《论监察体制改革背景下的检察官惩戒制度》，载《中南大学学报》2020年第3期。

责范围、审查意见、人员组成及日常工作机构进行了规定。[1] 从上述这些规定及近年来检察系统对检察官惩戒制度的诸多举措来看，检察官惩戒委员会作为内部监督专门部门，在监督检察官正确履职方面承担着不可替代的角色，因为它符合检察官职业伦理要求，体现了监督的专业性并且最大限度尊重了检察工作的自由，如仅针对"故意违反法律法规办理案件"及"因严重过失导致案件错误并造成严重后果"这两种情况提出审查意见，其目的是确保检察官能够正确履行检察职责。监察机关虽然也具有同样的监督目的，但它的监督功能侧重于确保检察官的廉洁性，并没有将重点放在履责的专业性判断上。因此，在检察官监督惩戒衔接方面，若内部纪检监察部门通过调查，发现所涉事项与司法职责履行相关，则应提交惩戒委员会审议，不应将案件线索转移至监察机关。[2] 相应地，监察机关应依照惩戒意见对检察官作出相应处理。对于其他职务违法犯罪事项，可移交监察机关做进一步调查处置。

第三节　国家监察制度运行中的其他重点问题

国家监察的运作机理是通过最大范围地扩大对"人"的监察，达到约束和规范公权力，彻底解决腐败问题的目的，《监察法》对监察对象范围作出了有史以来最为宽泛的界定。但从监察实践来看，如何准确把握监察对象范围仍是一个显著难题，监察机关对《监察法》条文规定的语义难以厘清、监察对象认定标准缺失及与其他相关法律规定衔接不畅等问题，使得法律难以有效指导监察实践，监察工作难以顺利开展，达到统一。鉴于监察对象范围划定是开展监察工作的前提和重要环节，有针对性地解决监察对象认定中的重点、难点问题应是当下研究与实践的首要任务。此外，政务处分是监察机关惩治、震慑职务违法行为的重要手段，因此对政务处分相关

---

① 周玉庆：《修订后检察官法的理解与适用》，载《人民检察》2019年第17期。
② 葛琳：《检察官惩戒委员会的职能定位及其实现——兼论国家监察体制改革背景下司法责任追究的独立性》，载《法学评论》2018年第2期。

问题的研究也是监察制度研究的重点问题。

一、监察对象的认定及范围

为了实现监察全覆盖这一反腐制度改革目的，《监察法》以专条形式规定了监察对象的范围。《监察法》第3条概括地将所有行使公权力的公职人员都纳入监察范围，第15条则对监察对象的主要类型及外延进行了规定。这看似清晰的规定却遭遇了适用困境，许多监察工作人员存在诸多疑惑。具体来说，主要存在如下问题：首先，条文规定易引发歧义。第15条出现"公职人员"和"有关人员"的表述在实践中引发了理解困惑，对此，应当参照法释义学的一般原理，注意两种表述的内涵和外延，注意把握第3条的统摄地位，其所指"公职人员"应涵盖第15条中公职人员、其他人员等履行公职的所有人员类型。其次，与《公务员法》《刑法》的衔接问题。《监察法》首次以立法方式对"公职人员"概念进行了规定，但这一概念与《宪法》中的国家工作人员、《公务员法》中的公务员和参公管理人员及《刑法》中的国家工作人员和国家机关工作人员之间，在各自范围的对应方面存在衔接问题。其中，以与《刑法》的衔接为主。应明确《刑法》中相关主体的类型、范围，对照《监察法》第15条的规定，分别比照归类。最后，缺乏系统的监察对象认定标准。仅对法律文义和法律衔接问题进行澄清尚不能真正解决监察对象范围划定问题，监察对象的具体认定仍亟须统一、可行的标准依据。通过深入分析立法背后的理论依据，把握监察全覆盖这一立法目的，分别对照《监察法》第15条各款规定，可将监察对象认定标准详细分为"公权力"标准、"身份+职位/职责"标准及"行为"标准。[1] 需要注意的是，这三个标准并非呈平行状态，其适用应遵循一定次序原则。遵循特别优先于一般的原则，先判断某一人员是否属于第15条中的前5款的特定类型，如果答案为非，则根据第6款判断是否属于监察对

---

[1] 宗婷婷：《如何理解"监察全覆盖"内涵》，载《学习时报》2019年12月4日，第2版。

象范围。[①]

　　根据第 15 条的规定，构建监察对象认定标准体系的理论依据主要有：第一，公权力理论。《监察法》将所有行使公权力的公职人员纳入监察对象范围，公权力是判定监察对象的基础性要素。第二，公共资产理论。我国是生产资料公有制国家，国有资产作为公共资产最重要的组成部分，其升值保值和最大限度满足社会公共需要是国有资产管理的主要目标。基于这一考虑，《监察法》将对国有资产负有升值保值责任及负责提供公共产品的领导、组织、监督、管理的人员纳入监察对象范围。[②] 此外，还包括公共事务理论、公共行为理论。整体而言，监察对象范围立法是以公权力理论为根本依据，以公共资产理论、公共事务理论及公共行为理论作为辅助依据。按照上述理论和标准，可对监察对象做如下认定：首先，公务员、参公人员及从事公务人员的认定应依照公权力标准。其中，公务员、参公管理人员一般具有正式编制且接受财政供养，因此其公权力属性较易判断。对于法律、法规授权和国家机关依法委托公共事务组织中从事公务的人员而言，因为这类人员多无正式编制且并非由财政供养，因此对其判断的关键就在于是否行使公权力。对于这类人员的判断应分为两个步骤：一是判断该人员所在单位是否符合法律规定的公共事务组织特征，二是须确定该人员是否为该组织中从事公务的人员，对于直接代表国家从事公务的人员都应认定为监察对象。其次，国有企业、公办科教文卫体单位及基层自治组织中管理及从事管理的人员应适用"身份＋职位/职责"标准。身份要件要求监察对象必须具有"公"的身份，这就将国有企业（监察法上的国有企业指"国有出资企业"）、公办科教文卫体单位及基层自治组织中的非经有关组织任命、委派等程序的人员排除在外。职位或职责作为递进标准，要求监察对象必须身居管理职位或者负有管理职责，前一种情况如国有企

---

　　① 宗婷婷：《新时代纪检监察合署办公制度的构建：核心问题与实践路径》，载《北京联合大学学报（人文社会科学版）》2019 年第 2 期。

　　② 宗婷婷、王敬波：《国家监察对象的认定标准：核心要素、理论架构与适用场域》，载《中共中央党校学报》2019 年第 4 期。

业中的董事长、总经理、监事会主席、部门负责人等，后一种情况指的是被临时赋予的管理职责，如招投标项目负责人等。监察对象必须同时满足身份和管理职位或职责的要求，才能被归入这些类别。最后，对于其他监察对象的认定应依据"行为"标准。这里的行为指的是特定人员的某种行为是否为履行公职，对应第15条第6款"其他依法履行公职的人员"。该标准作为补充判定依据，适用于具体个案中动态地对监察对象进行判断。在适用该标准时，应当注意对"公职"内涵的把握，它带有很强的公权力属性，公职行为是代表享有广义公权力的特定机关、组织、单位及企业行为，不包括民法上的私主体行为。并且，监察对象必须对某项公职具有直接负责义务及直接履行责任，这就将其他辅助人员、次级关系人排除在外。因为执法权属于高权性行政职权，往往会对公民、法人或其他组织的合法权益产生重大影响。为了规范执法行为，防止执法权滥用侵犯个人或组织的合法权益，应对具有执法权的机关和实际行使执法权的人员进行监督。正是基于执法权的这一延展性，在执法权委托和政府向私主体购买执法服务的情况下，凡是实际行使执法权的人员，都应被视为监察对象，如巡逻人员、安保人员等。对于执法权以外的其他公共事务，由于高权性色彩较弱，往往不会对相对人的人身或财产产生重大影响，因此涉及此类事项政府购买服务的监察对象范围应限定于对购买服务负主要责任的人（如服务合同签订者、负责人等），实际服务者、辅助者则可不纳入监察对象范围。

二、公职人员政务处分与行政处分的调适

《监察法》第45条规定，监察机关根据监督、调查结果，依法作出如下处置：（一）对有职务违法行为但情节较轻的公职人员，按照管理权限，直接或者委托有关机关、人员，进行谈话提醒、批评教育、责令检查，或者予以诫勉；（二）对违法的公职人员依照法定程序作出警告、记过、记大过、降级、撤职、开除等政务处分决定；（三）对不履行或者不正确履行职责负有责任的领导人员，按照管理权限对其直接作出问责决定，或者向有权作出问责决定的机关提出问责建议；（四）对涉嫌职务犯罪的，监察机关

经调查认为犯罪事实清楚，证据确实、充分的，制作起诉意见书，连同案卷材料、证据一并移送人民检察院依法审查、提起公诉；（五）对监察对象所在单位廉政建设和履行职责存在的问题等提出监察建议。监察机关经调查，对没有证据证明被调查人存在违法犯罪行为的，应当撤销案件，并通知被调查人所在单位。从该规定看，监察机关的处置方式有口头批评教育、政务处分、作出问责决定或提出问责建议、移送审查起诉及提出监察建议。2020 年 6 月 20 日，第十三届全国人民代表大会常务委员会第十九次会议通过了《中华人民共和国政务处分法》（以下简称《政务处分法》），以专门法律的形式对政务处分进行规定，可见政务处分相较于其他几种处置方式，更能体现国家监察体制改革要求实现对所有行使公权力的公职人员监察全覆盖的基本目标。[①]

政务处分由此次国家监察体制改革首创，在以往，行政处分、纪律处分是常用名词，行政处分是指行政监察部门对行政机关工作人员的违法违纪行为作出的处分，纪律处分一般指党的纪律检查机关对党员的违纪行为作出的处分，以及公办单位对于本单位人员违反纪律行为的处分。相比之下，政务处分以所有行使公权力的公职人员为对象，并且与党的纪律处分相衔接，能弥补行政处分覆盖面窄、监督范围和监督效果不足的情况。可以说，从行政处分到政务处分，体现着党和国家对权力运行逻辑认识的深化解决了过去部分公职人员游离于监督之外的情况，消除权力监督的真空地带。[②]《政务处分法》的出台进一步构筑了惩戒职务违法的法网，对政务处分的主体与对象范围等都予以了扩大和明确，有利于贯通党内监督和国家机关监督，是法法衔接、纪法衔接的重要桥梁。[③] 但是，这并不意味着政务处分取代了其他处分类型，而是这些处分类型共同织密党和国家监督

---

① 邹开红：《完善党和国家监督体系 推进政务处分工作规范化法治化》，载《中国纪检监察报》2020 年 7 月 2 日，第 2 版。

② 王希鹏：《公职人员政务处分法的开创意义与核心要义》，载《人民论坛》2020年第 19 期。

③ 刘艳红、刘浩：《政务处分法对监察体制改革的法治化推进》，载《南京师大学报》2020 年第 1 期。

网络，共同惩治和打击公职人员及党员的违法违纪行为。这就需要政务处分与其他处分，尤其是行政处分之间进行衔接，其原因在于行政处分与政务处分在处分对象、处分事项、处分手段上存在许多重叠，但是二者又有明显的区别：一是作出主体不同。政务处分的作出主体为监察机关，行政处分作出主体为政府。二是处分对象不同。行政处分的对象是国家公务员和国家行政机关任命的其他人员，政务处分的对象包括所有公职人员，范围大了许多。三是处分针对行为的性质不同。行政处分针对违法违纪行为，甚至包括违反道德规范的行为。政务处分针对的是违法行为。四是处分的性质不同。行政处分是基于隶属关系的内部行为，政务处分则是由专责机关作出的外部行为，等等。[①] 行政处分与政务处分并存成为当前对行政系统公务员及其任命的其他工作人员违法违纪行为的惩处方式。从监督效能上看，政务处分的统一性弥补了行政处分、纪律处分主体过于分散所导致的监督效能下降以及内部监督效果难以保证的问题。[②] 2018年底修订的《公务员法》对两者的衔接作出了回应，划定了行政处分的适用范围，《公务员法》第57条规定，机关应当对公务员的思想政治、履行职责、作风表现、遵纪守法等情况进行监督，开展勤政廉政教育，建立日常管理监督制度。对公务员监督发现问题的，应当区分不同情况，予以谈话提醒、批评教育、责令检查、诫勉、组织调整、处分。对公务员涉嫌职务违法和职务犯罪的，应当依法移送监察机关处理。此外，《监察法》第45条第2款规定，监察机关对于"违法"的公职人员可给予政务处分。可见，对于违法违纪，行政机关保留了惩处权，对于职务违法行为，则必须移送监察机关进行处理。但根据《监察法》的规定，行政机关并不"独享"对违法行为惩处权，因为监察机关可以作出政务处分的情形既包括职务违法又包括违法行为。对于行政违纪行为，监察机关是否可以作出政务处分两部法律没有正面回应，但按照法条规定来看，监察机关可以对行政违纪行为作出其他处置，但不

---

① 徐继敏：《监察委员会政务处分行为探究》，载《河南社会科学》2018年第10期。
② 朱福惠：《国家监察法对公职人员纪律处分体制的重构》，载《行政法学研究》2018年第4期。

能对行为人作出政务处分。[1] 除违法行为受两机关共同管辖之外，由于政务处分和行政处分的种类完全相同，如果两种处分同时适用时，也存在重叠衔接的问题，如对于违法违纪行为行政机关已经作出了记大过的处分，监察机关针对同一人的职务违法行为也可能会作出相同的处分，这时就存在两种处分相同的问题，这是处分执行中遇到的逻辑问题。为确保两种处分能够"各司其职"，发挥监督合力、监督全面性优势，应明确两种处分的作出规则及执行规则：对于同一违法行为而言，由于两机关都有管辖权，根据法律制度中谁先立案、谁管辖的原则，监察机关已经给予政务处分的，任免机关、单位等不再给予处分；反之亦然。[2] 但是，考虑到行政处分属于内部监督，独立性不如政务处分强，为防止行政机关因袒护违法人而抢先作出较轻的处分，监察机关保留对行政处分违法案件的监督权，行政机关应当将行政处分决定案卷造册，监察机关可随时抽查监督。对于分别接受行政处分和政务处分的违法违纪及职务违法行为（同一主体），理论上两种处分可分别作出，但执行时可能存在某些处分难以实际执行，或执行没有必要以及执行结果畸重的情况，如都作出警告、记大过、撤职、开除处分，执行结果对被处分人应当承受的处分程度并无太大影响，如果都作出降级的处分，就意味着被处分人要连降两级，[3] 与以往多数违法违纪行为从重处罚的模式相比，显然处罚程度明显加重，不利于激发行政工作人员的工作积极性。同时还应注意到，两机关分别作出处分决定，可能在综合考虑情节轻重方面客观上会降低同一行为人的处分程度，如果从重执行，可能存在实际惩处程度低于以往的情况。因此，在执行和采用从重原则的同时，也应坚持并行原则，最终由执行机关根据具体情况执行。

---

[1] 《公务员法》第 57 条，《监察法》第 45 条。

[2] 秦前红、刘怡达:《制定〈政务处分法〉应处理好的七对关系》，载《法治现代化研究》2019 年第 1 期。

[3] 任巧:《论对行政公务员的行政处分和政务处分双规机制之间的调适》，载《重庆社会科学》2019 年第 12 期。

图书在版编目（CIP）数据

行政法学精论 / 马怀德主编 . -- 北京：中国检察
出版社 , 2022.10
ISBN 978-7-5102-2763-9

Ⅰ . ①行… Ⅱ . ①马… Ⅲ . ①行政法—法的理论—研
究 Ⅳ . ① D912.101

中国版本图书馆 CIP 数据核字（2022）第 098423 号

行政法学精论

马怀德　主编

责任编辑：芦世玲
技术编辑：王英英
美术编辑：曹　晓

出版发行：中国检察出版社
社　　址：北京市石景山区香山南路 109 号（100144）
网　　址：中国检察出版社（www. zgjccbs. com）
编辑电话：（010）86423750
发行电话：（010）86423726　86423727　86423728
　　　　　（010）86423730　86423732
经　　销：新华书店
印　　刷：北京联兴盛业印刷股份有限公司
开　　本：787 mm×1092 mm　16 开
印　　张：29　插页 8
字　　数：418 千字
版　　次：2022 年 10 月第一版　2022 年 10 月第一次印刷
书　　号：ISBN 978 - 7 - 5102 - 2763 - 9
定　　价：98.00 元